全国优秀教材一等奖

"十四五"职业教育国家规划教材

"十三五"职业教育国家规划教材
汽车电子技术专业项目化教学改革成果教材

汽车发动机电控技术

第 4 版

主　编　黄艳玲　张西振
副主编　李　晗　张凤云
参　编　焦传君　鲁明强　王丽梅　明光星
　　　　康爱琴　田有为　项仁峰　李培军

机械工业出版社

本书是"十四五"职业教育国家规划教材,是首届全国教材建设奖全国优秀教材一等奖教材。本书系统阐述了车用汽油机和柴油机电控系统的结构、工作原理、故障诊断与检修方法。全书共分六个项目,内容包括发动机电控技术概述、汽油机电控燃油喷射系统、汽油机电控点火系统、柴油机电控燃油喷射系统、发动机辅助控制系统、发动机电控系统常见故障诊断,每项目后附有复习思考题。

本书可作为高职高专汽车电子技术专业及汽车类其他专业同类课程教材,也可作为汽车维修、汽车检测等工程技术人员的参考书。

本教材配有电子课件试卷及答案,视频二维码资源等,凡使用本书作为教材的教师可登录机械工业出版社教育服务网 www.cmpedu.com 注册后下载。咨询邮箱:cmpgaozhi@sina.com。咨询电话:010-88379375。

图书在版编目(CIP)数据

汽车发动机电控技术/黄艳玲,张西振主编. —4 版. —北京:机械工业出版社,2019.9(2025.1重印)

"十二五"职业教育国家规划教材 经全国职业教育教材审定委员会审定 汽车电子技术专业项目化教学改革成果教材

ISBN 978-7-111-63933-6

Ⅰ.①汽… Ⅱ.①黄… ②张… Ⅲ.①汽车-发动机-电子系统-控制系统-高等职业教育-教材 Ⅳ.①U464

中国版本图书馆 CIP 数据核字(2019)第 214784 号

机械工业出版社(北京市百万庄大街22号 邮政编码100037)
策划编辑:葛晓慧 责任编辑:葛晓慧
责任校对:任秀丽 封面设计:陈 沛
责任印制:邓 敏
三河市宏达印刷有限公司印刷
2025 年 1 月第 4 版第 15 次印刷
184mm×260mm・17.75 印张・438 千字
标准书号:ISBN 978-7-111-63933-6
定价:46.00 元

电话服务 网络服务
客服电话:010-88361066 机 工 官 网:www.cmpbook.com
　　　　　010-88379833 机 工 官 博:weibo.com/cmp1952
　　　　　010-68326294 金 书 网:www.golden-book.com
封底无防伪标均为盗版 机工教育服务网:www.cmpedu.com

关于"十四五"职业教育
国家规划教材的出版说明

为贯彻落实《中共中央关于认真学习宣传贯彻党的二十大精神的决定》《习近平新时代中国特色社会主义思想进课程教材指南》《职业院校教材管理办法》等文件精神，机械工业出版社与教材编写团队一道，认真执行思政内容进教材、进课堂、进头脑要求，尊重教育规律，遵循学科特点，对教材内容进行了更新，着力落实以下要求：

1. 提升教材铸魂育人功能，培育、践行社会主义核心价值观，教育引导学生树立共产主义远大理想和中国特色社会主义共同理想，坚定"四个自信"，厚植爱国主义情怀，把爱国情、强国志、报国行自觉融入建设社会主义现代化强国、实现中华民族伟大复兴的奋斗之中。同时，弘扬中华优秀传统文化，深入开展宪法法治教育。

2. 注重科学思维方法训练和科学伦理教育，培养学生探索未知、追求真理、勇攀科学高峰的责任感和使命感；强化学生工程伦理教育，培养学生精益求精的大国工匠精神，激发学生科技报国的家国情怀和使命担当。加快构建中国特色哲学社会科学学科体系、学术体系、话语体系。帮助学生了解相关专业和行业领域的国家战略、法律法规和相关政策，引导学生深入社会实践、关注现实问题，培育学生经世济民、诚信服务、德法兼修的职业素养。

3. 教育引导学生深刻理解并自觉实践各行业的职业精神、职业规范，增强职业责任感，培养遵纪守法、爱岗敬业、无私奉献、诚实守信、公道办事、开拓创新的职业品格和行为习惯。

在此基础上，及时更新教材知识内容，体现产业发展的新技术、新工艺、新规范、新标准。加强教材数字化建设，丰富配套资源，形成可听、可视、可练、可互动的融媒体教材。

教材建设需要各方的共同努力，也欢迎相关教材使用院校的师生及时反馈意见和建议，我们将认真组织力量进行研究，在后续重印及再版时吸纳改进，不断推动高质量教材出版。

机械工业出版社

前　言

本书第 1 版于 2004 年 2 月出版发行，第 2 版于 2009 年 3 月出版发行，第 3 版于 2016 年 2 月出版发行。2006 年入选普通高等教育"十一五"国家级规划教材，2009 年被评选为辽宁省精品教材，第 4 版被评为"十四五"职业教育国家规划教材，获得全国优秀教材一等奖，发行量达十万余册，在此，对长期使用本教材的院校师生表示感谢。

随着国家对职业教育的逐步重视，特别是高职高专院校的"双高"建设以及骨干院校建设的推进，我国高等职业教育事业正在快速发展，全国的高等职业院校在各个方面都有了很大提升，人才培养模式、课程模式发生了很大变化，为适应当前教育教学改革的新需要，在广泛征求意见的基础上，对本教材第 3 版进行修订再版，修订内容主要包括：

1）为保证教材内容与汽车技术发展同步，本书增加了近几年应用的新技术内容，如可变进气歧管控制系统等，对第 3 版教材中使用的部分老旧车型内容和图片用新车型内容和图片进行了替换。

2）为适应任务导向的课程教学模式，采用了"项目 + 学习任务"编写方式，同时为保证每个教学任务涉及的教学内容完整，对部分内容的顺序进行了必要的调整。

3）为满足"1 + X"证书制度的实施要求，将课程内容与"1 + X"要求相适应。

4）体现"互联网 +"的新教学形式，对教材进行全新的立体化配套，增加视频二维码等内容。

5）为更好地帮助教师教学和指导学生自学，在每个教学项目后都增加了复习思考题。

为贯彻落实党的二十大精神，加强教材建设，编者在动态修订过程中，对本书内容进行了全面梳理，增加了新技术、新工艺内容，更新了教学视频，以满足教学和学习需求。

本书由辽宁省交通高等专科学校黄艳玲、张西振共同修订完成，内容分为六个项目、32 个学习任务。其他参加编写的人员有：长春汽车工业高等专科学校焦传君，辽宁省交通高等专科学校李晗、张凤云、鲁明强、王丽梅、明光星、康爱琴、田有为、项仁峰、李培军。

在本书编写和修订过程中，参考了大量资料，在此对资料原作者表示感谢。

由于时间紧迫和编者水平所限，书中难免存在不足甚至是错误之处，恳请使用本书的广大师生和其他读者提出宝贵的意见。

编　者

二维码索引

序号	名称	图形	页码	序号	名称	图形	页码
1	气缸压力的测量标准操作流程		2	8	曲轴位置传感器检测的标准操作流程		46
2	蓄电池技术状况检测及充电标准操作流程		13	9	配气正时及零部件检验的标准操作流程		65
3	空气流量计、进气压力传感器检测的标准操作流程		27	10	点火系统的拆装及各元件检测标准操作方法		82
4	进气压力传感器检测的标准流程		28	11	怠速控制系统		154
5	节气门位置传感器的检测的标准操作流程		32	12	PCV 系统工作过程		172
6	电动汽油泵		34	13	EVAP 装置工作过程		186
7	凸轮轴位置传感器检测的标准操作流程		43				

目 录

前言
二维码索引
项目一 发动机电控技术概述 ………… 1
 学习任务 了解发动机电控技术的发展与
      应用 ………………………… 1
 复习思考题 …………………………………… 6
项目二 汽油机电控燃油喷射系统 ……… 7
 学习任务一 认识电控燃油喷射系统及其
      功能 ……………………………… 7
 学习任务二 空气供给系统主要元件的构
      造与检修 ……………………… 18
 学习任务三 燃油供给系统主要元件的构
      造与检修 ……………………… 34
 学习任务四 控制系统主要元件的构造与
      检修 …………………………… 42
 学习任务五 认识汽油机电控燃油喷射系
      统新技术 ……………………… 58
 复习思考题 …………………………………… 63
项目三 汽油机电控点火系统 …………… 64
 学习任务一 认识电控点火系统的
      功能 …………………………… 64
 学习任务二 认识电控点火系统的组成与
      工作原理 ……………………… 70
 学习任务三 电控点火系统主要元件的构
      造与检修 ……………………… 79
 复习思考题 …………………………………… 83
项目四 柴油机电控燃油喷射系统 ……… 84
 学习任务一 认识柴油机电控燃油喷射
      系统 …………………………… 84
 学习任务二 认识直列柱塞泵电控燃油
      喷射系统 ……………………… 89
 学习任务三 认识轴向柱塞式分配泵电
      控燃油喷射系统 ……………… 99
 学习任务四 认识径向柱塞式分配泵电
      控燃油喷射系统 …………… 109
 学习任务五 认识泵喷嘴电控燃油喷射
      系统 ………………………… 115

 学习任务六 认识共轨式电控燃油喷射
      系统 ………………………… 122
 学习任务七 认识柴油机电控燃油喷射
      系统传感器 ………………… 130
 学习任务八 认识柴油机电控燃油喷射
      系统主要附件 ……………… 139
 学习任务九 柴油机电控燃油喷射系统
      主要元件的检修 …………… 147
 复习思考题 ………………………………… 153
项目五 发动机辅助控制系统 ………… 154
 学习任务一 认识怠速控制系统 ………… 154
 学习任务二 认识起动控制系统 ………… 164
 学习任务三 认识进气控制系统 ………… 167
 学习任务四 认识增压控制系统 ………… 179
 学习任务五 认识排放控制系统 ………… 185
 学习任务六 认识巡航控制及电控节气门
      系统 ………………………… 204
 学习任务七 认识冷却风扇及发电机控制
      系统 ………………………… 213
 学习任务八 认识故障自诊断系统 ……… 214
 学习任务九 认识失效保护系统 ………… 219
 学习任务十 认识应急备用系统 ………… 221
 复习思考题 ………………………………… 222
项目六 发动机电控系统常见故障
   诊断 ……………………………… 223
 学习任务一 发动机电控系统故障诊断注
      意事项及常用工具与仪器 … 223
 学习任务二 认识故障诊断基本方法 …… 232
 学习任务三 电路及电控系统元件故障
      诊断 ………………………… 237
 学习任务四 常见车型故障码调取与清除 … 244
 学习任务五 发动机电控系统仪器诊断 … 261
 复习思考题 ………………………………… 273
附录 发动机电控系统常用英文
  缩写 ………………………………… 274
参考文献 …………………………………… 278

项目一　发动机电控技术概述

> **学习目标：**
> 1. 能够简单叙述电控技术对发动机性能的影响。
> 2. 能够叙述应用在汽车发动机上的电控系统名称及其功能。
> 3. 能够叙述电控系统的基本组成和各部分的基本功用。

学习任务　了解发动机电控技术的发展与应用

一、发动机电控技术的发展

电子技术与汽车技术的结合形成了一门新技术——汽车电子技术，随着汽车技术和电子技术的发展，汽车电子技术也得到了迅速发展。汽车电子技术已成为一个国家汽车工业发展水平的标志。

汽车电子技术的发展始于20世纪60年代，可分为三个阶段。第一阶段，从20世纪60年代中期到20世纪70年代中期，主要是为改善部分性能而对汽车电器产品进行的技术改造，如1955年汽车上装用了第一个电子装置——晶体管收音机，1960年美国克莱斯勒公司和日本日产公司在汽车上装用了硅二极管整流的交流发电机，同年美国通用公司将IC（集成电路）调节器应用于汽车上。20世纪70年代末期到20世纪90年代中期是汽车电子技术发展的第二阶段，进入20世纪70年代后，随着汽车数量的日益增多，汽车安全问题和排放污染日益严重，能源危机的影响更加突出，在汽车发达国家相继制定了严格的排放法规和汽车燃油经济性法规，为解决汽车安全、污染和节能三大问题，电子技术在汽车上的应用更加广泛和完善，如1967年德国博世公司研制出电控汽油喷射系统，1970年美国福特汽车公司首先在汽车上应用了除发动机以外的电控装置——电控防滑（防抱死）装置，1973年美国通用公司在汽车上装用了IC点火装置，1976年美国克莱斯勒公司在汽车上首先装用了电控点火系统。20世纪90年代中期以后为汽车电子技术发展的第三阶段，随着社会和汽车相关科学技术的进一步发展，电子技术在汽车上的应用已逐步扩展到车用汽油机以外的底盘、车身和车用柴油机等多个领域，电子技术在汽车上的应用越来越普遍，各种车用电控系统也日趋完善。

早期的各种车用电控系统均是相互独立的，由于电子技术的发展水平有限，一个电控系统只能单独对汽车的某一功能进行控制。采用多个控制系统，就要用多个电控单元（ECU），而几个控制系统都需要同一个传感器信号时，还需设置几个同样的传感器，所以造成控制系统的结构和电路复杂，成本较高，维修困难。此外，采用独立控制系统，很难实现综合优化控制，控制效果也较差。现代汽车上广泛应用的是集中控制系统，它是将多种控制功能集中到一个电控单元上，使汽车上的电控系统结构和电路大大简化，成本也随之降低,为电控技术在汽车上的普及提供了有利条件。通过汽车内部网络的信息通信完成系统之间各种必要信息的传送与接收,实现高度集中控制及集中故障诊断的"整车控制技术"是汽车电控技术发展的必然趋势。

二、电控技术对发动机性能的影响

众所周知,汽车发动机的运行工况是多变的,只有电子控制的灵活性和电控单元强有力的综合处理功能,才能使发动机在各种运行工况下实现综合优化运行,从而提高发动机性能。

1. 提高发动机的动力性

在汽油机上,电控燃油喷射取代了传统的化油器,减小了进气系统中的进气阻力,部分发动机上还采用了进气控制系统等,提高了充气效率,而且电控系统可保证进入发动机气缸的空气得到充分利用,从而提高发动机的动力性。

2. 提高发动机的燃油经济性

在各种运行工况和运行环境下,电控系统均能精确控制发动机工作所需的混合气浓度,使燃烧更完全、燃油利用更充分,从而提高发动机的燃油经济性。

3. 降低发动机的排放污染

电控系统对发动机在各种运行工况和运行环境下进行优化控制,提高了燃烧质量,同时各种排放控制系统在汽车上的应用,都使发动机的排放污染大大降低。

4. 改善发动机的加速和减速性能

在加速或减速运行的过渡工况下,电控单元的高速处理功能使控制系统能够迅速响应,使汽车加速或减速反应更灵敏。

5. 改善发动机的起动性能

在发动机起动和暖机过程中,控制系统能根据发动机温度的变化对进气量和供油量进行精确控制,从而保证发动机顺利起动和平稳经过暖机过程,可明显改善发动机的低温起动性能和热机运转性能。

此外,电控系统对发动机各种运行工况的优化控制及其自身的不断完善,使发动机的故障发生率大大降低。自我诊断与报警系统的应用,提高了故障诊断的速度和准确性,缩短了汽车因发动机故障而停驶的时间,具有良好的社会效益和经济效益。

三、应用在发动机上的电控系统

目前,汽车上广泛应用的是集中控制系统,应用在发动机上的子控制系统主要包括电控燃油喷射系统、汽油机电控点火系统和其他辅助控制系统。

1. 电控燃油喷射系统

在汽油机电控燃油喷射(EFI)系统中,喷油量控制是最基本的也是最重要的控制内容。电控单元(ECU)主要根据进气量确定基本喷油量,再根据其他传感器(如冷却液温度传感器和节气门位置传感器等)信号对喷油量进行修正,使发动机在各种运行工况下均能获得最佳浓度的混合气,从而提高发动机的动力性、经济性和排放性。除喷油量控制外,汽油机电控燃油喷射系统的功能还包括喷油正时控制、断油控制和燃油泵控制。

在柴油机电控燃油喷射系统中,供(喷)油量和供(喷)油正时控制是最基本的控制内容，ECU 主要根据发动机转速信号和负荷信号（加速踏板位置信号）来确定基本供（喷）油量和供（喷）油正时，再根据其他传感器信号进行修正。柴油机电控燃油喷射系统还具有供（喷）油速率控制和喷油压力控制等功能。

2. 汽油机电控点火系统

汽油机电控点火系统（ESA）最基本的功能是点火提前角控制。该系统根据各相关传感器信号判断发动机的运行工况和运行条件，选择最理想的点火提前角点燃混合气，从而改善发动机的燃烧过程，以实现提高发动机动力性、经济性和降低排放污染的目的。此外，电控点火系统还具有通电时间控制和爆燃控制功能。

3. 怠速控制系统

汽油机怠速控制（ISC）系统是发动机辅助控制系统，其功能是在发动机怠速工况下，根据发动机冷却液温度、空调压缩机是否工作、变速器是否挂入档位等，通过节气门或怠速控制阀对发动机的进气量进行控制，使发动机随时以最佳怠速转速运转。

柴油机怠速控制系统与电控燃油喷射系统集成一体，其功能包括怠速转速控制和各缸均匀性控制，均由 ECU 通过对怠速工况下供（喷）油量的控制来实现。

4. 排放控制系统

其功能主要是对发动机排放控制装置的工作实行电子控制。排放控制的项目主要包括废气再循环（EGR）控制、活性炭罐电磁阀控制、氧传感器和空燃比闭环控制、二次空气喷射控制等。

5. 进气控制系统

进气控制系统的功能主要是根据发动机转速和负荷的变化对发动机的进气进行控制，以提高发动机的充气效率，从而改善发动机的动力性。在柴油机上，为改善发动机性能，对进气涡流也实现了电子控制。

6. 增压控制系统

增压控制系统的功能是对发动机进气增压装置的工作进行控制。在装有废气涡轮增压装置的汽车上，ECU 根据检测到的进气管压力对增加装置进行控制，从而控制增压装置对进气增压的强度。

7. 巡航控制系统

驾驶人设定巡航控制模式后，ECU 根据汽车运行工况和运行环境信息自动控制发动机工作，使汽车自动维持一定车速行驶。

8. 警告提示

由 ECU 控制各种指示和报警装置，一旦控制系统出现故障，该系统能及时发出信号以警告提示，如氧传感器失效和燃油箱油温过高等。

9. 自诊断与报警系统

在发动机控制系统中，电控单元（ECU）都设有自诊断系统，对控制系统各部分的工作情况进行监测。当 ECU 检测到来自传感器或输送给执行元件的故障信号时，立即使仪表板上的"CHECK ENGINE"灯（俗称故障指示灯）亮，以提示驾驶人发动机有故障；同时，系统将故障信息以设定的数码（故障码）形式存储在存储器中，以便帮助维修人员确定故障类型和范围。对车辆进行维修时，维修人员可通过特定的操作程序（有些需借助专用设备）调取故障码。故障排除后，必须通过特定的操作程序清除故障码，以免与新的故障信息混杂，给故障诊断带来困难。

10. 失效保护系统

失效保护系统的功能主要是当传感器或传感器电路发生故障时，控制系统自动按ECU中预先设定的参考信号值工作，以便发动机能继续运转。例如：冷却液温度传感器电路有故障时，可能会向ECU输入低于-50°C或高于139°C的冷却液温度信号，失效保护系统将自动按设定的标准冷却液温度信号（80°C）控制发动机工作，否则会引起混合气过浓或过稀，导致发动机不能工作。

此外，当对发动机工作影响较大的传感器或电路发生故障时，失效保护系统则会自动停止发动机工作。例如：汽油机ECU接收不到点火控制器返回的点火确认信号时，失效保护系统立即停止燃油喷射，以防大量燃油进入气缸而不能点火工作。

11. 应急备用系统

应急备用系统的功能是当控制系统ECU发生故障时，自动启用备用系统（备用集成电路），按设定的信号控制发动机转入强制运转状态，以防车辆停驶在途中。应急备用系统只能维持发动机运转的基本功能，但不能保证发动机性能。

除上述控制系统外，应用在发动机上的电控系统还有冷却风扇控制、配气正时控制和发电机控制等。应当说明的是，上述各控制系统在不同的汽车发动机上，只是或多或少地被采用。此外，随着汽车技术和电子技术的发展，发动机控制系统的功能必将日益增加。

四、发动机电控系统的基本组成

1. 电控系统的基本组成及类型

（1）电控系统的基本组成　电控系统是指采用计算机等电子设备作为控制装置的自动控制系统。任何一种电控系统的主要组成都可分为信号输入装置、电控单元（ECU）和执行元件三大部分，如图1-1所示。

图1-1　电控系统的基本组成

电控系统中的信号输入装置是各种传感器。传感器的功用是采集控制系统所需的信息，并将其转换成电信号通过电路输送给ECU。

电控单元（ECU）是一种综合控制电子装置，其功用是给各传感器提供参考（基准）电压，接收传感器或其他装置输入的电信号，并对所接收的信号进行存储、计算和分析处理，根据计算和分析的结果向执行元件发出指令。

执行元件是受ECU控制并具体执行某项控制功能的装置。

（2）电控系统的类型　电控系统有两种基本类型，即开环控制系统和闭环控制系统。

开环控制系统的控制方式比较简单，ECU只根据各传感器信号对执行元件进行控制，而控制的结果是否达到预期目标对其控制过程没有影响。而闭环控制系统除具有开环控制的功能外，还对其控制结果进行检测，并将检测结果（即反馈信号）输入ECU，ECU根据反馈信号对其控制误差进行修正，所以闭环控制系统的控制精度比开环控制系统高。

项目一　发动机电控技术概述

2. 传感器的类型及功用

在控制系统中，传感器是采集并向 ECU 输送信息的装置。目前，在广泛应用的发动机集中控制系统中，同一传感器的信号可应用于需要此信号的、不同功能的子控制系统。不同发动机的控制系统，其控制功能和控制所需的信息不同，使用传感器的种类也不完全相同。

发动机集中控制系统所用的传感器主要有：

（1）空气流量传感器（MAFS）　在汽油机 L 型电控燃油喷射系统中，由空气流量传感器测量发动机的进气量，并将信号输入 ECU，作为燃油喷射和点火控制的主控制信号。

（2）进气管绝对压力传感器（MAPS）　在汽油机 D 型电控燃油喷射系统中，由进气管绝对压力传感器测量进气管内气体的绝对压力，并将该信号输入 ECU，作为燃油喷射和点火控制的主控制信号。

（3）节气门位置传感器（TPS）　汽油机节气门位置传感器检测节气门的开度及开度变化，如全关（怠速）、全开及节气门开闭的速率（单位时间内开闭的角度）信号，并将此信号输入 ECU，用于燃油喷射控制及其他辅助控制（如 EGR 控制和开闭环控制等）。

（4）凸轮轴位置传感器（CMPS）　凸轮轴位置传感器给 ECU 提供曲轴转角基准位置信号（G 信号），作为喷油正时控制和汽油机点火正时控制的主控制信号。

（5）曲轴位置传感器（CKPS）　曲轴位置传感器有时称为转速传感器，用来检测曲轴转角位移，给 ECU 提供发动机转速信号和曲轴转角信号，作为喷油正时控制和汽油机点火正时控制的主控制信号。

（6）进气温度传感器（IATS）　进气温度传感器的功用是给 ECU 提供进气温度信号，作为燃油喷射控制和汽油机点火控制的修正信号。

（7）发动机冷却液温度传感器（ECTS）　冷却液温度传感器给 ECU 提供发动机冷却液温度信号，作为燃油喷射控制和汽油机点火控制的修正信号。冷却液温度传感器信号也是其他控制系统（如怠速控制和 EGR 控制等）的控制信号。

（8）车速传感器（VSS）　车速传感器检测汽车的行驶速度，给 ECU 提供车速信号（SPD 信号），用于巡航控制和限速断油控制，也是自动变速器的主控制信号。

（9）氧传感器（O_2S）　主要在汽油机上使用的氧传感器用来检测排气中的氧含量，向 ECU 输送空燃比的反馈信号，从而进行喷油量的闭环控制。

（10）爆燃传感器（KS）　主要在汽油机上使用的爆燃传感器用来检测汽油机是否爆燃及爆燃强度，并将此信号输入 ECU，作为点火正时控制的修正（反馈）信号。

（11）起动（STA）开关　发动机起动时，通过起动开关给 ECU 提供一个起动信号，作为燃油喷射控制和点火控制的修正信号，或作为柴油机起动预热装置的主控制信号。

（12）空调（AC）开关　当空调开关打开，空调压缩机工作，发动机负荷加大时，由空调开关向 ECU 输入信号，作为燃油喷射控制和汽油机点火控制的修正信号。

（13）档位位置开关　自动变速器由 P/N 位挂入其他档位时，发动机负荷将有所增加，档位位置开关向 ECU 输入信号，作为燃油喷射控制和汽油机点火控制的修正信号。当挂入 P 位或 N 位时，空档位置开关提供 P/N 位信号，防止不在 P/N 位时发动机起动。

（14）制动灯开关　在制动时，由制动灯开关向 ECU 提供制动信号，作为燃油喷射控制和汽油机点火控制的修正信号。

（15）动力转向开关　采用动力转向装置的汽车，当转向盘由中间位置向左右转动时，由于动力转向油泵工作而使发动机负荷加大，此时动力转向开关向 ECU 输入信号，作为燃油喷射控制和汽油机点火控制的修正信号。

（16）巡航（定速）控制开关　当进入巡航控制状态时，由巡航控制开关向 ECU 输入巡航控制状态信号，由 ECU 对车速进行自动控制。

随着控制系统应用的日益广泛和功能的扩展，传感器的数量也将不断增加。发动机集中控制系统中，各子控制系统所需的信息有很多都是相同的，一个传感器信号输入 ECU 可以作为几个子控制系统的控制信号。

3. 电控单元的基本功能

电控单元（ECU）俗称电脑，是发动机控制系统的核心，其功用是按照一定的程序对各种输入信号进行运算、存储和分析处理，然后输出指令控制执行元件工作，以达到快速、准确、自动控制发动机工作的目的。发动机 ECU 的功能随车型而异，但都必须具有如下基本功能：

1）给传感器提供标准 2V、5V、9V 或 12V 直流工作电压，接收各种传感器和其他装置输入的信息，并将输入的信息转换成 ECU 所能接收的数字信号。

2）存储该车型的特征参数和运算中所需的有关数据信息。

3）确定计算输出指令所需的程序，并根据输入信号和相关程序计算输出指令数值。

4）将输入信号和输出指令与标准值进行比较，确定并存储故障信息。

5）向执行元件输出指令，或根据指令输出自身已存储的信息（如故障信息等）。

6）自我修正功能（学习功能）。

在维修中如果怀疑 ECU 有故障，可通过检测 ECU 各端子的工作参数与标准值进行比较来确定，最好的方法是用一个已知无故障的 ECU 替代，若故障现象消失，则说明原 ECU 有故障。ECU 发生故障一般无法修理，必须更换。

4. 执行元件的类型

执行元件是指受 ECU 控制并具体执行某项控制功能的装置。在发动机集中控制系统中，执行元件主要有喷油器、点火控制器、怠速控制阀、巡航控制电磁阀、节气门控制电动机、EGR 阀、进气控制阀、二次空气喷射阀、活性炭罐排泄电磁阀、油泵继电器、风扇继电器、空调压缩机继电器、自诊断显示与报警装置和仪表显示器等。

随着控制功能的增加，执行元件也将相应地增加。

本项目主要介绍了发动机电控技术的基本知识，通过学习应重点了解电控技术对发动机性能的影响、各种电控系统的基本功能、电控系统的基本组成及各组成部分的功用。

复习思考题

1. 汽车电控技术的发展经历了哪三个阶段？
2. 电控技术对发动机性能有什么影响？
3. 应用在发动机上的电控技术有哪些？各有什么功能？
4. 电控系统由哪几部分组成？各有什么功能？
5. 电控系统传感器都有哪些？各有什么功能？

项目二　汽油机电控燃油喷射系统

> **学习目标：**
> 1. 能够区别汽油机电控燃油喷射系统的类型。
> 2. 能够说明汽油机电控燃油喷射系统的功能及实现方法。
> 3. 能够说明汽油机电控燃油喷射系统各主要元件的结构与工作原理。
> 4. 能够对汽油机电控燃油喷射系统各元件进行正确的检验并确定维修措施。

学习任务一　认识电控燃油喷射系统及其功能

一、汽油喷射系统的发展

汽油喷射系统从20世纪30年代始用于军用飞机发动机上，最早装用汽油喷射系统的汽车出现在1954年的汽车展览会上，是德国奔驰公司生产的奔驰300SL汽车，该车装用的机械式汽油喷射系统与柴油机供给系统基本相同，利用柱塞泵和喷油器直接向气缸内喷油。此后改进为向进气管喷油。

机械式汽油喷射系统采用连续喷射方式，即在发动机工作中，喷油器连续不断地将汽油喷入进气管。机械式汽油喷射系统简称K型汽油喷射系统，K是德语Kontinuum（连续）的第一个字母。K型汽油喷射系统是利用机械方式控制汽油喷射量的。在20世纪60年代之前，化油器在汽油机供给系统中占主导地位，仅在国外生产的赛车和豪华型轿车上采用K型汽油喷射系统；20世纪80年代末期，我国一汽集团公司引进德国大众技术生产的奥迪100轿车5缸和6缸发动机仍选装K型汽油喷射系统。

20世纪60年代，随着汽车数量的日益增多，在汽车发达国家相继制定了严格的排放法规，以限制汽车排放污染物的数量；20世纪70年代，受能源危机的影响，各国纷纷制定汽车燃油经济性法规。在这一背景条件下，汽油喷射技术也得到了进一步的完善和发展。

机电组合式汽油喷射系统是20世纪60年代末期在机械式汽油喷射系统的基础上发展起来的，简称KE型汽油喷射系统，其中E是指电子控制。KE型汽油喷射系统是在K型汽油喷射系统的基础上，增加了一个由ECU控制的电液式压差调节器，ECU根据冷却液温度传感器和节气门位置传感器等的信号，通过调节器来改变供油压差，调节汽油供给量，从而达到对不同工况下混合气浓度修正的目的。KE型汽油喷射系统研制成功后，主要应用在德国奔驰380SE、500SL型车上。

20世纪60年代后期，随着电子技术的飞速发展，尤其是电子计算机的问世，电子技术在汽车上的应用成为各国汽车工业的重要发展方向。德国博世公司首先成功研制电控燃油喷射系统，电控燃油喷射技术历经晶体管、集成电路到微型计算机处理三大发展进程，直到目前，各种汽车上应用的电控燃油喷射系统都是以博世公司产品为原形发展而来的。电控燃油喷射系统简称 EFI（即 Electronic Fuel Injection）。

在现代汽车上，K 型和 KE 型汽油喷射系统已经被淘汰，EFI 系统因其优越的性能而成为现代车用汽油机燃料供给系统的主流。

二、电控燃油喷射系统的优点

众所周知，要提高发动机的动力性、燃料经济性和降低排放污染，就必须根据汽车运行工况的变化精确控制供给气缸的混合气浓度。EFI 系统能实现混合气浓度（即空燃比）的高精度控制，比化油器式汽油机供给系统和 K 型、KE 型汽油喷射系统有明显的优越性。由于电子控制的灵活性和 ECU 强有力的综合处理功能，使得电控系统能够根据发动机运行工况和运行环境的变化，如起动、暖机、怠速、加速、满负荷、部分负荷、滑行、环境湿度、海拔和燃油品质等，实现最佳空燃比控制及最佳点火提前角控制，以优化发动机各种运行工况，从而取得良好的节油和排气净化等效果。例如：上海桑塔纳 2000 轿车装用电控汽油喷射系统后，发动机排量不变，与原装化油器式发动机相比，排放污染物（一氧化碳、碳氢化合物、氮氧化物）减少了 50% 以上，最大转矩提高了 7%，最大功率提高了 9%，加速时间缩短了 20%，等速百公里油耗也略有下降。

三、电控燃油喷射系统的类型

1. 按喷射方式分类

按喷射方式的不同，燃油喷射系统可分为连续喷射方式和间歇喷射方式。连续喷射方式是指在发动机运转期间，汽油连续不断地喷射在进气道内，且大部分汽油是在进气门关闭时喷射的，因此大部分汽油在进气道内蒸发。除 K 型机械式、KE 型机电组合式汽油喷射系统外，电控燃油喷射系统一般不采用此种喷射方式。

间歇喷射方式是指在发动机运转期间，将汽油间歇地喷入进气道内。在目前广泛采用间歇喷射方式的多点电控燃油喷射系统中，按各缸喷油器的喷射顺序可分为同时喷射、分组喷射和顺序喷射，如图 2-1 所示。

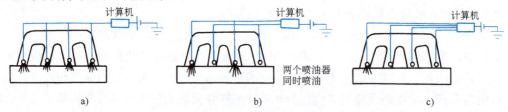

图 2-1　喷油器喷射顺序
a）同时喷射　b）分组喷射　c）顺序喷射

（1）同时喷射　同时喷射是指将各缸的喷油器并联，在发动机运转期间，所有喷油器由 ECU 的同一个喷油指令控制，同时喷油、同时断油。采用此种喷射方式，对各缸而言，喷油时刻不可能都是最佳的，其性能较差，一般用在部分缸数较少的汽油机上，如韩国大宇轿车上装用的 4 缸发动机电控多点燃油喷射系统等。

采用同时喷射方式的电控燃油喷射系统，一般都是曲轴每转一圈各缸同时喷油一次，对每个气缸来说，每一次燃烧所需的供油量需要喷射两次，即曲轴每转一圈喷射 1/2 的油量。

项目二 汽油机电控燃油喷射系统

（2）分组喷射 分组喷射是指将各缸的喷油器分成几组，它是同时喷射的变形方案，ECU 向某组的喷油器发出喷油或断油指令时，同一组的喷油器同时喷油或断油。

（3）顺序喷射 顺序喷射是指各喷油器由 ECU 分别控制，按发动机各缸的工作顺序喷油。多缸发动机电控燃油喷射系统采用分组喷射或顺序喷射方式较多。

2. 按对空气量的计量方式分类

电控燃油喷射系统必须对进入气缸的空气量进行精确的计量，才能通过对喷油量的控制实现混合气浓度的高精度控制。按对进气量计量方式的不同，电控燃油喷射系统可分为 D 型和 L 型。

（1）D 型电控燃油喷射系统 D 是德语 Druck（压力）的第一个字母。D 型电控燃油喷射系统利用进气管绝对压力传感器检测进气管内的绝对压力，ECU 根据进气管内的绝对压力和发动机转速推算出发动机的进气量，再根据进气量和发动机转速确定基本喷油量。D 型电控燃油喷射系统的基本工作原理如图 2-2 所示。

（2）L 型电控燃油喷射系统 L 是德语 Luft（空气）的第一个字母。L 型电控燃油喷射系统利用空气流量传感器直接测量发动机的进气量，ECU 不必进行推算，即可根据空气流量传感器信号计算与该空气量相对应的喷油量。由于消除了推算进气量的误差影响，其测量的准确程度高于 D 型，故对混合气浓度的控制更精确。L 型电控燃油喷射系统的基本工作原理如图 2-3 所示。

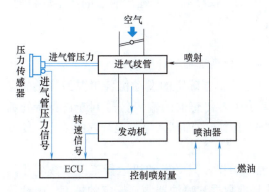

图 2-2 D 型电控燃油喷射系统的基本工作原理

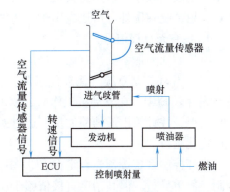

图 2-3 L 型电控燃油喷射系统的基本工作原理

3. 按喷射位置分类

按喷射位置的不同，电控燃油喷射系统可分为进气管喷射和缸内直接喷射两种类型。

缸内直接喷射技术是近年来研究和开发的发动机新技术，它将喷油器安装在气缸盖上，把燃油直接喷入气缸内，配合缸内组织的气体流动形成可燃混合气，容易实现分层燃烧和稀混合气燃烧，可进一步提高汽油机的经济性和排放性。

目前汽车上应用的电控燃油喷射系统一般都是进气管喷射式，按喷油器数量的不同，可分为单点喷射（SPI）系统和多点喷射（MPI）系统，如图 2-4 所示。

（1）多点喷射系统 多点喷射系统是在每缸进气门处装有 1 只喷油器，由电控单元（ECU）控制喷油，因此多点喷射又称为多气门喷射。多点喷射系统的燃油分配均匀性好，进气管可按最大进气量来设计，而且无论发动机处于冷态或热态，其过渡的响应及燃油经济

（2）单点喷射系统　单点喷射系统是在节气门上方装一个中央喷射装置，用1～2只喷油器集中喷射。汽油喷入进气流中，形成的可燃混合气由进气歧管分配到各气缸中。单点喷射又称为节气门体喷射（TBI）或中央喷射（CFI）。

单点电控燃油喷射系统在每个气缸进气行程开始时喷油，采用的是顺序喷射方式，又称为独立喷射方式。独立喷射可使燃油在进气管中滞留的时间最短，各缸得到的燃

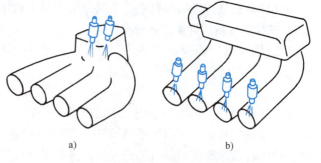

图2-4　电控燃油喷射系统的喷射位置
a）单点喷射系统　b）多点喷射系统

油量尽可能一致。单点喷射系统与多点燃油喷射系统的控制原理相似，空气量可采用空气流量传感器直接计量，也可采用进气管绝对压力传感器间接测量。

单点喷射系统出现较晚，其性能介于多点喷射系统与化油器式供给系统之间。虽然单点喷射系统的性能比多点喷射系统差一些，但其结构简单、故障少、维修调整方便，且对发动机本身的改动较小，特别是大量生产后，其成本较低，仅略高于传统化油器的成本。目前，单点喷射系统在国外已广泛应用于普通轿车和货车。

4. 按有无反馈信号分类

电控燃油喷射系统按有无反馈信号可分为开环控制系统和闭环控制系统。

（1）开环控制系统（无氧传感器）　它是将通过试验确定的发动机各工况最佳供油参数预先存入ECU，在发动机工作时，ECU根据系统中各传感器的输入信号判断自身所处的运行工况，并计算出最佳喷油量，通过对喷油器喷射时间的控制来控制混合气的浓度，使发动机优化运行。

开环控制系统按预先设定在ECU中的控制规律工作，只受发动机运行工况参数变化的控制，简单易行。但其精度直接依赖于所设定的基准数据和喷油器调整标定的精度。喷油器及发动机的产品性能存在差异或由于磨损等引起性能参数变化时，就不能使混合气准确地保持在预定的浓度（空燃比）上。因此，开环控制系统对发动机及控制系统各组成部分的精度要求高，抗干扰能力差，当使用工况超出预定范围时，不能实现最佳控制。

（2）闭环控制系统（有氧传感器）　在该系统中，发动机排气管上加装了氧传感器，根据排气中含氧量的变化判断实际进入气缸的混合气空燃比，再通过ECU与设定的目标空燃比值进行比较，并根据误差修正喷油器的喷油量，使空燃比保持在设定的目标值附近。

闭环控制系统可达到较高的空燃比控制精度，并可消除因产品差异和磨损等引起的性能变化，工作稳定性好，抗干扰能力强。但是，为了使排气净化达到最佳效果，只能运行在理论空燃比14.7附近。对起动、暖机、加速、急速和满负荷等特殊工况，仍需采用开环控制，使喷油器按预先设定的加浓混合气配比工作，以满足发动机特殊工况的工作要求。因此，目前普遍采用开环和闭环相结合的控制方案。

四、电控燃油喷射系统的功能

电控燃油喷射系统的功能是对喷油正时、喷油量、燃油停供及燃油泵进行控制。

1. 喷油正时控制

在采用间歇喷射方式的电控燃油喷射系统中，ECU 必须控制喷油器喷油的开始时刻，这就是喷油正时控制。其控制目标一般是在进气行程开始前结束喷油。

喷油器的喷油可分为同步喷油和异步喷油两种类型。同步是指根据发动机各缸工作循环，在既定的曲轴位置进行喷油，同步喷油有规律性。异步喷油与发动机的工作不同步，无规律性，它是在同步喷油的基础上，为改善发动机的性能额外增加的喷油，主要有起动异步喷油和加速异步喷油。

（1）同步喷油正时控制

1）顺序喷射正时控制。采用顺序喷射方式的电控燃油喷射系统中，各缸喷油器分别由 ECU 进行控制。图 2-5 所示为 4 缸发动机顺序喷射控制电路，其特点是喷油器驱动回路数与气缸数目相等。

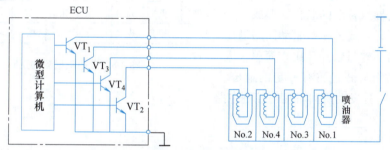

图 2-5 4 缸发动机顺序喷射控制电路

在采用顺序喷射方式的发动机上，ECU 根据凸轮轴位置传感器信号（G 信号）、曲轴位置传感器信号（Ne 信号）和发动机的做功顺序，确定各缸工作位置。当确定某缸活塞运行至排气行程上止点前某一位置时，ECU 输出喷油控制信号，接通喷油器电磁线圈电路，该缸即开始喷油，如北京切诺基发动机在各缸排气行程上止点前 64°开始喷油，喷油顺序与做功顺序一致。图 2-6 所示为 4 缸发动机顺序喷射喷油正时。

2）分组喷射正时控制。分组喷射一般是把所有气缸的喷油器分成 2~4 组，由 ECU 分组控制喷油器。图 2-7 所示为 4 缸发动机分组喷射控制电路，喷油器分成两组，ECU 通过两个端子分别对各组喷油器进行控制。

分组喷射喷油正时的控制是以各

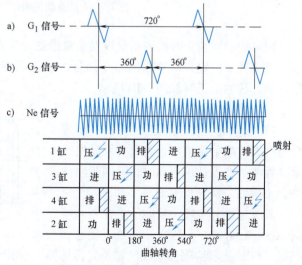

图 2-6 4 缸发动机顺序喷射喷油正时

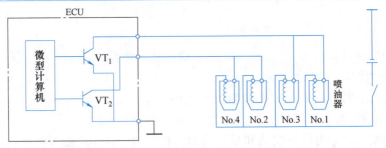

图 2-7　4 缸发动机分组喷射控制电路

组最先进入做功行程的气缸为基准,在该缸排气行程上止点前某一位置,ECU 输出指令信号,接通该组喷油器电磁线圈电路,该组喷油器即开始喷油,其喷油正时如图 2-8 所示。

3)同时喷射正时控制。这种喷射方式是各缸喷油器由 ECU 控制同时喷油和停油,其缺点是由于各缸喷油时间不可能最佳,可能会导致各缸的混合气形成不一样。但这种喷射方式的喷射驱动回路通用性好,其电路结构与软件都比较简单,因此目前这种喷射方式还占有一定的地位。图 2-9 所示为 4 缸发动机同时喷射控制电路。

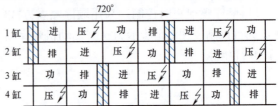

图 2-8　分组喷射喷油正时

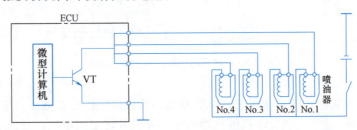

图 2-9　4 缸发动机同时喷射控制电路

同时喷射喷油正时的控制是以发动机最先进入做功行程的气缸为基准,在该缸排气行程上止点前某一位置,ECU 输出指令信号,接通所有喷油器电磁线圈电路,各缸喷油器即开始喷油,其喷油正时如图 2-10 所示。

(2)异步喷油正时控制

1)起动时异步喷油正时控制。在部分电控燃油喷射系统中,为改善发动机的起动性能,在发动机起动时,除同步喷油外,再增加一次异步喷油。

具有起动异步喷油功能的电控燃油喷射系统,在起动(STA)开关处于接通状态时,ECU 接收到第一个凸轮轴位置传感器(CMPS)信号(G 信号)后,接收到第一个曲

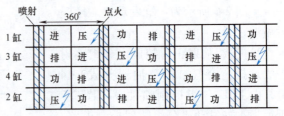

图 2-10　同时喷射喷油正时

项目二 汽油机电控燃油喷射系统

轴位置传感器（CKPS）信号（Ne 信号）时，开始进行起动时的异步喷油。

2）加速时异步喷油正时控制。发动机由怠速工况向汽车起步工况过渡时，由于燃油惯性等原因，会出现混合气稀的现象。为了改善起步加速性能，ECU 根据节气门位置传感器（TPS）中怠速触点输送的怠速信号（IDL 信号），从接通到断开时增加一次固定量的喷油。在有些电控燃油喷射系统中，ECU 接收到的 IDL 信号从接通到断开后，检测到第一个 Ne 信号时，增加一次固定量的喷油。有些发动机电控燃油喷射系统，为使发动机加速更灵敏，当节气门迅速开启或进气量突然增加（急加速）时，在同步喷射的基础上再增加异步喷射。

2. 喷油量控制

喷油量控制是电控燃油喷射系统最主要的控制功能之一，其目的是使发动机在各种运行工况下都能获得最佳的混合气浓度，以提高发动机的经济性和降低排放污染。

当喷油器的结构和喷油压差一定时，喷油量的多少就取决于喷油时间。在汽油机电控燃油喷射系统中，喷油量的控制是通过对喷油器喷油时间的控制来实现的。

喷油量控制可分为同步喷油量控制和异步喷油量控制。同步喷油量控制又分为发动机起动时的喷油量控制和发动机起动后的喷油量控制，二者的控制模式有所不同。

（1）起动时的同步喷油量控制　在发动机起动时，由于转速波动大，无论是 D 型电控燃油喷射系统中的进气管绝对压力传感器，还是 L 型电控燃油喷射系统中的空气流量传感器，都不能精确地确定进气量，也就无法确定合适的基本喷油时间，所以发动机起动时的同步喷油量控制与起动后的控制不同。发动机起动时，ECU 根据冷却液的温度，由内存的冷却液温度-喷油时间曲线来确定基本喷油时间，如图 2-11 所示，然后根据进气温度和蓄电池电压进行修正，从而得到起动时的喷油持续时间。

在发动机转速低于规定值或点火开关接通位于 STA（起动）档时，喷油时间的确定如图 2-12 所示。ECU 根据冷却液温度传感器（THW）信号和内存的冷却液温度-喷油时间曲线确定基本喷油时间，根据进气温度传感器（THA）信号对喷油时间作修正（延长或缩短）。然后根据蓄电池电压适当延长喷油时间，以实现喷油量的进一步修正，即电压修正。

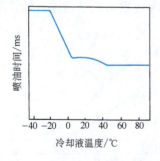

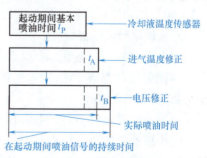

图 2-11　起动时的基本喷油时间　　　　　图 2-12　喷油时间的确定

电压修正是因为喷油器的实际喷油时刻比 ECU 发出喷油指令的时刻晚，即存在一段滞后时间（见图 2-13），使喷油器喷油的实际时间比 ECU 确定出的喷油时间短，导致喷油量不足，使实际空燃比高于发动机要求的空燃比。蓄电池电压越低，滞后时间越长。因此，ECU 需根据蓄电池电压适当延长喷油时间，以提高喷油量控制的精度。

（2）起动后的同步喷油量控制　发动机起动后转速超过预定值时，ECU 确定的喷油持

续时间为

喷油持续时间 = 基本喷油持续时间 × 喷油修正系数 + 电压修正值

式中，喷油修正系数是各种修正系数的总和。

在 D 型电控燃油喷射系统中，ECU 根据发动机转速信号（Ne 信号）和进气管绝对压力信号（PIM 信号），由内存的基本喷油时间三维图（三元 MAP 图如图 2-14 所示）确定基本喷油时间。

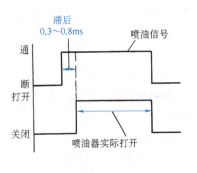

图 2-13 喷油滞后时间

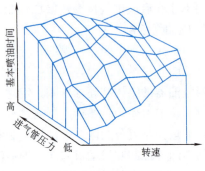

图 2-14 三元 MAP 图

L 型电控燃油喷射系统中，ECU 根据发动机转速信号（Ne 信号）和空气流量传感器信号（Vs 信号）确定基本喷油时间。这个基本喷油时间是实现既定空燃比（理论空燃比 14.7）的喷射时间。

发动机起动后的各工况下，ECU 在确定基本喷油时间的同时，还必须根据各种传感器输送来的发动机运行工况信息对基本喷油时间进行修正。

1）起动后加浓修正。发动机完成起动后，点火开关由 STA（起动）位置转到 ON（点火）位置，或发动机转速已达到或超过预定值，为使发动机保持稳定运转，ECU 根据冷却液温度确定喷油时间的初始修正值，然后以一个固定速度下降，逐步达到正常。

2）暖机加浓修正。发动机温度较低时，燃油蒸发性差，为使发动机迅速进入最佳工作状态，必须供给较浓的混合气。

发动机起动后，在达到正常工作温度之前，ECU 根据冷却液温度（THW）信号对喷油时间进行修正，修正系数如图 2-15 所示。

暖机加浓还受怠速信号（IDL 信号）控制，当节气门位置传感器中的怠速触点接通或断开时，根据发动机转速的不同，ECU 使喷油时间有少量变化。

3）进气温度修正。发动机进气温度影响进气密度，ECU 根据进气温度传感器提供的进气温度信号（THA 信号）对喷油时间进行修正。通常以 20℃ 作为

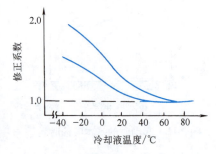

图 2-15 暖机加浓修正系数

进气温度信息的标准温度，低于 20℃ 时，空气密度增大，ECU 适当增加喷油时间，使混合气不致过稀；高于 20℃ 时，空气密度减小，ECU 适当减少喷油时间，以防混合气偏浓。进气温度修正系数如图 2-16 所示，增加或减少的最大修正量约为 10%。

4）大负荷工况喷油量修正。发动机在大负荷工况下运转时，要求使用较浓的功率混合

气以获得大功率，ECU 根据发动机负荷修正喷油时间。

发动机工作时，ECU 可根据进气管绝对压力传感器信号（PIM 信号）或空气流量传感器信号（Vs 信号）以及节气门位置传感器输送的全负荷信号（PSW 信号）或节气门开度信号（VTA 信号）判断发动机的负荷状况，大负荷时适当增加喷油时间。大负荷的加浓量为正常喷油量的 10%～30%。有些发动机大负荷加浓量还与冷却液温度信号相关。

5）过渡工况喷油量修正。发动机在过渡工况（加速或减速）下运行时，为获得良好的动力性、经济性和响应性，需要适当修正喷油时间。

ECU 主要根据 PIM 信号或 Vs 信号、Ne 信号、SPD 信号（车速信号）、VTA 信号、NSW 信号（空档起动开关信号）判断过渡工况，对喷油时间进行修正。

6）怠速稳定性修正（只用于 D 型系统）。在 D 型电控燃油喷射系统中，决定基本喷油时间的进气管绝对压力的变化，在过渡工况时相对于发动机转速的变化将产生滞后。节气门之后进气管容积越大，怠速时发动机转速越低，这种滞后时间越长。

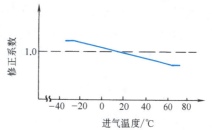

图 2-16 进气温度修正系数

由于 ECU 检测到进气管绝对压力变化较转速变化的时间滞后，发动机输出转矩的变化也较转速变化滞后，必将导致发动机怠速转速上升时转矩也上升，怠速转速下降时转矩也下降，造成发动机怠速运转不稳定。

为了提高发动机怠速运转的稳定性，ECU 根据 PIM 信号和 Ne 信号对喷油量进行修正。随进气管绝对压力增大或怠速转速降低，适当增加喷油时间；随进气管绝对压力减小或怠速转速增高，适当减少喷油时间。怠速稳定修正系数如图 2-17 所示。

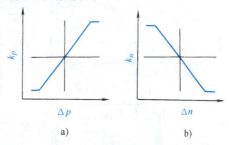

图 2-17 怠速稳定修正系数

k_p、k_n—怠速稳定修正系数　Δp—压力变化
Δn—怠速转变化

（3）异步喷油量控制　发动机起动或加速时的异步喷油量一般是固定的，即各缸喷油器以一个固定的喷油持续时间同时向各缸增加一次喷油。

3. 燃油停供控制

（1）减速断油控制　汽车行驶中，驾驶人快收加速踏板使汽车减速时，ECU 将切断燃油喷射控制电路，停止喷油，以降低 HC 及 CO 的排放量。当发动机转速降至设定转速时恢复正常喷油。

（2）限速断油控制　发动机加速时，发动机转速超过安全转速或汽车车速超过设定的最高车速时，ECU 将切断燃油喷射控制电路，停止喷油，防止超速。

4. 燃油泵控制

当点火开关打开或发动机熄火后，电控燃油喷射系统中的燃油泵一般预先或延迟工作 2～3s，以保证燃油系统必需的油压。在发动机起动过程和运转过程中，燃油泵应保持正常工作。打开点火开关但不起动发动机，或关闭点火开关后应适时切断燃油泵控制电路，使燃油泵停止工作。

部分电控燃油喷射系统中装用的电动燃油泵有高、低两个转速档,发动机工作时,电控燃油喷射系统根据发动机的转速和负荷来控制燃油泵以高速或低速运转。发动机高速、大负荷工况下耗油较多时,燃油泵以高速运转;发动机在低速、中小负荷工况下工作时,使燃油泵以低速运转,以减少不必要的燃油泵磨损和电能消耗。

五、电控燃油喷射系统的组成与基本原理

电控燃油喷射系统形式多样,但其组成相同,都是由三个子系统组成:空气供给系统、燃油供给系统和控制系统,如图2-18所示。

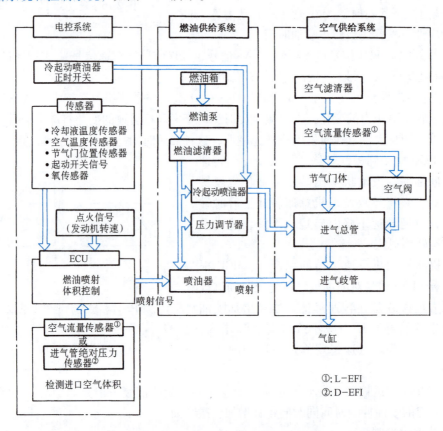

图2-18 汽油机电控燃油喷射系统的组成

1. 空气供给系统

空气供给系统的功用是为发动机提供清洁的空气并控制发动机正常工作时的进气量。进气系统的工作原理如图2-19所示。发动机工作时,空气经空气滤清器过滤后,通过空气流量传感器(L型)、节气门体进入进气总管,再通过进气歧管分配给各缸。节气门体中设有节气门,用以控制进入发动机的空气量,从而控制发动机的输出功率(负荷)。在节气门体的外部或内部设有与主进气道并联的旁通怠速进气通道,并由怠速控制阀控制怠速时的进气量。

在L型电控燃油喷射系统(见图2-19a)中,流经怠速控制阀的空气首先经过空气流量传感器测量。而在D型电控燃油喷射系统(见图2-19b)中,进气管绝对压力传感器测量的

项目二　汽油机电控燃油喷射系统

是进气管内的绝对压力,流经怠速控制阀的空气也在检测范围内。怠速控制阀由 ECU 直接控制。

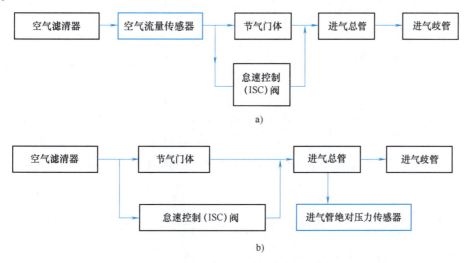

图 2-19　进气系统的工作原理
a) L 型　b) D 型

2. 燃油供给系统

燃油供给系统的功用是供给喷油器一定压力的燃油,喷油器则根据 ECU 指令喷油。

燃油供给系统的工作原理如图 2-20 所示。电动燃油泵将汽油自燃油箱内吸出,经滤清器过滤后,由压力调节器调压,通过油管输送给喷油器,喷油器根据 ECU 指令向进气管喷油。燃油泵供给的多余汽油经回油管流回燃油箱。燃油泵一般装在燃油箱内。喷油器由 ECU 控制,有些发动机上还装有冷起动喷油器,冷起动喷油器安装在进气总管上,仅在发动机低温起动时喷油,以改善发动机的低温起动性能。

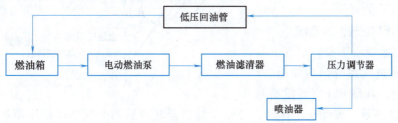

图 2-20　燃油供给系统的工作原理

3. 控制系统

在电控燃油喷射系统中,喷油量控制是最基本、最重要的控制内容,其控制原理如图 2-21 所示。ECU 根据空气流量信号和发动机转速信号确定基本的喷油时间(喷油量),再根据其他传感器(如冷却液温度传感器和节气门位置传感器等)对喷油时间进行修正,并按最后确定的总喷油时间向喷油器发出指令,使喷油器喷油(通电)或断油(断电)。

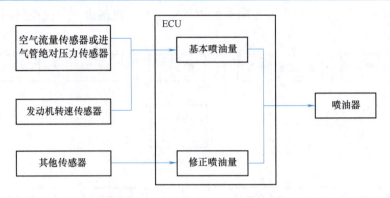

图 2-21　电控燃油喷射系统的控制原理

学习任务二　空气供给系统主要元件的构造与检修

一、空气供给系统元件位置

电控燃油喷射发动机空气供给系统的主要组成元件包括空气滤清器、节气门体和进气管。急速控制系统的急速控制阀和控制系统的进气温度传感器、节气门位置传感器、进气管绝对压力传感器（D型）或空气流量传感器（L型）也安装在进气系统中。在部分电控燃油喷射发动机的进气系统中，还装有其他系统（如进气控制系统等）的元件。

1. D型EFI空气供给系统

D型喷射系统由于没有空气流量传感器，其进气系统结构简单，应用比较广泛。D型EFI空气供给

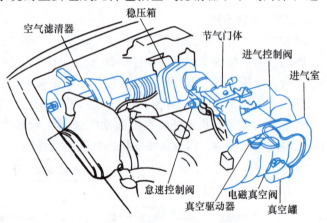

图 2-22　D型EFI空气供给系统

系统如图 2-22 所示。发动机工作时，经空气滤清器滤清后的空气通过稳压箱和节气门体进入进气室（即进气总管），然后被分配到各缸进气歧管再进入气缸。进入进气室的空气量取决于节气门体内的节气门开度和发动机转速。设置容量较大的进气室可防止进气的波动，同时也可减少各缸进气的相互干扰。急速控制阀、进气温度传感器、进气管绝对压力传感器和节气门位置传感器均安装在进气系统中。该进气系统中，设有谐波进气增压控制系统。

2. L型EFI空气供给系统

L型喷射系统对空气量的测量更精确，应用也比较广泛。L型EFI空气供给系统如图 2-23 所示。

与D型EFI空气供给系统相比，在L型EFI空气供给系统中增设了空气流量传感器，而取消了进气管绝对压力传感器和稳压箱；此外，该进气系统中没有谐波进气增压系统，其他

项目二　汽油机电控燃油喷射系统

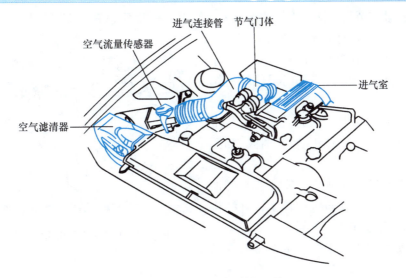

图 2-23　L 型 EFI 空气供给系统

采用 D 型电控燃油喷射系统的发动机也不一定装此系统。

二、空气供给系统基本元件的构造

1. 空气滤清器

电控燃油喷射发动机装用的空气滤清器一般都是干式纸质滤芯式，其结构与工作原理和普通发动机上的空气滤清器相同。

2. 节气门体

节气门体安装在进气管中，用以控制发动机正常运行工况下的进气量。节气门体主要由节气门和怠速空气道等组成。由于电控燃油喷射发动机怠速运转时，一般将节气门完全关闭，所以专门设有怠速空气道，以供给发动机怠速时所需的空气。怠速空气道由 ECU 通过怠速控制阀控制。

D 型多点喷射系统的节气门体如图 2-24 所示。节气门位置传感器安装在节气门轴上，用来检测节气门的开度。ECU 通过怠速控制阀来控制怠速空气道，以根据需要调节发动机怠速时的进气量。节气门限位螺钉用来调节节气门的最小开度。在发动机工作时，冷却液通过加热水管 5 流经节气门体，以防止寒冷季节空气中的水分在节气门体上冻结，有些车型的节气门体上没有加热水管。

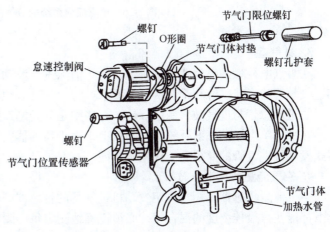

图 2-24　D 型多点喷射系统的节气门体

19

注意：在装有节气门限位螺钉的汽车上，使用中一般不允许调整节气门限位螺钉，除非怠速控制阀发生故障而又无法及时修复，可通过调整节气门最小开度来保持发动机怠速运转。故障排除后，应将节气门限位螺钉调回原位。

有些采用 L 型喷射系统的发动机上将空气流量传感器与节气门体组合成一体，如图 2-25 所示。

在单点燃油喷射系统中，喷油器和燃油压力调节器等也安装在节气门体上，其结构比多点喷射系统的节气门体复杂，如图 2-26 所示。管接头 7 和 8 用于燃油蒸发排放控制系统。

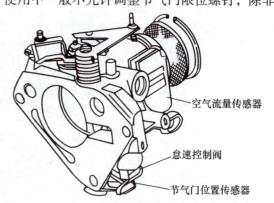

图 2-25　L 型多点喷射系统的节气门体

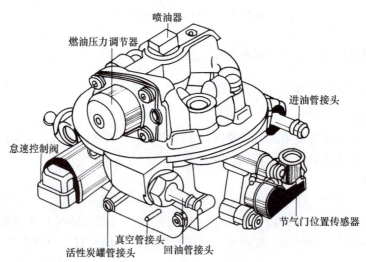

图 2-26　单点喷射系统的节气门体

3. 进气管

在多点电控燃油喷射式发动机上，为了消除进气波动和保证各缸进气均匀，对进气总管和进气歧管的形状、容积都有严格的要求，每个气缸必须设有一个单独的进气歧管。有些发动机的进气总管与进气歧管制成一体，有些则是分开制造再用螺栓联接。

在采用单点燃油喷射系统的发动机上，由于喷油器安装在节气门体上，其进气管与化油器式发动机进气管的要求和结构基本相同。

4. 空气流量传感器（MAF）

空气流量传感器是用来测定发动机进气量的传感器。电控汽油喷射发动机为了在各种工况下都能获得最佳浓度的混合气，必须正确地测定每一瞬间吸入发动机的空气量，以此作为 ECU 控制喷油量的主要依据。采用空气流量传感器测定进气量的电控汽油喷射发动机，如果空气流量传感器或电路出现故障，ECU 得不到正确的进气量信号，就不能正常地进行喷油量的控制，将造成混合气过浓或过稀，使发动机运转不正常。

根据空气流量传感器测量原理的不同,空气流量传感器可分为叶片式、热式和卡门旋涡式三种类型。

(1) 叶片式空气流量传感器　在汽油机电控系统中,最早采用的空气流量传感器就是叶片式空气流量传感器,其结构如图 2-27 所示。测量叶片和缓冲叶片制成一体,安装在空气流量传感器壳体内的转轴上,转轴的一端装有回位弹簧,电位计安装在空气流量传感器壳体的上方,电位计的滑动触点与测量叶片为同轴结构。

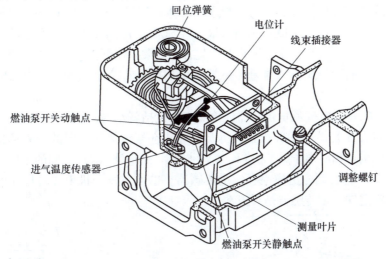

图 2-27　叶片式空气流量传感器

叶片式空气流量传感器的工作原理如图 2-28 所示。发动机工作时,ECU 给电位计电阻器提供一个标准电源电压 U_B,使其电流保持恒定,由于进气流推动测量叶片转动,同时带动电位计滑动臂转动,使电位计滑动臂(信号端子 V_S)与电源端子 V_C 之间的电阻值发生变化,电压 U_S 也发生变化。当进气气流对测量叶片的推力与力图关闭测量叶片的回位弹簧弹力平衡时,测量叶片和电位计滑动触点即停止在某一位置,电压 U_S 也有一个相应的固定值,电位计将此位置产生的电压信号 U_S(或 $U_B - U_S$)输送给 ECU,以确定发动机进气量的大小。

空气流量传感器内的主空气道与旁通空气道之间用一个活动板隔开,调整螺钉(见图 2-27 中的 6)可调节主空气道与旁通空气道的大小,以调节发动机工作时的混合气浓度。当调整螺钉向外旋出时,旁通空气道截面积增大,而测量叶片与活动板间隙减

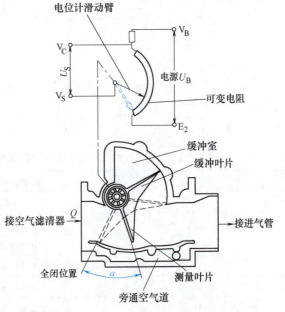

图 2-28　叶片式空气流量传感器的工作原理

小，所以流经旁通空气道的空气量增加，流经主空气道的空气量减少，这样进入发动机的总空气量保持不变时，由于经空气流量传感器测量的空气量减少，使喷油量减少，所以混合气变稀。反之，将调整螺钉旋入时，则混合气变浓。

在空气流量传感器内还设有缓冲室和缓冲叶片，利用缓冲室内空气对缓冲叶片的阻尼作用，可减小发动机进气量急剧变化时引起的测量叶片的脉动，以提高空气流量传感器的测量精度。

由于叶片式空气流量传感器只能检测进气的体积流量，所以 ECU 必须根据进气温度信号对喷油量进行修正。进气温度传感器安装在空气流量传感器主空气通道的进气口处。此外，在部分车型的叶片式空气流量传感器中装有燃油泵控制开关，用来控制燃油泵电路。带有燃油泵控制开关的叶片式空气流量传感器线束插接器有 7 个端子，其内部电路如图 2-29 所示。

在使用中，叶片式空气流量传感器的检测方法包括就车检测和单件检测。就车检测如图 2-30 所示，将点火开关置于 OFF 位置，拆开叶片式空气流量传感器的线束插接器，用万用表电阻档测量插接器相应端子（V_C 与 E_2、V_S 与 E_2、THA 与 E_2）之间的电阻，其电阻值应符合标准（表 2-1），否则应更换空气流量传感器。也可在发动机工作时检测电源电压和信号电压，以确定空气流量传感器是否正常。

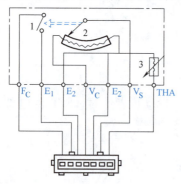

图 2-29 叶片式空气流量传感器内部电路
1—油泵开关 2—电位计
3—进气温度传感器

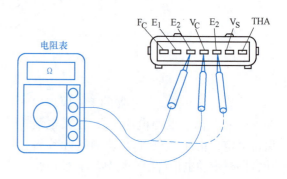

图 2-30 就车检测叶片式空气流量传感器的电阻

表 2-1 叶片式空气流量传感器就车检测标准（丰田普瑞维亚轿车）

端　子	标准电阻/kΩ	温度/℃
$V_S - E_2$	0.2~0.60	—
$V_C - E_2$	0.20~0.60	—
	10.00~20.00	-20
	4.00~7.00	0
THA - E_2	2.00~3.00	20
	0.90~1.30	20
	0.40~0.70	60
$F_C - E_1$	不定	—

项目二　汽油机电控燃油喷射系统

单件检测叶片式空气流量传感器时，将点火开关置于 OFF 位置，拆开空气流量传感器的线束插接器，拆下与空气流量传感器进气口连接的空气滤清器，拆开空气流量传感器出口处的空气软管卡箍，拆除固定螺栓，取下空气流量传感器，然后进行以下检测：

1）用万用表电阻档测量 F_C 端子与 E_1 端子之间的电阻。当空气流量传感器测量叶片全闭时，电阻值应为∞（燃油泵开关不导通）；当空气流量传感器测量叶片在任一开启位置时，电阻均应为 0（燃油泵开关导通）。

2）如图 2-31 所示，用旋具推动测量叶片，同时用万用表电阻档测量 V_S 端子与 E_2 端子之间的电阻，在测量叶片由全闭至全开的过程中，电阻值应逐渐变小，且符合标准（表 2-2），否则应更换空气流量传感器。

表 2-2　叶片式空气流量传感器单件检测标准（丰田普瑞维亚轿车）

端　子	标准电阻/Ω	测量叶片位置
$F_C - E_1$	∞	测量叶片全关闭
$F_C - E_1$	0	测量叶片开启
$V_S - E_2$	20～600	全关闭
$V_S - E_2$	20～1 200	从全关到全开

（2）热式空气流量传感器　热式空气流量传感器的主要元件是热线电阻器，可分为热线式和热膜式两种类型，其结构和工作原理基本相同。

按其测量元件的安装位置不同，热线式空气流量传感器可分为两种：第一种是将热线电阻器安装在主进气道中，称为主流测量方式的热线式空气流量传感器；第二种是将热线电阻安装在旁通气道中，称为旁通测量方式的热线式空气流量传感器。

热线式空气流量传感器的结构如图 2-32 所示，主要由防护网、采样管、热线电阻、温度补偿电阻和控制电路板等组成。热线电阻和温度补偿电阻安装在主进气道中，控制电路板安装在空气流量传感器下方。防护网用于防止回火和脏物进入空气流量传感器。

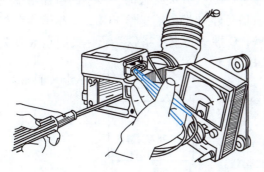

图 2-31　单件检测叶片式空气流量传感器电阻

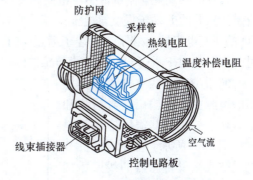

图 2-32　热线式空气流量传感器的结构

热线式空气流量传感器的工作原理如图 2-33 所示。安装在控制电路板上的精密电阻 R_A 和 R_B 与热线电阻 R_H 和温度补偿电阻 R_K 组成惠斯通电桥电路。当空气流经热线电阻时，热线电阻温度降低，其相应的电阻值减小，使电桥失去平衡，若要保持电桥平衡，就必须增加流经热线电阻的电流，以恢复其温度和阻值。流经热线电阻的空气量（质量流量）不同，热线电阻的温度变化量和电阻值的变化量不同，为保持电桥平衡，流经热线电阻的电流也相应地变化。由于精密电阻 R_A 的电阻值是一定的，流经精密电阻 R_A 和热线电阻的电流相等（两电阻串联），所以精密电阻 R_A 两端的电压随流经热线电阻的空气量相应地变化，控制电路将精密电阻 R_A 两端的电压输送给 ECU 即可确定进气量。

控制电路的作用是保持电桥平衡，即保持热线电阻与感应进气温度的温度补偿电阻之间的温度差不变。装用热线式空气流量传感器的电控燃油喷射系统，可直接测量进入发动机的空气质量流量，一般不需要根据进气温度信号对喷油时间进行修正。

为保证测量精度，热线式空气流量传感器一般都有自洁功能。发动机转速超过 1 500r/min，关闭点火开关使发动机熄火后，控制系统自动将热线电阻加热到 1 000℃以上并保持约 1s，以便将附在热线电阻上的粉尘烧掉。

热膜式空气流量传感器的结构如图 2-34 所示。热膜式空气流量传感器的结构和工作原理与热线式空气流量传感器基本相同，不同之处在于热线式空气流量传感器的测量元件是采用铂丝热线制成的电阻，而热膜式空气流量传感器的测量元件不采用价格昂贵的铂丝热线，它用热膜代替热线，并将热膜镀在陶瓷片上，制造成本较低。此外，热膜式空气流量传感器的测量元件不直接承受空气流的作用力，其使用寿命较长。

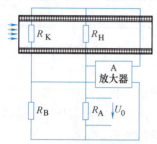

图 2-33 热线式空气流量传感器的工作原理

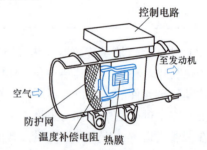

图 2-34 热膜式空气流量传感器的结构

常见的热式空气流量传感器电路如图 2-35 所示。点火开关接通时，经主继电器给空气流量传感器的 E 端子提供蓄电池电压，空气流量信号经 B 端子输送给 ECU，A 端子为调整 CO 的可变电阻输出端子，D 端子通过 ECU 搭铁，C 端子为直接搭铁端子。关闭点火开关时，ECU 通过 F 端子给空气流量传感器输送自洁信号。

使用中对热式空气流量传感器的检测主要是输出信号检测和自洁功能检测。其输出信号的检测如图 2-36 所示。检测时，拆开热式空气流量传感器的线束插接器，拆下空气流量传感器；将蓄电池的电压施加于空气流量传感

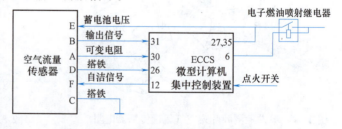

图 2-35 常见的热膜式空气流量传感器电路

器的端子 D 和端子 E 之间（电源极性应正确），然后用万用表电压档测量端子 B 和端子 D 之间的电压。其标准电压值为 (1.6±0.5) V。如果其电压值不符，则应更换空气流量传感器。在进行上述检查之后，给空气流量传感器的进气口吹风，同时测量端子 B 和端子 D 之间的电压。在吹风时，电压应上升至 2~4V。如果电压值不符，则必须更换空气流量传感器。

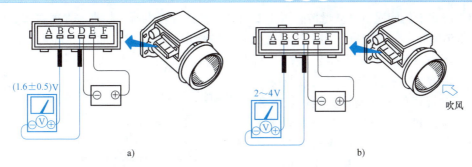

图 2-36 热式空气流量传感器输出信号的检测
a) 无空气流过时 b) 有空气流过时

检测热式空气流量传感器自洁功能时，安装好热式空气流量传感器及其线束插接器，拆下空气流量传感器的防尘网，起动发动机并加速到 2 500r/min 以上。当发动机停转 5s 后，从空气流量传感器进气口处可以看到热线自动加热烧红（约 1 000℃）约 1s，如果无此现象发生，则必须检查自洁信号或更换空气流量传感器。自洁信号的检查方法是在发动机达到正常工作温度、转速超过 2 500r/min 后，测量 F 端子与 D 端子之间的电压。关闭点火开关时，电压应回零并在 5s 后跳跃上升，1s 后再回零，否则说明自洁信号不良；自洁信号不良说明电路或 ECU 有故障，但若自洁信号正常，而看不到热线自动加热烧红的现象，说明空气流量传感器有故障。

（3）卡门旋涡式空气流量传感器　此类型空气流量传感器具有体积小、重量轻、结构简单等优点。按检测方式的不同，卡门旋涡式空气流量传感器可分为光学式和超声波式两种类型。

光学式卡门旋涡空气流量传感器的结构如图 2-37 所示。在进气道内设有锥形涡流发生器，当空气流经进气道时，会在涡流发生器的后部产生有规律的卡门旋涡，从而导致涡流发生器周围的空气压力发生变化，变化的压力经导压孔引向金属膜制成的反光镜使反光镜产生振动，其振动频率与涡流发生的频率相等，而涡流发生频率与空气流速成正比。反光镜将发光二极管投射的光反射给光敏晶体管，通过光敏晶体管检测涡流发生的频率，并向 ECU 输送信号，ECU 则根据此信号确定发动机的进气量（体积流量等于流速与流通截面积之积）。

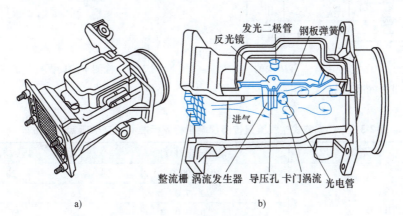

图 2-37 光学式卡门旋涡空气流量传感器
a) 外形图 b) 结构图

超声波式卡门旋涡空气流量传感器主要由超声波信号发生器、超声波发射探头、涡流稳定板、涡流发生器、整流栅、超声波接收探头和转换电路等组成,如图2-38所示。发动机工作中,当空气流经涡流发生器时,在其后部的超声波发射探头与超声波接收探头之间产生有规律的卡门旋涡。超声波发射探头不断地接收超声波信号发生器输送来的超声波信号,并将其转换成机械波。超声波接收探头安装在发射探头正对面,它利用压电效应将接收到的机械波转换成电信号输送给转换电路。因卡门旋涡对空气密度的影响,会使机械波从发射探头传到接收探头的时间产生相位差。转换电路对此相位信号进行处理,就可以得到与涡流发生的频率成正比的脉冲信号,即代表空气体积流量的电信号。

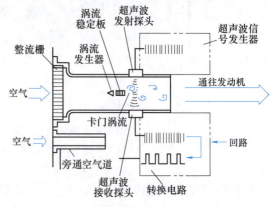

图2-38 超声波式卡门旋涡空气流量传感器

卡门旋涡式空气流量传感器(带进气温度传感器)电路如图2-39所示。ECU通过V_C端子给空气流量传感器提供一个标准的5V电压,空气流量信号经K_S端子输入ECU,E_2为搭铁端子。

以光学式卡门旋涡空气流量传感器(带进气温度传感器)为例,检测方法如下:

1)将点火开关置于OFF位置,拆开空气流量传感器的线束插接器,用万用表电阻档测量端子THA与端子E_1之间的电阻(见图2-40),其标准值见表2-3。如果电阻值不符合标准值,则说明进气温度传感器有故障,应更换空气流量传感器。

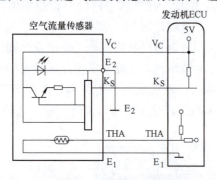

图2-39 卡门旋涡空气流量传感器
(带进气温度传感器)电路

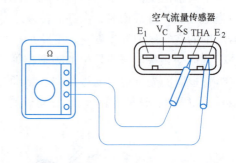

图2-40 检测卡门旋涡空气流量传感器

表2-3 卡门涡旋式空气流量传感器电阻检测标准(雷克萨斯LS400轿车)

端 子	标准电阻/kΩ	温度/℃
THA-E_1	10.0~20.0	-20
	4.0~7.0	0
	2.0~3.0	20
	0.9~1.3	40
	0.4~0.7	60

项目二 汽油机电控燃油喷射系统

2）插好空气流量传感器的线束插接器，用万用表电压档检测发动机 ECU 端子 THA 和端子 E_2、端子 V_C 和端子 E_1、端子 K_S 和端子 E_1 之间的电压，其标准电压值见表 2-4。若电压不符合要求，则应首先检查空气流量传感器与 ECU 之间的导线及线束插接器，视情况修理或更换。若导线及线束插接器正常，端子 V_C 和端子 E_1 之间的电压不正常，则应检修或更换 ECU；若导线及线束插接器正常，端子 V_C 和端子 E_1 之间的电压也正常，仅端子 THA 和端子 E_2 或端子 K_S 和端子 E_1 之间的电压不正常，则应更换空气流量传感器。

表 2-4　卡门涡旋式空气流量传感器电压检测标准（雷克萨斯 LS400 轿车）

端　子	电压/V	条　件
THA-E_2	0.5~3.4	怠速、进气温度为 20℃
	4.5~5.5	点火开关置于 ON 位置
K_S-E_1	2.0~4.0（脉冲发生）	怠速
V_C-E_1	4.5~5.5	点火开关置于 ON 位置

5. 进气管绝对压力传感器

进气管绝对压力传感器（IMAPS）用来测量进气管内气体的绝对压力（等于大气压力与真空度的差值），并将信号输入 ECU，作为燃油喷射控制和点火控制的主控制信号。

进气管绝对压力传感器的种类较多，按其检测原理的不同可分为压敏电阻式、电容式、膜盒式和表面弹性波式等，但目前应用最广泛的是压敏电阻式和电容式。

（1）压敏电阻式进气管绝对压力传感器　该传感器主要由绝对真空室、硅片和 IC（放大电路）组成，如图 2-41 所示。硅片的一侧是绝对真空室，而另一侧承受进气管内的压力，在此压力作用下硅片产生变形；由于绝对真空室的压力是固定的（绝对压力为 0），进气管绝对压力变化时，硅片的变形量不同；硅片是一个压力转换元件（压敏电阻），其电阻值随其变形量变化而变化，导致硅片所处的电桥电路输出电压发生变化，电桥电路输出的电压（很小）经 IC（放大电路）放大后输送给 ECU。

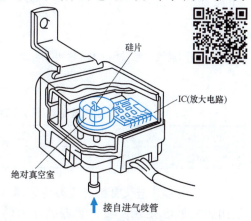

图 2-41　压敏电阻式进气管绝对压力传感器

压敏电阻式进气管绝对压力传感器与 ECU 的连接电路如图 2-42 所示。ECU 通过 V_{CC} 端子给传感器提供标准的 5V 电压，传感器信号经 PIM 端子输送给 ECU，E_2 为搭铁端子。在使用中，对压敏电阻式进气管绝对压力传感器的检测内容和方法如下：

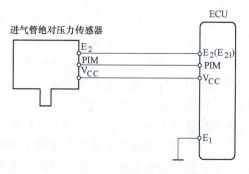

图 2-42　压敏电阻式进气管绝对压力传感器与 ECU 的连接电路

1)电源电压检测。将点火开关置于 OFF 位置,拆开进气管绝对压力传感器的线束插接器,然后将点火开关置于 ON 位置(不起动发动机),在线束侧用万用表电压档测量线束插接器电源端子 V_{CC} 和搭铁端子 E_2 之间的电压(见图2-43),其电压值应为4.5~5.5V。如果有异常,则应检查进气管绝对压力传感器与 ECU 之间的电路是否导通。若断路,则应更换或修理线束。

2)输出信号电压检测。将点火开关置于 ON 位置(不起动发动机),拆下连接进气管绝对压力传感器与进气管的真空软管,然后用真空泵向进气管绝对压力传感器内施加真空,同时在 ECU 侧用万用表电压档测量端子 PIM 与端子 E_2 之间的传感器输出信号电压(见图2-44),标准输出信号电压值见表2-5。检测结果如果不符合标准,则应更换进气管绝对压力传感器。

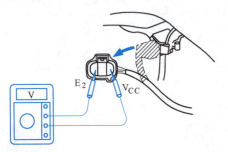

图2-43 检测进气管绝对压力传感器电源电压

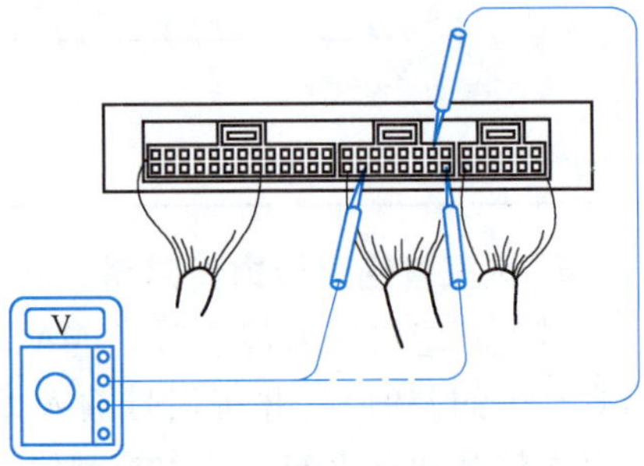

图2-44 检测进气管绝对压力传感器输出信号电压

表2-5 进气管绝对压力传感器输出信号电压标准(皇冠3.0轿车)

真空度/kPa(mmHg)	13.3(100)	26.7(200)	40.0(300)	53.5(400)	66.7(500)
电压值/V	0.3~0.5	0.7~0.9	1.1~1.3	1.5~1.7	1.9~2.1

(2)电容式进气管绝对压力传感器 该传感器利用电容效应检测进气管绝对压力,其结构如图2-45所示。该传感器的压力转换元件由可产生电容效应的厚膜电极构成,电极被附在氧化铝膜片上。发动机工作时,进气管内的空气压力作用于氧化铝膜片上,使氧化铝膜片产生位移,上、下两个厚膜电极之间的距离发生变化,导致由两个厚膜电极形成的电容产生相应的变化,电容的变化量与进气管内空气的绝对压力成正比。电容的

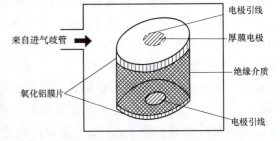

图2-45 电容式进气管绝对压力传感器的结构

变化量可经过测量电路(电容电桥电路或谐振电路等)转换成电压信号或频率信号,ECU 根据传感器输出的电压信号或频率信号确定进气管绝对压力。

电容式与压敏电阻式进气管绝对压力传感器的电路基本相同,其线束插接器上也是有3个端子,分别为电源端子、信号端子和搭铁端子。但与电容式进气管绝对压力传感器配合使用的测量电路不同,其输出信号可分为电压信号和频率信号,检测方法是不同的。输出信号为电压信号的电容式进气管绝对压力传感器的检测方法与压敏电阻式进气管绝对压力传感器

基本相同，其电源电压一般为5V，随进气管压力（或给传感器施加真空度）的变化，其输出的信号电压一般为2~4V。

输出信号为频率信号的电容式进气管绝对压力传感器，又称为数字式进气管绝对压力传感器。其检测项目和方法如下：

1）电源电压检测。ECU给传感器提供标准的5V电源电压，其检测方法与前述压敏电阻式进气管绝对压力传感器基本相同。

2）输出信号频率检测。打开点火开关但不起动发动机，用手动真空泵给进气压力传感器施加不同的真空度，同时用示波器测量传感器输出波形。波形的幅值应该是满5V的脉冲，同时形状正确，如波形稳定、矩形方角正确和上升沿垂直，频率与对应的真空度应符合标准（表2-6）。

表2-6 进气管绝对压力传感器输出信号频率标准（福特车系）

真空度/kPa（inHg）	0（0）	10.2（3）	20.3（6）	30.5（9）	40.7（12）	50.8（15）
电压值/Hz	159	150	141	133	125	117
真空度/kPa（inHg）	61.0（18）	71.1（21）	81.3（24）	91.5（27）	101.6（30）	
电压值/Hz	109	102	95	88	80	

6. 节气门位置传感器

在汽油机上，通常用节气门来控制发动机的负荷（即进气量）。节气门位置传感器（TPS）是用来检测节气门开度及开度变化的传感器。发动机工作时，ECU主要根据节气门位置传感器信号判断发动机负荷的大小及变化情况，以便根据发动机负荷的大小及变化情况进行燃油喷射控制及其他辅助控制（如EGR控制、开/闭环控制等）。

节气门位置传感器安装在节气门体上，由节气门轴驱动，可分为电位计式、触点式和综合式三种。

（1）电位计式节气门位置传感器 该传感器是一个线性可变电阻型的电位计，如图2-46所示。电位计的滑动触点由节气门轴驱动，点火开关接通后，ECU即通过C端子给传感器提供5V标准电压，使通过电位计的电流保持不变。在不同的节气门开度下，电位计滑动触点（B端子）与搭铁端子（A端子，经ECU内部搭铁）之间的电阻不同，由于发动机工作时流经电位计的电流不变，所以两端子（B端子与A端子）之间的电压即可反映节气门的开度大小及其开度的变化速率。

电位计式节气门位置传感器电路如图2-47所示。在使用中，对其进行检测的步骤如下：

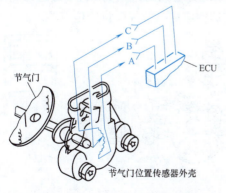

图2-46 电位计式节气门位置传感器

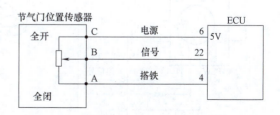

图2-47 电位计式节气门位置传感器电路

1)将点火开关置于OFF位置,拆开节气门位置传感器的线束插接器,然后将点火开关置于ON位置(不起动发动机),用万用表测量线束插接器电源端子C与搭铁端子A之间的电压,正常应为5V。

2)接好传感器的线束插接器,将点火开关置于ON位置(不起动发动机),在ECU侧用万用表测量信号端子B与搭铁端子A之间的电压。标准:节气门全关(怠速位置)时,信号电压大于0.2V(约为0.5V);随节气门开度的增大,信号电压逐渐升高;节气门全开时,信号电压小于4.8V(约为4.5V)。

(2)触点式节气门位置传感器　该传感器主要由动触点(TL)、怠速触点(IDL)和全负荷触点(PSW)组成,如图2-48所示。怠速触点和全负荷触点为固定触点,动触点由一个与节气门同轴转动的凸轮控制,动触点在节气门全关(怠速)时与怠速固定触点闭合,而在节气门接近全开时与全负荷触点闭合;节气门开度在中间位置时,滑动触点与两个固定触点均断开。ECU根据触点的闭合情况(IDL信号和PSW信号)确定发动机处于怠速工况、中等负荷工况或全负荷工况。

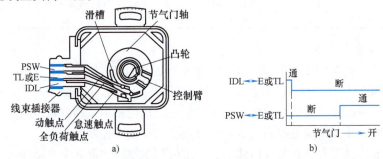

图2-48　触点式节气门位置传感器
a)结构　b)输出特性

触点式节气门位置传感器电路如图2-49所示。ECU通过动触点端子TL给传感器提供电源,两个固定触点端子IDL和PSW分别给ECU输送节气门处于怠速或全负荷的位置信号。

触点式节气门位置传感器的检测与调整方法如下:

1)就车检测。将点火开关置于OFF位置,拆开传感器线束插接器,在节气门限位螺钉和限位杆之间插入适当厚度的塞尺;如图2-50所示,用万用表电阻档在传感器线束插接器上分别测量IDL端子、PSW端子与TL端子的导通情况(导通时电阻为0,不导通时电阻为∞),其标准见表2-7。检测情况若不符合标准,应调整或更换节气门位置传感器。

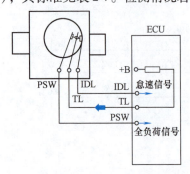

图2-49　触点式节气门位置传感器电路

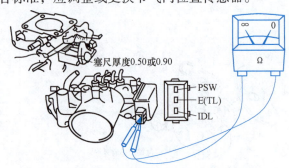

图2-50　就车检测触点式节气门位置传感器

项目二 汽油机电控燃油喷射系统

表 2-7 触点式节气门位置传感器就车检测标准（丰田 1S-E 和 2S-E）

节气门位置	端子		
	IDL-E（TL）	PSW-E（TL）	IDL-PSW
限位螺钉和限位杆间插入 0.50mm 的塞尺	导通	不导通	不导通
限位螺钉和限位杆间插入 0.90mm 的塞尺	不导通	不导通	不导通
全开	不导通	导通	不导通

2）单件检测。使节气门处于下列开度位置：有三元催化转化器的为 71°或 81°，无三元催化转化器的为 41°或 51°（节气门完全关闭时的度数为 6°）；然后用万用表电阻档检查传感器各端子间的导通情况，其标准见表 2-8。检测情况若不符合标准，则应调整或更换节气门位置传感器。

表 2-8 触点式节气门位置传感器单件检测标准（丰田 1S-E 和 2S-E）

节气门位置	有三元催化转化器			节气门位置	无三元催化转化器		
	IDL-E（TL）	PSW-E（TL）	IDL-PSW		IDL-E（TL）	PSW-E（TL）	DL-PSW
从垂直位置起 71°	不导通	不导通	不导通	从垂直位置起 41°	不导通	不导通	不导通
从垂直位置起 81°	不导通	导通	不导通	从垂直位置起 51°	不导通	导通	不导通
从垂直位置起 7.5°	导通	不导通	不导通	从垂直位置起 7.5°	导通	不导通	不导通

3）调整。对触点式节气门位置传感器，如果上述检测结果不符合标准，可进行调整。调整方法如下：松开传感器的固定螺钉，在节气门限位螺钉和限位杆之间插入 0.70mm 的塞尺，并用万用表电阻档的测量传感器端子 IDL 与端子 E（或 TL）之间的导通情况（参见图 2-50），先逆时针转动传感器使端子 IDL 和端子 E（或 TL）之间不导通（观察万用表显示），再顺时针转动传感器直到端子 IDL 和端子 E（或 TL）之间导通（观察万用表显示）时，拧紧传感器固定螺钉，最后换用 0.50mm 或 0.90mm 的塞尺，检查端子 IDL 和端子 E（或 TL）之间的导通情况，应符合表 2-7 的标准。否则，应重新调整节气门位置传感器。

(3) 综合式节气门位置传感器　电位计式节气门位置传感器能够连续测量节气门的开度及其开度变化，但难以精确地检测出节气门全闭和全开位置。触点式节气门位置传感器虽能精确地检测出节气门全闭和全开位置，但当节气门处于最小和最大之间的开度位置时，无法测量出节气门的具体开度大小及其开度变化情况。为此，多数发动机上采用了具有电位计式和触点式两种传感器特性的综合式节气门位置传感器。

综合式节气门位置传感器通常由一个电位计和一个急速触点组成，如图 2-51 所示。其结构与工作原理参阅本节前述两种节气门位置传感器相关内容。

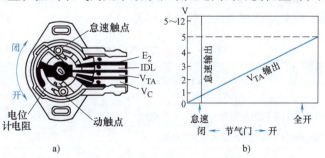

图 2-51 综合式节气门位置传感器
a) 结构 b) 输出特性

综合式节气门位置传感器电路如图 2-52 所示。其检测与调整方法如下：

1）怠速触点检测。将点火开关置于 OFF 位置，拆开节气门位置传感器的线束插接器，用万用表电阻档测量传感器线束插接器的 IDL 端子与 E_2 端子的导通情况，如图 2-53 所示。当节气门全闭时，IDL 端子与 E_2 端子应导通（电阻为 0）；当节气门在任意开启位置时，IDL 端子与 E_2 端子间应不导通（电阻为 ∞）。否则，应更换节气门位置传感器。

2）电位计电阻检测。将点火开关置于 OFF 位置，拆开节气门位置传感器的线束插接器，用万用表电阻档测量传感器线束插接器的 V_{TA} 端子与 E_2 端子之间的电阻值（见图 2-53），该电阻值应能随节气门开度增大而成正比增大。

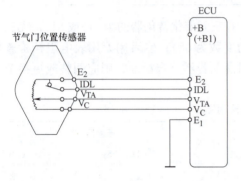

图 2-52　综合式节气门位置传感器电路

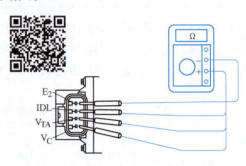

图 2-53　检测综合式节气门位置传感器

在节气门限位螺钉和限位杆之间插入适当厚度的塞尺，用万用表电阻档测量传感器线束插接器各端子之间的电阻，电阻值应符合标准（表 2-9）。

3）电压检测。连接好传感器的线束插接器，将点火开关置于 ON 位置，用万用表电压档在 ECU 侧分别测量端子 IDL 与端子 E_2、端子 V_C 与端子 E_2、端子 V_{TA} 与端子 E_2 之间的电压（端子位置见图 2-53）。电压值应符合标准（表 2-10）。

4）调整。松开传感器的固定螺钉，在节气门限位螺钉和限位杆之间插入 0.50mm 的塞尺，并用万用表电阻档的测量传感器端子 IDL 与端子 E_2 之间的导通情况（参见图 2-52），先逆时针转动传感器使端子 IDL 和端子 E_2 之间不导通（万用表读数为 ∞），再顺时针转动传感器直到端子 IDL 和 E_2 之间导通（万用表有读数显示）时，拧紧传感器固定螺钉；最后分别用 0.45mm 或 0.55mm 的塞尺检查端子 IDL 和 E_2 之间的导通情况。当塞尺为 0.45mm 时，端子 IDL 与 E_2 之间应导通；当塞尺为 0.55mm 时，端子 IDL 和 E_2 之间应不导通。否则，应重新调整节气门位置传感器。

表 2-9　综合式节气门位置传感器电阻检测标准（皇冠 3.0 轿车）

节气门位置	端子名称	电阻值/kΩ
全闭	V_{TA}-E_2	0.34 ~ 6.30
限位螺钉与限位杆间插入 0.45mm 的塞尺	IDL-E_2	0.50 或更小
限位螺钉与限位杆间插入 0.55mm 的塞尺	IDL-E_2	∞
全开	V_{TA}-E_2	2.40 ~ 11.20
—	V_C-E_2	3.10 ~ 7.20

项目二　汽油机电控燃油喷射系统

表 2-10　综合式节气门位置传感器电压检测标准（皇冠 3.0 轿车）

端　子	节气门位置	标准电压/V
$IDL-E_2$	节气门全开	9.0～14.0
V_C 与 E_2	—	4.0～5.5
$V_{TA}-E_2$	节气门全闭	0.3～0.8
	节气门全开	3.2～4.9

7. 进气温度传感器

汽油机电控系统对混合气浓度的控制，是通过控制混合气中空气质量与汽油质量的比值（即空燃比）来实现的。除热式空气流量传感器能直接测量发动机实际进气的质量流量外，其他空气流量传感器或进气管绝对压力传感器都只能直接或间接测量发动机实际进气的体积流量。发动机进气的体积流量一定时，其质量流量取决于进气温度。进气温度传感器的功用是给 ECU 提供进气温度信号，作为燃油喷射控制和点火控制的修正信号。

进气温度传感器一般安装在空气滤清器内、空气流量传感器（叶片式和卡门旋涡式）内或进气管上。进气温度传感器通常采用负温度系数的热敏电阻作为测量元件，如图 2-54 所示。传感器壳体内装有一个热敏电阻，进气温度变化时，热敏电阻的阻值发生变化，由其特性图可见，随着进气温度升高，阻值减小。

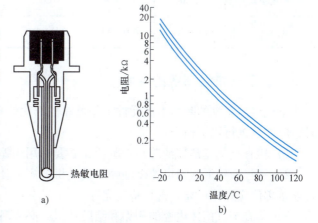

图 2-54　进气温度传感器
a）结构　b）输出特性

进气温度传感器电路如图 2-55 所示。在 ECU 中有一个标准电阻 R 与传感器的热敏电阻串联，点火开关接通后，ECU 给串联的标准电阻和热敏电阻提供 5V 标准电压，当热敏电阻随进气温度变化时，传感器信号端子 A 与搭铁端子 B 之间的分压值随之变化，ECU 根据此分压值判断进气温度。

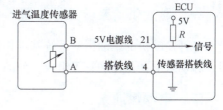

图 2-55　进气温度传感器电路

在使用中，安装在空气流量传感器内的进气温度传感器一般不能与空气流量传感器拆分开，其检测方法见前述空气流量传感器检测的相关内容。安装在空气滤清器内或进气管上的进气温度传感器一般能单独拆下并对其进行检测，检测内容及方法如下：

1）电阻检测。将点火开关置于 OFF 位置，拆开进气温度传感器线束插接器，并将传感器拆下，如图 2-56 所示。用热水（或电热吹风器、红外线灯）加热传感器，同时用万用表电阻档测量在不同温度下传感器两端子间的电阻值，测得的电阻值应符合标准（表 2-11）。否则，应更换进气温度传感器。

2）电压检测。安装好进气温度传感器，并接好传感器的线束插接器，将点火开关置于 ON 位置时，用万用表电压档测量进气温度传感器两端子输出的信号电压。进气温度为 20℃ 时，信号电压应为 0.5~3.4V，测得的电压值应随进气温度成反比变化。

当拆开进气温度传感器的线束插接器，将点火开关置于 ON 位置时，在线束侧用万用表测量进气温度传感器的电源电压，正常应为 5V 标准电压。

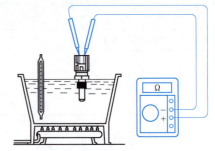

图 2-56　检测传感器电阻

表 2-11　进气温度传感器检测标准（皇冠 3.0 轿车）

温度/℃	-20	0	20	40	60	80
电阻/kΩ	10.0~20.0	4.0~7.0	2.0~3.0	0.9~1.3	0.4~0.7	0.2~0.4

三、空气供给系统的检修

空气供给系统的基本组成元件工作可靠性都比较高，一般很少发生故障。但在汽车维修时，应注意进行以下检查：

1）检查空气滤清器滤芯是否脏污，必要时用压缩空气吹净或更换。

2）进气系统漏气对电控燃油喷射发动机的影响比对化油器式发动机的影响更大。检查各连接部位应连接可靠，密封垫应完好。

3）检查节气门体内腔的积垢和结胶情况，必要时用清洗剂进行清洗。

注意：绝对不允许用砂纸或刮刀等清理积垢和结胶，以免损伤节气门体内腔，导致节气门关闭不严或改变怠速空气道尺寸，影响发动机正常工作。

学习任务三　燃油供给系统主要元件的构造与检修

一、燃油供给系统元件位置

各种发动机的燃油供给系统基本相同，都是由电动燃油泵、燃油滤清器、燃油压力调节器、脉动阻尼器及输油管等组成，如图 2-57 所示。

二、电动燃油泵

1. 电动燃油泵的类型

电动燃油泵是一种由小型直流电动机驱动的燃油泵，其作用是给电控燃油喷射系统提供具有一定压力的燃油。电动燃油泵的电动机和燃油泵连成一体，密封在同一壳体内。

电动燃油泵按安装位置的不同，可分为内置式和外置式两种。

内置式电动燃油泵安装在燃油箱中，具有噪声小、不易产生气阻、不易泄漏和安装管路较简单等优点，应用更为广泛。有些车型在燃油箱内还设有一个小油箱，并将燃油泵置于小

项目二 汽油机电控燃油喷射系统

油箱中,这样可防止在燃油箱燃油不足时,因汽车转弯或倾斜引起燃油泵周围燃油的移动,使燃油泵吸入空气而产生气阻。

外置式电动燃油泵串接在燃油箱外部的输油管路中,优点是容易布置,安装自由度大,但噪声大,且燃油供给系统易产生气阻,所以只有少数车型上应用。

目前各车型装用的电动燃油泵按其结构的不同,有涡轮式、滚柱式、转子式和侧槽式。内置式电动燃油泵多采用涡轮式,外置式电动燃油泵则多数为滚柱式。

2. 电动燃油泵的构造

(1) 涡轮式电动燃油泵 如图2-58 所示,涡轮式电动燃油泵主要由燃油泵电动机、涡轮泵、出油阀和泄压阀等组成。燃油箱内的燃油进入燃油泵内的进油室前,首先经过滤网初步过滤。

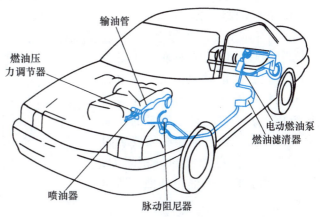

图 2-57 燃油供给系统

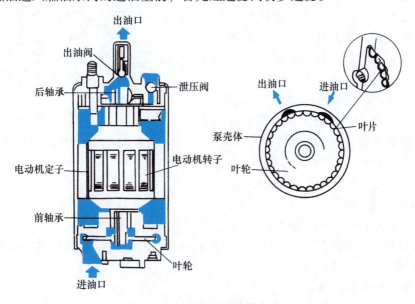

图 2-58 涡轮式电动燃油泵

涡轮泵主要由叶轮、叶片、泵壳体和泵盖组成,叶轮安装在燃油泵电动机的转子轴上。燃油泵电动机通电时,燃油泵电动机驱动涡轮泵叶轮旋转,由于离心力的作用,使叶轮周围小槽内的叶片贴紧泵壳,并将燃油从进油室带往出油室。由于进油室燃油不断被带走,所以形成一定的真空度,将燃油箱内的燃油经进油口吸入;而出油室燃油不断增多,燃油压力升高,当油压达到一定值时,则顶开出油阀经出油口输出。出油阀还可以在燃油泵不工作时阻止燃油倒流回燃油箱,这样可保持油路中有一定的残余压力,便于下次起动。

燃油泵工作中,燃油流经燃油泵内腔,对燃油泵电动机起到冷却和润滑的作用。泄压阀安装在进油室和出油室之间,当燃油泵输出油压达到0.4MPa时,泄压阀开启,使燃油泵内的进、出油室连通,燃油泵工作只能使燃油在其内部循环,以防止输油压力过高。

涡轮式电动燃油泵具有泵油量大、泵油压力较高(可达600kPa以上)、供油压力稳定、运转噪声小和使用寿命长等优点,所以应用最为广泛。

(2)滚柱式电动燃油泵 如图2-59所示,滚柱式电动燃油泵主要由燃油泵电动机、滚柱泵、出油阀和泄压阀等组成。滚柱式电动燃油泵的输油压力波动较大,在出油端必须安装阻尼减振器,这使燃油泵的体积增大,所以一般都安装在燃油箱外面,即属于外置式。

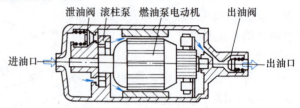

图2-59 滚柱式电动燃油泵

阻尼减振器主要由膜片和弹簧组成,它可吸收燃油压力波的能量,降低压力波动,以便提高喷油控制精度。

滚柱式电动燃油泵的工作原理如图2-60所示。装有滚柱的转子呈偏心状,置于泵壳内,由直流电动机驱动。当转子旋转时,位于转子槽内的滚柱在离心力的作用下紧压在泵体内表面上,对周围起密封作用,在相邻两个滚柱之间形成了工作腔。在燃油泵运转过程中,工作腔转过出油口后,其容积不断增大,形成一定的真空度,当转到与进油口连通时,将燃油吸入;而吸满燃油的工作腔转过进油口后,其容积又不断减小,使燃油压力提高,受压燃油流过电动机,从出油口输出。出油阀和泄压阀的作用与涡轮式电动燃油泵相同。

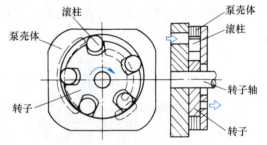

图2-60 滚柱式电动燃油泵的工作原理

3. 燃油泵控制电路

不同车型采用的燃油泵控制电路也不同,但主要分为以下三种类型:

(1) ECU控制的燃油泵控制电路 此种控制电路主要应用在装用D型EFI和装用热式或卡门旋涡式空气流量传感器的L型EFI系统中,如图2-61所示。

蓄电池电源经主易熔线、20A熔丝和主继电器进入ECU的+B端子,燃油泵ECU通过FP端子向燃油泵供电。燃油泵ECU根据发动机ECU端子FPC和DI的信号,控制+B端子与FP端子的连通回路,以改变输送给燃油泵的电压,从而实现对燃油泵转速的控制。当发动机高速、大负荷工作时,发动机ECU

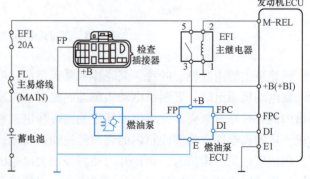

图2-61 ECU控制的燃油泵控制电路

的 FPC 端子向燃油泵 ECU 发出指令，使 FP 端子向燃油泵提供 12V 的蓄电池电压，燃油泵以高速运转。当发动机低速、小负荷工作时，发动机 ECU 的 DI 端子向燃油泵 ECU 发出指令，使 FP 端子向燃油泵提供较低的电压（一般为 9V），燃油泵以低速运转。

ECU 的电源端子 +B 和燃油泵控制端子 FP，分别有导线与诊断座上的相应端子相连，以便对燃油泵进行检查。

（2）燃油泵开关控制的燃油泵控制电路　此种控制电路用于装用叶片式空气流量传感器的 L 型 EFI 系统，如图 2-62 所示。

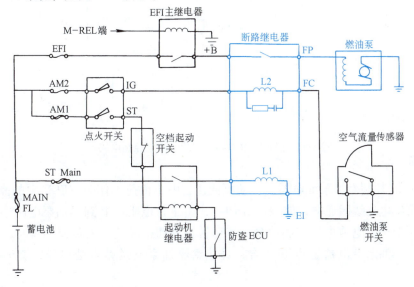

图 2-62　燃油泵开关控制的燃油泵控制电路

发动机起动时，点火开关 ST 端子与电源接通，起动机继电器线圈通电使其触点闭合，蓄电池经起动机继电器向断路继电器中的线圈 L1 供电使其触点闭合，从而通过主继电器和断路继电器向燃油泵供电，燃油泵工作。发动机起动后正常运转时，点火开关处于点火位置，点火开关 IG 端子与电源接通，同时空气流量传感器内的测量板转动使燃油泵开关闭合，断路继电器内的线圈 L2 通电，仍可保持断路继电器触点闭合，燃油泵继续工作。发动机运转中，燃油泵始终保持工作状态；但发动机停转时，空气流量传感器内的燃油泵开关断开，断路继电器内的 L1 和 L2 线圈均不通电，其开关断开燃油泵电路，燃油泵停止工作。

断路继电器中的 RC 电路可在发动机刚熄火时延长电动燃油泵工作 2~3s，以便保持燃油系统内有一定的残余压力。

（3）燃油泵继电器控制的燃油泵控制电路　此种控制电路可根据发动机转速和负荷的变化，通过燃油泵继电器改变燃油泵供电电路，从而控制燃油泵工作转速，如图 2-63 所示。

与前述燃油泵开关控制的燃油泵控制电路基本相同，点火开关接通后即通过主继电器将断路继电器的 +B 端子与电源接通，起动时断路继电器中的 L1 线圈通电，发动机正常运转时，ECU 中的晶体管 VT_1 导通，断路继电器中的 L2 线圈通电，均使断路继电器触点闭合，燃油泵继电器 FP 端子与电源接通，燃油泵工作。发动机熄火后，ECU 中的晶体管 VT_1 截止，断路继电器内的 L1 和 L2 线圈均不通电，其开关断开燃油泵电路，燃油泵停止工作。

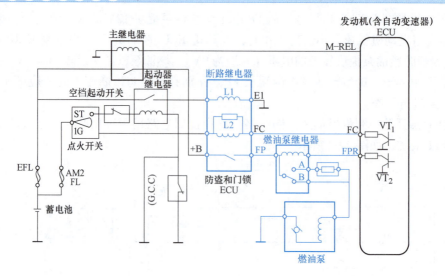

图 2-63　燃油泵继电器控制的燃油泵控制电路

发动机 ECU 控制燃油泵继电器。发动机低速、中小负荷工作时，ECU 中的晶体管 VT_2 导通，燃油泵继电器线圈通电，使触点 A 闭合，由于将电阻串联到燃油泵电路中，所以燃油泵两端电压低于蓄电池电压，燃油泵低速运转。发动机高速、大负荷工作时，ECU 中的晶体管截止，燃油泵继电器触点 B 闭合，直接给燃油泵输送蓄电池电压，燃油泵高速运转。

4. 燃油泵的就车检查

1）用专用导线将诊断座上的燃油泵测试端子跨接到 12V 电源上，如：丰田车系诊断座上有电源端子 +B，将其与燃油泵测试端子 FP 跨接即可。也可以拆开电动燃油泵的线束插接器，直接用蓄电池给燃油泵通电。

2）将点火开关转至 ON 位置，但不要起动发动机。

3）旋开燃油箱盖应能听到燃油泵工作的声音，或用手捏进油软管应感觉有压力。

4）若听不到燃油泵工作声音或进油管无压力，则应检修或更换燃油泵。

5）若有燃油泵不工作故障，但按上述方法检查正常，则应检查燃油泵电路、继电器、易熔线和熔丝有无断路。

电控燃油喷射系统的电动燃油泵，通常在点火开关关闭 10s 以上再打开（不起动发动机），或关闭点火开关使发动机熄火时，都会提前或延长工作 2~3s。若燃油泵及其电路无故障，在此情况下，在燃油箱处仔细听察，均能听到电动燃油泵工作的声音。

5. 燃油泵的拆装与检验

多数轿车的电动燃油泵，可在打开汽车行李箱盖或翻开后坐垫后，从燃油箱上直接拆出。但也有些轿车，必须将燃油箱从车上拆下，才能拆卸燃油泵。拆卸燃油泵时注意：应释放燃油系统压力，并关闭用电设备。

拆下燃油泵后，测量燃油泵两端子之间的电阻，应为 2~3Ω。用蓄电池直接给燃油泵通电，应能听到燃油泵电动机高速旋转的声音，注意通电时间不能过长。

三、燃油滤清器

燃油滤清器安装在燃油泵之后的高压油路中，其功用是滤除燃油中的杂质和水分，防止燃油系统堵塞，减小机械磨损，以保证发动机正常工作。

在电控燃油喷射式发动机的燃油供给系统中，一般采用的都是纸质滤芯、一次性的燃油滤清器。燃油滤清器的结构如图 2-64 所示。燃油从入口进入滤清器，经过壳体内的滤芯过滤后，清洁的燃油从出口流出。

一般汽车每行驶 20 000 ~ 40 000km 或 1 ~ 2 年，应更换燃油滤清器。更换燃油滤清器时，应首先释放燃油系统压力，并注意燃油滤清器壳体上的箭头标记为燃油流动方向。

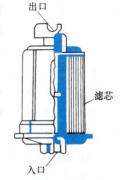

图 2-64 燃油滤清器的结构

四、脉动阻尼器

部分电控燃油喷射式发动机的燃油供给系统中，在输油管的一端装有脉动阻尼器，其功用是衰减喷油器喷油时引起的燃油压力脉动，使燃油系统压力保持稳定。脉动阻尼器的结构如图 2-65 所示，主要由膜片和膜片弹簧等组成。发动机工作时，燃油经过脉动阻尼器膜片下方进入输油管，当燃油压力产生脉动时，膜片弹簧被压缩或伸张，膜片下方的容积略有增大或减小，从而可以起到稳定燃油系统压力的作用。同时膜片弹簧的变形可吸收脉动能量，迅速衰减燃油压力的脉动。

脉动阻尼器一般不会发生故障。需进行拆卸时，注意应首先释放燃油系统压力。

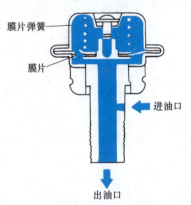

图 2-65 脉动阻尼器的结构

五、燃油压力调节器

喷油器的喷油量取决于喷油器的喷孔截面、喷油时间和喷油压差。在 EFI 系统中，ECU 通过控制喷油器的喷油时间来实现对喷油量的控制。因此，要保证燃油喷射量的精确控制，在喷油器的结构尺寸一定时，必须保持恒定的喷油压差。喷油器将燃油喷入进气管内。喷油压差是指输油管内燃油压力与进气管内气体压力的差值。进气管内的气体压力是随发动机转速和负荷的变化而变化的，要保持恒定的喷油压差，必须根据进气管内压力的变化来调节燃油压力。

燃油压力调节器的功用就是调节燃油压力，使喷油压差保持恒定。

燃油压力调节器通常安装在输油管的一端，其结构如图 2-66 所示，主要由膜片、弹簧和回油阀等组成。膜片将调节器壳体内部分成两个室，即弹簧室和燃油室；膜片上方的弹簧室通过软管与进气管相通，膜片与回油阀相连，回油阀控制回油量。

发动机工作时，燃油压力调节器膜片上方承受的压力为弹簧的弹力和进气管内气体的压力之和，膜片下方承受的压力为燃油压力，当膜片上、下承受的压力相等时，膜片处于平衡位置不动。当进气管内气体压力下降（真空度增大）时，膜片向上移动，回油阀开度增大，回油阻力减小，使输油管内的燃油压力也下降；反之，当进气管内的气体压力升高时，则膜片带动回油阀向下移动，回油阀开度减小，回油阻力增大，使输油管内的燃油压力也升高。由此可见，在发动机工作时，燃油压力调节器通过控制回油阻力来调节输油管内的燃油压力，从而保持喷油压差恒定不变。

发动机工作时，由于燃油泵的供油量远大于发动机消耗的油量，所以回油阀始终保持开启，使多余的燃油经过回油管流回燃油箱。发动机停止工作（燃油泵停转）时，随输油管内燃油压力下降，回油阀在弹簧的作用下逐渐关闭，以保持燃油系统内有一定的残余压力。

燃油压力调节器不能维修，当工作不良时，应进行更换。拆卸时，注意释放燃油系统压力。

在部分车型上，燃油压力调节器与进气管连接的真空管路中装有一个真空开关阀（VSV），又称为燃油压力控制阀，此阀是由ECU控制的电磁阀。VSV的控制原理和电路如图2-67和图2-68所示。当发动机起动时，若ECU检测到冷却液温度过高，则接通VSV电磁线圈的搭铁回路，VSV切断真空通道，使燃油压力调节器的弹簧室通大气，从而提高输油管内的油压，以防止高温时产生"气阻"现象，改善发动机高温起动性能。发动机起动后约100s，ECU切断VSV电路，终止燃油压力控制。

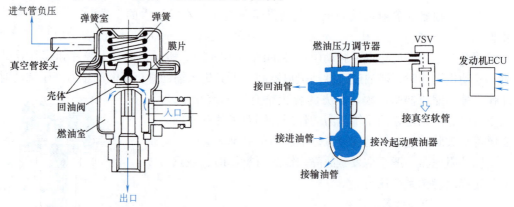

图 2-66　燃油压力调节器的结构　　　　图 2-67　VSV的控制原理

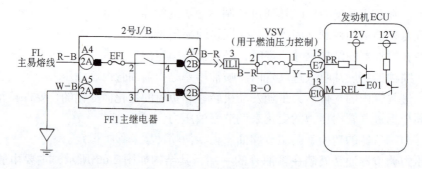

图 2-68　VSV的电路

六、燃油供给系统的检修

1. 燃油系统的压力释放

汽油喷射发动机为便于再次起动，在发动机熄火后，燃油系统内仍保持有较高的残余压力。在拆卸燃油系统内的任何元件时，都必须首先释放燃油系统压力，以免系统内的油液喷

项目二　汽油机电控燃油喷射系统

出，造成人身伤害或火灾。燃油系统压力的释放方法如下：

1）起动发动机，维持怠速运转。

2）在发动机运转时，拔下燃油泵继电器或电动燃油泵电源接线，使发动机自行熄火。

3）使发动机起动2~3次，即可完全释放燃油系统压力。

4）关闭点火开关，装上燃油泵继电器或电动燃油泵电源接线。

2. 燃油系统压力预置

在拆开燃油系统进行维修之后，为避免首次起动发动机时因系统内无燃油压力而导致起动时间过长，应预置燃油系统压力。燃油系统压力预置可通过反复打开和关闭点火开关数次来完成，也可按下述方法进行：

1）检查燃油系统所有元件和油管接头是否安装良好。

2）用专用导线将诊断座上的燃油泵测试端子跨接到12V电源上，如：日本丰田车系直接将诊断座上的电源端子+B与燃油泵测试端子FP跨接。

3）将点火开关转至ON位置，使电动燃油泵工作约10s。

4）关闭点火开关，拆下诊断座上的专用导线。

3. 燃油系统压力测试

通过测试燃油系统压力可诊断燃油系统是否有故障，进而根据测试结果确定故障性质和部位。测试时需使用专用油压表和管接头，测试方法如下：

1）检查燃油箱内的燃油，应足够。释放燃油系统压力。

2）检查蓄电池电压，应在12V左右（电压高低直接影响燃油泵的供油压力），检测之前，应拆开蓄电池负极电缆线。

3）释放燃油系统残余压力，将专用油压表连接到燃油系统中。不同车型测试压力表的连接方式有所不同，主要有两种连接方式：一种是用专用接头将油压表连接在输油管的进油管接头处，如图2-69所示。另一种是用专用接头将油压表连接在燃油滤清器与输油管之间安装脉动阻尼器的位置（进行压力测试时拆下脉动阻尼器），如图2-70所示。

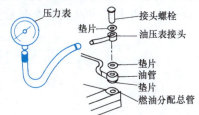

图2-69　燃油压力表的连接（1）

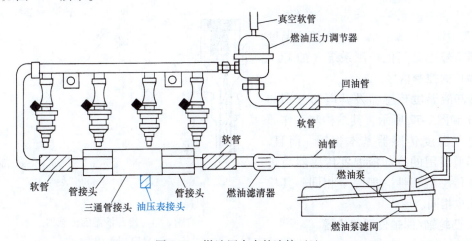

图2-70　燃油压力表的连接（2）

4）将溅出的汽油擦净，重新接好蓄电池负极电缆线。预置燃油系统压力，起动发动机并维持怠速运转。

5）拆开燃油压力调节器上的真空软管，并用手指堵住进气管一侧的管口。检查油压表指示压力，应符合标准：一般多点喷射系统压力为 0.25～0.35MPa，单点喷射系统压力为 0.07～0.10MPa。

若燃油系统压力过低，则可夹住回油软管以切断回油管路，再检查油压表指示压力。若压力恢复正常，则说明燃油压力调节器有故障，应更换；若仍压力过低，则应检查燃油系统有无泄漏、燃油泵滤网、燃油滤清器和油管路是否堵塞，若无泄漏和堵塞故障，则应更换燃油泵。

若油压表指示压力过高，则应检查回油管路是否堵塞；若回油管路正常，则说明燃油压力调节器有故障，应更换。

6）如果测试燃油系统压力符合标准，使发动机运转至正常工作温度后，重新接上燃油压力调节器上的真空软管，检查油压表指示压力应略有下降（约 0.05MPa），否则，应检查真空管路是否堵塞或漏气。若真空管路正常，则说明燃油压力调节器有故障，应更换。

7）使发动机熄火，燃油泵停止工作，等待 10min 后，观察油压表压力（即燃油系统残余压力）：多点喷射系统压力应不低于 0.20MPa，单点喷射系统压力应不低于 0.05MPa。若压力过低，则应检查燃油系统是否有泄漏。若无泄漏，则说明燃油泵出油阀、燃油压力调节器回油阀或喷油器密封不良。

8）检查完毕后，释放燃油系统压力，并拆下油压表，装复燃油系统。然后，预置燃油系统压力，并起动发动机检查有无泄漏。

学习任务四　控制系统主要元件的构造与检修

一、传感器

1. 冷却液温度传感器（ECTS）

冷却液温度传感器一般安装在气缸体水道上或冷却液出口处，其功用是给 ECU 提供发动机冷却液温度信号，作为燃油喷射控制和点火控制的修正信号。冷却液温度传感器信号也是其他控制系统（如 EGR 系统等）的控制信号。

冷却液温度传感器及其电路分别如图 2-71 和图 2-72 所示，其结构与工作原理和进气温度传感器基本相同。而且，同一车型装用的冷却液温度传感器与进气温度传感器特性一般完全相同，其检测方法也相同。

2. 凸轮轴/曲轴位置传感器

凸轮轴位置传感器（CMPS）给 ECU

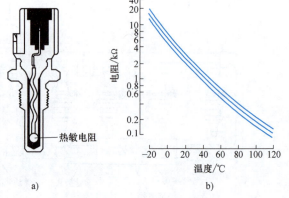

图 2-71　冷却液温度传感器
a）结构　b）输出特性

提供曲轴转角基准位置（1 缸压缩行程上止点）信号（G 信号），作为燃油喷射控制和点火控制的主控制信号。曲轴位置传感器（CKPS）有时称为转速传感器，用来检测曲轴转角位移，给 ECU 提供发动机转速信号和曲轴转角信号（Ne 信号），作为燃油喷射控制和点火控制的主控制信号。

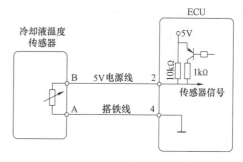

空气流量传感器只能检测单位时间内的进气量，ECU 必须根据发动机转速确定每循环进气量，以便实现对循环喷油量的精确控制。同时，ECU 只有根据曲轴转角基准位置和曲轴转角才能确定各缸工作位置，以控制最佳的喷油时刻和最佳的点火提前角。

图 2-72 冷却液温度传感器电路

凸轮轴位置传感器和曲轴位置传感器的结构和工作原理基本相同，而且通常安装在一起，只是各车型安装位置不同，但必须安装在与曲轴有精确传动关系的位置处，如曲轴、凸轮轴、飞轮或分电器处。

凸轮轴/曲轴位置传感器（CPS）可分为电磁式、霍尔式和光电式三种类型。

(1) 电磁式凸轮轴/曲轴位置传感器 安装在分电器内的电磁式凸轮轴/曲轴位置传感器的结构如图 2-73 所示。传感器分为上、下两部分，上部分为凸轮轴位置传感器，由 1 个齿的 G 转子和 2 个感应线圈 G_1 和 G_2 组成，用以产生 1 缸上止点基准信号；下部分为曲轴位置传感器，由 1 个 24 齿的 Ne 转子和 1 个 Ne 感应线圈组成，用以产生曲轴转角信号。

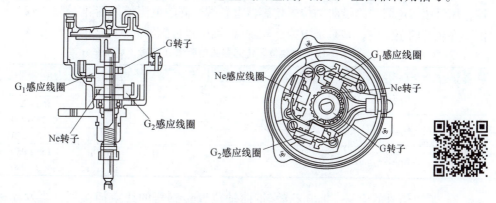

图 2-73 电磁式凸轮轴/曲轴位置传感器的结构

电磁式凸轮轴位置传感器和曲轴位置传感器都是利用电磁感应原理产生脉冲信号的。发动机工作时，转子随分电器轴一起转动，当转子上的凸齿与感应线圈靠近时，引起通过线圈的磁通变化，便会在线圈两端产生感应电压，ECU 即根据感应线圈产生的脉冲信号确定发动机转速和各缸工作位置。

电磁式凸轮轴/曲轴位置传感器输出信号如图 2-74 所示。发动机工作时，曲轴每转两圈（分电器轴转一圈），G_1 感应线圈和 G_2 感应线圈各产生一个脉冲信号，在设计和安装时，只要 G 转子的凸齿在 1 缸位于上止点时与 G_1 感应线圈或 G_2 感应线圈靠近，ECU 即可根据 G_1 感应线圈的信号（G_1 信号）或 G_2 感应线圈的信号（G_2 信号）确定 1 缸上止点位置，并以此为基准,根据曲轴转角(Ne信号)和各缸工作顺序确定其他各缸的工作位置。曲轴每转两圈,在Ne感应线圈中产生与Ne转子凸齿数量相等的脉冲信号(Ne信号),ECU根据单位时间内收到的Ne信号确定发动机转速。

电磁式凸轮轴/曲轴位置传感器电路如图2-75所示。在使用中,对其进行检测的方法如下:

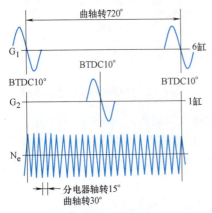

图2-74 电磁式凸轮轴/曲轴位置传感器输出信号

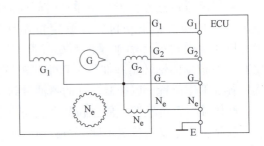

图2-75 电磁式凸轮轴/曲轴位置传感器电路

1)电阻的检测。将点火开关置于OFF位置,拆开凸轮轴/曲轴位置传感器的线束插接器,用万用表电阻档测量曲轴位置传感器上各端子间的电阻值(标准见表2-12)。如果电阻值不在规定的范围内,则必须更换凸轮轴/曲轴位置传感器。

表2-12 曲轴位置传感器的电阻值(皇冠3.0轿车)

端子	条件	电阻值/Ω
G_1-G_-	冷态	125~200
	热态	160~235
G_2-G_-	冷态	125~200
	热态	160~235
Ne-G_-	冷态	155~250
	热态	190~290

2)输出信号的检测。拆开凸轮轴/曲轴位置传感器的线束插接器,当发动机转动时,用万用表电压档测量曲轴位置传感器上G_1-G_-、G_2-G_-、Ne-G_-端子间是否有脉冲电压信号输出。如果没有脉冲电压信号输出,则应更换凸轮轴/曲轴位置传感器。

3)感应线圈与转子间隙的检查。如图2-76所示,用塞尺测量凸轮轴/曲轴位置传感器转子与感应线圈凸出部分的间隙,其间隙应为0.2~0.4mm。若间隙不符合要求,则应更换分电器壳体总成。

(2)霍尔式凸轮轴/曲轴位置传感器 该传感器利用霍尔效应原理产生1缸上止点基准信号和曲轴转角信号。霍尔效应原理:当电流通过放在磁场中的半导体基片(霍尔元件),且电流方向与磁场方向

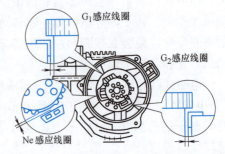

图2-76 测量传感器转子与感应线圈间隙

垂直时，在垂直于电流与磁场方向的霍尔元件横向侧面上，产生一个与电流和磁场强度成正比的电压（称为霍尔电压），霍尔电压可用下式表示：

$$U_\mathrm{H} = \frac{R_\mathrm{H}}{d}IB$$

式中　R_H——霍尔系数；
　　　d——基片厚度；
　　　I——控制电流；
　　　B——磁场强度。

由上式可知，当传感器结构和控制电流一定时，霍尔电压与磁场强度成正比。霍尔式凸轮轴/曲轴位置传感器就是利用磁场强度变化时产生的霍尔电压，经过放大整形后作为1缸上止点基准信号或曲轴转角信号输送给ECU的。

按触发信号装置结构的不同，霍尔式凸轮轴/曲轴位置传感器分为触发叶片式和触发轮齿式两种。

触发叶片式霍尔传感器的工作原理如图2-77所示。传感器由带触发叶片的转子、永磁铁、导磁板和霍尔元件等组成，永磁铁与霍尔元件分别固定在触发叶片的两侧。带触发叶片的转子转动时，每当叶片进入永磁铁与霍尔元件之间的气隙，霍尔元件的磁场即被触发叶片旁路（或称为隔磁），这时不产生霍尔电压；当触发叶片离开气隙时，永磁铁的磁通便通过导磁板穿过霍尔元件，这时产生霍尔电压。将霍尔元件间歇产生的霍尔电压经霍尔集成电路放大整形后，即可向ECU输送电压脉冲信号。

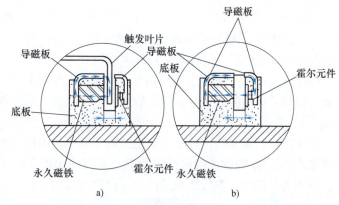

图2-77　触发叶片式霍尔传感器的工作原理
a) 触发叶片进入气隙　b) 触发叶片离开气隙

美国通用（GM）公司霍尔式凸轮轴/曲轴位置传感器带触发叶片的转子如图2-78所示。它安装在发动机的曲轴带轮前端，内侧为G信号转子，外侧为Ne信号转子。内侧的G信号转子有3个触发叶片和3个窗口，每个触发叶片和窗口的宽度不等，3个触发叶片所对应的角度分别为110°、100°和90°，3个窗口所对应的角度分别为10°、20°和30°。外侧的Ne信号转子有均匀分布的18个触发叶片和18个窗口，每个触发叶片和窗口的宽度为10°弧长。

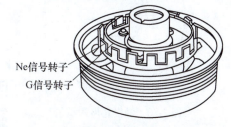

图2-78　美国通用公司霍尔式凸轮轴/曲轴位置传感器带触发叶片的转子

美国通用公司触发叶片式霍尔凸轮轴/曲轴位置传感器输出信号如图2-79所示。Ne信号转子每旋转1圈产生18个脉冲信号（称为18X信号），1个脉冲周期相当于20°曲轴转角。G信号转子每旋转1圈产生3个不同宽度的脉冲信号（称为3X信号），分别产生于1

缸与4缸、3缸与6缸和2缸与5缸上止点前75°。

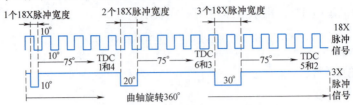

图2-79 美国通用公司触发叶片式霍尔凸
轮轴/曲轴位置传感器输出信号

美国克莱斯勒公司6缸发动机装用的霍尔式凸轮轴/曲轴位置传感器如图2-80所示,主要由带触发轮齿的转子和霍尔元件等组成。霍尔元件安装在飞轮壳上,有9个轮齿和12个齿槽的飞轮相当于带触发轮齿的转子,飞轮上的9个轮齿和12个齿槽分成三组,每组有3个轮齿和4个齿槽,各组相隔120°,每组中的相邻两齿槽相隔20°。发动机工作中,当飞轮上的齿槽通过传感器的霍尔元件时,经过霍尔元件的磁场强度大,传感器输出高电位(5V);当飞轮上的触发轮齿通过传感器的霍尔元件时,经过霍尔元件的磁场强度小,传感器输出低电位(0.3V);当飞轮上的每一组触发轮齿(3个轮齿和4个齿槽)通过传感器时,传感器将产生1组4个脉冲信号,发动机每转1圈产生3组脉冲信号;发动机ECU根据每一组脉冲信号的结束时刻确定活塞的运行位置,根据各脉冲产生的间隔时间计算发动机转速。

在使用中,霍尔式传感器主要通过测量有无输出信号来判断其好坏。以美国克莱斯勒公司霍尔式凸轮轴/曲轴位置传感器为例,其电路如图2-81所示。传感器与ECU有三条线相连,分别为电源线、信号线和搭铁线,检测方法如下:

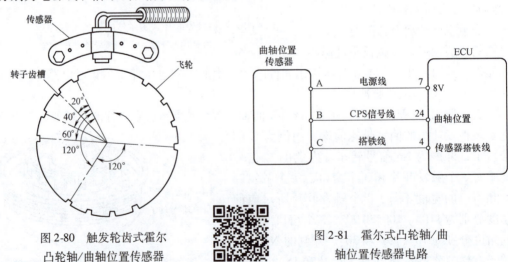

图2-80 触发轮齿式霍尔
凸轮轴/曲轴位置传感器

图2-81 霍尔式凸轮轴/曲
轴位置传感器电路

1)电源电压检测。将点火开关置于ON位置,用万用表直流电压档测量ECU侧端子7的电压应为8V,在传感器导线插接器A端子处测量电压也应为8V,否则为电源线断路或插头接触不良。

2)信号电压的检测。用万用表电压档对传感器的 A、B、C 三个端子间进行测试,当点火开关置于 ON 位置时,A 端子和 C 端子之间的电压值应约为 8V;B 端子和 C 端子之间的电压值在发动机转动时,应在 0.3~5V 变化,且数值显示呈脉冲性变化,最高电压为 5V,最低电压为 0.3V。如果不符合以上结果,则应更换凸轮轴/曲轴位置传感器。

3)电阻检测。将点火开关置于 OFF 位置,拆开传感器线束插接器,用万用表电阻档跨接在传感器侧的端子 A 和端子 B 或 A 和端子 C 间,此时万用表显示读数为 ∞(断路);如果指示有电阻,则应更换凸轮轴/曲轴位置传感器。

(3)光电式凸轮轴/曲轴位置传感器 此种传感器通常安装在分电器内,它主要由信号盘、发光二极管、光敏二极管和放大电路等组成,如图 2-82 所示。信号盘安装在分电器轴上,其外围有 360 条缝隙,产生 1°曲轴转角信号(Ne 信号);外围稍靠内侧分布着与发动机气缸数相等的透光孔,产生各缸活塞上止点位置信号(G 信号),其中 1 个较宽的透光孔用于产生确定 1 缸活塞上止点的信号。两个发光二极管与两个光敏二极管分别固定在信号盘透光孔两侧相对的位置,当发动机工作时,随着信号盘转动,发光二极管的光束照射到光敏二极管上使光敏二极管感光而导通,发光二极管的光束被遮挡则光敏二极管截止,光敏二极管产生脉冲信号经放大电路放大后即形成向 ECU 输送的 G 信号和 Ne 信号。

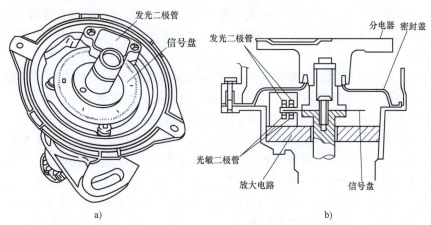

图 2-82 光电式凸轮轴/曲轴位置传感器
a)外形图 b)结构图

现代索纳塔轿车光电式凸轮轴/曲轴位置传感器的电路如图 2-83 所示。传感器与 ECU 有四条线相连,分别为电源线、搭铁线、G 信号线和 Ne 信号线。

维修时,光电式凸轮轴/曲轴位置传感器的检测主要包括电路检测和信号检测,以现代索纳塔轿车为例,其检测方法如下:

1)电路检测。如图 2-84 所示,拆开传感器线束插接器,将点火开关转至 ON 位置,用万用表电压档测量线束侧 4 端子与搭铁间的电压应为 12V,线束侧端子 2、端子 3 与搭铁间的电压应为 4.8~5.2V;用万用表电阻档测量线束侧端子 1 与搭铁间的电阻应为 0Ω(导通)。

2)输出信号检测。用万用表电压档接在传感器侧端子 3 和端子 1 上,在起动发动机时,电压应为 0.2~1.2V。在起动发动机后的怠速运转期间,用万用表电压档检测端子 2 和端子

1之间的电压应为1.8~2.5V。若检测结果不符合标准,则应更换传感器。

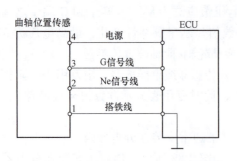

图2-83 现代索纳塔轿车光电式凸轮轴/曲轴位置传感器电路

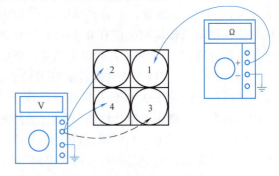

图2-84 检测光电式凸轮轴/曲轴位置传感器线路

3. 车速传感器(VSS)

车速传感器检测汽车的行驶速度,给ECU提供车速信号(SPD信号),用于巡航控制和限速断油控制。在汽车集中控制系统中,车速信号也是自动变速器的主控制信号。

车速传感器通常安装在组合仪表内或变速器输出轴上。车速传感器有舌簧开关式和光电式两种类型。光电式车速传感器的结构和工作原理与光电式凸轮轴/曲轴位置传感器类似,在此不再重述。

舌簧开关式车速传感器的结构如图2-85所示。车速表软轴由安装在变速器输出轴上的齿轮驱动,车速表软轴驱动磁铁旋转,每转1圈,磁铁的极性变换4次,从而使舌簧开关触点闭合或断开4次,ECU根据触点开、闭的频率即可确定车速。

舌簧开关式车速传感器电路如图2-86所示。ECU给车速传感器提供12V标准电压并进行监控,舌簧开关控制搭铁,当舌簧开关闭合使电路接通时,传感器便产生一个脉冲信号输送给ECU。在维修时,检查车速传感器电源电压应正常,然后转动驱动车轮,测量车速传感器输出的信号电压(信号输出端子与搭铁端子之间),车速表软轴每转1圈应产生4个脉冲信号,信号电压约为12V(蓄电池电压)。

图2-85 舌簧开关式车速传感器的结构

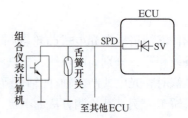

图2-86 舌簧开关式车速传感器电路

4. 信号开关

在发动机控制系统中,ECU还必须根据一些开关的信号确定发动机或其他系统的工作状态,常用的信号开关有起动开关(STA)、空调(A/C)开关、档位开关、制动灯开关、动力转向开关和巡航（定速）控制开关等。各信号开关的功用在前面已介绍，在此不再述。

检修时，对各种信号开关的检测方法基本相同。自动变速器轿车的空档起动开关电路如图 2-87 所示。用万用表电阻档测量空档起动开关两端子之间的导通性，自动变速器手柄置于 P 位或 N 位时应导通，自动变速器手柄置于除 P 位或 N 位以外的其他档位时应不导通，否则应更换空档起动开关。

随着控制系统功能的扩展，输入信号也将不断增加。控制系统所用传感器及信号开关的数量必将有所增加。

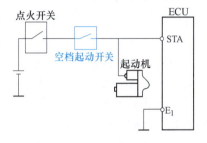

图 2-87　空档起动开关电路

二、电控单元（ECU）

1. ECU 的组成

发动机集中控制系统中使用的 ECU 主要由输入回路、模-数转换器（A-D 转换器）、微型计算机（简称微机）和输出回路组成，如图 2-88 所示。

（1）输入回路　发动机工作时，各种传感器的信号输入 ECU 后，首先进入输入回路进行处理。传感器输入的信号不同，处理的方法也不同，一般是先将输入信号滤除杂波和将正弦波转变为矩形波后，再转换成输入电平。输入回路的作用如图 2-89 所示。

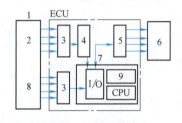

图 2-88　ECU 的组成
1—传感器　2—模拟信号　3—输入回路
4—A-D 转换器　5—输出回路　6—执行元件
7—微型计算机　8—数字信号　9—ROM/RAM

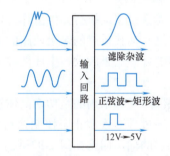

图 2-89　输入回路的作用

（2）A-D 转换器　传感器输送给 ECU 的信号有数字信号（如卡门旋涡式空气流量传感器信号和转速信号等）和模拟信号（如叶片式空气流量传感器信号、进气温度传感器信号和节气门位置传感器信号等）两种，如图 2-90 所示。数字信号可直接输入微机，但微机不能直接接受模拟信号，必须由 A-D 转换器转换成数字信号后再输入微机。

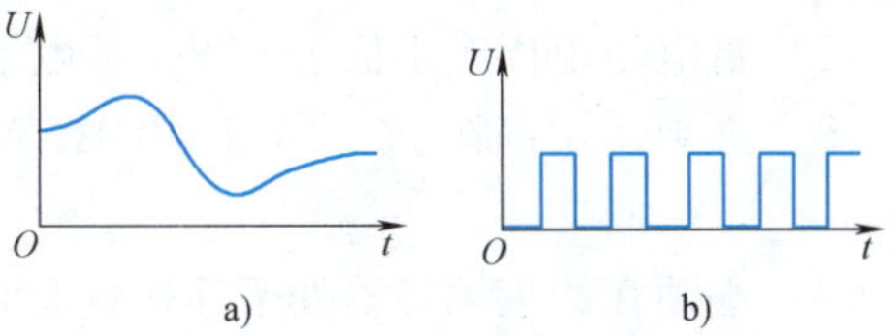

图 2-90　传感器信号类型
a）模拟信号　b）数字信号

（3）微型计算机　微型计算机是控制系统的神经中枢，其功用是根据工作需要，利用其内存程序和数据对各传感器输送来的信号进行运算处理，并将处理结果送往输出回路。微型计算机主要由中央处理器（CPU）、存储器（RAM/ROM）和输入/输出（I/O）装置组成，如图 2-91 所示。

中央处理器主要由进行算术运算和逻辑运算的运算器、暂时存储数据的寄存器、按照程序在各装置之间完成信号传送及控制任务的控制器等组成。其功用是读出命令并执行数据处理任务。

存储器的功用是存储信息资料，包括随机存储器（RAM）和只读存储器（ROM）。随机存储器（RAM）是用来暂时存储信息的，如存储微机输入、输出和计算过程中产生的中间数据等，存储的信息可随时调出或被新的数据取代，当切断电源时，存储在 RAM 中的信息将丢失；为使故障码等信息在 RAM 中能保存较长时间，一般用不受点火开关控制的专用电路给 RAM 提供电源；但当专用电路断开（如拆开蓄电池电缆）时，存储在 RAM 中的信息仍会丢失。只读存储器（ROM）是用来存储固定信息（如控制程序和发动机特征参数等）的，存储的内容一般由制造商一次性存入，使用中不能更改，但可以随时调出使用；即使切断电源，ROM 中存储的信息也不会丢失。

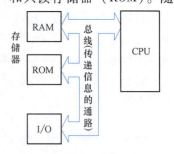

图 2-91 微型计算机的组成

输入/输出装置是微机与外界进行信息交流的纽带，在控制系统工作时，输入/输出装置根据 CPU 的命令在 CPU 与输入回路和输出回路之间负责数据传送。输入/输出装置一般称为 I/O 接口，具有数据缓冲、电平匹配和时序匹配等多种功能。

（4）输出回路　微型计算机输出的数字信号电压很弱，不能直接驱动执行元件工作。作为微型计算机与执行元件之间连接桥梁的输出回路的主要功用就是将微型计算机的处理结果放大，生成能控制执行元件工作的指令信号。

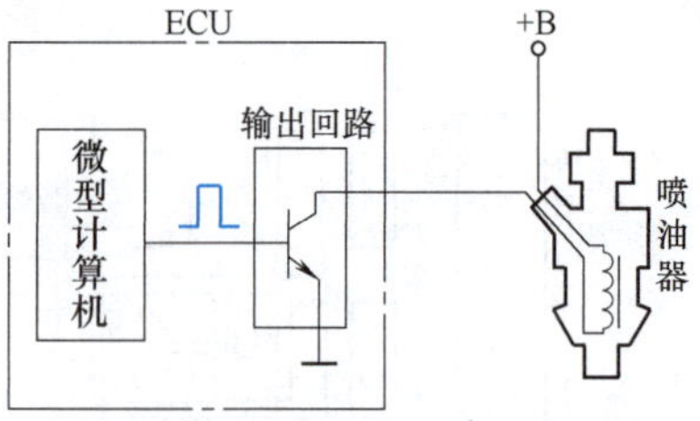

输出回路一般采用的是功率晶体管，根据微型计算机的指令通过导通或截止来控制执行元件的输出回路。

图 2-92　控制喷油器的输出回路

控制喷油器的输出回路如图 2-92 所示。当功率晶体管导通时，喷油器通电喷油；截止时，则断电停油。

2. ECU 的检测

（1）检测注意事项　在用万用表检测 ECU 端子的电压和电阻时，应注意以下事项：

1）在检测之前，应先检查各熔断器、熔丝及有关的线束插接器是否良好。

2）蓄电池电压应不低于 11V，蓄电池电压过低会影响测量结果。

3）必须使用高阻抗（大于 10MΩ/V）的万用表，最好使用汽车专用万用表进行检测。

4）必须在线束插接器处于连接状态时测量 ECU 相应端子间的电压，并且万用表的表笔应从线束插头的导线侧插入（见图 2-93）。

5）不可在拆开线束插接器的状态下直接测量 ECU 端子间的电阻，否则会损坏 ECU。

6）若需拆开 ECU 线束插接器检测各控制线路，则应先拆下蓄电池负极搭铁电缆。在蓄电池连接完好的状态下拆开 ECU 线束插接器，可能会损坏 ECU。

（2）ECU 端子间的电压检测　丰田公司 2JZ-GE 发动机 ECU 线束插接器端子如图 2-94 所示，各端子代号说明见表 2-13。

项目二　汽油机电控燃油喷射系统

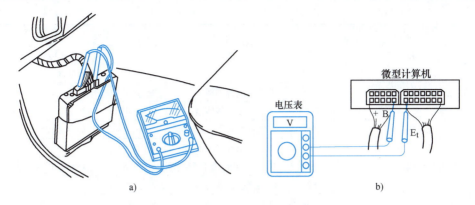

　　a)　　　　　　　　　　　　　　b)

图 2-93　ECU 端子间的电压测量方法

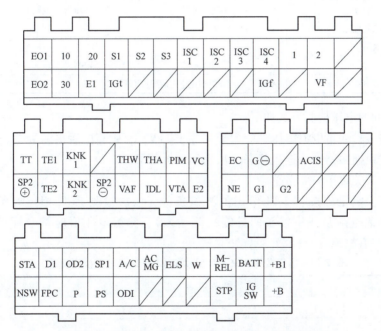

图 2-94　丰田公司 2JZ-GE 发动机 ECU 线束插接器端子

表 2-13　丰田公司 2JZ-GE 发动机 ECU 各端子代号说明

代号	名称	代号	名称	代号	名称
EO1	电源搭铁	*TT	微型计算机故障检测插座端子	—	
EO2	电源搭铁	SP2⊕	2号速度传感器正极	—	
10号	喷油器	TE1	微型计算机故障检测插座端子	STA	起动开关
30号	喷油器	TE2	故障指示灯端子	*NSW	空档起动开关
20号	喷油器	KNK1	1号爆燃传感器	D1	燃油泵 ECU
E1	ECU 搭铁	KNK2	2号爆燃传感器	FPC	燃油泵 ECU
*S1	电控变速器电磁阀			*OD2	超速主开关
IGt	点火控制器	SP2⊖	2号速度传感器负极	P	选档开关

51

（续）

代号	名称	代号	名称	代号	名称
*S2	电控变速器电磁阀	THW	冷却液温度传感器	SP1	1号速度传感器
		VAF	可变电阻	PS	动力转向液压开关
*S3	电控变速器电磁阀	THA	进气温度传感器	A/C	空调放大器
		IDL	节气门位置传感器	*OD1	巡航 ECU
ISC1	急速控制阀	PIM	进气管绝对压力传感器	ACMG	空调电磁离合器开关
		VTA	节气门位置传感器		
ISC2	急速控制阀	VC	节气门位置传感器可变电阻	ELS	尾灯和雾灯继电器
		E2	传感器搭铁		
ISC3	急速控制阀	ECU	ECU 盒搭铁	W	指示灯
		NE	分电器		
ISC4	急速控制阀	G⊖	分电器搭铁	M-REL	电喷系统主继电器
IGf	电子点火控制器	G1	分电器	BK	制动开关
*1	换位位置开关			BATT	蓄电池
	—	G2	分电器	IG SW	点火开关
*2	换位位置开关	ACIS	谐波增压进气系统控制阀	+B1	电喷系统主继电器

ECU 端子间的电压检测方法如下：

1）用万用表检测蓄电池电压，应大于或等于 11V，否则充电后再测量。

2）保持线束插接器处于连接状态，从汽车上拆下 ECU。

3）将点火开关置于 ON 位置。

4）用万用表电压档按表 2-14 给出的测试条件，依次检测 ECU 相应端子之间的电压（注意万用表的表笔应从线束插头的导线一侧插入）。测得电压值应符合标准，否则说明 ECU 或控制线路有故障。

表 2-14　丰田公司 2JZ-GE 发动机 ECU 端子电压检测标准

端子	测试条件		标准电压/V
BATT—E1	—		9~14
IGSW—E1	点火开关位于 ON 位置		9~14
M—REL—E1	点火开关位于 ON 位置		9~14
+B —E1 +B1	点火开关位于 ON 位置		9~14
IDL—F2	点火开关位于 ON 位置	节气门开/其他任何位置	9~14/4.0~5.5
VTA—E2	点火开关位于 ON 位置	节气门全关	0.3~0.8
		节气门开	3.2~4.9
PIM—E2			3.3~3.9
VC—E2	点火开关位于 ON 位置		4.0~5.5
10 20 —E1 30 E2	点火开关位于 ON 位置		9~14

项目二 汽油机电控燃油喷射系统

（续）

端　子	测试条件		标准电压/V
THA—E2	点火开关位于 ON 位置	进气温度 20℃	0.5~3.4
THW—E2		冷却液温度 80℃	0.2~1.0
STA—E1	起动时		6~14
IGT—E1	起动或急速时		脉冲发生
ISC1 ISC2 —E1 ISC3 ISC4	点火开关位于 ON 位置		9~14
W—E1	没有故障（发动机故障指示灯熄灭）并且发动机运转		9~14
ELS—E1	尾灯和雾灯都接通		9~14
	尾灯和雾灯都关闭		3 或更小
STP—E1	制动灯接通（踩下制动踏板）		9~14
	制动灯关闭		3 或更小
ACIS—E1	点火开关位于 ON 位置		9~14
OD1 —E1 OD2			1.5 或更小
IGF—E1			
KS—E1			
G1 —G⊖ G2	急速		脉冲发生
NE—G⊖			
KNK1 —E1 KNK2			
D1—E1			
FPC—E1	起动、加速到 6 000r/min		4.5~5.5
VF—E1	暖机后，发动机转速保持在 2 500r/min，180s 后回到急速		1.8~3.2

（3）ECU 端子间的电阻检测　以丰田公司 2JZ-GE 发动机 ECU 为例，ECU 端子间的电阻检测方法如下：

1）从汽车上拆下 ECU。

2）拆开 ECU 线束插接器。

3）如图 2-95 所示，用万用表电阻档测量导线插接器相应端子间的电阻值（注意不要触碰 ECU 的接线端子，应将表笔从导线侧插入线束插接器中）。测量的电阻值应符合表 2-15 给出的标准，否则说明 ECU 控制线路有故障。

若通过上述检查确认 ECU 有故障，也不可轻易废弃 ECU，则应再通过总成互换的方法确定

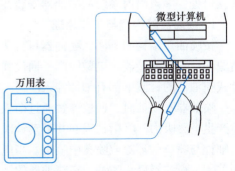

图 2-95　ECU 端子间的电阻检测方法

是否真的是ECU损坏。ECU损坏多数情况下是能够维修的，这是因为ECU多数损坏是因检测或使用不当而引起的二极管、晶体管、电容和电阻损坏，而这些元器件是通用标准件，市场上可购得，只要熟悉电子电路维修技术就可以更换。但ECU中的专用集成电路或中央处理器等损坏是无法修理的。

表2-15 丰田公司2JZ-GE发动机ECU端子的电阻检测标准

端　子	测试条件	标准电阻/Ω
IDL-F2	节气门开	∞
	节气门全关	500 或更小
VTA-F2	节气门全开	2 400 ~ 11 200
	节气门全关	340 ~ 6 300
VC-E2	—	3 100 ~ 7 200
THA-E2	进气温度20℃	2 000 ~ 3 000
THW-E2	冷却液温度80℃	200 ~ 400
G1—G⊖　G2—G⊖	冷机	125 ~ 190
NE—G⊖	冷机	155 ~ 240
ISC$_1$　ISC$_2$—+B　ISC$_3$—+B1　ISC$_4$	—	10 ~ 30
10　20—+B　30—+B1	—	13.2 ~ 14.2
ACIS—+B　+B1	—	38.5 ~ 44.5

三、执行元件（喷油器）

电控燃油喷射系统的执行元件是喷油器。喷油器的功用是根据ECU的指令控制燃油喷射量。电控燃油喷射系统全部采用电磁式喷油器，单点喷射系统的喷油器安装在节气门体空气入口处，多点喷射系统的喷油器安装在各缸进气歧管或气缸盖上的各缸进气道处。

1. 喷油器的构造与工作原理

按喷油口结构的不同，喷油器可分为轴针式和孔式两种，如图2-96所示。喷油器主要由滤网、线束插接器、电磁线圈、回位弹簧、衔铁和针阀等组成，针阀与衔铁制成一体。轴针式喷油器的针阀下部有轴针伸入喷口。

喷油器不喷油时，回位弹簧通过衔铁使针阀紧压在阀座上，防止滴油。当电磁线圈通电时产生电磁吸力，将衔铁吸起并带动针阀离开阀座，同时回位弹簧被压缩，燃油经过针阀并由轴针与喷口的环隙或喷孔中喷出。当电磁线圈断电时，电磁吸力消失，回位弹簧迅速使针阀关闭，喷油器停止喷油。在喷油器的结构和喷油压力一定时，喷油器的喷油量取决于针阀的开启时间，即电磁线圈的通电时间。回位弹簧弹力对针阀密封性和喷油器断油的干脆程度

项目二 汽油机电控燃油喷射系统

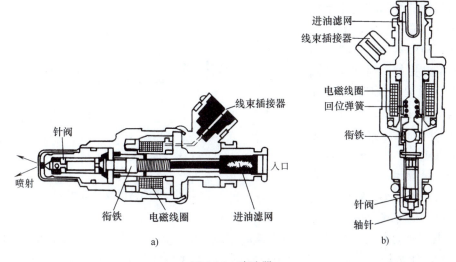

图 2-96 喷油器
a) 孔式喷油器 b) 轴针式喷油器

会产生影响。

单点燃油喷射系统的喷油器一般都采用下部进油式,即进油口设在喷油器侧面,而不是在顶部,这样可降低喷油器的高度,以便在节气门体内安装。此外,各车型装用的喷油器按其线圈的电阻值不同可分为高阻(电阻为 13~16Ω)和低阻(电阻为 2~3Ω)两种类型。

2. 喷油器的驱动方式

喷油器的驱动方式可分为电流驱动和电压驱动两种方式,如图 2-97 所示。电流驱动方式只适用于低阻值喷油器,电压驱动方式对高阻值喷油器和低阻值喷油器均可使用。

(1)电流驱动方式 在采用电流驱动方式的喷油器控制电路中,无须附加电阻,低阻喷油器直接与蓄电池连接,通过 ECU 中的晶体管对流过喷油器线圈的电流进行控制。

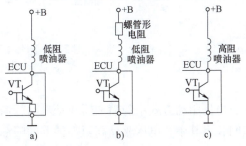

图 2-97 喷油器驱动方式
a) 电流驱动 b) 电压驱动(低阻)
c) 电压驱动(高阻)

如图 2-98 所示,蓄电池通过点火开关和主继电器(或熔丝)直接给喷油器和 ECU 供电,ECU 控制喷油器和主继电器线圈的搭铁回路。点火开关接通时,继电器触点闭合,ECU 中的喷油器驱动电路使晶体管 VT_1 导通,流过喷油器线圈的电流在 VT_1 发射极电阻上产生电压降;A 点的电压达到设定值时,喷油器驱动电路使 VT_1 截止。当蓄电池电压为 14V 时,流过喷油器线圈的峰值电流为 8A,喷油器针阀达到最大升程后,保持这一稳定、静止状态的电流为 2A;在此过程中,VT_1 以 20Hz 的频率导通或截止,即电压变化频率为 20Hz。晶体管 VT_2 的作用是吸收 VT_1 导通和截止时在喷油器线圈中产生的反电动势,防止电流突然减小。继电器的作用是防止流过喷油器线圈的电流过大,若流过喷油器线圈的电流超过设定值,则继电器触点自动断开,以切断喷油器电源。

在喷油器电流驱动回路中，由于无附加电阻，回路的阻抗小，ECU 向喷油器发出指令时，流过喷油器线圈的电流增加迅速，电磁线圈产生的磁力使针阀开启快，喷油器喷油迟滞时间缩短，响应性更好。喷油器针阀的开启时刻总是比 ECU 向喷油器发出指令的时刻晚，此时间即称为喷油器喷油迟滞时间（或无效喷油时间）。此外，采用电流驱动方式，保持针阀开启使喷油器喷油时的电流较小，喷油器线圈不易发热，也可减少功率损耗。

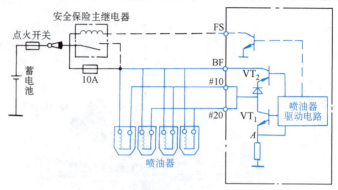

图 2-98 喷油器电流驱动电路

（2）电压驱动方式 低阻喷油器采用电压驱动方式时，必须加入附加电阻。因为低阻喷油器线圈的匝数较少，加入附加电阻可减小工作时流过线圈的电流，以防止线圈发热而损坏。附加电阻与喷油器的连接方式有三种，如图 2-99 所示。

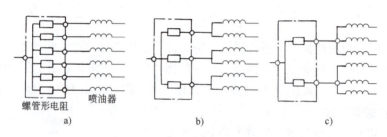

图 2-99 附加电阻与喷油器的连接方式
a）独立式 b）、c）分组式

电压驱动方式中的喷油器驱动电路较简单，但因其回路中的阻抗大，喷油器的喷油滞后时间长。其中，电压驱动高阻喷油器的喷油滞后时间最长，电压驱动低阻喷油器次之，电流驱动的喷油器最短。

3. 喷油器的检修

（1）简单检查方法 在发动机工作时，用手触试或用听诊器检查喷油器针阀开闭时的振动或声响。如果感觉无振动或听不到声响，则说明喷油器或其电路有故障。

（2）喷油器电阻检查 拆开喷油器线束插接器，用万用表测量喷油器两端子之间的电阻。低阻值喷油器应为 2～3Ω，高阻值喷油器应为 13～16Ω；否则，应更换喷油器。

（3）喷油器滴漏检查 喷油器滴漏可在专用设备上进行检查，也可将喷油器和输油总管拆下，再与燃油系统连接好，用专用导线将诊断座上的燃油泵测试端子跨接到 12V 电源上，然后打开点火开关，或直接用蓄电池给燃油泵通电。燃油泵工作后，观察喷油器有无滴漏现象。若检查时在 1min 内喷油器滴油超过 1 滴，则应更换喷油器。

（4）喷油器的喷油量检查 喷油器的喷油量可在专用设备上进行检查，也可按滴漏检查做好准备工作，燃油泵工作后用蓄电池和导线直接给喷油器通电，并用量杯检查喷油器的

项目二 汽油机电控燃油喷射系统

喷油量。每个喷油器应重复检查 2~3 次，各缸喷油器的喷油量和均匀度应符合标准，否则应清洗或更换喷油器。

注意：低阻喷油器不能直接与蓄电池连接，必须串联一个 8~10Ω 的附加电阻。此外，各车型喷油器的喷油量和均匀度标准不同，一般喷油量为 50~70mL/15s，各缸喷油器的喷油量相差不超过 10%。

4. 喷油器控制电路

各车型喷油器控制电路基本相同，一般都是通过点火开关和主继电器（或熔丝）给喷油器供电，ECU 控制喷油器搭铁。不同发动机的喷油器数量、喷射方式和分组方式不同，ECU 控制端子数量也不同，如图 2-5、图 2-7 和图 2-9 所示。

在使用中若喷油器不工作，则拆开喷油器线束插接器，将点火开关转至 ON 位置但不起动发动机，用万用表测量其电源端子与搭铁端子之间的电压，应为 12V 蓄电池电压。否则，应检查供电线路、点火开关、主继电器或熔断器是否有故障。若电压正常，则说明喷油器、喷油器搭铁电路（与 ECU 的连接电路）或 ECU 有故障。

5. 冷起动喷油器及其控制电路

冷起动喷油器安装在进气总管上，其功用是在发动机冷起动时喷油，以加浓混合气，改善发动机的冷起动性能。

冷起动喷油器的结构如图 2-100 所示，与前述喷油器不同之处主要是采用紊流式喷孔，喷油时将燃油喷成螺旋雾状旋流，有利于燃油的雾化和蒸发。在使用中，冷起动喷油器的检修可参照"喷油器的检修"相关内容进行。

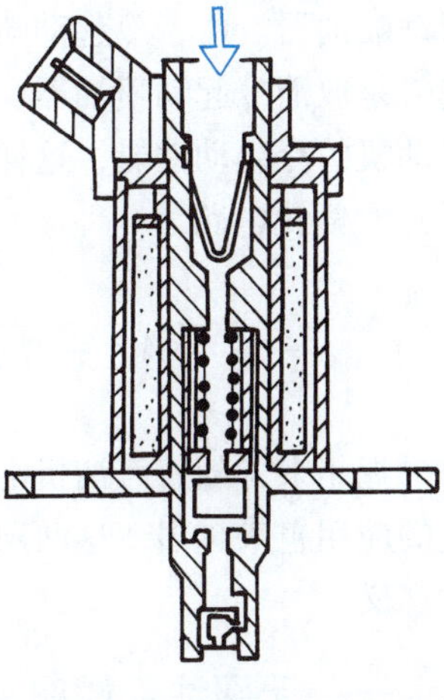

冷起动喷油器一般采用安装在冷却水套内的冷起动喷油器正时开关控制。图 2-101 所示为日本丰田雷克萨斯 LS400 轿车冷起动喷油器控制电路。发动机起动时，点火开关转至 ST 位置，起动继电器线圈通电，触点闭合使蓄电池电压送至冷起动喷油器；正时开关控制冷起动喷油器的搭铁回路，发动机冷起动时，冷起动喷油器搭铁回路接通，冷起动喷油器喷油。发动机起动时，若冷却液温度较高，则正时开关断开冷起动喷油器搭铁回路，冷起动喷油器不喷油。发动机起动后，起动继电器切断冷起动喷油器电源电路，冷起动喷油器停止喷油。

图 2-100 冷起动喷油器的结构

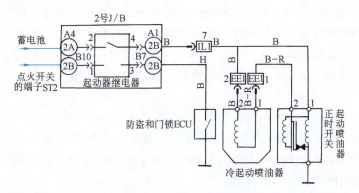

图 2-101 日本丰田雷克萨斯 LS400 轿车冷起动喷油器控制电路

冷起动喷油器正时开关的结构如图 2-102 所示。双金属片用不同膨胀系数的两种金属制成，受热变形时会向膨胀系数较小的一侧弯曲，其下端有一个活动触点。正时开关内的固定触点通过壳体直接搭铁。正时开关安装在气缸体一侧的冷却水道上，冷却液温度低时，双金属片没有变形，正时开关内的两触点闭合，接通冷起动喷油器搭铁回路；反之，冷却液温度高时，由于双金属片变形而使正时开关内的两触点断开，冷起动喷油器搭铁回路即被断开。正时开关内还装有一个加热线圈，线圈一端通过起动继电器供电，另一端则直接搭铁，这样发动机连续起动几次失败后，由于加热线圈通电时间长，双金属片被加热也会使触点断开，冷起动喷油器停止喷油，以免供油过多。

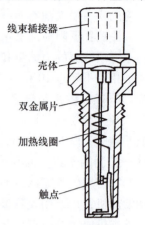

图 2-102 冷起动喷油器正时开关的结构

有些车型（如欧洲和澳大利亚地区雷克萨斯 LS400）的冷起动喷油器搭铁回路由 ECU 和正时开关两者控制，任何一条搭铁回路接通时都可以使冷起动喷油器喷油，ECU 的控制目的主要是修正冷起动喷油器的喷油量。在发动机集中控制系统中，也可取消正时开关，由 ECU 控制冷起动喷油器。由于冷起动喷油器向进气总管内喷油，存在各缸供油不均的缺点，目前的发展趋势是取消冷起动喷油器，由各缸喷油器完成冷起动喷油器的任务，即通过异步喷油来改善发动机的冷起动性能，这样不仅可使各缸供油均匀，也可减小控制系统元件（冷起动喷油器）和简化电路。

学习任务五　认识汽油机电控燃油喷射系统新技术

近年来，随着汽油机电控技术的发展，无回油管燃油系统和汽油直接喷射系统在新车型上的应用越来越多，这两项技术的应用对进一步降低汽油机的燃油消耗和排放污染均具有重大意义。

一、无回油管燃油系统

在汽油机传统燃油供给系统中，由燃油压力调节器根据进气管内的气体压力变化来调节输油管内的燃油压力，从而保证喷油压差恒定，但输油管内的燃油压力是不恒定的，多余的燃油从回油管流回到燃油箱。虽然此种有回油管的燃油供给系统技术比较成熟，但由于输油管和回油管内的燃油吸收发动机热量，回油温度较高，导致燃油箱内的油温升高，这种情况加速了燃油箱内的燃油蒸发速度，使得燃油箱内蒸气压力升高，不仅增加了燃油蒸发损失和蒸发排放控制系统的工作负荷，而且发动机的热起动性能也会变差。为此，无回油管燃油系统应运而生。

无回油管燃油系统实际并不是真的没有回油管，只是将回油管和燃油压力调节器与燃油泵一起组合安装在燃油箱内，燃油压力调节器一般也安装在燃油泵壳体内，如图 2-103 所示。在无回油管燃油系统中，由于燃油泵供给的多余燃油在燃油箱完成回流，从而避免了回油吸热导致燃油箱内油温升高的现象。

在传统有回油管燃油系统中，燃油压力调节器使输油管内的油压相对进气管内的气压保

项目二 汽油机电控燃油喷射系统

持恒定；发动机工作时，由于进气管内的气压是变化的，所以输油管内的油压也随之变化。而在无回油管燃油系统中，燃油压力调节器上没有感应进气管压力变化的真空管接头（参见图2-66），其功用相当于一个限压阀，可使输油管内的油压相对大气压力保持恒定，由于大气压力不变，发动机工作时输油管内的油压也是不变的，所以该系统又称为恒压燃油系统。

采用无回油管燃油系统的发动机，由于进气管内气体压力随发动

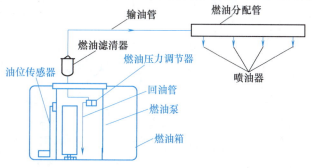

图 2-103　无回油管燃油系统示意图

机工况变化，致使喷油器的喷油压差和在固定时间内的喷油量也随之变化，为保证喷油量的精确控制，在电控燃油喷射系统中，均必须设有进气管绝对压力传感器，并对ECU的控制程序作相应的改进，由ECU根据进气管绝对压力传感器信号对喷油量进行修正和补偿。

无回油管燃油系统减少了燃油箱外的连接件，不仅使燃油供给系统的结构简化、拆装方便、故障减少、成本降低，而且有利于降低燃油的蒸发损失和排放污染，所以其应用也越来越普遍。

二、汽油直接喷射系统

传统汽油机电控燃油喷射系统是将汽油喷入进气管，并在进气管内与空气开始混合，然后进入气缸参加燃烧。由于喷油位置距离燃烧室较远，混合气的形成受进气气流和气门开关的影响较大，而且部分微小油粒吸附在进气管壁上的现象也在所难免，这使得参与燃烧的混合气浓度很难实现更精确的控制。为解决这一难题，世界各大汽车生产公司纷纷研制了汽油直接喷射（Gasoline Direct Injection，GDI）系统，如大众汽车公司的燃油分层喷射（Fuel Stratified Injection，FSI）系统、奔驰汽车公司的分层进气汽油喷射（Stratified Charged Gasoline Injection，CGI）系统等，并已在部分高档轿车上应用。不同公司研制的汽油直接喷射系统虽然名称不同，但其结构与工作原理基本相同。

与普通电控汽油喷射发动机相比，采用汽油直接喷射系统的发动机的动力性、经济性和排放性均有明显改善，但由于汽油喷射位置不同，且普遍采用稀薄燃烧技术，导致其结构等与普通电控汽油喷射发动机有所不同。

1. 汽油直接喷射系统的组成

汽油直接喷射系统与普通电控汽油喷射系统相比，主要的区别是燃油供给系统。由于向气缸内直接喷射燃油，且喷射过程延续到发动机的压缩行程，所以汽油直接喷射系统必须通过一个高压燃油泵使提供给喷油器的燃油压力达到10MPa以上。汽油直接喷射燃油供给系统的组成如图2-104所示。燃油供给系统可分为低压燃油系统和高压燃油系统两部分。

低压燃油系统主要由燃油箱、低压燃油泵、限压阀、压力保持阀、滤清器、低压油管和低压燃油压力传感器等组成，其主要功用是将燃油从燃油箱中抽出，并经过滤清器滤清后输送给高压燃油泵。发动机ECU根据低压燃油压力传感器信号，通过燃油泵ECU控制低压燃油泵工作来实现低压燃油压力的闭环控制，低压燃油泵工作压力为0.2~0.5MPa。发动机熄

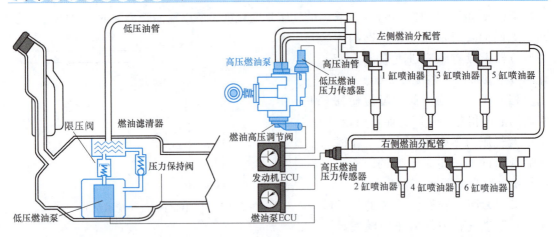

图 2-104 汽油直接喷射燃油供给系统的组成

火后,压力保持阀可使低压系统保持一定的残余压力;由于交通事故等原因导致燃油管破裂时,压力保持阀还可防止燃油溢出。限压阀可将低压燃油系统的压力限制在 0.64MPa 以下,以防止低压管路内的燃油压力过高。

高压燃油系统主要由高压燃油泵、燃油高压调节阀、高压燃油压力传感器、高压油管和燃油分配管等组成。高压燃油泵将低压燃油泵输送来的燃油进一步提高压力(可达 11MPa 以上)后,通过高压油管和燃油分配管输送给喷油器;高压燃油压力传感器安装在右侧燃油分配管上,用来检测燃油分配管内的燃油压力(即喷油器的喷油压力),并将信号输送给发动机 ECU。燃油高压调节阀安装在高压燃油泵上,根据发动机 ECU 的指令调节高压燃油系统的压力。此外,通常在燃油分配管上也安装有一个限压阀,当高压燃油系统压力超过 12MPa 时,该阀开启通向低压燃油系统的回油通道,以防止高压燃油系统压力过高。

在汽油直接喷射系统中,采用的低压燃油泵与普通电控汽油喷射系统相同。高压燃油泵一般采用双凸轮活塞式,其结构如图 2-105 所示。高压燃油泵通常安装在气缸盖上,由凸轮轴驱动,凸轮轴每转1圈可完成 2 次泵油,输出油压可达 11MPa 以上。

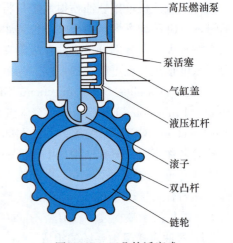

图 2-105 双凸轮活塞式高压燃油泵的结构

2. 稀薄燃烧技术

为进一步降低发动机的燃料消耗和排放污染,汽油直接喷射发动机普遍采用了稀薄燃烧技术,即使混合气在远大于理论空燃比的状态下燃烧。一般汽油机在工作中所用混合气的空燃比在理论空燃比(14.7:1)附近,而采用稀薄燃烧技术的汽油机所用混合气的空燃比在 25:1 以上,甚至高达 40:1。

随着混合气浓度变稀,点燃混合气会更加困难,为保证能够可靠地点燃稀混合气,目前应用的汽油直接喷射发动机,普遍采取了提高压缩比、提高点火能量和分层燃烧三项技术。

（1）提高压缩比　爆燃是提高汽油机压缩比的重大障碍，但采用稀薄燃烧技术的汽油机不易产生爆燃，通过提高压缩比来提高气缸内混合气的温度和压力，不仅使点燃混合气更容易，而且对提高汽油机的热效率也非常有利。一般汽油机的压缩比仅为 9～10，采用稀薄燃烧技术的汽油机压缩比可高达 13 左右。

（2）提高点火能量　目前在采用稀薄燃烧技术的汽油机上，提高点火能量的措施主要包括采用多个火花塞同时点火和采用多电极火花塞。由于采用多个火花塞的布置安装受限制，所以采用多电极火花塞提高点火能量的措施应用更广泛。

多电极火花塞如图 2-106 所示。其结构与工作原理和普通单电极火花塞基本相同，只是电极数量不同，点火时产生的高能电火花数量也不同。

（3）分层燃烧技术　在不同区域拥有不同混合气浓度的燃烧技术称为分层燃烧技术。采用稀薄燃烧技术的汽油机就是采用了这种分层燃烧技术，在火花塞点火时，保证火花塞周围的混合气较浓，以提高点火的可靠性，而其他周边区域的混合气较稀，以实现稀薄燃烧。

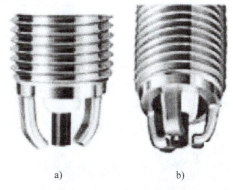

图 2-106　多电极火花塞
a）二电极　b）三电极

实现分层燃烧技术的措施有两项：一是利用缸内涡流运动，使喷入气缸内的燃油产生不均匀分布，保证距离火花塞越近的混合气越浓；二是改变喷油规律，在临近点火时向火花塞附近区域喷入部分汽油，以保证在火花塞附近形成较浓的混合气。

汽油直接喷射发动机一般采用直立进气道与曲面顶的活塞配合，组织必要的缸内涡流运动。如图 2-107 所示，发动机工作时，从直立进气道被吸入气缸的空气可产生强大的下沉气流，这种下沉气流在曲面顶活塞附近得到加强并形成纵向翻滚式涡流，燃油喷入气缸后，在纵向翻滚的涡流带动下，使火花塞附近聚集相对较多的燃油，从而形成较浓的混合气区域，远离火花塞的混合气浓度则较稀。

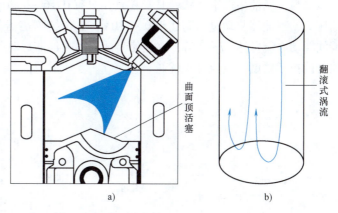

图 2-107　曲面顶活塞及翻滚式涡流
a）曲面顶活塞　b）翻滚式涡流

汽油直接喷射发动机喷油规律的改变主要采用了燃油喷射定时与分段喷射技术，即将喷油分成两个阶段，如图 2-108 所示。第一次喷射，在吸气行程喷入部分汽油，让汽油与空气能有充分的时间混合，并在缸内均匀分布；第二次喷射，在活塞接近压缩行程上止点时喷入部分汽油，使火花塞周围形成较浓的混合气（空燃比约为 12∶1），但从燃烧室整体来看混合气仍十分稀薄。由于分段喷油和纵向翻滚式涡流的作用，整个燃烧室内的混合气形成以火花塞为中心向外逐渐变稀的层状分布状态。

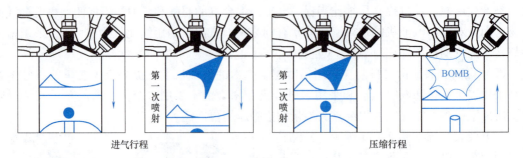

图 2-108 汽油直接喷射过程

3. 汽油直接喷射带来的其他问题

1) 汽油直接喷射发动机的压缩比高，对汽油的品质要求也很高，目前只能使用国产 97 号汽油。

2) 由于高压燃油系统的压力高，对输油管路及其接头密封处的强度和加工精度要求也随之提高。

3) 由于汽油直接喷射发动机的喷油压力高，且采用分段喷射技术，传统的电磁式喷油器无法满足要求。

汽油直接喷射发动机装用的喷油器主要有高压旋涡式喷油器和压电式喷油器两种。

高压旋涡式喷油器的结构与工作原理和传统的电磁式喷油器基本相同，如图 2-109 所示。为改善混合气形成条件，高压旋涡式喷油器内部装有涡流片/涡流板，以便使高压燃油从圆周分布的切线口（轴针式喷油器）高速喷出，在气缸内气流的作用下，雾化程度被进一步加强，燃油呈极细微状，其颗粒直径只有 $0.16\sim0.20\mu m$ 以下。此外，为克服较高的喷油压力，喷油器驱动电压高达 $100\sim110V$，比传统喷油器的 12V 驱动电压要高出 8 倍以上，瞬间驱动电流可达 $17\sim20A$，这也使喷油器的喷油滞后时间大大缩短，比传统电流驱动型喷油器的控制精度和响应性更优越。

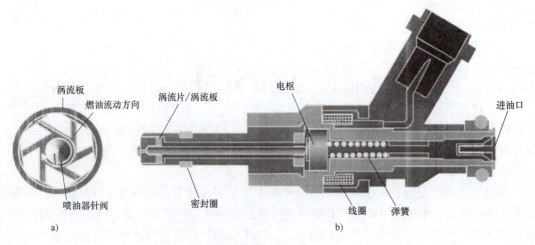

图 2-109 高压旋涡式喷油器
a) 燃油喷射方向 b) 喷油器结构

项目二　汽油机电控燃油喷射系统

汽油直接喷射发动机上装用的压电式喷油器都是利用压电元件直接控制针阀升程的喷油器，由于压电元件响应速度快，通过压电元件能通、断电多次切换，更容易实现分段喷射（或称为多次喷射），以满足最佳喷油规律的要求。此类喷油器在柴油机压电共轨系统中也使用，其结构与工作原理将在本书柴油机压电共轨系统中介绍。

> 本章重点讲述了汽油机电控燃油喷射系统的结构、工作原理与检修，并对目前已投入使用的无回油管燃油系统、汽油直接喷射系统进行了介绍。通过学习，应能够区别汽油机电控燃油喷射系统的类型，能够说明汽油机电控燃油喷射系统的功能和实现方法，熟悉汽油机电控燃油喷射系统主要元件的结构与工作原理，能够对电控燃油喷射系统主要元件进行检测并确定维修措施，熟悉无回油管燃油系统、汽油直接喷射系统的组成和工作原理。

复习思考题

1. 进气系统、燃油系统和控制系统主要由哪些元件组成？它们是怎样工作的？
2. 电动燃油泵是怎样工作的？其控制电路主要有几种类型？如何检查？
3. 燃油压力调节器有何功用？它是怎样工作的？
4. 燃油压力脉动阻尼器有何功用？它是怎样工作的？
5. 空气流量传感器有何功用？有几种类型？它们是怎样工作的？如何检查？
6. 进气管绝对压力传感器有何功用？它是怎样工作的？如何检查？
7. 节气门位置传感器有何功用？有几种类型？它们是怎样工作的？如何检查？
8. 冷却液温度传感器有何功用？它是怎样工作的？如何检查？
9. 凸轮轴/曲轴位置传感器有何功用？有几种类型？它们是怎样工作的？如何检查？
10. 常用的开关信号传感器有哪些？其功用是什么？
11. 电控燃油喷射系统有哪些控制内容？如何控制？
12. 电控燃油喷射系统喷油器有何功用？它是怎样工作的？如何检查？
13. 冷起动喷油器有何功用？它是怎样工作的？如何检查？
14. 画出常见电动燃油泵控制电路，并说明其原理和检查方法。
15. 画出各传感器电路，并说明其原理和检查方法。
16. 画出常见发动机喷油器控制电路，并说明其原理和检查方法。
17. 无回油管燃油系统有什么结构特点？
18. 汽油机直接喷射系统有什么结构特点？

项目三　汽油机电控点火系统

> **学习目标：**
> 1. 能够说明汽油机电控点火系统的功能。
> 2. 能够区别汽油机电控点火系统的类型并说明其组成。
> 3. 能够说明不同电控点火系统的特点和工作原理。
> 4. 能够正确检测汽油机电控点火系统的主要元件，并确定维修措施。

学习任务一　认识电控点火系统的功能

汽油机电控点火系统的功能主要包括点火提前角、通电时间及爆燃控制三个方面。

一、点火提前角控制

1. 点火提前角对发动机性能的影响

点火提前角是从火花塞发出电火花到该缸活塞运行至压缩行程上止点时，曲轴转过的角度。

当汽油机保持节气门开度、转速以及混合气浓度一定时，汽油机功率和耗油率随点火提前角的变化而变化。对应于发动机每一工况都存在一个"最佳"点火提前角，对于现代汽车而言，最佳的点火提前角不仅保证发动机的动力性和燃油经济性都达到最佳值，还必须保证排放污染最小。

点火提前角过大（点火过早），则大部分混合气在压缩行程中燃烧，活塞所消耗的压缩功增加，且缸内最高压力升高，末端混合气自燃所需的时间缩短，爆燃倾向增大。点火过迟，则燃烧延长到膨胀行程，燃烧最高压力和温度下降，传热损失增多，排气温度升高，功率、热效率降低，但爆燃倾向减小，NO_x 排放量降低。试验证明，最佳的点火提前角应使发动机气缸内的最高压力出现在上止点后 10°～15°。如图 3-1 所示，适当的点火提前角可使发动机每循环所做的机械功最多（C 曲线下的阴影部分）。

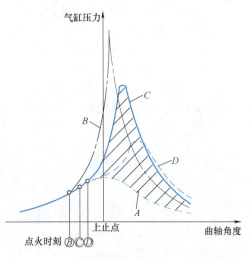

图 3-1　点火提前角对发动机性能的影响
A—不点火　B—点火过早
C—点火适当　D—点火过迟

2. 最佳点火提前角的确定依据

最佳点火提前角的数值必须视燃料性质、转速、负荷和混合气浓度等很多因素而定。

项目三 汽油机电控点火系统

（1）发动机转速　如图 3-2 所示，点火提前角应随发动机转速的升高而增大。因为随着发动机转速的提高，以秒计的燃烧行程所需时间缩短，但燃烧行程所占的曲轴转角增大，为保证发动机气缸内的最高压力出现在上止点后 10°～15°的最佳位置，就必须适当提前点火（即增大点火提前角）。

与采用机械式离心提前器的传统点火系统相比，采用电控点火（ESA）系统时，可以使发动机的实际点火提前角接近于理想的点火提前角。

（2）负荷　汽油机的负荷调节是通过节气门进行的量调节，随着负荷减小，进气管真空度增大，进气量减少，气缸内的温度和压力均降低，燃烧速度变慢，燃烧行程所占的曲轴转角增大。应适当增大点火提前角，如图 3-3 所示。

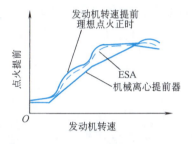

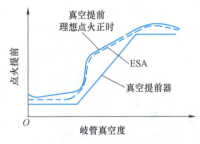

图 3-2　转速对点火提前角的影响　　　　　　图 3-3　负荷对点火提前角的影响

与采用真空提前器的传统点火系统相比，采用电控点火（ESA）系统可以使发动机的实际点火提前角接近于理想的点火提前角。

（3）燃料的性质　汽油的辛烷值越高，抗爆性越好，点火提前角可适当增大，以提高发动机的性能；辛烷值较低的汽油，抗爆性差，点火提前角则应减小。在有些发动机的 ECU 中存储了两张点火正时图，实际使用中，可根据使用的燃料不同进行选择，在出厂时一般开关设定在无铅、优质汽油的位置上。

（4）其他因素　最佳点火提前角除应根据发动机的转速、负荷和燃料性质确定之外，还应考虑发动机燃烧室形状、燃烧室内温度、空燃比、大气压力和冷却液温度等因素。在传统点火系统中，当上述因素变化时，系统无法对点火提前角进行调整。当采用 ESA 系统时，发动机在各种工况和运行条件下，ECU 都可以保证理想的点火提前角，因此发动机的动力性、经济性和排放性都能达到最佳。

3. 控制点火提前角的基本方法

电控点火系统中，在主 ECU 内首先存储记忆发动机在各种工况及运行条件下最理想的点火提前角。点火提前角控制可分为起动时的点火提前角控制和起动后的点火提前角控制。

发动机起动时，按 ECU 内存储的初始点火提前角（设定值）对点火提前角进行控制。起动时点火提前角的设定值随发动机而异，对一定的发动机而言，起动时的点火提前角是固定的，一般为 10°左右。

发动机正常运转时（起动后），主 ECU 根据发动机的转速信号和负荷信号确定基本点火提前角，并根据其他有关信号进行修正，最后确定实际的点火提前角，并向电子点火控制器输出点火指令信号，以控制点火系统的工作。

发动机起动后正常运转时，实际点火提前角的控制方法各车型有所不同，可分为以下两种类型：

1）在日本丰田车系计算机控制系统（TCCS）中，实际点火提前角等于初始点火提前角、基本点火提前角和修正点火提前角之和，即

实际点火提前角 = 初始点火提前角 + 基本点火提前角 + 修正点火提前角

2）在日本日产车系发动机计算机集中控制系统（ECCS）中，实际点火提前角等于基本点火提前角与点火提前角修正系数之积，即

实际点火提前角 = 基本点火提前角 × 点火提前角修正系数

4. 起动时点火提前角的控制

在发动机起动过程中，发动机转速变化大，且由于转速较低（一般低于500r/min），进气管绝对压力传感器信号或空气流量传感器信号不稳定，ECU无法正确计算点火提前角，一般将点火时刻固定在设定的初始点火提前角。此时的控制信号主要是发动机转速信号（Ne信号）和起动开关信号（STA信号）。

5. 起动后基本点火提前角的确定

发动机起动后怠速运转时，ECU根据节气门位置传感器信号（IDL信号）、发动机转速传感器信号（Ne信号）和空调开关信号（A/C信号）确定基本点火提前角。

发动机怠速工况下，为保证发动机工作稳定，空调工作时的基本点火提前角比空调不工作时大，如图3-4所示。

发动机起动后在除怠速以外的工况下运转时，ECU根据发动机的转速和负荷（单位转数的进气量或基本喷油量）确定基本点火提前角，不同转速和负荷时的基本点火提前角数值存储在ECU内的存储器中。基本点火提前角控制模型如图3-5所示。

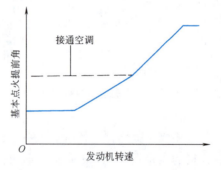

图3-4 怠速时基本点火提前角的确定

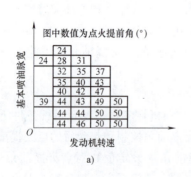
a)

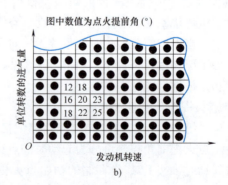
b)

图3-5 基本点火提前角控制模型
a) 按喷油量和转速确定 b) 按进气量和转速确定

发动机起动后在正常工况下运转时，控制点火提前角的信号主要有进气管绝对压力传感器信号（PIM信号）或空气流量传感器信号（Vs信号）、发动机转速信号（Ne信号）、节

气门位置传感器信号（IDL 信号）、燃油选择开关或插头信号（R-P 信号）、爆燃信号（KNK 信号）等。按照燃油辛烷值的不同，在 ECU 存储器中存有两张基本点火提前角的数据表格时，驾驶人可根据使用燃油的辛烷值通过燃油选择开关或插头进行选择。具有爆燃控制功能的 ESA 系统中，ECU 内还存有专门用于爆燃控制点火提前角的数据。

6. 点火提前角的修正

不同的发动机控制系统中，对点火提前角的修正项目和修正方法也不同。修正方法有修正系数法和修正点火提前角法两种（参看本节实际点火提前角计算公式）。修正系数（或修正点火提前角）与修正项目之间的关系曲线存储在 ECU 中，ECU 根据初始点火提前角、基本点火提前角和修正系数（或修正点火提前角）计算实际点火提前角。主要修正项目有冷却液温度修正、急速稳定修正和空燃比反馈修正等。

（1）冷却液温度修正　冷却液温度修正可分为暖机修正和过热修正。

发动机冷车起动后的暖机过程中，随着冷却液温度的提高，混合气的燃烧速度加快，燃烧过程所占的曲轴转角减小，点火提前角也应适当地减小，如图 3-6 所示。修正曲线的形状与提前角的大小随车型不同而异。暖机修正控制信号主要有冷却液温度传感器信号（THW 信号）、进气管绝对压力传感器信号（PIM 信号）或空气流量传感器信号（Vs 信号）、节气门位置传感器信号（IDL 信号）等。

发动机工作时，随着冷却液温度的提高，爆燃倾向逐渐增大。冷却液温度过高时，为了避免产生爆燃，必须修正点火提前角，如图 3-7 所示。发动机处于急速工况运行［急速触点（IDL）接通］时，冷却液温度过高，一般是由于燃烧速度慢、燃烧行程占的曲轴转角过大，为了避免发动机长时间过热，应增大点火提前角，以提高燃烧速度，减小散热损失。正常运行工况［急速触点（IDL）断开］，当冷却液温度过高时，为了避免产生爆燃，应减小点火提前角。过热修正控制信号主要有冷却液温度传感器信号（THW 信号）和节气门位置传感器信号（IDL 信号）等。

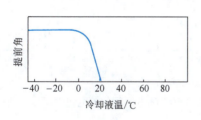

图 3-6　点火提前角的暖机修正曲线

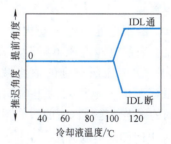

图 3-7　点火提前角的过热修正曲线

（2）急速稳定修正　发动机在急速运转过程中，由于负荷等因素的变化会导致转速改变，所以 ECU 必须根据实际转速与目标转速的差值修正点火提前角，以保持发动机在规定的急速转速下稳定运转，如图 3-8 所示。急速稳定修正控制信号主要有发动机转速信号（Ne 信号）、节气门位置传感器信号（IDL 信号）、车速传感器信号（SPD 信号）、空调开关信号（A/C 信号）等。

（3）空燃比反馈修正　由于空燃比反馈控制系统是根据氧传感器的反馈信号调整喷油量来达到最佳空燃比控制的，所以这种喷油量的变化必然带来发动机转速的变化。为了稳定发动机转速，点火提前角需根据喷油量的变化进行修正，如图 3-9 所示。

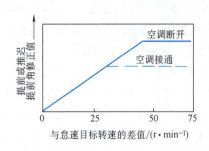

图 3-8 点火提前角的怠速稳定修正曲线

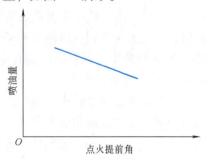

图 3-9 点火提前角的空燃比反馈修正曲线

二、通电时间控制

1. 通电时间对发动机工作的影响

按点火能量的储存方式，汽油机点火系统可分为电感储能式（电感放电式）和电容储能式（电容放电式）两大类。对于电感储能式电控点火系统，当点火线圈的一次电路被接通后，其一次电流是按指数规律增长的。一次电路被断开瞬间，一次电流所能达到的值（即断开电流）与一次电路接通的时间长短有关，只有通电时间达到一定值时，一次电流才可能达到饱和。由于断开电流影响二次电压最大值（成正比关系），二次电压的高低又直接影响点火系统工作的可靠性，所以在发动机工作时，必须保证点火线圈的一次电路有足够的通电时间。但如果通电时间过长，那么点火线圈会发热并增大电能消耗。要兼顾上述两方面的要求，就必须对点火线圈一次电路的通电时间进行控制。

此外，当蓄电池的电压变化时，也将影响一次电流。当蓄电池电压下降时，在相同的通电时间内一次电流所达到的值将减小。因此，还必须根据蓄电池电压对通电时间进行修正。通电时间的蓄电池电压修正曲线如图 3-10 所示。

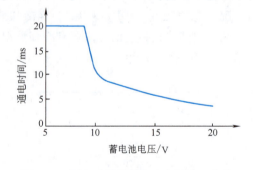

图 3-10 通电时间的蓄电池电压修正曲线

2. 通电时间的控制方法

在传统的汽油机点火系统中，由分电器轴上的凸轮来控制断电器触点的开、闭，分电器的凸轮决定了断电器触点的闭合角，一般 4 缸发动机为 50°、6 缸发动机为 38°、8 缸发动机为 33°。点火线圈一次电路的接通时间（即通电时间）取决于断电器触点的闭合角和发动机转速。对一定的发动机而言，断电器触点的闭合角是一定的，点火线圈一次电路的通电时间随发动机转速的提高而缩短，这必将导致发动机高速时点火能量降低，点火系统工作可靠性下降。因此，传统点火系统已逐渐被电控点火系统所取代。

在现代电控点火系统中，用灵敏、可靠的传感器（凸轮轴/曲轴位置传感器）和晶体管开关取代了传统点火系统中的断电器和分电器中的凸轮，甚至无分电器，点火线圈一次电路的通电时间由 ECU 控制，其控制模型如图 3-11 所示。闭合角（通电时间）控制模型存储在

ECU 内，发动机工作时，ECU 根据发动机转速信号（Ne 信号）和电源电压信号确定最佳的闭合角（通电时间），并向点火控制器输出指令信号（IGt 信号），以控制点火控制器中晶体管的导通时间。随着发动机转速提高和电源电压下降，闭合角（通电时间）增大。

3. 点火线圈的恒流控制

在电控点火系统中，为了减小转速对二次电压的影响，提高点火能量，采用了一次线圈电阻很小的高能点火线圈，其一次电流最高可达 30A 以上。为了防止一次电流过大而烧坏点火线圈，在部分电控点火系统的点火控制电路中增加了恒流控制电路，保证在任何转速下一次电流均为规定值（7A），既改善了点火性能，又能防止一次电流过大而烧坏点火线圈。恒流控制电路如图 3-12 所示。恒流控制的基本方法是在点火控制器功率晶体管的输出回路中增设一个电流检测电阻，用电流在该电阻上形成的电压降反馈控制晶体管的基极电流，只要这种反馈为负反馈，就可以使晶体管的集电极电流稳定，从而实现恒流控制。

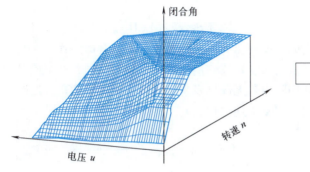

图 3-11 闭合角（通电时间）控制模型

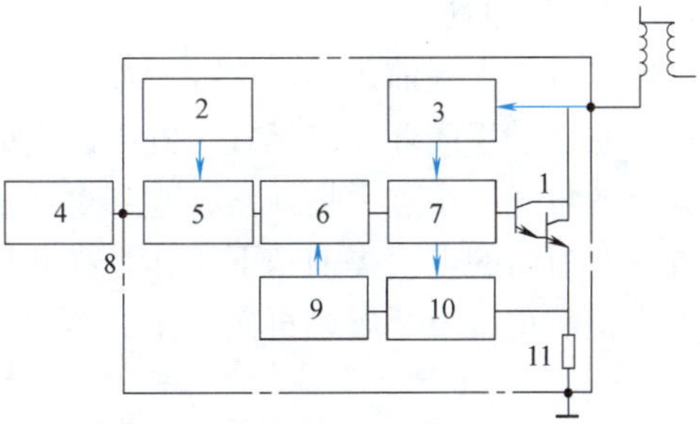

图 3-12 恒流控制电路
1—功率晶体管 2—偏流回路 3—过电压保护回路
4—传感器 5—波形整形回路 6—通电率发生回路
7—放大回路 8—点火器 9—通电率控制回路
10—恒流控制回路 11—电流检测电阻

三、爆燃控制

1. 爆燃的危害

爆燃是汽油机工作时的一种不正常燃烧现象，轻微的爆燃可使发动机功率上升、油耗下降，但爆燃严重时，气缸内会发出特别尖锐的金属敲击声，且会导致冷却液过热、功率下降、耗油率上升，成为汽油机运行中最有害的一种故障现象。

爆燃产生的原因是在正常火焰传播的过程中，处在最后燃烧位置上的那部分未燃混合气（常称为末端混合气），进一步受到压缩和热辐射的作用，加速了先期反应。如果在火焰前锋尚未到达之前末端混合气已经自燃，则这部分混合气燃烧速度极快，火焰速度可达每秒百米甚至数百米以上，使燃烧室内的局部压力和温度很高，并伴随有冲击波。压力冲击波反复撞击气缸壁，发出尖锐的敲缸声，严重时破坏附着在气缸壁表面的气膜和油膜，使传热增加、气缸盖和活塞顶温度升高、冷却液过热、汽油机功率下降、耗油率增加，甚至造成活塞和气门烧坏、轴瓦破裂、火花塞绝缘体破坏、润滑油氧化成胶质、活塞环卡死在环槽内等故障。因此，汽油机工作时应对爆燃加以控制。

2. 爆燃的控制方法

点火提前角是影响爆燃的主要因素之一，推迟点火（即减小点火提前角）是消除爆燃的最有效措施。在无爆燃控制的传统点火系统中，为防止爆燃的产生，其点火时刻的设定必须远离爆燃边缘，必然会导致发动机的动力性和经济性不能发挥到最佳。在电控点火系统中，ECU 根据爆燃传感器信号判定有无发生爆燃及爆燃的强度，并根据其判定结果对点火提前角进行反馈控制，使发动机处于爆燃的边缘工作，既能防止爆燃发生，又能有效地提高发动机的动力性和经济性。爆燃控制实际是点火提前角控制中的追加功能。

爆燃控制过程如图 3-13 所示。爆燃传感器安装在气缸体上，其功用是利用压电晶体的压电效应把爆燃时传到气缸体上的机械振动转换成电压信号输送给 ECU。ECU 把爆燃传感器输入的信号进行滤波处理，并判断有无发生爆燃及爆燃的强度。有爆燃时，则逐渐减小点火提前角（推迟点火），直到爆燃消失为止。无爆燃时，则逐渐增大点火提前角（提前点火），当再次出现爆燃时，ECU 开始逐渐减小点火提前角。爆燃控制过程就是对点火提前角进行反复调整的过程。

爆燃时点火提前角的反馈控制如图 3-14 所示。爆燃传感器向 ECU 输入爆燃信号时，电控点火系统采用闭环控制模式，并以固定的角度使点火提前角减小。若仍有爆燃存在，则再以固定的角度减小点火提前角，直到爆燃消失为止。爆燃消失后的一定时间内，系统使发动机维持在当前的点火提前角下工作，在此期间内若无爆燃发生，则以一个固定的角度逐渐增大点火提前角，直至爆燃再次发生，然后又重复上述过程。

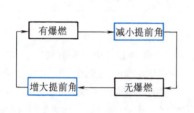

图 3-13　爆燃控制过程

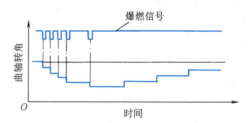

图 3-14　爆燃时点火提前角的反馈控制

发动机负荷较小时，发生爆燃的倾向几乎为零，所以电控点火系统在此负荷范围内采用开环控制模式。而当发动机的负荷超过一定值时，电控点火系统自动转入闭环控制模式。发动机工作时，ECU 根据节气门位置传感器信号判断发动机的负荷大小，从而决定点火系统采用闭环控制或开环控制。

学习任务二　认识电控点火系统的组成与工作原理

一、电控点火系统的类型

1. 汽油机点火系统的类型

汽油机点火系统主要有传统点火系统和计算机控制的点火系统两大类型。传统点火系统分为磁电机点火系统和蓄电池点火系统。

（1）磁电机点火系统　磁电机点火系统的电能是由磁电机本身提供的，其点火线圈、断电器和配电器组成一个整体，结构较复杂，且低速时的点火性能较差，一般只用在无蓄电池的机动车上，如小排量摩托车等。

（2）蓄电池点火系统　蓄电池点火系统又称为有触点式点火系统，由于其结构简单、工作可靠，半个多世纪以来曾在汽车上得到广泛的应用。但随着人们对汽油机技术指标要求的不断提高，在提高动力性和安全性、降低油耗和减少排放污染等方面，它已不能满足高速发动机的点火要求，所以逐渐被计算机控制点火系统所取代。蓄电池点火系统的主要缺点如下：

1）高速易断火，不适合高速发动机。由于蓄电池点火系统中点火线圈产生的二次电压随着发动机的转速升高而下降，所以容易导致发动机高速断火。

2）断电器触点易烧蚀，工作可靠性差。当断电器触点断开时，一次线圈将产生300V左右的感应电动势，触点间易产生火花，烧蚀触点。

3）点火能量低，点火可靠性差。在蓄电池点火系统中，为了减少触点烧蚀故障的发生，不得不限制点火线圈一次电路的电流（一般为3~5A），从而使点火能量的提高受到限制。

（3）微型计算机控制的点火系统　微型计算机控制的点火系统即电控点火系统，于1976年由美国克莱斯勒汽车公司首先研制成功，系统中使用模拟计算机根据各传感器信号对点火提前角进行控制。1977年，美国通用汽车公司开始使用数字式电控点火系统。近年来，由于微电子技术的迅速发展，随着电控点火系统的不断完善，电控点火系统已在各国汽车上得到广泛的应用。电控点火系统主要的优点如下：

1）在各种工况及环境条件下，均可自动获得最佳的点火提前角，从而使发动机的动力性、经济性、排放性及工作稳定性等方面均处于最佳。

2）在整个工作过程中，均可对点火线圈一次电路的通电时间和电流进行控制，从而使点火线圈中存储的点火能量保持恒定，不仅提高了点火的可靠性，而且可以有效地减少电能消耗，防止点火线圈烧损。

3）采用爆燃控制后，可使点火提前角控制在爆燃的临界状态，以此获得最佳的燃烧过程，有利于发动机各种性能的提高。

2. 电控点火系统的类型

电控点火系统可分为有分电器式和无分电器式两大类。两者的主要组成和控制原理基本相同。

有分电器式电控点火系统因为机械装置本身的局限性，无法保证在各种状况下点火提前角均处于最佳。此外，由于分电器中运动部件的磨损，又会导致驱动部件松旷，影响点火提前角的稳定性和均匀性。

无分电器式电控点火系统是一种全电子化的点火系统。它的突出优点是由于无机械传动，减少了分电器与旁电极这一中间跳火间隙的能量损耗及由此产生的射频干扰，无机构磨损、无须调整，工作可靠。此外，由于无分电器，也使发动机各部件的布置更容易、更合理。

二、基本组成与工作原理

1. 基本组成

电控点火系统一般由电源、传感器、ECU、点火控制器、点火线圈、分电器（有分电器电控点火系统）和火花塞等组成，如图 3-15 所示。

（1）电源　电源一般由蓄电池和发电机共同组成，主要作用是给点火系统提供所需的电能。

（2）传感器　传感器主要用于检测发动机各种运行参数的变化，为 ECU 提供点火控制所需的信号。主要传感器有凸轮轴位置传感器、曲轴位置传感器、爆燃传感器、进气管绝对压力传感器（或空气温度传感器）、节气门位置传感器和冷却液温度传感器等。

（3）ECU　ECU 是电控点火系统的中枢。在发动机工作时，它不断地接收各传感器的信息，按内存的程序计算出最佳点火提前角，并向点火控制器发出指令。

（4）点火控制器　点火控制器是电控点火系统的执行元件，它可以将电控系统输出的点火信号进行功率放大后驱动点火线圈工作。

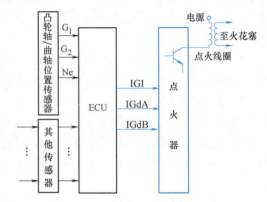

图 3-15　电控点火系统的基本组成

（5）点火线圈　点火线圈可将火花塞跳火所需的能量储存在线圈的磁场中，并将电源提供的低压电转变为足以在电极间产生击穿点火的 15～20kV 高压电。在有分电器式电控点火系统中，只有一个点火线圈，而无分电器式点火系统中则有多个点火线圈。

（6）分电器　在有分电器式电控点火系统中，分电器根据发动机的点火顺序将点火线圈产生的高压电依次输送给各缸火花塞。

（7）火花塞　火花塞主要是利用点火线圈产生的高压电产生电火花，从而点燃气缸内的混合气。

2. 工作原理

发动机工作时，ECU 根据接收到的各传感器信号，按存储器中存储的有关程序和相关数据确定出该工况下最佳点火提前角和点火线圈一次电路闭合角（通电时间），并以此向点火控制器发出指令。点火控制器则根据 ECU 的指令控制点火线圈一次电路的导通和截止。当电路导通时，有电流从点火线圈中的一次电路通过，点火线圈将点火能量以磁场的形式储存起来。当一次电路中的电流被切断时，在其二次线圈中将产生很高的感应电动势（15～20kV），经分电器或直接送至工作气缸的火花塞。点火能量经火花塞瞬间释放，产生的电火花点燃气缸内的混合气，使发动机完成做功过程。

此外，在具有爆燃控制功能的电控点火系统中，ECU 根据爆燃传感器的输入信号来判断发动机有无爆燃及爆燃的强度，并对点火提前角进行闭环控制。

在电控点火和电控燃油喷射系统中，点火正时和喷油正时的控制精度要求能检测出 1°曲轴转角，而目前汽车上装用的汽油机最高转速高达 6 000r/min 以上。发动机正常工作时，1°曲轴转角所需的时间相当短，要进行这样精确的计时控制，电控系统除必须具有能够准确检测活塞上止点位置的凸轮轴位置传感器和检测曲轴转角的曲轴位置传感器外，还必须有能进行高速运算的微型计算机系统。在电控点火系统中，用凸轮轴位置传感器产生 G 信号和曲轴位置传感器产生的 Ne 信号作为主控制信号，以 G 信号为基准，按每 1°曲轴转角分频，用既定的曲轴角度产生点火控制信号（IGt 信号）。

（1）G 信号 G 信号是指活塞运行到上止点位置的判别信号，它是根据凸轮轴位置传感器产生的信号经过整形和转换而获得的脉冲信号。G 信号的周期对应的曲轴转角等于发动机各缸的做功间隔角（4 缸发动机为 180°，6 缸发动机为 120°）。G 信号在电控点火系统中主要用来确定点火控制基准和判别气缸。G 信号发生时，一般不是活塞运行到上止点的时刻，而是相对于各缸活塞的上止点位置有固定的曲轴转角值，一般为上止点前 70°。

发动机工作时，ECU 根据 G 信号可准确地计算出曲轴每转 1°所用时间，即 G 信号产生的间隔时间与间隔角度之比。根据其他传感器输入信号，ECU 按其内存的控制模型确定点火提前角和点火线圈通电时间。ECU 根据计算出的曲轴每转 1°所用时间，确定 G 信号后点火线圈一次电路的通电与断电时刻，最后向点火控制器输出点火控制信号（IGt 信号）。ECU 如果接收不到 G 信号，则无法确定点火基准和判别气缸，从而无法对点火提前角进行控制。

以日产公司发动机计算机集中控制系统（ECCS）为例，6 缸发动机在某工况下，ECU 根据各传感器信号确定的最佳点火提前角为上止点前 40°。点火提前角控制原理如图 3-16 所示。根据凸轮轴位置传感器产生的间隔 120°的 G 信号和 1°信号，ECU 设定一个比 G 信号滞后 4°的基准信号，由于 G 信号设定在各缸活塞压缩行程上止点前 70°处，所以实际的点火时刻基准为上止点前 66°。ECU 从接收到间隔 120°的 G 信号开始，即确认某缸活塞位于压缩行程上止点前 70°，由于点火基准信号滞后 G 信号 4°，所以 ECU 从上止点前 66°开始计数 26 个 1°信号，此时 ECU 向点火控制器发出指令信号，使点火线圈内的一次电路断电，即可保证火花塞在上止点前 40°点火。

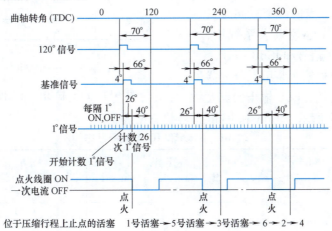

图 3-16 点火提前角控制原理

在有些发动机的电控系统中，曲轴每转两圈，凸轮轴位置传感器产生两个 G（G_1 和 G_2）信号，G_1 信号和 G_2 信号相隔 360°曲轴转角。如日本丰田皇冠轿车装用的无分电器式电控点火系统中，G_1 信号用来判别 6 缸上止点位置，G_2 信号用来判别 1 缸上止点位置。

（2）Ne 信号 Ne 信号是指发动机曲轴转角信号，它是根据曲轴位置传感器产生的信号经过整形和转换而获得的脉冲信号。

在电控点火系统中，Ne 信号主要用来计量点火提前角和通电时间。如果采用转子有 24

个齿的电磁感应式曲轴位置传感器,则曲轴每转720°只能向ECU输送24个Ne信号,其信号周期为30°曲轴转角(15°分电器轴转角),在较精密的电控点火系统中以此来控制点火提前角和通电时间是不能满足要求的,一般都经过ECU进行整形和转换,形成周期为1°的Ne信号。

(3) IGt信号 IGt信号是ECU向点火控制器中功率晶体管发出的通、断控制信号。

在有分电器式电控点火系统中,由于是由分电器的指向决定某个气缸点火,只要安装时正确连接各缸高压线,就不会出现点火错乱问题。但是,在无分电器式电控点火系统中,仅有G信号不能决定具体给哪个气缸点火,所以ECU向点火控制器输出的指令信号中必须增加判别气缸的IGd信号,以便与G信号共同决定需要点火的气缸。

IGd信号存储在ECU内的存储器中,实际就是点火顺序信息。ECU根据G信号和Ne信号选择IGd信号状态,以确定点火顺序。在采用同时点火方式(活塞同时到达上止点的两个缸同时点火)的无分电器式电控点火系统中,IGd信号分为IGdA信号和IGdB信号。

以日本丰田皇冠轿车装用无分电器式电控点火系统为例,ECU输出的点火控制信号如图3-17所示,IGdA和IGdB信号状态见表3-1。

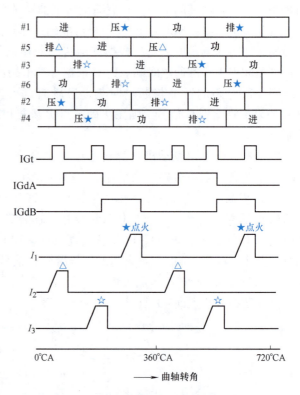

图3-17 ECU输出的点火控制信号

表3-1 IGdA和IGdB信号状态

控制结果	信号	IGdA信号状态	IGdB信号状态
1、6缸点火		0	1
2、5缸点火		0	0
3、4缸点火		1	0

(4) IGf信号 IGf信号是指完成点火后点火控制器向ECU输送的点火确认信号。

由于电控燃油喷射系统中喷油器的驱动信号来自于曲轴位置传感器,若点火系统出故障使火花塞不能点火,曲轴位置传感器工作正常,则喷油器仍会照常喷油。为了防止因喷油过多导致油耗增加、发动机再起动困难或行车时三元催化转换器过热等现象的发生,特设定当完成点火过程后,点火控制器应及时向ECU返回点火确认信号(IGf信号)。

发动机工作时,ECU向点火控制器发出点火控制信号(IGt信号)后,若有3~5次均接收不到返回的点火确认信号(IGf信号),ECU便以此判定点火系统有故障,且强行停止电控燃油喷射系统继续喷油，致使发动机熄火。

三、有分电器式电控点火系统

有分电器式电控点火系统的主要特点是只有1个点火线圈。ECU根据各传感器信号确定某缸点火时向点火控制器发出指令信号（IGt信号）。点火控制器则根据ECU的指令控制点火线圈内一次电路通电或断电。当点火线圈中的一次电路断电时，二次线圈产生的高压电经分电器输送给点火缸的火花塞实现点火。分电器的作用是按照发动机的点火顺序将点火线圈产生的高压电依次输送给各缸火花塞。

有分电器式电控点火系统的组成如图3-18所示。

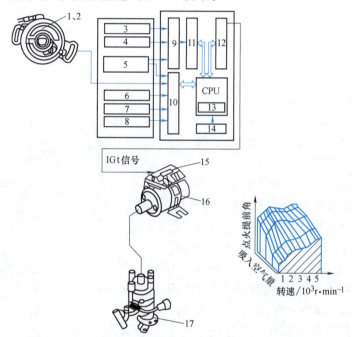

图3-18 有分电器式电控点火系统的组成

1、2—凸轮轴/曲轴位置传感器 3—空气流量传感器或进气管绝对压力传感器 4—冷却液温度传感器
5—节气门位置传感器 6—起动开关 7—空调开关 8—车速传感器 9、10—输入回路
11—A-D转换器 12—输出回路 13—存储器 14—恒定电压电源 15—点火控制器
16—点火线圈 17—分电器

ECU、点火控制器、点火线圈和分电器的功能见本节前述相关内容。主要传感器在该系统中的功能如下：

（1）凸轮轴/曲轴位置传感器 凸轮轴/曲轴位置传感器用于检测凸轮轴和曲轴的位置，并向ECU输送G信号和Ne信号，以便控制点火正时。同时，ECU根据曲轴位置传感器的信号（Ne信号）确定发动机的转速，以便确定基本点火提前角。

（2）空气流量传感器（或进气管绝对压力传感器） 空气流量传感器（或进气管绝对压力传感器）用于检测并向ECU输送进气量信号。进气量信号和发动机转速信号是ECU确定基本点火提前角的主要依据。

（3）冷却液温度传感器　冷却液温度传感器用于检测并向ECU输送发动机冷却液温度信号，用于修正点火提前角。

（4）节气门位置传感器　节气门位置传感器用于检测并向ECU输送节气门开度信号，以便ECU根据发动机负荷对点火提前角进行修正。

（5）起动开关　起动开关用于检测发动机的工作状态，向ECU输送发动机正在起动的信号，是发动机起动时对点火提前角进行控制的主信号。

（6）空调开关　空调开关用于检测空调系统的工作状态，向ECU输送空调正在工作的信号，从而在发动机怠速工况下对点火提前角进行修正。

（7）车速传感器　车速传感器用于检测并向ECU输送车速信号，从而对点火提前角进行修正。

四、无分电器式电控点火系统

无分电器式电控点火（DLI）系统又称为直接点火系统或全电子化点火系统。其主要特点是用电控装置取代了分电器，利用电子分火控制技术将点火线圈产生的高压电直接送给火花塞进行点火，点火线圈的数量比有分电器式电控点火系统多。

无分电器式电控点火系统的组成如图3-19所示。

无分电器式电控点火系统与有分电器式电控点火系统的工作原理和各元件功能基本相同，不同的是无分电器式电控点火系统具有电子配电功能，即在发动机工作时，ECU除向点火控制器输出IGt点火控制信号外，还必须输送ECU内存储的判缸信号IGd，以便控制多个点火线圈的工作顺序，按做功顺序完成各缸点火的控制。

根据点火线圈的数量和高压电分配方式的不同，无分电器式电控点火系统可分为独立点火方式、同时点火方式和二极管配电点火方式三种类型。

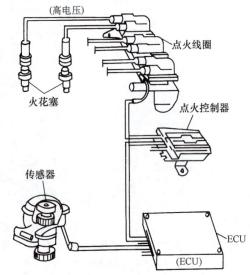

图3-19　无分电器式电控点火系统的组成

1. 独立点火方式

无分电器独立点火方式电控点火系统如图3-20所示。其特点是每缸有一个点火线圈，即点火线圈的数量与气缸数相等。

由于每缸都有各自独立的点火线圈，所以即使发动机的转速很高，点火线圈也有较长的通电时间（大的闭合角），可提供足够高的点火能量。与有分电器式电控点火系统相比，在发动机转速和点火能量相同的情况下，单位时间内通过点火线圈一次电路的电流要小得多，点火线圈不易发热，且点火线圈的体积可以非常小巧，一般直接将点火线圈压装在火花塞上。

无分电器独立点火方式电控点火系统取消了分电器和高压线，分火性能较好，但其结构和控制电路复杂。

2. 同时点火方式

无分电器同时点火方式电控点火系统如图3-21所示。其特点是两个活塞同时到达上止点位置的气缸（一个为压缩行程的上止点，另一个为排气行程的上止点）共用一个点火线圈，即点火线圈的数量等于气缸数的一半。

以6缸发动机为例，1缸与6缸、2缸与5缸及3缸与4缸的活塞分别同时到达上止点，称为同步缸，两同步缸共用一个点火线圈，两个缸的火花塞与共用的点火线圈中的二次线圈串联。当点火线圈一次电路断电时，一个气缸接近压缩行程上止点，火花塞跳火可点燃该缸的混合气，称为有效点火；而另一气缸接近排气行程上止点，火花塞跳火不起作用，称为无效点火。由于处于排气行程，气缸内的压力很低，加之废气中导电离子较多，其火花塞很容易被高压电击穿，消耗的能量就非常少，所以不会对压缩行程气缸点火产生影响。

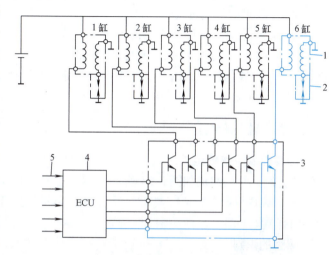

图 3-20　无分电器独立点火方式电控点火系统
1—点火线圈　2—火花塞　3—点火控制器
4—ECU　5—各种传感器

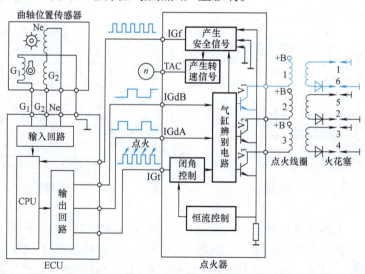

图 3-21　无分电器同时点火方式电控点火系统

与独立点火方式相比，采用同时点火方式的电控点火系统的结构和控制电路较简单，所以应用也比较多。但由于保留了点火线圈与火花塞之间的高压线，能量损失略大。此外，串联在高压回路中的二极管可用来防止点火线圈一次电路导通的瞬间所产生的二次电压（1 000～2 000V）加在火花塞上后发生的误点火。

3. 二极管配电点火方式

二极管配电点火方式如图 3-22 所示，其特点是四个气缸共用一个点火线圈，点火线圈为内装双一次线圈、双输出二次线圈的特制点火线圈，利用四个二极管的单向导电性交替完成对 1、4 缸和 2、3 缸的配电过程。

二极管配电点火方式的特性与同时点火方式相同，但对点火线圈要求较高，而且发动机的气缸数必须是 4 的整倍数，所以在应用上受到一定的限制。

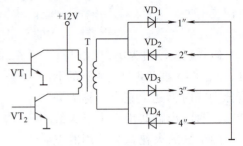

图 3-22　二极管配电点火方式

五、爆燃控制系统

1. 爆燃控制系统的组成

爆燃控制系统的组成如图 3-23 所示。爆燃控制系统实际就是增加了爆燃传感器的电控点火系统，ECU 根据爆燃传感器的信号对点火提前角实行反馈控制（工作过程见本章第一节相关内容）。

2. 爆燃的识别

发动机工作时，由于其他因素导致气缸体产生机械振动是不可避免的，为防止爆燃传感器误检测导致系统非正常工作，提高控制系统的可靠性，并非任何时间爆燃控制系统都对点火提前角进行反馈控制。ECU 内设有爆燃信号识别电路（见图 3-24），用以确定发动机是否发生爆燃。只有在能够识别发动机点火后爆燃且可能发生的一段曲轴转角范围内，控制系统才允许对爆燃信号进行识别。

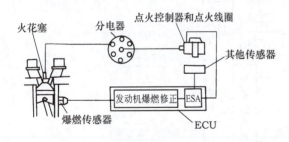

图 3-23　爆燃控制系统的组成

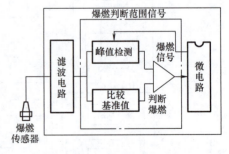

图 3-24　爆燃信号识别电路

安装在气缸体上的爆燃传感器可检测到发动机不同频率范围内的机械振动，发生爆燃时传感器产生的电压信号有较大的振幅，如图 3-25 所示。爆燃传感器向 ECU 输送的信号经过滤波电路进行过滤，只允许特定频率范围的爆燃信号通过滤波电路。将滤波后的信号峰值电压与爆燃强度基准值进行比较，若其值大于爆燃强度基准值，则控制系统可由此判定有爆燃，并以某一固定值逐渐减小点火提前角。若滤波后的信号峰值电压低于爆燃强度基准值，则控制系统由此判定无爆燃，并以某一固定值逐渐增大点火提前角。

3. 爆燃强度的确定

ECU 根据爆燃信号超过基准值的次数来判定爆燃强度，其次数越多，爆燃强度越大；次数越少，则爆燃强度越小，如图 3-26 所示。

项目三 汽油机电控点火系统

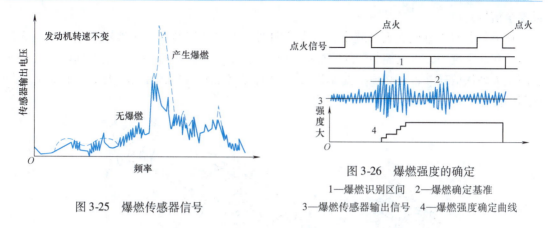

图 3-25 爆燃传感器信号

图 3-26 爆燃强度的确定
1—爆燃识别区间　2—爆燃确定基准
3—爆燃传感器输出信号　4—爆燃强度确定曲线

学习任务三　电控点火系统主要元件的构造与检修

一、点火控制器

点火控制器内部主要由气缸判别、闭合角控制、恒流控制和安全信号等电路组成。

在有分电器式电控点火系统中,点火控制器和点火线圈一般都与分电器组装在一起,称为整体式点火组件,如图 3-27 所示。点火控制器的主要功能是根据 ECU 的指令控制点火线圈一次电路的通电或断电,并在完成点火后向 ECU 输送点火确认信号 IGf(又称为反馈信号

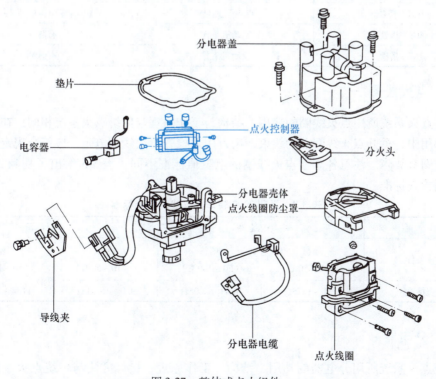

图 3-27 整体式点火组件

或安全信号)。

在无分电器式电控点火系统中,点火控制器一般单独安装在点火线圈附近,如图 3-28 所示。在此系统中,点火控制器除需根据 ECU 的指令控制点火线圈一次电路通断、向 ECU 发回点火确认信号外,还必须根据 ECU 的指令控制各点火线圈的工作顺序,以保证点火顺序与各缸做功顺序一致。

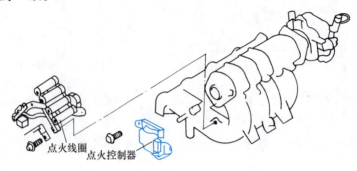

图 3-28 无分电器式点火系统点火器位置

在使用中,接好点火线圈与点火控制器的线束插接器,用万用表或示波器检查发动机 ECU 相应端子间的电压,应符合表 3-2 的规定。否则,说明点火控制器或 ECU 有故障。

表 3-2 点火器检查标准

端　子	检查条件	检查标准
+B—搭铁	点火开关 ON	蓄电池电压
IGt—搭铁	发动机工作	有脉冲
IGf—搭铁	发动机工作	有脉冲

二、点火线圈

电控点火系统所用点火线圈的功用、结构与工作原理与传统点火系统相同,在此不再详述。在使用中,拆开点火线圈上的线束,用万用表检查点火线圈电阻,应符合规定,否则说明点火线圈有故障。注意各车型点火线圈的电阻值标准不同。表 3-3 给出了夏利 2000 轿车点火线圈检查标准。

表 3-3 夏利 2000 轿车点火线圈检查标准

线　圈	一　次　线　圈		二　次　线　圈	
检查条件	冷态 (-10~50℃)	热态 (50~100℃)	冷态 (-10~50℃)	热态 (50~100℃)
检查标准	1.11~1.75Ω	1.41~2.05Ω	9.0~15.7kΩ	11.4~18.8kΩ

三、分电器

电控点火系统所用分电器的功用、结构、工作原理、检修方法与传统点火系统基本相同,在此不再详述。

四、爆燃传感器

爆燃传感器是爆燃控制系统的主要元件，其功能是检测发动机有无爆燃发生及爆燃强度。

检测发动机有无爆燃及爆燃的强度可以通过检测发动机振动、气缸压力或燃烧噪声来实现。检测气缸压力的传感器安装困难，而且耐久性差，检测噪声的方法灵敏度和精度都比较低，因此一般采用检测发动机振动的方法来判断有无爆燃及爆燃的强度。

爆燃传感器有电感式和压电式两种类型。压电式爆燃传感器可分为共振型、非共振型和火花塞座金属垫型三种。

1. 电感式爆燃传感器

电感式爆燃传感器主要由铁心、永磁铁、线圈及外壳等组成，如图3-29所示。

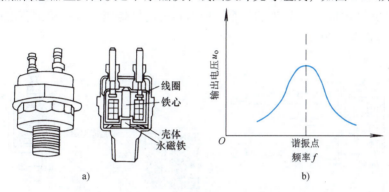

图3-29 电感式爆燃传感器
a) 结构　b) 输出信号

电感式爆燃传感器利用电磁感应原理检测发动机爆燃。当发动机发生爆燃时，铁心受振动而使线圈磁通发生变化，从而产生感应电动势。当传感器的固有振动频率与发动机爆燃时的振动频率相同时，传感器输出的信号电压最大（见图3-29b）。

2. 压电式爆燃传感器

压电式爆燃传感器利用压电效应原理检测发动机爆燃，与其他压电式传感器一样，必须配合一定的电压放大器或电荷放大器，将信号放大并将高阻抗输入转换为低阻抗输出。

（1）压电式共振型爆燃传感器　压电式共振型爆燃传感器主要由压电元件、振子、基座和壳体等组成，如图3-30所示。压电元件紧贴在振子上，振子则固定在基座上。压电元件检测振子的振动压力，并转换成电信号输送给ECU，输出信号与电感式爆燃传感器相似。

由于共振型爆燃传感器振子的固有频率与发动机爆燃时的振动频率一致，所以必须与发动机配套使用，

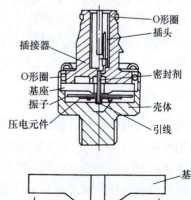

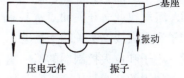

图3-30 共振型爆燃传感器

通用性差。但当爆燃发生时，振子与发动机共振，压电元件输出的信号电压有明显增大，易于测量。

（2）压电式非共振型爆燃传感器　如图3-31所示，与共振型爆燃传感器相比，非共振型爆燃传感器内部无振荡片，但设置了一个配重块，配重块以一定的预应力压紧在压电元件上。压电式非共振型爆燃传感器是以接收加速度信号的形式来检测爆燃的。当发动机发生爆燃时，配重块以正比于振动加速度的交变力施加在压电元件上，压电元件将此压力信号转变成电信号输送给ECU。

压电式非共振型爆燃传感器输出的信号电压在爆燃时与无爆燃时没有明显增加，爆燃是否发生是靠滤波器检测出传感器输出信号中有无爆燃频率来判别的，爆燃信号的检测比较复杂。但此种传感器用于不同发动机时只需调整滤波器的频率范围，通用性强。

（3）压电式火花塞座金属垫型爆燃传感器　如图3-32所示，此种爆燃传感器将压电元件安装在火花塞的垫圈处，每缸安装一个，根据各缸的燃烧压力直接检测各缸的爆燃信息，并转换成电信号输送给ECU。

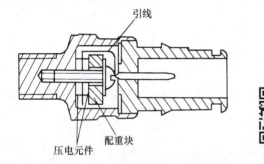

图3-31　非共振型爆燃传感器

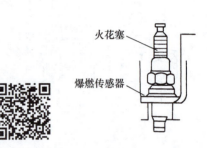

图3-32　火花塞座金属垫型爆燃传感器

3. 爆燃传感器的检修

在使用中，拆开爆燃传感器线束插接器，用万用表在传感器侧检查传感器端子与传感器壳体之间的电阻，应不导通（电阻为无穷大），否则说明内部短路，应更换传感器。

爆燃传感器工作情况的检查可在怠速运转时进行。拆开爆燃传感器线束插接器，用示波器检查传感器端子与搭铁之间的信号电压，应有脉冲信号输出，否则说明传感器不良，应更换新件。

五、点火控制电路

各车型的点火控制电路基本相同。日本丰田皇冠3.0轿车点火控制电路如图3-33所示。点火开关接通后，蓄电池经30A熔丝和点火开关向点火控制器的+B端子和点火线圈的+端子供电，点火线圈的-端子和点火控制器的C-端子经点火控制器内的功率晶体管搭铁，从而形成回路。ECU根据各种传感器的信号，通过

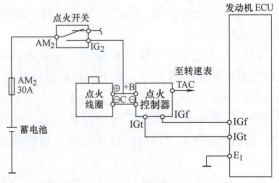

图3-33　日本皇冠3.0轿车点火控制电路

项目三　汽油机电控点火系统

IGt 端子控制点火控制器内功率晶体管的导通与截止。点火后，点火控制器通过 IGf 端子向 ECU 反馈点火确认信号。

在维修时，点火开关接通后，用万用表分别检查点火控制器的 +B 端子和点火线圈的 + 端子与搭铁之间的电压，应为蓄电池电压，否则，说明电源电路有故障。发动机怠速时，检查点火控制器 IGt 端子与搭铁端子之间应有脉冲信号，否则，说明控制线路或 ECU 有故障。发动机怠速时，检查 ECU 的 IGf 端子与搭铁端子之间应有脉冲信号，否则，说明点火控制器或信号线路有故障。

> 本章重点介绍了汽油机电控点火系统的功能、组成、工作原理及检测方法，通过学习应能够说明汽油机电控点火系统的功能，能够说明汽油机电控点火系统的组成和工作原理，能够对汽油机电控点火系统主要元件进行检测并确定正确的维修措施。

复习思考题

1. 汽油机点火系统有几种类型？对汽油机点火系统有哪些基本要求？
2. 电源和点火开关在点火系统中各有何功用？
3. 点火线圈有何功用？如何检查其好坏？
4. 普通电子点火系统的点火信号发生器有几种？各有何特点？如何检查其好坏？
5. 电子点火控制器有何功用？如何检查其好坏？
6. 普通电子点火系统中分电器的基本组成有哪些？各有何功用？
7. 火花塞间隙对发动机工作有何影响？如何调整其间隙？
8. 如何检查与调整点火正时？
9. 电控点火系统有哪些功能？
10. 电控点火系统由哪些基本元件组成？是如何工作的？
11. 电控点火系统有几种类型？各有何特点？
12. 电控点火系统与普通电子点火系统有何区别？
13. 点火系统常见故障有哪些？如何进行诊断？

项目四　柴油机电控燃油喷射系统

> **学习目标：**
> 1. 了解柴油机电控技术的发展历程、现状和特点。
> 2. 能够区别柴油机电控燃油喷射系统的类型并说明其组成。
> 3. 能够说明不同电控系统中供（喷）油量和供（喷）油正时的控制方法。
> 4. 能够说明柴油机电控燃油喷射系统主要传感器和附件的功用及结构、工作原理。
> 5. 能够正确检测柴油机电控燃油喷射系统的主要元件，并确定维修措施。

学习任务一　认识柴油机电控燃油喷射系统

一、柴油机电控技术的发展历程

和汽油机电控技术一样，柴油机电控技术是在解决能源危机和排放污染两大难题的背景下，在飞速发展的电控技术平台上发展起来的。汽油机电控技术的发展和日趋成熟也为柴油机电控技术的发展提供了宝贵经验。

从 20 世纪 50 年代中期开始，汽车排放污染问题已引起汽车发达国家的重视。20 世纪 70 年代两次（1973 年和 1979 年）波及全世界的石油危机，使人们意识到石油资源的有限性和节约石油能源的重要性。在此历史条件下，柴油机燃油经济性好、CO 和 HC 排放量低的特点，引起国外各大汽车公司和研究机构的重视，对轿车和轻型车柴油机的投入加大，使柴油机在升功率、比质量、振动和噪声等方面与汽油机的差距缩小，轿车和轻型车的柴油化率逐年提高。

在柴油机技术发展的同时，随着 20 世纪 80 年代电控技术、增压技术和净化处理技术在柴油机上的广泛应用，使柴油机的燃油经济性和升功率进一步提高，CO、HC 和 NO_x 的排放量进一步降低，在轿车和轻型车动力竞争中，柴油机的优势开始显现。

现代汽车柴油机发展面临的主要问题是进一步降低油耗、降低 NO_x 和颗粒排放、降低噪声，要解决这些问题，就必须实现柴油机循环喷油量的高精度控制、喷油正时和喷油速率的优化控制、喷油压力的独立控制（不受喷油量和转速的影响）。柴油机传统的机械式燃料供给系统无法实现上述要求的各种控制，汽油机电控技术发展的经验证明，只有以计算机为电控单元的电控技术才能使柴油机的动力性、经济性、排放性及噪声等各个方面的指标得到进一步改善，从而提高柴油机与汽油机竞争汽车动力的优势。

20 世纪 80 年代以来，电控技术在柴油机供给系统中的应用，按对供（喷）油量、供（喷）油正时、供（喷）油速率和喷油压力等的控制方式分，经历了位置控制、时间控制、时间-压力控制或压力控制三个阶段。采用位置控制和时间控制的柴油机电控系统中的供（喷）油压力与传统柴油机供给系统相同，称为常规压力电控喷油系统或第一代柴油机电控燃油喷射系统。采用时间-压力控制或压力控制的柴油机电控系统可对喷油压力进行控制，且喷油压力较高，称为高压电控喷油系统或第二代柴油机电控燃油喷射系统。

在采用位置控制的第一代柴油机电控燃油喷射系统中，保留了传统柴油机供给系统（直列柱塞泵、分配泵和P-T系统等）的基本组成和结构，只是取消了机械控制部件（调速器等），在原有的喷油泵基础上，增加了传感器、电控单元、电子调速器或电液控制执行元件等组成的控制系统，使控制精度和响应速度得以提高。其优点是柴油机的结构几乎不需要改动，生产继承性好，便于对现有柴油机进行升级换代。缺点是位置控制系统响应慢、控制频率低、控制自由度小、控制精度还不够高，喷油压力也无法独立控制。

在采用时间控制的第一代柴油机电控燃油喷射系统中，也是基本保留了传统燃油供给系统的组成，通过设置传感器、电控单元、高速电磁阀和有关电液控制执行元件等，组成数字式高频调节系统，由电磁阀的通、断电时刻和通、断电时间控制喷油泵的供油量和供油正时，其控制自由度和控制精度都是位置控制所无法比拟的，但供（喷）油压力还无法独立控制。

第二代柴油机电控燃油喷射系统基本改变了传统燃油供给系统的组成，主要以电控共轨（各缸喷油器共用一个高压油管）式喷油系统为特征，直接对喷油器的喷油量、喷油正时、喷油速率和喷油规律、喷油压力等进行时间-压力控制或压力控制。

从20世纪90年代以来，随着电控技术在柴油机上应用的日益增多，控制精度不断提高，控制功能不断扩大，加上增压技术和废气再循环技术等在柴油机上应用的逐渐成熟，大大提高了柴油机在轿车和轻型车动力装置中的竞争力。目前，欧美国家除100%的重型车装用柴油机外，90%的轻型车采用柴油机，轿车的柴油化率也达到32%，法国、西班牙等国的轿车柴油化率更是高达50%。

作为我国柴油车发展的先行者，一汽大众凭借德国大众技术作为强大后盾，在柴油机技术的发展上已经取得了很大进步，其2003年推出的国内第一款柴油轿车捷达SDI，2004年相继推出的宝来TDI柴油轿车和奥迪A6 TDI都受到了国内消费者的广泛好评。随着社会经济的发展，对环保的要求越来越高，柴油机电控系统的研究和相应产品的开发必将成为我国汽车柴油机技术领域中的一个热点，这将大大促进我国汽车柴油机产品的更新换代，为在未来不长的时期里参与国际竞争奠定坚实的基础。

二、柴油机与汽油机电控技术的比较

由于柴油机与汽油机使用的燃料不同，结构（尤其燃料供给系统）和工作特点也存在很大差异，为此采用的电控技术也各有特点。

1. 对混合气浓度的控制方式不同

汽油机一般要求混合气浓度在过量空气系数等于1的状态下工作，所以汽油机普遍采用带氧传感器的闭环电控燃油喷射系统，由氧传感器检测废气中残余氧的含量，以确定混合气浓度，并通过调节喷油量来保持过量空气系数尽量接近1的状态。柴油机对混合气浓度一般没有相对固定的要求，所以对混合气浓度控制并不严格。

2. 对喷油压力的要求不同

由于柴油与汽油的性质不同，为保证混合气的形成质量，柴油机与汽油机对喷油压力的要求相差很大。汽油机多点喷射系统的喷油压力一般为0.25~0.35MPa，单点喷射系统的喷油压力一般为 0.07～0.10MPa，而柴油机的喷油压力高达 100～200MPa，如何建立更高的喷油压力是柴油机技术发展的重点和难点。

3. 对燃烧过程的控制途径不同

汽油机主要通过控制点火正时和点火能量来控制燃烧过程，柴油机则是通过控制喷油正时、喷油持续时间和喷油速率来控制燃烧过程。

4. 柴油喷射的电控执行器复杂

柴油机燃油喷射具有高压、高频和脉动等特点，其喷射压力高达 200MPa，为汽油机喷射压力的百倍以上。同时，柴油机需要对喷油量、喷油正时和喷油压力等多参数进行综合控制，而且柴油机对喷油正时的精度要求很高，这就导致了柴油喷射的电控执行器要复杂得多，其软件的难度也大于汽油机。

5. 柴油机电控燃油喷射系统形式多样

传统的柴油机具有直列泵、分配泵、泵喷油器和单缸泵等结构完全不同的系统。实施电控技术的执行机构比较复杂，形成了柴油喷射系统的多样化。

三、现代柴油机的先进技术

经过多年的研究和新技术应用，柴油机的技术现状已与以往大不相同。现代先进的柴油机一般采用电控燃油喷射、高压共轨和涡轮增压中冷等技术，在重量、噪声和烟度等方面已取得重大的突破，达到了汽油机的水平。

1. 共轨技术

在传统柴油机燃料供给系统中，高压油管中柴油的压力随发动机的转速和负荷等因素而变化，使实际的喷油量、喷油正时和喷油规律无法实现精确的控制，而由于高压油泵与各缸喷油器间一般均有独立的高压油管，控制各高压油管中柴油的压力比较困难。为此，现代柴油机采用了共轨技术。

共轨即公共油轨，或称为公共供油管，是指利用一个公共油轨向各缸喷油器供油。现代柴油机采用共轨技术，由高压油泵把高压燃油输送到公共油轨，通过由高压油泵、压力传感器和 ECU 组成的闭环电控系统，对公共油轨内的油压实现独立且精确的控制，以减小喷油压力的波动和各喷油器间的相互影响，从而提高对喷油量的控制精度。

2. 时间控制燃油喷射技术

在传统柴油机燃料供给系统中，供（喷）油的开始与结束时刻都是由供油提前角自动调节器、高压油泵和喷油器这些机械装置来控制的。现代柴油机通过由 ECU 控制的高速电磁阀来直接控制供（喷）油的开始与结束时刻，利用高速电磁阀动作频率高和控制灵活的特点，使控制供（喷）油量和供（喷）油正时的精度大大提高，并且能方便地实现预喷射和优化喷油规律等功能。

3. 涡轮增压中冷技术

涡轮增压中冷技术是指利用涡轮增压器将新鲜空气压缩，再经过冷却器冷却使被压缩的空气温度降低（可降至50℃以下），然后经进气歧管和进气门流入气缸。空气进入气缸前经过压缩、冷却两次提高密度，使柴油机的充气效率大幅度提高，不仅增大了柴油机的升功率，而且对改善柴油机的燃油经济性和降低排放污染也有利。

项目四　柴油机电控燃油喷射系统

4. 多气门技术

与汽油机相同，现代柴油机也广泛采用多气门技术（每个气缸两个以上气门），以减小进、排气阻力，改善柴油机的性能。

5. 废气再循环技术

现代柴油机采用废气再循环技术的目的与汽油机相同，是为了降低燃烧的最高温度，从而降低 NO_x 的排放量。

四、柴油机电控燃油喷射系统的特点

随着汽车节能减排法规的日益严格，目前车用柴油机已普遍使用电控燃油喷射系统，与传统柴油机相比，采用电控燃油喷射系统的柴油机具有以下优点。

1. 改善了低温起动性

柴油机电控燃油喷射系统能根据冷却液温度传感器或者机油温度传感器来判定柴油机起动时的温度状况，通过精确控制喷油正时和喷油量提高柴油机的低温起动性能。

2. 提高柴油机的动力性和经济性

在柴油机电控燃油喷射系统中，ECU 根据传感器信号实现对发动机温度、负荷、转速和增压压力的监控，精确计算喷油量、喷油压力和供油正时，大大提高柴油机的经济性和动力性。

3. 减少柴油机的排气污染物

根据柴油机工况调节喷油时刻，提高喷油压力，采用分次喷射（高压共轨）等技术，可减少排气污染物（NO_x 和 HC 等），降低烟度。

4. 提高柴油机的运转稳定性

柴油机电控燃油喷射系统采用了电控调速器，与传统柴油机燃油系统相比，其响应速度更快，精度更高，能使柴油机转速更加稳定。采用电控燃油喷射系统的柴油机，在怠速运转时可不受负荷的影响，始终以最低的转速稳定运转。此外，柴油机电控燃油喷射系统还可以实现单缸喷油量调节。ECU 根据曲轴转速提供的反馈信号判别各缸喷油量和爆发压力是否均匀，进而对单个气缸的喷油量分别进行调节，以保证各缸产生转矩的一致性，使柴油机运转平稳。

5. 具有自动保护功能

当 ECU 通过传感器检测到机油压力、柴油机转速和排气温度等参数超出设定的安全值时，控制系统就会立即报警，同时控制执行器进行相应的调节，直到这些参数恢复正常为止。一些影响柴油机可靠性的重要参数不正常时，电控系统还会自动降低柴油机的功率，甚至使柴油机停止工作。

五、柴油机电控燃油喷射系统的功能

柴油机电控燃油喷射系统的功能主要包括供（喷）油量控制、供（喷）油正时控制、供（喷）油速率控制和喷油压力控制等。

1. 供（喷）油量控制

供（喷）油量控制是柴油机电控燃油喷射系统最主要的控制功能之一。在起动、怠速和正常运行等各种工况下，ECU 根据发动机转速信号、负荷信号（加速踏板位置信号）和内存控制模型来确定基本供（喷）油量，再根据冷却液温度信号、进气温度信号、起动开

关信号、空调开关信号和反馈信号等对供（喷）油量进行修正。

柴油机基本供（喷）油量控制模型如图4-1所示。

2. 供（喷）油正时控制

供（喷）油正时控制也是柴油机电控燃油喷射系统最主要的控制功能之一。在柴油机电控燃油喷射系统中，ECU根据发动机转速信号、负荷信号和内存的控制模型来确定基本的供（喷）油提前角，再根据反馈信号进行修正。

柴油机基本供（喷）油提前角控制模型如图4-2所示。

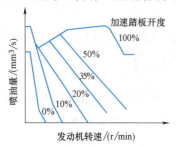

图4-1 柴油机基本供（喷）油量控制模型　　图4-2 柴油机基本供（喷）油提前角控制模型

3. 供（喷）油速率和供（喷）油规律的控制

在柴油机电控燃油喷射系统中，ECU以柴油机转速信号和负荷信号作为主控制信号，按预设的程序确定最佳的供（喷）油速率和供（喷）油规律。

4. 喷油压力的控制

在柴油机电控燃油喷射系统中，ECU以柴油机转速信号和负荷信号作为主控制信号，按预设的程序确定最佳的喷油压力，并对喷油压力进行闭环控制。

5. 柴油机低油压保护

柴油机机油压力过低时，ECU根据机油压力传感器信号减少供（喷）油量，降低转速并报警；当机油压力降到一定值以下时，则切断燃油供给，强制使发动机熄火。

6. 增压器工作保护

装有增压装置的柴油机，若增压压力过高，会造成中冷器和气缸内最高压力升高；若增压压力过低，则会导致进气量不足，使排气温度升高。因此，ECU根据增压压力信号适当调节供（喷）油量，并在增压压力过高或过低时报警。

六、柴油机电控燃油喷射系统的类型

柴油机电控燃油喷射系统在多年的发展过程中产生了多种结构类型，按照产生高压燃油机构的不同，可以分为电控喷油泵系统（包括电控直列泵系统和电控分配泵系统）和电控单缸泵系统（包括电控泵喷嘴系统和电控单体泵系统），以及目前广泛应用的电控高压共轨喷射系统。

根据控制方式的不同，柴油机电控燃油喷射系统可分为位置控制方式、时间控制方式和时间-压力控制方式等。

位置控制方式：主要应用在电控直列泵系统和电控分配泵系统中。它在传统的机械式喷油泵中增加了电磁式位置执行机构，ECU通过这些位置执行机构改变油量调节齿条（直列泵)或油量调节滑套(分配泵)的位置,以调节喷油泵的循环供油量。

时间控制方式:应用于电控直列泵系统和电控分配泵系统中。它利用高速电磁阀的开启时刻和闭合的持续时间控制喷油泵的供油量和喷油正时,取代了油量调节齿条(直列泵)或油量调节滑套(分配泵)。

时间-压力控制方式:应用于电控高压共轨喷射系统中。它利用高压输油泵将柴油压力提高到120MPa(或更高)后送入共轨(公共油道),电磁阀对共轨油压进行压力调节并由压力传感器进行反馈控制,使其按照柴油机的工况要求稳定在目标值。共轨内一定压力的高压柴油经高压油管通向各缸喷油器,电控喷油器在ECU的控制下将燃油喷入气缸。喷油量和供油正时都由ECU控制,ECU通过控制共轨油压和喷油器喷油时间的长短来控制喷油量,并通过控制喷油器的开启时刻来控制供油正时。

学习任务二　认识直列柱塞泵电控燃油喷射系统

直列柱塞泵利用多个柱塞式分泵向发动机各缸的喷油器提供高压油,其发展和应用的历史较长,工作可靠。直列柱塞泵电控系统保留了传统直列柱塞泵系统对供油量的位置控制方式,只是在对直列柱塞泵的供油量和供油正时的控制方法上,使用电控系统取代了传统的机械控制装置。

一、直列柱塞泵燃油供给系统的组成

直列柱塞泵燃油供给系统的主要功用是完成燃料的储存、滤清和输送工作,并以一定压力和喷油质量定时、定量地将燃料喷入燃烧室。根据发动机工作时燃油压力的不同,燃油供给系统可分为高压油路和低压油路两部分。低压油路主要包括燃油箱、输油泵、柴油滤清器和低压油管等,高压油路主要包括直列柱塞泵、喷油器和高压油管等,如图4-3所示。

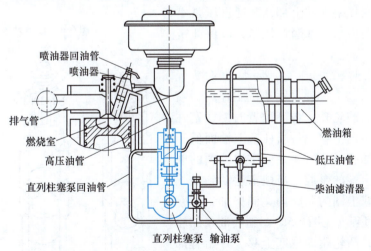

图4-3　直列柱塞泵燃油供给系统

柴油机工作时,输油泵将柴油从燃油箱内吸出,并以0.15～0.30MPa的低压输送给柴油滤清器,清洁的柴油经低压油管进入直列柱塞泵;直列柱塞泵将柴油压力提高到10MPa

以上,并根据发动机负荷的大小将一定量的高压柴油经高压油管输送给喷油器,由喷油器将柴油喷入燃烧室。

输油泵的供油量远大于发动机消耗的油量,多余的柴油经喷油泵回油管流回燃油箱。喷油器内泄漏的少量柴油经喷油器回油管流回燃油箱。

二、直列柱塞泵的结构与工作原理

直列柱塞泵主要由柱塞分泵、油量调节机构、驱动机构和泵体四部分组成。

1. 柱塞分泵

直列柱塞泵由与发动机气缸数相同的多个柱塞分泵组成。柱塞分泵主要由柱塞偶件和出油阀偶件组成,如图 4-4 所示。

柱塞偶件由柱塞和柱塞套筒组成。柱塞套筒安装在喷油泵体内,并用螺钉固定,防止其周向转动;套筒上有两个油孔,均与喷油泵体上的低压油腔相通。柱塞与柱塞套筒精密配合,柱塞的圆柱表面有斜槽,斜槽的内腔与柱塞上面的泵腔有油孔连通。在柱塞下端固定有调节臂,通过它可使柱塞在套筒内转动;在调节臂与喷油泵体之间装有柱塞弹簧和弹簧座,柱塞弹簧将柱塞推向下方,并使柱塞下端面与装在滚轮体中的垫块、滚轮与凸轮保持接触;发动机工作时,发动机曲轴通过传动机构驱动喷油泵凸轮轴转动,凸轮轴上的凸轮和柱塞弹簧共同作用驱使柱塞在柱塞套筒内作往复运动。出油阀偶件安装在柱塞偶件上部,并通过压紧座和垫片使出油阀座与柱塞套筒压紧,以保证密封。

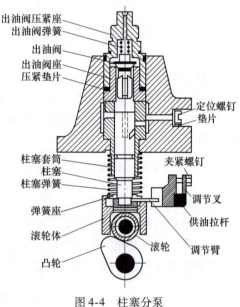

图 4-4 柱塞分泵

柱塞分泵泵油原理如图 4-5 所示,可分为吸油、压油和回油三个过程。发动机工作中,喷油泵凸轮轴上的凸轮转过最高位置时,柱塞在柱塞弹簧作用下向下移动;当柱塞上端面低于柱塞套筒上的油孔时,喷油泵低压油腔内的柴油被吸入柱塞上端的泵腔;当柱塞运动到最下端位置时,柱塞上端的泵腔内充满柴油,柱塞分泵完成吸油过程(见图 4-5a)。随喷油泵凸轮轴的继续转动,凸轮驱动柱塞上移,开始有部分柴油从泵腔挤回低压油腔,直到柱塞上端的圆柱面完全封闭柱塞套筒上的两个油孔为止,分泵压油过程(见图 4-5b)开始;此后柱塞继续上移,泵腔内油压升高,油压增高到一定值

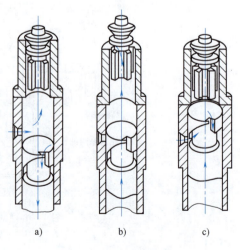

图 4-5 柱塞分泵泵油原理
a) 吸油过程 b) 压油过程 c) 回油过程

项目四 柴油机电控燃油喷射系统

时克服出油阀弹簧的弹力顶开出油阀，高压柴油经出油阀和高压油管输送给喷油器。在压油过程中柱塞上移，当柱塞上的斜槽与柱塞套筒上的油孔接通时，泵腔内的高压油经柱塞内的油孔、斜槽和柱塞套筒上的油孔流回低压油腔（见图 4-5c），泵腔内的油压迅速下降，出油阀在其弹簧作用下立即关闭；在此回油过程中，柱塞仍向上移动，直到上止点为止，但不再向喷油器供油。

柱塞分泵每次泵出的油量取决于柱塞的有效行程，即从出油阀开启到柱塞上的斜槽与柱塞套筒上的油孔接通时柱塞向上移动的距离。使柱塞在套筒内转动即可改变斜槽与套筒上油孔的相对位置，从而改变柱塞的有效行程。直列柱塞泵就是以此方法来实现发动机负荷调节的。

出油阀偶件如图 4-6 所示。出油阀的圆锥面为密封面，通过出油阀弹簧将其压紧在阀座上。出油阀尾部与阀座间隙配合，为出油阀运动起导向作用。出油阀的尾部开有切槽，形成十字形横截面，以便喷油泵供油时使泵腔内的柴油流出。

出油阀中部的圆柱部分称为减压环带。在分泵柱塞压油使油压达到一定值时，泵腔内的油压顶开出油阀，使出油阀密封锥面离开阀座，但泵腔内的柴油并不能立即泵出；只有当减压环带完全移出阀座导向孔时，即出油阀向上移动一段距离 h 后，泵腔内的柴油才能进入高压油管，这样可防止喷油器喷前滴油。在停止供油、出油阀落座时，减压环带

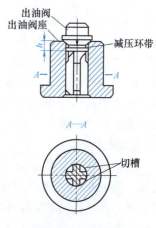

图 4-6 出油阀偶件

首先进入出油阀导向孔，切断高压油管与泵腔的通道，高压油管内的柴油停止回流，这样可保持高压油管内有一定的残余压力。此外，从减压环带开始进入阀座导向孔，直到出油阀密封锥面与阀座接触时，由于减压环带在高压油管中让出了其凸缘所占的容积，使高压油管内的油压迅速下降，从而使喷油器停油干脆。由此可见，减压环带具有防止喷油器喷前滴油、保持高压油管内有一定残余压力和使喷油器停油干脆三个功用。

2. 油量调节机构

油量调节机构的功用是执行驾驶人或调速器的指令，改变柱塞与柱塞套筒的相对位置，从而改变喷油泵的供油量，以适应发动机不同工况的要求。

直列柱塞泵常用的油量调节机构主要有拨叉式和齿条式两种。

(1) 拨叉式油量调节机构 如图 4-7 所示，调节臂压装在分泵柱塞下端，其端头插入拨叉的凹槽内，拨叉用螺钉固定在供油拉杆上。当驾驶人或调速器推动供油拉杆轴向移动时，拨叉带动调节臂和分泵柱塞一起相对于柱塞套筒转过一定角度，从而使喷油泵供油量改变。松开拨叉固定螺钉，改变某一分泵的拨叉在供油拉杆上的位置，可实现对某一分泵供油量的调节，以使各分泵供油均匀。

(2) 齿条式油量调节机构 如图 4-8 所示，传动套筒松套在柱塞套筒的外面，传动套筒下端的切槽卡住柱塞下端的凸块，齿圈套装在传动套筒上端并用螺钉固定，各分泵传动套筒上的齿圈均与供油齿条啮合，当供油齿条轴向移动时，即可改变喷油泵的供油量。松开齿圈固定螺钉，转动传动套筒，即可调节某一分泵的供油量。

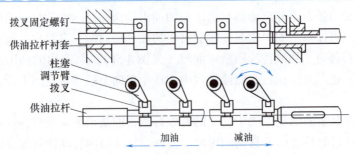

图 4-7 拨叉式油量调节机构

(3) 球销角板式油量调节机构 与齿条式类似，不同的是齿条式油量调节机构采用齿条齿圈传动机构，而球销角板式油量调节机构采用角板钢球传动机构。在传动套筒上端焊接有 1 或 2 个钢球，供油调节杆为横截面呈角钢状的角板，角板上加工有切槽与传动套筒上的钢球啮合，从而实现喷油泵供油量的调节。

3. 分泵驱动机构

分泵驱动机构的功用是驱动柱塞在柱塞套筒内往复运动，使喷油泵完成供油过程。分泵驱动机构主要包括喷油泵凸轮轴和滚轮体等。

凸轮轴通过两个轴承支承在喷油泵体内，其结构与工作原理和配气机构所用的凸轮轴相似，如图 4-9 所示。凸轮轴上加工有驱动分泵的凸轮和驱动输油泵的偏心轮。改变前端盖与泵体之间的密封垫 1 的厚度或改变轴承与轴肩之间的调整垫片 7 的厚度，可调整凸轮轴的轴向间隙。

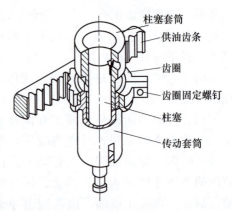

图 4-8 齿条式油量调节机构

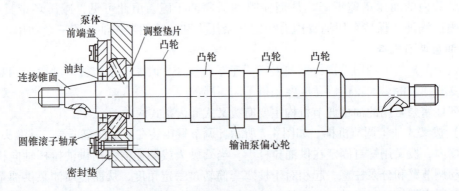

图 4-9 喷油泵凸轮轴

直列柱塞泵上装用的滚轮体主要有调整垫块式和调整螺钉式两种类型，如图 4-10 和图 4-11 所示。滚轮体相当于配气机构中的气门挺杆，其功用主要是将喷油泵凸轮的旋转运动转变为自身的往复直线运动，从而推动分泵柱塞上行供油，并利用滚轮在喷油泵凸轮上的滚动以减轻磨损。为防止滚轮体在泵体导向孔内转动，其定位方法有两种：一种是在滚轮体上轴向切槽，用拧在泵体上的螺钉插入切槽；另一种是采用加长的滚轮轴，使滚轮轴的一端插入泵体导孔中的轴向切槽内。

此外，滚轮体还可用来调整分泵的供油提前角。分泵供油提前角是指分泵供油开始至该缸活塞到达压缩行程上止点时曲轴转过的角度。供油提前角直接影响喷油器的喷油时刻，对发动机性能有很大影响。对调整垫块式滚轮体增加调整垫块厚度，对调整螺钉式滚轮体拧出调整螺钉（调整时先松开锁紧螺母，调整后拧紧锁紧螺母），均可使滚轮体的有效高度 h 增加，从而在喷油泵凸轮位置不变（即曲轴位置不变）时使分泵柱塞升高，分泵供油提前角增大（供油时刻提前）；反之，降低滚轮体有效高度 h，分泵供油提前角减小（供油时刻推迟）。

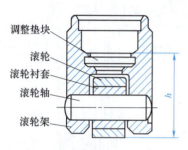

图 4-10　调整垫块式滚轮体

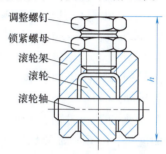

图 4-11　调整螺钉式滚轮体

4. 泵体

泵体是喷油泵的基体，有分体式和整体式两种。分体式泵体分上、下两部分，用螺栓连接在一起，上体用来安装分泵，下体用来安装油量调节机构和驱动机构。整体式泵体具有较高的刚度，但拆装不方便。

喷油泵和调速器的润滑有两种形式：一种是独立润滑，即在喷油泵和调速器内单独加注润滑油；另一种是压力润滑，即利用发动机润滑系统中的液压油进行润滑。

三、喷油器的结构与工作原理

柴油机喷油器的功用是将燃油雾化并合理分布到燃烧室内，以便与空气混合形成混合气。根据柴油机混合气形成与燃烧的要求，喷油器应有一定的喷射压力和射程（即喷射距离）以及合适的喷射锥角。此外，喷油器停止供油时应干脆，不应有滴漏现象。

目前，车用柴油机上装用的喷油器均为闭式喷油器，即喷油器在不喷油时，喷孔被针阀关闭，将燃烧室与喷油器的油腔彻底分隔开。常用的闭式喷油器可分为孔式和轴针式两种结构类型，如图 4-12 所示。孔式喷油器的针阀下端不伸出针阀体，喷油孔是直径为 0.2~0.8mm 的圆孔，喷油孔有 1~8 个不等。轴针式喷油器的针阀下端较长，延伸出一个伸入针阀体下端孔的轴针，轴针与针阀体下端的孔形成环状狭缝，喷油器喷油时，柴油从环状狭缝中呈空心圆柱状（轴针为圆柱形）或空心圆锥状（轴针为倒锥形）喷入燃烧室。轴针式喷油器与孔式喷油器除针阀和针阀体结构略有不同外，其他结构及工作原理完全相同。

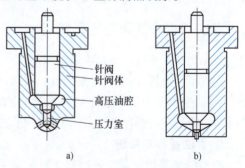

图 4-12　柴油机喷油器的类型

a) 孔式喷油器　b) 轴针式喷油器

喷油器主要由针阀、针阀体、顶杆、调压弹簧、调压螺钉及喷油器体等零件组成，如图4-13所示。喷油器不喷油时，调压弹簧通过顶杆使针阀紧压在针阀体的密封锥面上。调压弹簧的预紧力可通过调压螺钉来调整。为防止细小杂物堵塞喷孔，喷油器进油管接头内一般装有缝隙式滤芯。

针阀与针阀体是喷油器的精密偶件，针阀上部的圆柱表面和针阀体相对应的内圆柱面配合精度很高，其配合间隙只有0.0010～0.0025mm。如果配合间隙过大，则会因漏油而导致油压下降，直接影响喷雾质量；如果间隙过小，则针阀不能在针阀体中正常运动。

喷油器针阀的下端锥面与针阀体上相应的内锥面配合，实现喷油器内腔的密封，也称为密封锥面。针阀上部的圆柱面及下端的锥面与针阀体的配合是经过精磨后再相互研磨以保证其配合精度的，所以喷油器精密偶件不能进行互换。

针阀中部位于高压油腔内的锥面为承压锥面。喷油泵供油时，高压柴油由进油

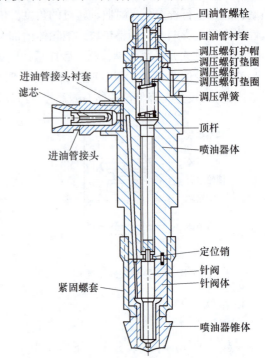

图4-13　柴油机喷油器

管接头15经过喷油器体9和针阀体12内的油道进入喷油器高压油腔，油压作用在针阀的承压锥面上，给针阀一个向上的轴向推力。随着高压油腔内的油压升高，当针阀所受的轴向推力足以克服调压弹簧的预紧力时，针阀向上移动而打开喷孔，高压柴油便从针阀体下端的喷油孔喷射出去。当喷油泵停止供油时，由于高压油路内的油压迅速下降，针阀在调压弹簧的作用下及时回位，喷孔被关闭，喷油器喷油停止。

喷油器工作时，会有少量柴油从针阀与针阀体配合面之间的间隙漏出，这部分柴油对针阀可起到润滑作用，并沿顶杆周围的空隙上升，通过回油管流回柴油滤清器或燃油箱。

四、直列柱塞泵电控系统

最早的柴油机电控燃油喷射系统是以直列柱塞式喷油泵为基础改造的，用电子调速器取代原有的机械调速器，以实现对喷油量的控制；用正时控制器取代原有的机械离心式供油提前角自动调节器，来对喷油正时进行控制；并设有油量调节拉杆（或齿条）位置传感器和正时传感器，对喷油量和喷油正时的控制均采用闭环控制方式。直列柱塞泵电控系统如图4-14所示。

1. 供油量控制系统

直列柱塞泵供油量位置控制系统如图4-15所示。喷油量控制是由ECU通过控制电子调速器来实现的。柴油机工作时，ECU根据加速踏板位置传感器信号（即负荷信号）和柴油机转速信号确定基本供油量，并参考冷却液温度传感器信号和进气流量传感器信号等对供油量进行修正，然后通过ECU中的伺服电路控制电子调速器工作，以改变或保持直列柱塞泵油量调节拉杆（或齿条）的位置，使直列柱塞泵的供油量达到预期的控制目标。

项目四 柴油机电控燃油喷射系统

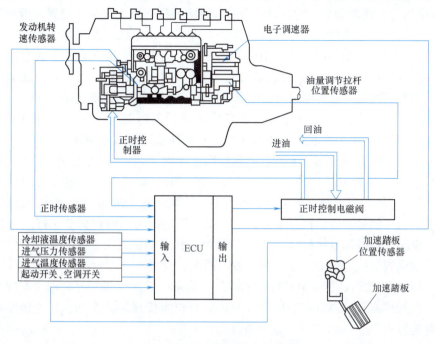

图 4-14 直列柱塞泵电控系统

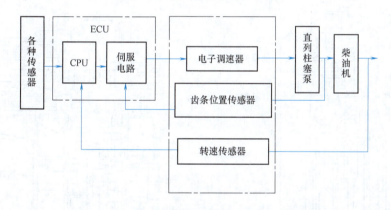

图 4-15 直列柱塞泵供油量位置控制系统

为提高对直列柱塞泵供油量的控制精度,在电子调速器内装有油量调节拉杆(或齿条)位置传感器,用来检测直列柱塞泵油量调节拉杆(或齿条)的实际位置,检测结果反馈给 ECU 中的伺服电路,再对输送给电子调速器的控制信号进行修正。

在直列柱塞泵电控系统中,实现供油量位置控制常用的电子调速器有线性直流电动机型和螺线管型两种。

(1) 线性直流电动机型电子调速器 直列柱塞泵直流电动机型电子调速器如图 4-16 所示,主要由可移动线圈、滑套、杠杆机构和铁心等组成,安装在外壳中的永磁铁和铁心都是固定的,可移动线圈和滑套连成一体,滑套通过杠杆机构与直列柱塞泵的油量调节拉杆(或齿条)连接。线性直流电动机的线圈位于永磁铁圆柱形的径向磁场中,线圈通电时产生的磁场与永磁铁磁场相互作用,使线圈和滑套向上或向下移动(所以称为线性直流电动机），直到电磁力与线圈和滑套的自重平衡时，线圈和滑套停止在某一位置，滑套则通过杠杆机构驱动直列柱塞泵油量调节拉杆（或齿条）左右移动，从而实现对油量调节拉杆（或齿条）位置的控制。线圈和滑套所受电磁力大小与线圈中的电流（取决于通电占空比）及其移动的距离（即线圈与永磁铁之间的距离）有关，ECU 通过输送不同占空比的控制信号来控制线圈和滑套的移动量，通过改变电流方向来控制线圈和滑套的移动方向。

油量调节拉杆（或齿条）位置传感器安装在电子调速器内，用来检测油量调节拉杆（或齿条）的位置，ECU 根据此传感器反馈信号对喷油量进行闭环控制。

（2）螺线管型电子调速器 直列柱塞泵螺线管型电子调速器如图 4-17 所示。螺线管安装在直列柱塞泵油量调节拉杆（或齿条）的一端，而且螺线管中的电枢与油量调节拉杆（或齿条）连成一体，当控制电流通过螺线管时，产生一个与通电占空比成正比的电磁力，该电磁力使电枢和油量调节拉杆（或齿条）移动，当电磁力与油量调节拉杆（或齿条）回位弹簧力平衡时，油量调节拉杆（或齿条）就停止在某一位置上，改变螺线管的通电占空比即可调节油量调节拉杆（或齿条）的位置。同时，设置一个油量调节拉杆（或齿条）位置传感器，向 ECU 输送油量调节拉杆（或齿条）实际位置的反馈信号，即可实现供油量的闭环控制。直列柱塞泵的油量调节拉杆（或齿条）位置传感器和发动机转速传感器一般安装在电子调速器内。

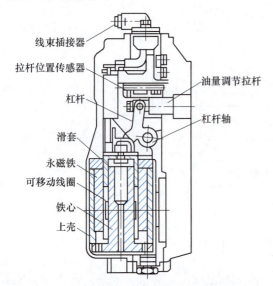

图 4-16 直列柱塞泵直流电动机型电子调速器

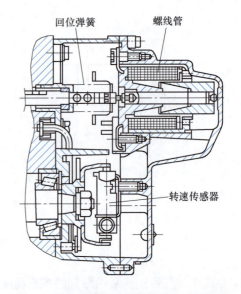

图 4-17 直列柱塞泵螺线管型电子调速器

占空比是指脉冲信号的通电时间与通电周期之比，如图 4-18 所示。通电周期一般是固定的，所以占空比增大，平均通电时间增长，电流增大，线圈产生的电磁力增大。

2. 供油正时控制系统

直列柱塞泵供油正时电控系统主要由正时控制器、电磁阀、柴油机转速传感器、正时传感器和 ECU 等组成，

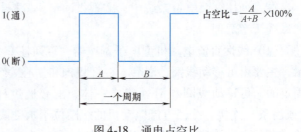

占空比 $= \dfrac{A}{A+B} \times 100\%$

图 4-18 通电占空比

如图 4-19 所示。两个电磁阀分别安装在正时控制器进、回油路中，控制正时控制器工作的液压油来自柴油机润滑系统。正时控制器安装在直列柱塞泵驱动轴与凸轮轴之间，受液压控制的正时控制器可使直列柱塞泵凸轮轴相对驱动轴在一定范围内转动。柴油机转速传感器安装在直列柱塞泵驱动轴上，ECU 主要根据柴油机转速和负荷传感器信号确定基本供油提前角，再根据冷却液温度等传感器信号进行修正，并通过两个电磁阀控制正时控制器工作，从而实现对直列柱塞泵供油正时的控制。正时传感器安装在直列柱塞泵凸轮轴上，用来检测凸轮轴的位置和转角，ECU 根据正时传感器信号判断实际的供油正时，并对供油正时进行闭环控制。

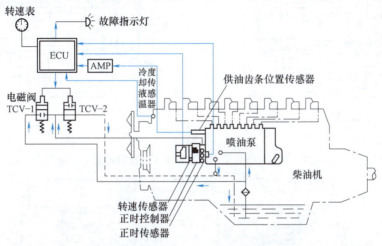

图 4-19　直列柱塞泵供油正时电控系统

直列柱塞泵常用的正时控制器均为电控液压式，按控制液压油路的电控元件不同可分为电磁阀控制型和步进电动机控制型两种。

（1）电磁阀控制型正时控制器　直列柱塞泵电磁阀控制型正时控制器的工作原理如图 4-20 所示。直列柱塞泵驱动轴通过驱动盘、滑块、滑块销和大、小偏心轮驱动凸轮轴转动。当需要减小供油提前角（正时推迟）时，ECU 控制电磁阀使正时控制器的进油通道关闭而回油通道开启（见图 4-20a），液压腔内的油压下降，在回位弹簧作用下活塞向右轴向移动，而滑块和滑块销向内径向移动，安装在滑块销上的大、小偏心轮转动，使凸轮轴相对驱动盘沿转动相反的方向转过一定角度，从而使直列柱塞泵供油提前角减小（正时推迟）。反之，需要使直列柱塞泵供油提前时，ECU 控制电磁阀使正时控制器的进油通道开启而回油通道关闭（见图 4-20b），润滑油进入液压腔使油压升高，并推动活塞向左移动，活塞推动滑块和滑块销向外移动，偏心轮转动使凸轮轴相对驱动盘沿转动方向转过一定角度，直列柱塞泵供油提前角增大。直列柱塞泵的供油正时随正时控制器液压腔内的油压变化而变化，ECU 通过电磁阀控制液压腔内的油压即可控制供油正时。

（2）步进电动机控制型正时控制器　直列柱塞泵步进电动机控制型正时控制器如图 4-21 所示。它将驱动柱塞分泵的滚轮体装在一个滑套内，滑套的左侧和右侧分别承受弹簧力和机油压力，当滑套右侧的机油压力变化时，滑套带动滚轮体向左或向右移动，滚轮体向左移动（相当于凸轮相对滚轮体沿其工作方向转过一定角度）时供油正时提前，滚轮体向右移动（相当于凸轮相对滚轮体沿其工作相反方向转过一定角度）时供油正时推迟。

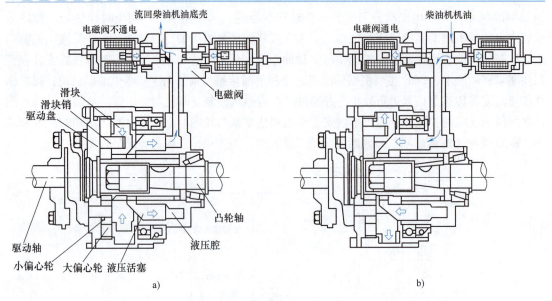

图 4-20 直列柱塞泵电磁阀控制型正时控制器的工作原理

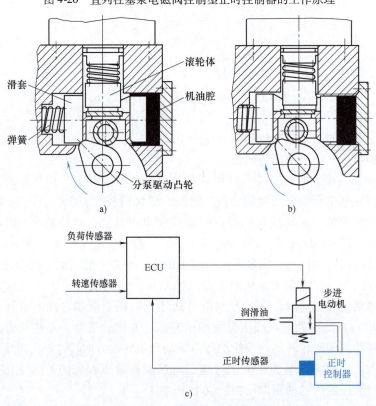

图 4-21 直列柱塞泵步进电动机控制型正时控制器
a) 供油推迟 b) 供油提前 c) 控制框图

滑套右侧的机油压力由步进电动机型控制阀控制。柴油机工作时,ECU根据各传感器信号控制步进电动机型控制阀工作,由控制阀调节正时控制器的进油通道流通截面,以改变

项目四　柴油机电控燃油喷射系统

滑套右侧承受的机油压力,从而实现供油正时的位置控制。步进电动机型控制阀的结构与工作原理和汽油机装用的步进电动机型怠速控制阀相同,详细内容将在本书发动机辅助控制系统中介绍。

学习任务三　认识轴向柱塞式分配泵电控燃油喷射系统

轴向柱塞式分配泵利用柱塞的轴向移动泵油,利用柱塞(转子)的转动向各缸分配高压燃油,它具有体积小、重量轻和成本低等优点,尤其是体积小,对发动机及汽车的整体布置十分有利,在车用柴油机上的应用非常广泛。轴向柱塞式分配泵电控系统就是在传统轴向柱塞式分配泵燃油供给系统基础上发展而来的。按对供油量和供油正时的控制方式不同,轴向柱塞式分配泵电控系统可分为位置控制和时间控制两种类型。一汽大众捷达轿车装用的1.9L SDI 柴油机即采用位置控制方式的轴向柱塞式分配泵电控系统。

一、分配泵燃油供给系统的组成

传统分配泵燃油供给系统的组成如图 4-22 所示,主要由燃油箱、膜片式输油泵、柴油滤清器、低压油管、分配泵、高压油管、喷油器和回油管等组成。发动机工作时,膜片式输油泵将柴油从燃油箱中吸出并泵向柴油滤清器,经滤清后的柴油进入分配泵,分配泵将柴油加压并通过高压油管分配给各缸喷油器,输油泵和喷油泵供给的多余柴油及喷油器泄漏的少量柴油经回油管流回燃油箱。

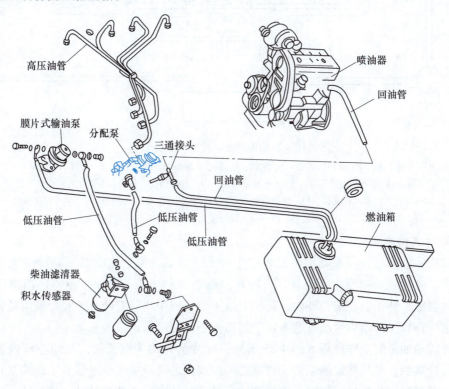

图 4-22　传统分配泵燃油供给系统的组成

二、轴向柱塞式分配泵的结构与工作原理

传统轴向柱塞式分配泵主要由叶片式输油泵、分配泵驱动机构、分配泵、供油提前角自动调节器和调速器等组成,如图4-23所示。柴油机工作时,来自柴油滤清器的清洁柴油进入喷油泵后,由叶片式输油泵二次泵油,输出的低压柴油分成两路:一路流向供油提前角自动调节器,另一路经泵体内的油道、分配泵柱塞上的轴向油槽进入分配泵油腔。进入分配泵油腔内的柴油被分配泵柱塞(又称为分配转子)加压,然后经分配泵柱塞中心油道、分配孔、出油阀和高压油管输送给喷油器。

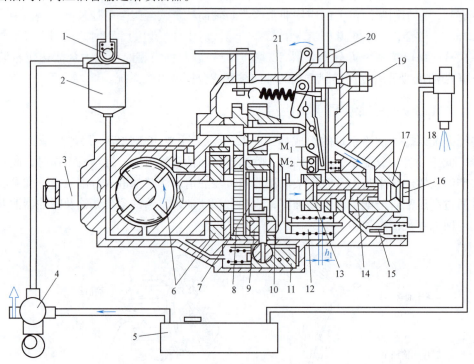

图4-23 传统轴向柱塞式分配泵

1—限压阀 2—柴油滤清器 3—泵轴 4—膜片式输油泵 5—油箱 6—叶片式输油泵
7—联轴器 8—调速器驱动齿轮 9—滚轮机构 10—端面凸轮 11—供油提前角自动调节器
12—分配泵柱塞回位弹簧 13—油量控制滑套 14—分配泵柱塞 15—出油阀 16—检视螺钉
17—分配泵柱塞套筒 18—喷油器 19—最大供油量调节螺钉 20—回油管接头 21—调速器总成

1. 叶片式输油泵

叶片式输油泵是分配泵燃油供给系统中的第二级输油泵,它安装在分配泵内部。如图4-24所示,叶片式输油泵主要由转子、叶片、偏心环和端盖等组成。偏心环用定位销与喷油泵壳体固定;转子装在偏心环内,转子上的4个凹槽中均装有叶片,叶片既可随转子一起转动,也可在转子凹槽内滑动。端盖用于封闭偏心环两端形成泵腔。

叶片式输油泵的工作原理如图4-25所示。叶片的外端为圆弧面,与偏心环内表面配合并始终保持接触,叶片将输油泵转子与偏心环内表面之间隔成4个泵油腔。输油泵转子与喷油泵轴用键连接。柴油机工作时,输油泵转子带动叶片在偏心环内转动,使叶片、转子、偏心环和端盖共同形成的4个泵油腔容积不断变化;当泵油腔转至进油口附近时,由于容积逐

项目四 柴油机电控燃油喷射系统

渐增大,将来自膜片式输油泵的柴油吸入泵油腔;泵油腔转过进油口后,容积逐渐减少,使泵油腔内的柴油压力升高,当泵油腔与出油口连通时,泵油腔内的柴油输出送往分配泵。

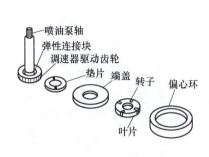

图 4-24 叶片式输油泵的组成

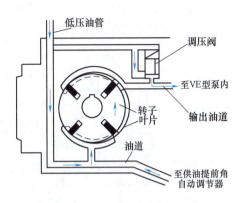

图 4-25 叶片式输油泵的工作原理

调压阀用来限制输油泵的输出压力,当叶片式输油泵输出的油压超过规定值时,柴油顶开调压阀,使部分柴油经调压阀流回低压油管。调压阀也可用来调整输油泵输出油压,增加调压阀弹簧预紧力,输油泵输出油压提高;反之,输出油压降低。

2. 分配泵驱动机构

分配泵驱动机构如图4-26所示。喷油泵轴支承在喷油泵壳体上,端面凸轮与分配泵柱塞连成一体,并用联轴器与喷油泵轴连接,端面凸轮的端面上有与气缸数相等

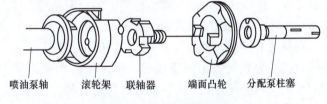

图 4-26 分配泵驱动机构

的凸轮(凸峰)。在柱塞回位弹簧作用下,端面凸轮始终抵靠在滚轮架上的滚轮上。

当喷油泵轴通过联轴器带动端面凸轮和柱塞一起转动,端面凸轮的凸峰转过滚轮时,端面凸轮和分配泵柱塞被顶向右做轴向移动;凸峰转过后,柱塞回位弹簧使端面凸轮和分配泵柱塞向左回位。就这样,分配泵柱塞随喷油泵轴一起旋转的同时,在端面凸轮和回位弹簧作用下,不断进行往复轴向运动,喷油泵轴的转速为曲轴转速的一半,柱塞随喷油泵轴每转一圈,往复运动的次数与端面凸轮数(气缸数)相等。柱塞每往复运动一次,即完成一次吸油和泵油过程。

3. 分配泵

分配泵的工作过程可分为吸油、泵油和回油三个过程。

(1)吸油过程(见图4-27) 柱塞上设有4个(4缸发动机用)均布的进油轴向槽、1个分配孔、1个中心油道和1个泄油孔,柱塞套筒上均布4个与出油道对应的出油孔。

当端面凸轮转过滚轮架上的滚轮时,柱塞在回位弹簧的作用下向左移动。此时,泄油孔被油量控制滑套封闭,分配孔与柱塞套上的出油孔错开,泵腔内因容积增大而产生真空度;当柱塞上的某一轴向进油槽与进油孔接通时,来自叶片式输油泵的柴油经进油道、进油孔和轴向进油槽进入泵腔,分配泵完成吸油过程。

(2) 泵油过程（见图 4-28） 随柱塞继续转动，轴向进油槽与进油孔错开，泄油孔仍被封闭，端面凸轮顶动柱塞使其向右移动，泵腔内的油压升高。当分配孔与柱塞套上的某一出油孔接通时，泵腔内的高压柴油即经柱塞中心油道和分配孔进入出油道，并顶开出油阀供往喷油器，分配泵完成泵油过程。

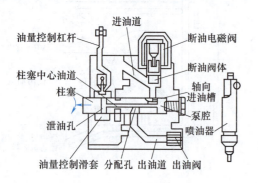

图 4-27 分配泵吸油过程

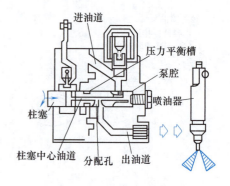

图 4-28 分配泵泵油过程

柱塞上的轴向进油槽、柱塞套上的出油孔和泵体上的出油道都是沿圆周方向均布的，且数量与柴油机气缸数相等。随分配泵柱塞的转动，柱塞每转一圈（曲轴转两圈），分配泵通过柱塞上的每个轴向进油槽各完成一次吸油过程；由于端面凸轮上的凸峰数量也与柴油机气缸数相等，所以柱塞每转一圈，柱塞上的分配孔与泵体上的每个出油道各接通一次，分配泵按做功顺序向各缸喷油器供油一次。

在柱塞上还设有油压平衡槽，其功用是在柱塞旋转过程中分别与各出油道接通，以平衡各出油道内的压力，对保证分配泵向各缸分油均匀有利。

(3) 回油过程（见图 4-29） 在分配泵泵油过程中，随柱塞向右移动，当泄油孔从油量控制滑套中露出，即与泵壳内腔相通时，分配泵内的高压柴油经柱塞中心油道和泄油孔流入泵壳内腔，出油道内的油压迅速下降，出油阀关闭，分配泵泵油过程结束。

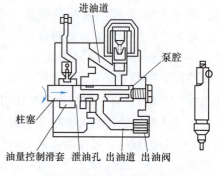

图 4-29 分配泵回油过程

分配泵供油量的调节是通过改变油量控制滑套在柱塞上的轴向位置来实现的。滑套向左移动时，泄油孔从滑套中露出之前柱塞有效泵油行程减小，供油量减少；滑套向右移动时，柱塞有效泵油行程增大，供油量增加。滑套的轴向位置由调速器的油量控制杠杆控制。

(4) 停机熄火 分配泵上装有一个断油电磁阀，如图 4-30 所示。当点火开关处于 ON 位置时，断油电磁阀电路接通，将断油阀体吸起，分配泵进油道开通。当需要停机熄火时，只要关闭点火开关，断油电磁阀电路断开，断油阀体在弹簧作用下切断分配泵进油道，分配泵停止供油，柴油机熄火。

4. 供油提前角自动调节器

供油提前角自动调节器安装在泵体下部，其结构如图 4-31 所示。正时活塞上加工有两个互相垂直的径向孔，连接销上也加工有一个径向孔，连接销安装在正时活塞处于水平位置的径向孔内,传动销下端插入正时活塞和联接销处于垂直方向的径向孔中。正时活塞通过插接销和传动销与滚轮架相联,滚轮架上装有与气缸数相等的滚轮。

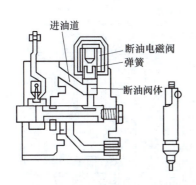

图4-30 分配泵断油电磁阀

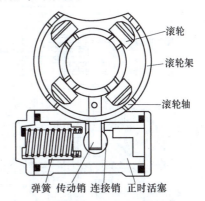

图4-31 转子泵供油提前角自动调节器的结构

正时活塞右侧与泵壳内腔相通,左侧与来自柴油滤清器的油道相通。当柴油机在常用转速下工作时,叶片式输油泵输送到泵壳内腔的低压柴油进入正时活塞右腔,使正时活塞受到低压柴油向左的推力与正时活塞左侧的弹簧弹力和来自柴油滤清器的柴油压力之和平衡。当转速升高时,叶片式输油泵输出的油压也随之升高,正时活塞两侧受力失去平衡而向左移动,并经过连接销和传动销使滚轮架顺时针转过一定角度,端面凸轮上的凸峰则提前一定角度与滚轮接触,分配泵的供油时刻提前;反之,则供油时刻推迟。

5. 调速器

在柴油机传统(非电控)燃油供给系统中,利用机械调速器根据转速变化自动调节供油量,以稳定和限制柴油机转速,使柴油机在不同工况下均能稳定运转。在柴油机电控燃油喷射系统中,用电控系统取代了机械调速器,在此不再讲述机械调速器的结构和工作原理。

三、轴向柱塞式分配泵位置控制系统

轴向柱塞式分配泵位置控制系统的主要组成如图4-32所示。该系统利用电子调速器通过控制分配泵中的油量控制滑套位置来实现供油量的控制,利用电磁阀通过控制供油提前角自动调节器中正时活塞两侧的油压(决定正时活塞位置)来实现供油正时控制。

1. 供油量控制

分配泵供油量位置控制系统中,采用的电子调速器有转子螺线管型和螺线管型两种。一汽大众捷达轿车装用的1.9L SDI柴油机电控燃油喷射系统即采用了转子螺线管型电子调速器。

(1)转子螺线管型电子调速器 调速器主要由定子铁心、线圈、转子轴和滑套位置传感器等组成,如图4-33所示。转子由永磁铁制成,当给绕制在U形定子铁心上的线圈通电时,产生的磁场使转子转动,直到转子轴转动到其所受电磁力矩与弹簧产生的力矩平衡时为止;转子轴下端的偏心钢球伸入油量控制滑套的凹槽中,转子轴转动时,通过伸入滑套凹槽内的偏心钢球使滑套轴向移动,从而改变喷油泵的供油量。ECU可以通过控制流经线圈的电流方向来控制转子轴的转动方向,通过控制通电占空比来控制转子轴转动的角度。滑套位置传感器安装在转子轴上,ECU通过该传感器检测的转子轴位置信号确定油量控制滑套的

实际位置,并对滑套位置(即供油量)进行闭环控制。

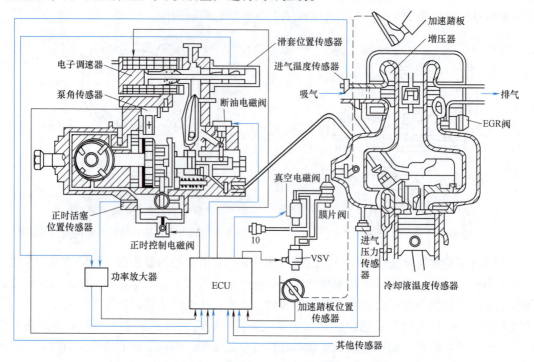

图 4-32 轴向柱塞式分配泵"位置控制"系统的主要组成

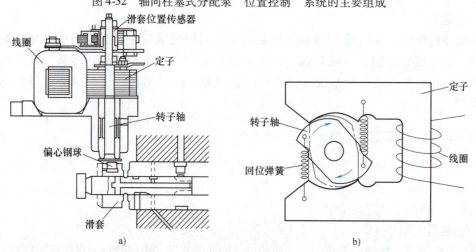

图 4-33 分配泵转子螺线管型电子调速器
a) 结构图 b) 原理图

(2) 螺线管型电子调速器 调速器主要由螺线管、回位弹簧、控制臂和滑套位置传感器等组成,如图 4-34 所示。螺线管中的电枢、滑套位置传感器的铁心与控制臂连成一体,控制臂下端伸入油量控制滑套的凹槽中;当螺线管通电时,使电枢通过控制臂带动滑套移动到电磁力与回位弹簧力平衡的位置,螺线管通电占空比不同,产生的磁场强度不同,电枢、控制臂和滑套的位置不同,分配泵的供油量也就不同,ECU 就是通过控制螺线管的通电占空比来完成供油量控制的。

项目四 柴油机电控燃油喷射系统

滑套位置传感器为差动电感式，螺线管中的电枢和传感器铁心移动时，在滑套位置传感器线圈中产生感应电压信号，ECU 根据此电压信号来确定油量控制滑套的实际位置以实现供油量的闭环控制。

2. 供油正时控制

在分配泵位置控制系统中，通常是在原供油提前角自动调节器活塞两侧油腔之间增加一条燃油通道，并由 ECU 通过电磁阀控制该燃油通道的开度来实现供油正时控制，如图 4-35 所示。ECU 主要根据柴油机转速和负荷传感器信号确定基本供油提前角，再根据冷却液温度传感器信号等进行修正，并通过电磁阀控制正时活塞左、右两侧油腔内的燃油压力差，以改变正时活塞的位置；正时活塞左右移动时，通过传动销带动分配泵内的滚轮架转动，从而改变喷油泵的供油正时。

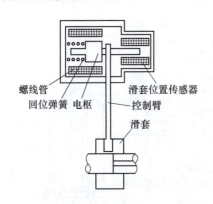

图 4-34　分配泵螺线管型电子调速器

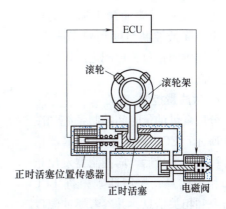

图 4-35　分配泵供油正时控制系统

正时控制电磁阀实际就是螺线管中的电枢与控制阀连成一体构成的电磁阀，其结构如图 4-36 所示。ECU 通过控制其通电占空比使控制阀移动，改变正时活塞两侧高、低压油室间的通道开度，调节正时活塞两侧的压差，以达到控制正时活塞位置、实现供油正时控制的目的。

正时活塞位置传感器为差动电感式，如图 4-37 所示。传感器铁心随正时活塞移动，传感器线圈内产生与活塞位移成正比的电压（自感电动势）信号，ECU 根据此传感器信号对喷油泵供油正时进行闭环控制。

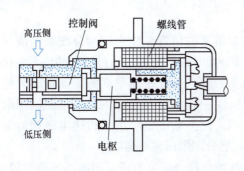

图 4-36　分配泵正时控制电磁阀

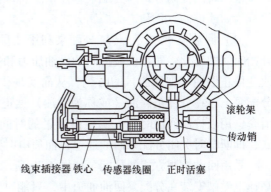

图 4-37　正时活塞位置传感器

105

四、轴向柱塞式分配泵时间控制系统

供油量的位置控制特点是用模拟量来控制执行元件工作，通过对喷油泵油量控制机构的定位来得到所需的供油量。用以闭环控制供油量的反馈信号是由模拟信号传感器检测的，ECU只有对模拟信号进行A-D转换后才能处理，这必然影响供油量的控制精度和执行元件的响应速度。此外，不论采用何种类型的电子调速器，总是需要由部分机械装置来完成对喷油泵供油量的调节，也会降低控制精度和响应速度。因此，继供油量位置控制之后出现了时间控制。

1. 供油量控制

分配泵供油量时间控制系统如图4-38所示。ECU根据各种传感器信号计算出供油量后，向控制器发出指令和相关信息；控制器则根据ECU的指令和相关信息，并参考燃油温度传感器信号对分配给各缸的供油量进行平衡（均匀性控制），并通过驱动器（放大电路）直接控制高速电磁阀工作，以实现供油量的时间控制。

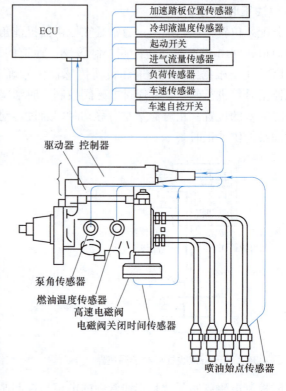

图4-38 分配泵供油量时间控制系统

控制器是ECU与分配泵之间的"信息中转站"，它根据ECU的指令控制分配泵，同时将分配泵的信息（如电磁阀关闭时间信号和喷油始点信号等）传递给ECU。驱动器的功用是对控制器输出的控制信号进行放大，以便能够驱动高速电磁阀工作。在后期开发的此类柴油机电控燃油喷射系统中，一般将控制器、驱动器和ECU组合为一体。

采用时间控制方式的分配泵电控系统，根据高速电磁阀对分配泵供油控制方式的不同，可分为回油控制方式和进油控制方式两种类型。

（1）回油控制方式　传统分配泵利用油量控制滑套的位置变化来控制分配泵回油过程开始时间的变化，即在机械控制的供油压力和供油开始时刻一定时，通过滑套的位置变化来改变停止供油（即回油）的时刻，从而实现供油量控制。因此，在早期的供油量时间控制分配泵上，在分配泵回油（或称为溢油）通道中安装一个由ECU控制的高速电磁阀来取代滑套，用以控制回油时刻，实现供油量的时间控制。此类系统中装用的高速电磁阀为常闭式，即断电时关闭分配泵回油通道，而通电时则开启分配泵回油通道。

采用回油控制方式的分配泵如图4-39所示。其特点是分配泵的进、回油通道相互独立，高速电磁阀安装在分配泵回油通道中，只能对分配泵工作时的回油过程进行控制；而分配泵的柱塞上仍保留有进油槽，由柱塞上的进油槽和柱塞套筒上的进油孔控制分配泵的进油过程。在柱塞泵吸油过程中高速电磁阀处于关闭状态，泵油过程开始后高压油腔即产生高压，分配泵向某缸喷油器供油；当由ECU控制的高速电磁阀通电时，电磁阀打开高压腔回油通道，柱塞顶部的高压油腔内油压迅速下降，分配泵向某缸的供油停止。

柴油机电控系统中所用的高速电磁阀一般体积和质量较大，这是因为要产生较大的电磁力，以满足高压密封和动态响应性好的要求，就需要增加线圈的匝数和电枢的受力面积。为解决这一问题，在时间控制方式的分配泵中，常采用双重阀结构的伺服式电磁阀，其特点是利用较小的电磁力控制一个较小的辅助阀，并通过辅助阀的工作控制较大的主阀工作，不仅电能消耗少，而且响应速度快。

伺服式电磁阀的结构如图4-40所示。伺服式电磁阀由电控辅助阀和液压主阀构成。辅助阀是受ECU控制的电磁阀，用来控制辅助回油通道；主阀的开闭由液压自动控制，用来控制主回油通道。

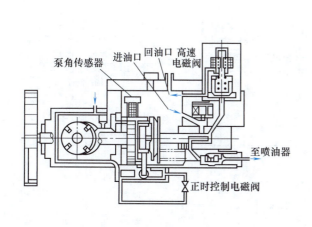

图4-39 采用回油控制方式的分配泵

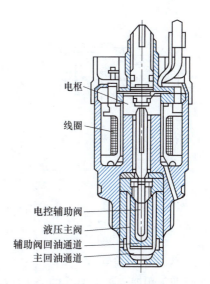

图4-40 伺服式电磁阀的结构

伺服电磁阀的工作原理如图4-41所示。在分配泵进油和泵油过程中，ECU给辅助阀的电磁线圈通电，使辅助阀关闭辅助回油通道；高压腔的燃油经主阀上的小孔进入主阀右侧，主阀左、右两侧的燃油压力相等，但由于主阀右侧的承压面积较大，加上主阀回位弹簧的作用，使主阀压紧左侧的阀座，关闭主回油通道（见图4-41a）。此时，分配泵泵油过程产生的高压燃油经高压油管送往喷油器。当需要停止供油时，ECU立即切断辅助阀电磁线圈中的电流，辅助阀在其回位弹簧作用下打开辅助回油通道（见图4-41b），主阀右侧的高压燃油经辅助回油通道流回低压油腔，由于主阀上小孔的节流作用，使主阀右侧的油压迅速降低；一旦主阀右侧的油压泄掉，主阀左侧的高压将主阀推开（见图4-41c），柱塞泵高压油腔的燃油经主回油道迅速流回低压油腔，从而使高压油腔压力迅速降低，分配泵供油立即停止。

（2）进油控制方式　采用进油控制方式的分配泵如图4-42所示，其特点是：分配泵的柱塞上取消了进油槽，分配泵柱塞只有吸油和泵油两个行程；分配泵的回油通道与进油通道合二为一，高速电磁阀安装在进油通道中，控制分配泵工作时的供油开始时刻和结束时刻。高速电磁阀为常开阀，在分配泵柱塞吸油行程中高速电磁阀处于开启状态（不通电），泵油行程开始后高压油腔的部分燃油经进油通道（也是回油通道）被压回低压油腔，直到由 ECU 控制的高速电磁阀通电（根据供油正时控制）时，电磁阀关闭供油通道，分配泵高压油腔即产生高压，分配泵向某缸喷油器供油；高速电磁阀断电再次开启时，分配泵高压油腔内的油压迅速下降（回油），分配泵向某缸的供油停止。高速电磁阀的关闭时刻即供油的开始时刻，关闭的时间即供油时间（决定供油量）。

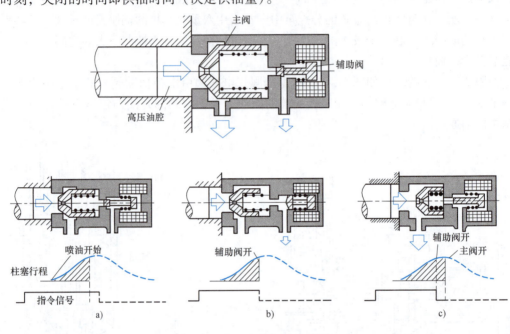

图 4-41　伺服电磁阀的工作原理
a）主阀关闭　b）辅助阀开启　c）主阀开启

2. 供油正时控制

早期采用时间控制方式的分配泵中，与采用位置控制方式的分配泵相同，保留了电控液压供油提前角自动调节器，通过改变分配泵驱动装置中滚轮架与端面凸轮的相对位置来实现供油正时的控制。两者的共同特点是供油的开始时刻取决于分配泵驱动装置中滚轮架与端面凸轮的相对位置，而不同的是供油结束时刻的控制方式不同。采用位置控制方式的分配泵供油结束时刻取决于油量控制滑套的位置，采用时间控制方式的分配泵供油结束时刻取决于高速电磁阀的开启时刻。

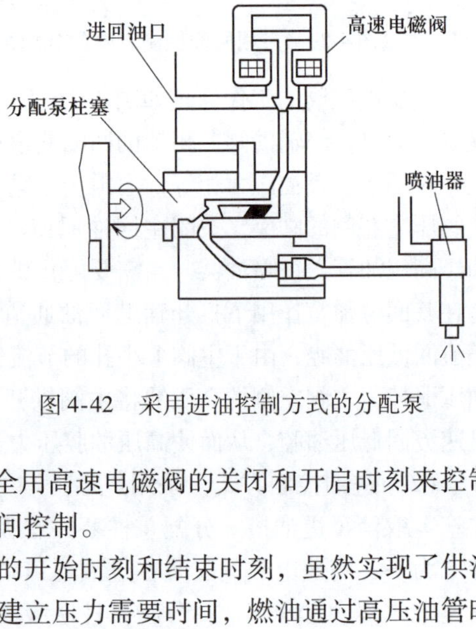

图 4-42　采用进油控制方式的分配泵

后期采用时间控制方式的分配泵中，取消了电控液压供油提前角自动调节器（见图 4-42），完全用高速电磁阀的关闭和开启时刻来控制供油的开始和结束时刻，真正实现了供油正时的时间控制。

利用高速电磁阀的关闭和开启时刻来控制供油的开始时刻和结束时刻，虽然实现了供油正时的时间控制，但由于在分配泵柱塞高压油腔内建立压力需要时间，燃油通过高压油管时

项目四　柴油机电控燃油喷射系统

的压力传递也需要时间，所以 ECU 输出的电磁阀驱动脉冲正时与喷油器的实际喷油正时之间必然存在一定程度的时间延迟，总的延迟时间取决于柴油机转速、温度和高压油管长度等因素。在分配泵供油正时的时间控制系统中，为提高供油正时控制精度，ECU 除根据检测柴油机工况信息的各种传感器信号控制供油正时外，一般还采用两种控制措施：一是采用电磁阀关闭时间传感器（见图 4-38）来精确测定电磁阀关闭始点和终点，以便向 ECU 提供电磁阀驱动脉冲的实际输出正时，实现对电磁阀驱动脉冲输出正时的闭环控制；二是采用各种形式的喷油始点传感器（见图 4-38），精确测定喷油器的实际喷油始点，ECU 根据此传感器的反馈信号修正对分配泵供油正时的控制。

采用时间控制方式的分配泵，为准确控制各缸的供油顺序，一般设有供油信号发生器（同汽油机普通电子点火系统中的点火信号发生器），该信号发生器与凸轮轴/曲轴位置传感器制成一体。

学习任务四　认识径向柱塞式分配泵电控燃油喷射系统

径向柱塞式分配泵与轴向柱塞式分配泵的主要区别是泵油柱塞和分配转子分开（轴向柱塞式分配泵的泵油柱塞与分配转子是同一零件），泵油柱塞沿分配转子的径向运动完成泵油过程。由于径向柱塞式分配泵与轴向柱塞式分配泵结构上的不同，其供油量和供油正时的电控方式（尤其是位置控制方式）也存在一定差别。

一、径向柱塞式分配泵的结构和工作原理

传统径向柱塞式分配泵燃油供给系统与轴向柱塞式分配泵基本相同。径向柱塞式分配泵如图 4-43 所示，主要由叶片式输油泵、调压阀、传动轴、分配泵、调速器和供油提前角自动调节器等组成。

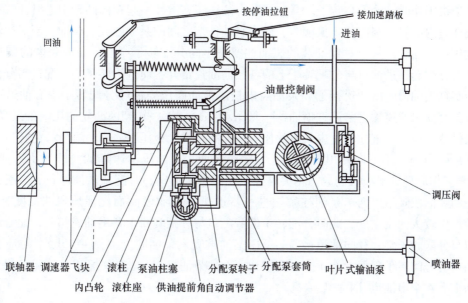

图 4-43　径向柱塞式分配泵

柴油机工作时，从滤清器来的清洁柴油由叶片式输油泵泵入分配套筒的轴向油道，然后低压柴油分成两路：一路经油道流往供油提前角自动调节器，另一路经分配套筒进油口、油量控制阀、分配转子径向油道和中心油道流到两个柱塞之间的泵油腔。柴油经柱塞压缩提高压力后，高压柴油经分配转子中心油道和分配口、分配套筒出油道输送给喷油器。分配泵的供油量通过油量控制阀控制进油量来实现。

1. 径向柱塞式分配泵的泵油原理

径向柱塞式分配泵驱动机构如图4-44所示。两个泵油柱塞对置安装在分配转子的径向孔中，泵油柱塞外端紧靠在滚柱座上，滚柱座内装有滚柱；柴油机工作时，由联轴器通过传动轴驱动分配泵转子和泵油柱塞、滚柱座和滚柱一起转动。套装在滚柱和滚柱座外面的内凸轮是固定的，内凸轮的内表面上有与气缸数相等的凸轮，每个凸轮的轮廓可分为三段：压油段 b、泄压段 c 和吸油段 d，基圆部分为 a。

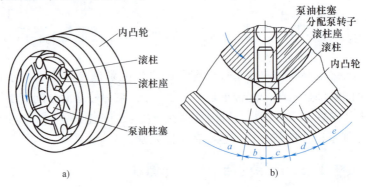

图4-44　径向柱塞式分配泵驱动机构
a）结构图　b）原理图

柴油机工作时，分配泵转子、泵油柱塞、滚柱座和滚柱一起在内凸轮中逆时针转动，当转到滚柱与内凸轮基圆部分 a 接触时，两个泵油柱塞之间的泵油腔充满柴油。当滚柱转到内凸轮的压油段 b 时，两个对置安装的泵油柱塞被压向分配转子中心，泵油腔内的柴油被压缩，此时分配套筒进油口与分配转子上的各径向油道错开，而分配转子的分配口与分配套筒上对应某缸喷油器的出油道接通，泵油腔内被压缩的高压柴油经分配转子中心油道和分配口、分配套筒出油道输送给该缸喷油器（见图4-45a），滚柱转到内凸轮的压油段最高点时，分配泵供油结束。当滚柱转过内凸轮的压油段最高点进入泄压段 c 后，两个对置安装的泵油柱塞在离心力的作用下向外甩开，使泵油腔容积增大，油压迅速降低（即泄压），喷油器（结构与工作原理见本项目任务一相关内容）针阀迅速落座，分配泵供油停止。当滚柱转到内凸轮的吸油段 d 后，两个泵油柱塞被进一步迅速（吸油段曲面比泄压段曲面陡）甩开，泵油腔产生较大的真空度，此时分配转子的分配口与分配套筒上各出油道错开，而分配套筒进油口与分配转子某一径向油道接通，低压柴油被吸入泵油腔（见图4-45b）。对应分配套筒进油口的分配转子断面上有4个径向油道（4缸柴油机），对应分配转子分配口的分配套筒断面上有4个出油道（4缸柴油机）。

2. 径向柱塞式分配泵的最大供油量调整

径向柱塞式分配泵的最大供油量调整是通过改变泵油柱塞的行程来实现的，调整原理如

图 4-46 所示。滚柱到达凸轮压油段最高点 B 时压油结束,当压油开始点由 A 变为 A' 时,柱塞的压油由 S 变为 S',由于柱塞的泵油行程变小,所以分配泵的最大供油量减少。径向柱塞式分配泵的供油结束时,柱塞的位置是一定的,它取决于内凸轮的最高点,改变供油开始时的位置即可改变柱塞泵油行程,从而改变最大供油量。

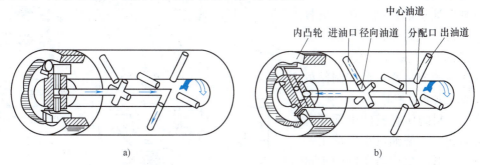

图 4-45 径向柱塞式分配泵泵油过程
a) 压油过程 b) 吸油过程

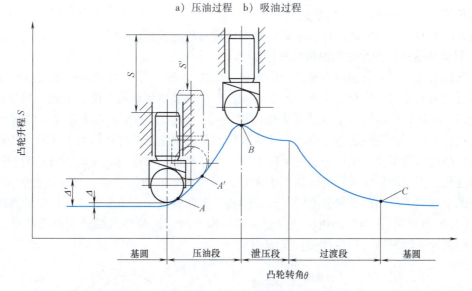

图 4-46 径向柱塞式分配泵最大供油量调整原理

径向柱塞式分配泵最大供油量调整机构如图 4-47 所示。滚柱座的两个凸耳嵌装在前、后支架的偏心圆弧槽内,前支架上有两个弧形螺栓孔并通过螺栓与分配转子连接。松开前支架与分配转子的连接螺栓,转动前控制板即可改变滚柱座在前、后支架偏心圆弧槽内的位置,使滚柱与泵油柱塞一起径向移动;当滚柱和泵油柱塞向内移动时(图 4-47 中的上图),滚柱与内凸轮基圆之间的间隙 Δ(见图 4-46)增大,泵油柱塞压油始点向内凸轮最高点靠近,柱塞泵油行程减小,分配泵最大供油量减少;反之,当滚柱和泵油柱塞向外移动时(图 4-47 中的下图),分配泵最大供油量增大。

3. 径向柱塞式分配泵的供油量控制

在最大供油量调整一定的情况下,径向柱塞式分配泵是利用油量控制阀来控制分配泵供油量的。油量控制阀安装在分配套筒的进油口处,其结构如图 4-48 所示。阀体上的直槽与分配套筒进油口相通,柴油机工作时,来自叶片式输油泵的柴油经分配泵套筒和壳体中的油

111

道到达控制阀直槽,再经控制阀直槽和分配套筒进油孔进入分配泵压油腔;转动控制阀,就会改变控制阀直槽与分配泵壳体中油道的相对位置,使分配泵进油通道的流通截面发生变化,从而实现对分配泵供油量的控制。在非电控径向柱塞式分配泵中,由机械调速器根据柴油机负荷和转速的变化,通过拉杆销和连接臂调节控制阀的位置来实现供油量控制。

油量控制阀体直槽的中部开有小三角形缺口,柴油机小负荷工作时,经三角形缺口供给所需的少量柴油,即使阀体在一定范围内转动时,三角形缺口也可保证分配泵进油流通截面不发生急剧变化,有利于柴油机小负荷时的运转稳定。

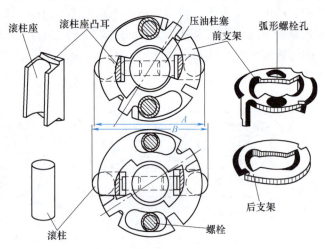

图 4-47 径向柱塞式分配泵最大供油量调整机构

4. 径向柱塞式分配泵的供油提前角控制

径向柱塞式分配泵供油提前角自动调节机构如图 4-49 所示。与轴向柱塞式分配泵供油提前角自动调节器的结构和工作原理基本相同,自动调节器传动销伸出壳体的一端与分配泵内凸轮螺纹联接,传动销位于调节器壳体内的下端,装在正时活塞与弹簧(带弹簧座)之间。柴油机工作时,正时活塞一侧来自叶片式输油泵的柴油压力与弹簧力平衡时,传动销和分配泵内凸轮位置不变,供油提前角保持不变;叶片式输油泵输出的柴油压力随柴油机转速变化而变化,当发动机转速升高、油压增大时,正时活塞推动传动销下端移动使弹簧压缩,传动销的上端则带动内凸轮向分配转子转动的相反方向转过一定角度,从而使供油正时提前(即供油提前角增大);当发动机转速降低、油压减小时,调节器内的弹簧推动传动销下端移动,使供油正时延迟(即供油提前角减小)。

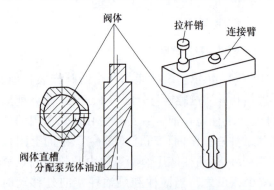

图 4-48 径向柱塞式分配泵油量控制阀的结构

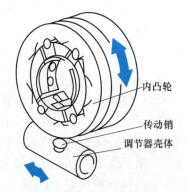

图 4-49 径向柱塞式分配泵供油提前角自动调节机构

二、径向柱塞式分配泵位置控制系统

由径向柱塞式分配泵的结构与工作原理可知,径向柱塞式分配泵的供油量控制可以通过

项目四 柴油机电控燃油喷射系统

两种途径来实现：一种是控制泵油柱塞的行程，另一种是控制进油量。在非电控径向柱塞式分配泵的基础上取消油量控制阀，利用电控元件控制泵油柱塞行程即可实现供油量的位置控制。而供油正时的位置控制，可以利用电控元件直接或间接控制分配泵内凸轮相对分配转子的位置来实现。

为实现对泵油柱塞行程的控制，柱塞的外端（伸出分配转子的一端）加工两个对称的斜面（见图4-50），并用一个座架限制柱塞运动（只能沿分配转子径向移动而不能转动），座架上开槽的弯臂与柱塞外端具有相同的斜度。由于泵油柱塞安装在分配转子中的压油腔内，所以当分配转子和泵油柱塞与座架相对位置（沿分配转子轴向）发生变化时，因泵油柱塞斜面与座架弯臂斜面的配合关系，就会改变泵油柱塞的行程，从而改变分配泵的

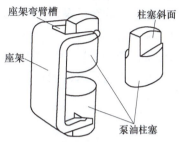

图4-50 泵油柱塞和座架

供油量。改变分配转子与座架的相对位置，可以通过使分配转子轴向移动或使座架轴向移动来实现。

（1）座架轴向位置控制　座架轴向位置控制机构如图4-51所示。在驱动分配转子的中部装有端面凸轮和导向管，导向管与端面凸轮接触的一侧为与端面凸轮配合的曲面，导向管轴向是固定的（但随驱动轴转动），因此端面凸轮相对导向管转动时，端面凸轮同时会产生轴向移动。松套在驱动轴上的端面凸轮向右移动时，通过推力圈（用十字轴与驱动轴连接）和推杆（位于中空的驱动轴内）推动柱塞座架向右移动；端面凸轮向左移动时，座架弹簧推动座架、推杆和推力圈跟随端面凸轮向左移动。

导向管与端面凸轮之间的相对转动通过步进电动机控制的液压缸来实现，如图4-52所示。步进电动机通过伺服阀控制液压缸的油路，以控制液压缸中活塞的上、下移动，再由液压活塞驱动齿杆和端面凸轮外齿圈使端面凸轮转动，从而实现对座架轴向位置的控制，也就是分配泵柱塞行程或分配泵供油量的位置控制。端面凸轮位置传感器用来检测端面凸轮转动的实际位置（反映座架位置或泵油柱塞行程），用以实现分配供油量的闭环控制。

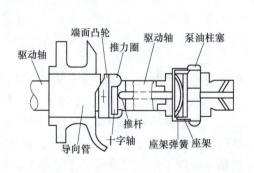

图4-51 座架轴向位置控制机构

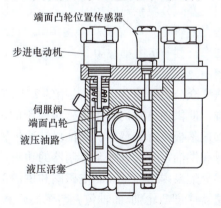

图4-52 端面凸轮转动位置控制机构

（2）分配转子轴向位置控制　如图4-53所示，ECU通过两个电磁阀控制分配转子尾部油腔内的油压，使分配转子产生轴向移动；当进油电磁阀关闭、回油电磁阀开启时，分配转子在弹簧力的作用下向右移动，由于滚柱座斜面与驱动轴爪形槽斜面的配合关系（与前述

柱塞斜面和座架弯臂斜面类似），使泵油柱塞行程增大，分配泵供油量增加；反之，进油电磁阀开启、回油电磁阀关闭时，分配转子向左移动，泵油柱塞行程减小，分配泵供油量减少。在分配转子的尾部装有转子位置传感器，向 ECU 提供分配转子实际位置的反馈信号，以便对供油量进行闭环控制。

径向柱塞式分配泵供油正时的位置控制与轴向柱塞式分配泵基本相同，通过在供油提前角自动调节器的油道中安装电磁阀或步进电动机来实现。图 4-54 所示为用步进电动机控制的供油提前角调节器。步进电动机通过伺服活塞控制供油提前角调节器的液压油路，进而控制调节器中正时活塞的位置，从而实现径向柱塞式分配泵供油正时的位置控制。

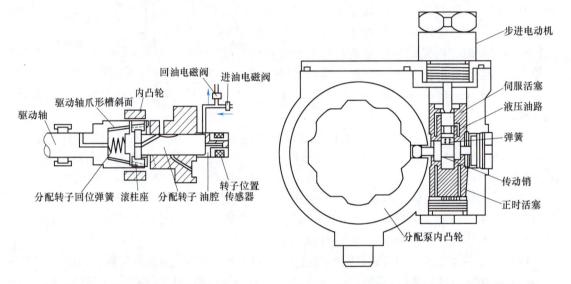

图 4-53 分配转子轴向位置控制　　图 4-54 用步进电动机控制的供油提前角调节器

三、径向柱塞式分配泵时间控制系统

径向柱塞式分配泵时间控制系统与轴向柱塞式分配泵时间控制系统类似，在分配泵的进油道（也是回油道）中安装一个由 ECU 控制的电磁阀（取代传统的油量控制阀），在保证分配泵柱塞行程一定的前提下，通过控制电磁阀的开启和关闭时刻来实现供油量和供油正时的时间控制。

一汽大众公司奥迪 A6 轿车装用的 2.5L TDI 柴油机采用了径向柱塞式分配泵供油量时间控制系统，但供油正时仍采用电磁阀控制的位置控制系统，其组成如图 4-55 所示。ECU 主要根据加速踏板位置传感器、柴油机转速传感器、空气流量传感器和冷却液温度传感器来确定供油量和供油正时。分配泵控制器的功用：一是将 ECU 输出来的控制信号进行转换放大，然后驱动分配泵中供油量控制电磁阀和供油正时控制电磁阀工作；二是将安装在分配泵中的泵角传感器（即凸轮轴/曲轴位置传感器）和柴油温度传感器信号经处理后输送给 ECU。

一汽大众公司奥迪 A6 轿车 2.5L TDI 柴油机电控径向柱塞式分配泵如图 4-56 所示。供油量的时间控制与轴向柱塞式分配泵采用进油控制方式（见本项目任务二相关内容）基本相同，在此不再重述。供油正时控制与前述位置控制电控系统基本相同，只是控制供油提前角调节器油路的是电磁阀，而不是步进电动机。

项目四 柴油机电控燃油喷射系统

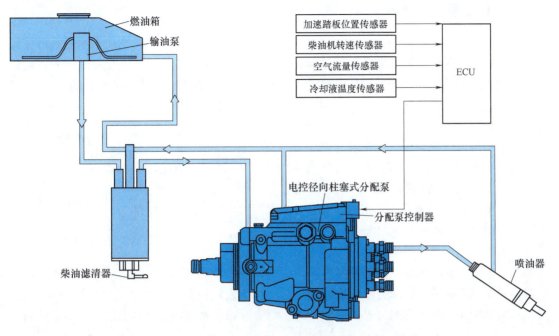

图 4-55 奥迪 A6 轿车 2.5L TDI 柴油机电控燃油喷射系统的组成

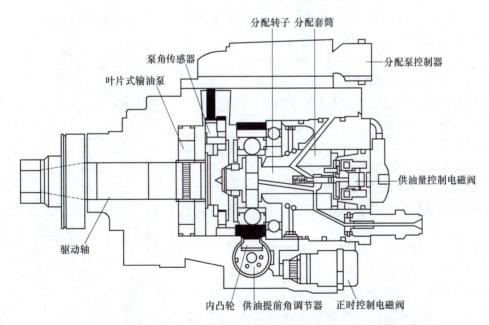

图 4-56 一汽大众公司奥迪 A6 轿车 2.5L TDI 柴油机电控径向柱塞式分配泵

学习任务五　认识泵喷嘴电控燃油喷射系统

泵喷嘴电控系统是在柴油机传统 P-T 燃油供给系统的基础上发展而来的。一汽大众公司宝来轿车装用的 1.9L TDI 柴油机电控燃油喷射系统即属于泵喷嘴电控系统。

一、P-T 燃油供给系统的组成

P 和 T 分别是英语 Pressure（压力）和 Time（时间）的缩写，P-T 燃油供给系统的主要特点是利用燃油泵的供油压力 P 和喷油器的计量时间 T 相互配合来控制发动机每循环的供油量。此系统的结构和工作原理与直列柱塞泵和分配泵燃油供给装置均有本质的区别。P-T 燃油供给系统的组成如图 4-57 所示，由主燃油箱、柴油滤清器、P-T 燃油泵、P-T 喷油器、进油管和回油管等组成。

燃油箱用以储存柴油。燃油滤清器装在主燃油箱与 P-T 燃油泵之间，用以滤除燃油中的杂质，防止 P-T 燃油泵和喷油器发生故障。P-T 燃油泵是一个低压燃油泵，其功用包括输油、调压和调速，即根据柴油机转速和负荷的变化，将适当压力的燃油输送给 P-T 喷油器，以得到所需要

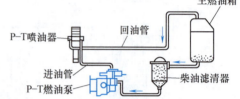

图 4-57 P-T 燃油供给系统的组成

的循环供油量，并限制发动机的最高转速，稳定发动机怠速或某一转速。P-T 喷油器的功用是对来自 P-T 燃油泵的燃油进行计量和加压后，根据发动机的工作需要定时喷入气缸。进、回油管的功用是分别将燃油自 P-T 燃油泵送往喷油器和将喷油器多余的燃油送回主燃油箱。

二、P-T 喷油器的结构原理

P-T 喷油器及其驱动机构如图 4-58 所示。喷油器锥体下部加工有 7 个或 8 个直径为 0.2mm 的喷油孔。发动机工作时，通过驱动凸轮、摆动式挺杆、推杆和摇臂来驱动喷油器柱塞向下运动，完成柴油的加压和喷射；驱动凸轮的凸起部分转过后，喷油器柱塞在回位弹簧作用下上升回位，以便使一定量的柴油进入喷油器，为下次喷射做好准备。

P-T 喷油器的工作原理如图 4-59 所示。图 4-59a 所示为喷油器驱动凸轮外形及转角位置，喷油器驱动凸轮轴逆时针旋转，其转速为曲轴转速的 1/2。

喷油器凸轮转到排气行程上止点位置时，喷油器柱塞在回位弹簧作用下开始上升（见图 4-59b），来自 P-T 燃油泵的柴油经喷油器进油口、进油量孔、上进油道、柱塞环槽和下进油道进入环形油腔。此时，因计量量孔仍被柱塞封闭，环形油腔内的柴油不能经计量量孔流入计量室（柱塞下部与喷油器锥体之间形成的锥形空腔），而是经回油量孔和回油道流回燃油箱。

当喷油器凸轮转到排气行程上止点后 44° 曲轴转角位置时，随柱塞继续上移，计量量孔逐渐开

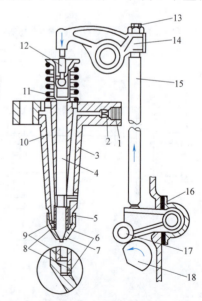

图 4-58 P-T 喷油器及其驱动机构
1—进油口 2—进油量孔 3—喷油器体 4—柱塞
5—O 形圈 6—调整垫片 7—喷油器锥体
8—计量量孔 9—回油量孔 10—回油道
11—柱塞回位弹簧 12—柱塞杆头 13—调整螺钉
14—摇臂 15—推杆 16—挺杆调整垫片
17—滚轮 18—驱动凸轮

启，环形油腔内的部分柴油经计量量孔进入计量室（见图4-59b），喷油器计量开始，多余的柴油仍流回燃油箱。此时计量室内的油压较低，且喷油器的喷孔很小，所以柴油不会滴入气缸。

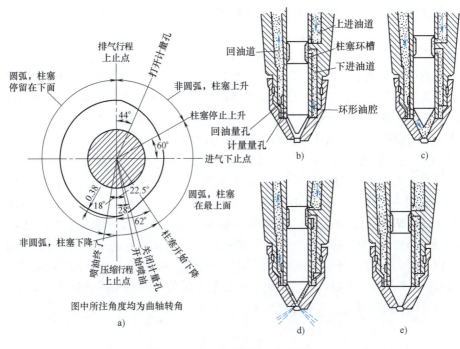

图4-59 P-T喷油器的工作原理

喷油器凸轮转到进气行程下止点前60°曲轴转角位置时，柱塞上升到最高点并保持在该位置；直到压缩行程上止点前62°时，喷油器柱塞又被驱动下行，当柱塞下行到将计量量孔关闭的位置（压缩行程上止点前28°）时，环形油腔内的柴油不再流入计量室，喷油器计量结束。随柱塞继续下行，计量室内的柴油压力迅速升高，直到压缩行程上止点前22.5°时，计量室内的柴油经喷孔以雾状喷入燃烧室（见图4-59d）。

喷油器凸轮转到顶端位置（压缩行程上止点后18°）时，喷油器柱塞下行到极限位置，喷油器喷油结束（见图4-59e）。此时柱塞以一定压力与喷油器锥体压紧，以便使计量室内的柴油完全喷出，防止残余柴油形成积炭，影响喷油器正常工作。

柴油机的每一工作循环内，P-T喷油器都完成一个进油、计量、升压和喷油的全过程。喷油正时由喷油器凸轮轴与曲轴的相对位置来保证。P-T喷油器每循环的喷油量就是在计量时间内进入计量室的油量，此油量取决于P-T燃油泵的供油压力、计量量孔直径和计量时间（即计量室进油时间）。对一定的发动机而言，计量量孔尺寸一定时，计量时间随发动机转速变化而变化，P-T燃油泵的供油压力必须与计量时间配合，以满足发动机在不同工况下对燃油量的需求。

喷油器内的调整垫片（见图4-58）可用来调整计量时间。调整垫片加厚，计量量孔相对于柱塞上移，开启时刻推迟，关闭时刻提前，计量时间缩短，喷油量减少，此调整用于保证各缸喷油量的均匀性。挺杆调整垫片（见图4-58）用来调整挺杆滚轮与凸轮的相对位置，以调整喷油正时。调整螺钉（见图4-58）用来调整喷油器（喷油结束后）柱塞与喷油器锥体的压紧力（柱塞落座压力）。

三、泵喷嘴电控系统

提高柴油的喷射压力，使燃油雾化质量提高，有利于改善柴油机的燃烧过程，从而降低排放和噪声。为此，继直列柱塞泵电控系统和分配泵电控系统之后，喷油量的时间控制被应用在具有较高喷射压力的柴油机P-T燃油供给系统中，形成了泵喷嘴电控系统。

在泵喷嘴电控系统中，取消了传统P-T燃油供给系统中结构复杂的P-T燃油泵和P-T喷油器的计量装置，保留了传统P-T燃油供给系统中利用机械装置驱动喷油器对燃油加压的方式。电控泵喷嘴的基本工作原理如图4-60所示。由低压输油泵经进油道向喷油器供油，进油通道由高速电磁阀控制；高速电磁阀为常开阀（即断电时开启），当机械驱动的压油柱塞向上移动时，压油腔内产生真空，低压输油泵输送来的低压柴油被吸入压油腔（见图4-60a）；压油柱塞向下移动的压油初期，由于高速电磁阀仍保持开启，部分柴油被压回低压进油通道（见图4-60b）；当高速电磁阀接收ECU的指令通电时，电磁阀关闭喷油器进油道，随着压油柱塞压油行程的进行，使喷油器内的油压迅速升高（喷油压力高达150MPa以上），油压作用在针阀中部的承压锥面（见图4-13）上使针阀升起打开喷油孔，喷油器喷油开始（见图4-60c）；ECU控制高速电磁阀断电开启时，喷油器压油腔的柴油回流（见图4-60d）使油压迅速下降，喷油器喷油结束。高速电磁阀关闭的时刻即喷油开始时刻，高速电磁阀关闭的持续时间决定了喷油量。

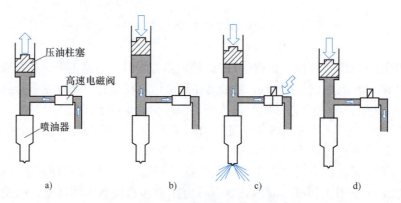

图4-60　电控泵喷嘴的基本工作原理
a）进油过程　b）压油过程　c）喷油过程　d）停油过程

一汽大众公司宝来轿车1.9L TDI柴油机电控泵喷嘴的结构如图4-61所示。泵喷嘴安装在气缸盖中，进、回油道均在气缸盖内。泵喷嘴主要由驱动机构、高压泵、控制电磁阀和喷油器四部分组成。泵喷嘴驱动机构（见图4-62）包括喷射凸轮、滚柱式摇臂和球销等，其功用是驱动泵喷嘴中的高压泵完成泵油。高压泵由泵油柱塞和高压腔组成，其功用是产生高压油。控制电磁阀的功用是控制泵喷嘴的喷油正时和喷油量。喷油器主要由针阀、针阀体、喷嘴弹簧、收缩活塞和针阀缓冲元件等组成，喷油器的针阀和针阀体与普通柴油机喷油器相同（见图4-13），收缩活塞和针阀缓冲元件用于控制喷油器的喷油规律。

项目四 柴油机电控燃油喷射系统

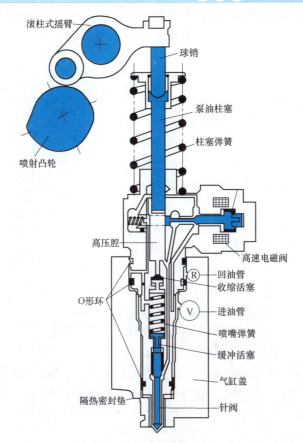

图 4-61 一汽大众公司宝来轿车 1.9L TDI 柴油机电控泵喷嘴的结构

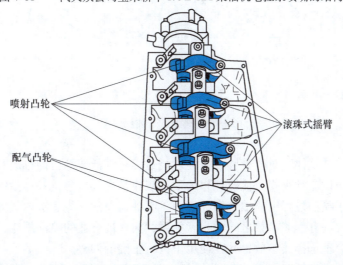

图 4-62 一汽大众公司宝来轿车 1.9L TDI 柴油机电控泵喷嘴驱动机构

泵喷嘴的工作过程分为三个阶段：进油阶段、预喷射阶段和主喷射阶段。

1. 进油阶段

喷射凸轮的凸峰转过之后，泵油柱塞在柱塞弹簧的弹力作用下向上移动，高压腔内的容积增大。此时，高速电磁阀处于初始的开启状态，进油管到高压腔的通道打开，使柴油进入高压腔，为喷射做好准备。电控泵喷嘴进油阶段如图4-63所示。

2. 预喷射阶段

（1）预喷射阶段的功用 喷油速率和喷油规律对柴油机的动力性、经济性、排放和噪声等均有很大的影响。喷油速率是指喷油器在单位曲轴转角（或单位时间）内的平均喷油量，而喷油规律是指喷油器的喷油速率随曲轴转角（或时间）的变化规律。

图4-64所示为典型的喷油规律图。图4-64a所示的喷油规律是：喷油延续时间短，喷油速率大，曲线变化陡，柴油机经济性和动力性好，但工作粗暴、噪声大。图4-64b所示的喷油规律是：开始喷油速率较大，曲线上升陡，柴油机工作粗暴；后期曲线下降平缓，喷油速率过小，使喷油延续时间长，补燃多，柴油机经济性下降。图4-64c所示的喷油规律是：开始喷油速率较低，曲线变化平缓，柴油机工作柔和；后期喷油速率增大，对保证燃烧过程在上止点附近进行，以获得良好的动力性、经济性和排放性有利。

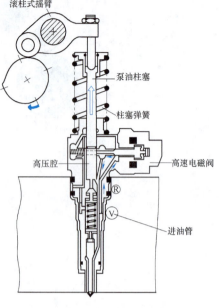

图4-63 电控泵喷嘴进油阶段

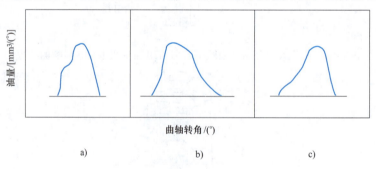

图4-64 典型的喷油规律图

保证合适的喷油规律，对改善柴油机的燃烧过程、降低柴油机的排放和噪声、提高柴油机的动力性和经济性非常重要。比较理想的喷油规律是先缓后急，并尽量缩短喷油时间。喷油规律集中体现了喷油过程中喷油泵供油压力、喷油器喷油压力、缸内气体压力、喷油器喷孔尺寸和喷油器针阀升程等参数之间的相互关系，为保证合适的喷油规律，必须合理设计供油系统的结构，合理选择其参数，并在使用中进行正确的调整。

一汽大众公司宝来轿车1.9L TDI柴油机电控泵喷嘴系统，利用收缩活塞将喷射过程分为预喷射（前期喷射）和主喷射（后期喷射）两个阶段，并利用缓冲活塞控制针阀上升时的升程变化，从而保证其具有"先缓后急"的理想喷油规律。

（2）预喷射阶段的进行 喷射凸轮通过滚柱式摇臂驱动泵油柱塞向下移动，初期由于高速电磁阀仍未关闭，高压腔内的部分柴油被压回到进油管，直到ECU控制的高速电磁阀

项目四 柴油机电控燃油喷射系统

通电、高速电磁阀关闭高压腔到进油管的通道为止；然后高压腔内开始产生压力，当压力达到 18MPa 时，针阀承压锥面上承受的上升力（油压分力）高于喷嘴弹簧力，针阀上升开启喷油孔，预喷射开始，如图 4-65 所示。

在针阀上升开启喷油孔的过程中，缓冲活塞起到限制针阀上升速度的功用，借以实现理想喷油规律的"先缓"。缓冲活塞作用原理如图 4-66 所示。喷油开始前，喷嘴弹簧将缓冲活塞和针阀压至最下端位置，使针阀关闭喷油孔，此时在针阀室上部充满柴油；开始喷油时，针阀和缓冲活塞一起上升，针阀室上部的柴油被压回喷嘴弹簧室，由于缓冲活塞与喷嘴内孔之间泄油间隙的节流作用，使针阀的上升速度受到阻力，喷油速率的增长平缓。针阀上升初期（见图 4-66a），泄油间隙足够大、节流作用小，缓冲活塞对针阀上升的阻尼作用较小，但当缓冲活塞下部开始进入针阀室与喷嘴弹簧室之间直径较小的内孔时（见图 4-66b），由于泄油间隙减小、节流作用增强，缓冲活塞对针阀上升的阻尼作用明显增大，针阀升程增加更缓慢。

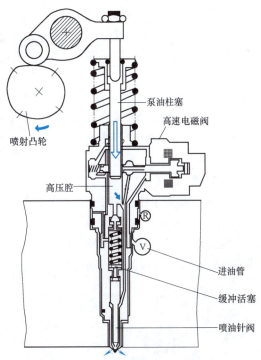

图 4-65 电控泵喷嘴预喷射开始

预喷射阶段的喷油量很少，时间很短。收缩活塞的功用就是将喷油分成预喷射和主喷射两个阶段，同时限制预喷射时间，提高主喷射时的喷油压力。收缩活塞作用原理如图 4-67 所示，预喷射开始后，高压腔内的油压作用在收缩活塞上，随着泵油柱塞压油行程的继续进行，高压腔内的油压进一步提高，当达到一定压力时，收缩活塞下移，高压腔内的容积增大，使高压腔

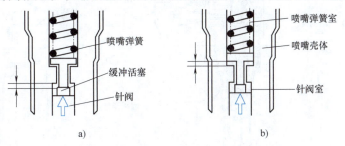

图 4-66 缓冲活塞作用原理
a) 针阀上升初期 b) 针阀上升后期

内的油压瞬间下降，针阀关闭喷油孔，预喷射结束。此外，由于收缩活塞的下移增加了喷嘴弹簧的预紧力，在预喷射后的主喷射阶段，使针阀上升开启喷油孔所需的油压必然比预喷射过程中的油压高。

3. 主喷射阶段

预喷射结束后，高速电磁阀仍然关闭，随着泵油柱塞继续压油，高压腔内的油压立即重新上升，当油压上升到约 30MPa 时，针阀再次上升开启喷油孔，主喷射阶段开始，如图 4-68 所示。在主喷射阶段中，由于喷油孔的节流作用，喷油压力会进一步提高，最高压力可达 205MPa。

当喷油量达到预期控制目标时，ECU切断高速电磁阀电路，电磁阀开启，高压腔的柴油回流到进油管，压力迅速下降，喷嘴弹簧迅速使针阀关闭喷油孔，同时收缩活塞和缓冲活塞也回到初始位置，主喷射阶段结束。

由泵喷嘴的工作过程可知，高速电磁阀通电时刻即喷油的开始时刻，其通电时间决定了喷油量。

4. 泵喷嘴回油

电控泵喷嘴回油线路如图4-69所示。泵喷嘴回油除使多余的柴油经回油管流回燃油箱外，还可以冷却泵喷嘴、排除泵油柱塞处泄出的柴油、通过回油管节流孔分离来自进油管内的气泡。

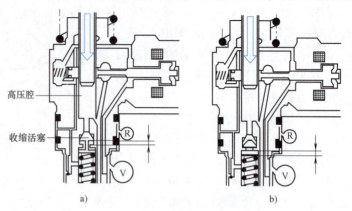

图 4-67 收缩活塞作用原理
a) 预喷射开始 b) 预喷射结束

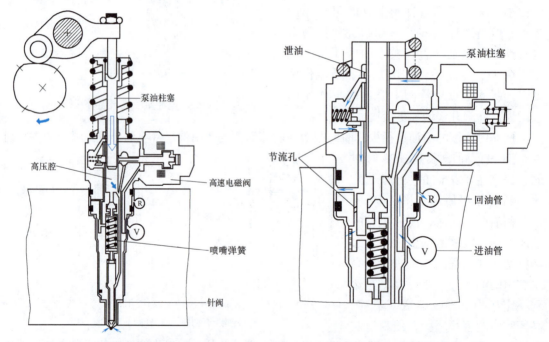

图 4-68 电控泵喷嘴主喷射开始

图 4-69 电控泵喷嘴回油线路

泵喷嘴进油阶段高压腔充满油后或高速电磁阀关闭进油通道后，来自进油管的柴油全部经回油管流回燃油箱。

学习任务六 认识共轨式电控燃油喷射系统

在第一代柴油机电控燃油喷射系统中，由于直列柱塞泵和分配泵的供油压力受多种因素（尤其是转速）的影响，加上较长的高压油管和柴油的可压缩性，均会导致喷油压力的不稳定,从而使实际的喷油量、喷油正时和喷油规律难以精确控制。高压油管内的压力波动有时还会在主喷射之后,使高压油管内的压力再次达到令喷油器针阀开启的压力,将已经关闭的针阀又重新打开产生二次喷油现象,由于二次喷油不可能完全燃烧,因此会增加柴油机油耗、烟度和 HC 的排放量。

在第二代柴油机电控燃油喷射系统中,泵喷嘴电控技术和高压共轨喷射技术是现在最主要的柴油机电控燃油喷射技术。尽管泵喷嘴电控系统的喷油压力非常高(最高可以达到 200MPa),但泵喷嘴对燃油的加压是靠机械装置驱动的,与第一代柴油机电控燃油喷射系统一样,电控系统的喷油压力受柴油机转速的影响,只能实现喷油量和喷油正时的时间控制。而共轨式柴油机电控燃油喷射系统的喷油压力完全可以独立控制,从而实现喷油量和喷油正时的时间-压力控制或压力控制,而且控制精度高、制造成本低,但它的喷油压力低于泵喷嘴电控系统(能达到 160MPa)。

一、共轨式电控燃油喷射系统的类型

共轨技术不仅是指用一个公共油轨(简称共轨)给各缸喷油器输送燃油,还包括用高压(或中压)输油泵、压力传感器和 ECU 组成的闭环系统独立控制喷油压力的供油方式。在共轨式电控燃油喷射系统(以下简称共轨系统)中,由高压(或中压)输油泵将高压燃油输送到公共油轨,ECU 对共轨内的油压和喷油时间进行控制。保持喷油压力一定,通过控制喷油时间来控制喷油量,即称为时间-压力控制方式;保持喷油时间一定,通过控制喷油压力来控制喷油量,即称为压力控制方式。

按照共轨中的压力高低,共轨系统可分为高压共轨和中压共轨两种基本类型。按控制喷油器喷油的电控执行元件的不同,共轨系统可分为电磁阀式和压电式两种类型。

1. 高压共轨系统

高压共轨系统是指由高压输油泵(压力在 120MPa 以上)直接产生高压燃油输送至共轨中,经消除压力的脉动后,再分送至各喷油器;ECU 根据柴油机的工作需要控制高速电磁阀迅速打开或关闭,进而控制喷油器按设定的要求开始喷油或停止喷油。此类系统一般采用时间-压力控制方式,又称为第一代共轨式电控燃油喷射系统。

2. 中压共轨系统

中压共轨系统是指由中压输油泵(压力为 10~13MPa)将中压燃油输送到共轨中,经消除压力的脉动后再分送至带有增压作用的喷油器;ECU 根据柴油机的工作需要通过高速电磁阀控制喷油器开始喷油或停止喷油,与高压共轨系统不同的是,在喷油开始前,喷油器内的增压装置先对来自共轨的中压柴油进行增压,使之达到规定的喷油压力(120~150MPa)。此类系统一般通过控制共轨中的油压来控制喷油量,即采用压力控制方式。中压共轨系统是第二代共轨式电控燃油喷射系统。

3. 压电式共轨系统

第一代和第二代共轨系统均属于电磁阀式共轨系统,即利用电磁阀作为执行元件,通过控制喷油器喷油的开始与结束来实现燃油喷射控制。而在压电式共轨系统中,则是利用压电晶体作为执行元件,通过控制喷油器针阀的升程(或喷油开始与结束)来实现燃油喷射控制。压电式共轨系统也被称为第三代共轨式电控燃油喷射系统。

二、高压共轨系统

1. 高压共轨系统的基本组成

高压共轨系统主要由燃油箱、高压输油泵、共轨、喷油器和各种电子元器件组成,如图4-70所示。高压输油泵从燃油箱中吸出柴油并将油压提高到约120MPa后输入共轨,高压输油泵的供油量一般几倍于实际喷油量以保证供油的可靠性,多余的燃油经回油管流回燃油箱。高压输油泵的出口端装有一个用来调节共轨中油压的调压阀,ECU根据柴油机的转速和负荷等控制调压阀的开度,从而增加或减少高压输油泵输送给共轨的油量,实现对共轨中油压的控制,以保证供油压力稳定在目标值。此外,ECU根据燃油压力传感器信号对共轨中的油压进行闭环控制。

柴油机高压共轨系统采用的喷油器均为电液控制式,它主要由高速电磁阀和各种液压伺服机构组成。ECU通过控制高速电磁阀工作对喷油器喷油的开始时刻和喷油时间进行控制。液压伺服机构的工作油液就是共轨中的高压柴油。

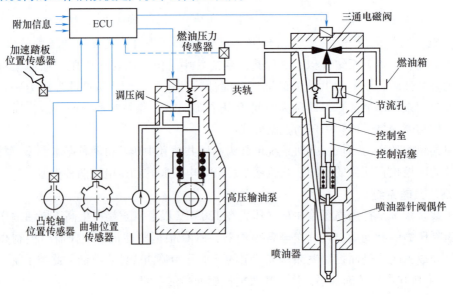

图4-70 高压共轨系统

2. 高压共轨喷油器

高压共轨系统中所用的电液控制式喷油器有两种类型:二位三通电磁阀式和二位二通电磁阀式。

(1) 二位三通电磁阀式喷油器 如图4-71所示,二位三通电磁阀安装在喷油器顶部,电磁阀主要由阀体、电磁线圈、内阀和外阀组成,内阀和电磁线圈均固定在阀体中,套装在内阀上的外阀与电磁阀的电枢做成一体,电磁阀通电和断电时,外阀则上下移动。内阀下部密封锥面与其阀座(位于外阀下部中心孔的内侧)控制喷油器控制室进油通道,外阀下部密封锥面与其阀座(位于阀体上)控制喷油器控制室回油通道。电磁阀不通电时,外阀在其回位弹簧作用下保持在下端极限位置,此时外阀与其阀座压紧,内阀则离开其阀座,控制室的回油通道关闭、进油通道开启,共轨中的高压柴油进入控制室。尽管喷油器下部的油腔

项目四　柴油机电控燃油喷射系统

始终与共轨中保持相等的高压（油腔与油轨经油道连通），但喷油器针阀的承压锥面比控制活塞上部承压面小，加之针阀上作用着回位弹簧弹力，所以电磁阀断电使高压油进入控制室时，喷油器不喷油。当 ECU 接通电磁阀电路时，产生的电磁力将外阀向上吸起，外阀离开其阀座，内阀则与其阀座压紧，控制室的回油通道开启、进油通道关闭，从而使控制室油压迅速下降，喷油器油腔内的高压油将针阀顶起开始喷油，直到电磁阀再次断电使高压油进入控制室时，喷油器喷油结束。

（2）二位二通电磁阀式喷油器　与二位三通阀相比，二位二通电磁阀的控制灵活性较好，制造成本较低，但在循环供油量较大时，其效率较低。

二位二通电磁阀式喷油器与上述二位三通电磁阀式喷油器的结构和工作原理基本相同，主要区别是只用电磁阀控制喷油器控制室的回油通道，而不控制进油通道，但进油通道中装有节流孔，如图 4-72 所示。来自共轨中的高压柴油进入喷油器后分成两路，一路直接进入喷油器下部的油腔，另一路经过节流孔进入控制室；电磁阀不通电时，控制室回油通道关闭，控制室与喷油器下部油腔内的油压相等，在控制活塞（相当于一个顶杆）上部油压和回位弹簧力作用下，喷油器针阀关闭，喷油器不喷油；电磁阀通电时，控制室回油通道开启，作用在液压活塞上部的油压迅速下降，喷油器下部油腔内的高压燃油将针阀顶开，使喷油器开始喷油，直到电磁阀再次断电时喷油结束。

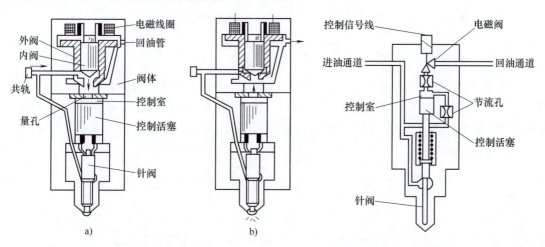

图 4-71　二位三通电磁阀式高压共轨喷油器
a）电磁阀断电不喷油　b）电磁阀通电喷油

图 4-72　二位二通电磁阀式高压共轨喷油器

在喷油器控制室的进、回油通道中各有一个节流孔，进油通道中的节流孔（图 4-71 中的右侧）比回油通道中的节流孔（图 4-72 中的上部）小，否则即使电磁阀开启回油通道，控制室的油压也不会下降，喷油器也就无法喷油。回油通道中的节流孔主要是控制喷油规律，当电磁阀通电开启控制室回油通道后，节流孔可减缓控制室油压下降的速度，从而减慢针阀上升的速度，满足喷油规律"先缓"的要求。

三、中压共轨系统

在后期开发的柴油机共轨式电控燃油喷射系统中，为降低对供油压力的要求，喷油量控制采用压力控制方式的中压共轨系统，如图 4-73 所示。中压共轨系统主要由低压输油泵、蓄压式电液控制喷油器、调压阀和共轨等组成。ECU 根据各传感器信号控制调压阀，以调节共轨中的油压；ECU 同时通过控制安装在喷油器上的电磁阀工作，使喷油持续时间保持不变，以实现喷油量的压力控制。

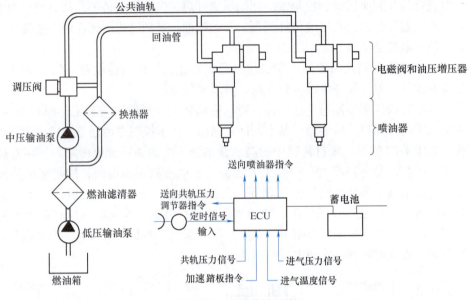

图 4-73 中压共轨系统

在中压共轨系统中，由于共轨中的油压不能满足柴油机对喷油压力的要求，因此都采用具有增压功能的蓄压式电液控制喷油器。蓄压式电液控制喷油器工作原理如图 4-74 所示。喷油器上部装有一个电控的三通电磁阀，电磁阀通电时，增压活塞上方进油通道开启而回油

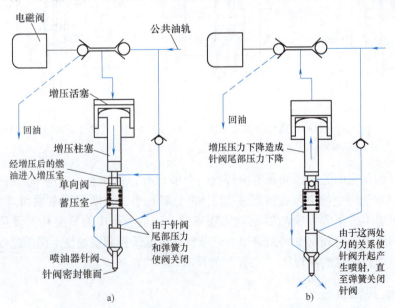

图 4-74 蓄压式电液控制喷油器工作原理
a) 电磁阀通电时　b) 电磁阀断电时

通道关闭，共轨中的低压油进入喷油器中的增压活塞上方，由于增压活塞上方面积大于柱塞下方的面积，根据液力放大原理，经过单向阀进入柱塞下方蓄压室中的燃油压力提高（提高10～16倍，可达100～160MPa）并充满喷油器柱塞偶件的油腔，但此时由于在针阀上部油压和回位弹簧力的作用下，针阀关闭，喷油器不喷油（见图4-74a）；当电磁阀断电时，增压活塞上方回油通道开启而进油通道关闭，针阀上部的油压迅速下降，喷油器油腔内的高压燃油将针阀顶开，喷油器开始喷油（见图4-74b），直到喷油器油腔内的油压下降到一定值时，柱塞上方的燃油压力和弹簧力使针阀关闭，喷油结束。喷油时刻取决于电磁阀断电的时刻，由于针阀回位弹簧的弹力是一定的，停止喷油时喷油器油腔内的压力也一定，所以喷油正时（电磁阀断电的时刻）一定时，喷油器的喷油时间就固定了。

喷油器喷孔尺寸一定，喷油时间一定，控制喷油压力即可控制喷油量；而在增压活塞和柱塞尺寸一定时，喷油压力（即增压压力）取决于共轨中的油压，共轨中的油压是由ECU根据各种传感器信号通过燃油调压阀来控制的，所以将此种喷油量控制方式称为压力控制方式。在系统中，ECU根据实际的共轨压力信号对共轨压力进行闭环控制。

四、压电式共轨系统

1. 对现代柴油机电控燃油喷射系统的要求

为满足日益严格的排放法规要求，对喷油速率和喷油规律的控制已成为柴油机电控燃油喷射系统的重要功能之一。目前，在柴油机共轨式电控燃油喷射系统中，为降低排放污染和噪声，控制喷油速率和喷油规律的主要措施是实现预喷射、后喷射甚至多次喷射功能。

预喷射是指主喷射前百万分之一秒内向缸内喷射少量柴油。通过对预喷射量的控制来实现对着火延迟期（燃烧过程分着火延迟期、速燃期、缓燃期和补燃期）内混合气形成数量的控制，从而达到防止柴油机工作粗暴、减小噪声的目的。此外，预喷射的柴油喷入气缸后首先着火燃烧，对燃烧室进行预热后再进行主喷射，使主喷射阶段喷入气缸的柴油着火更容易，有利于形成边喷射、边形成混合气、边燃烧的平缓燃烧过程，从而防止柴油机在速燃期时缸内压力的急剧变化，有利于降低燃烧噪声。

后喷射是指在膨胀过程中进行的喷射。后喷射的柴油燃烧时放出的热量，可提高柴油机在缓燃期和补燃期的温度，从而降低HC和CO的排放量。

多次喷射是指在柴油机的1个工作循环内进行若干次（一般多于3次）喷射，可以根据柴油机工况对喷油速率和喷油规律进行精确控制。

实现预喷射、后喷射甚至多次喷射功能的关键，是电控系统的执行元件必须有很好的灵敏性（即反应速度），能在很短的时间内完成多次切换。此外，电控系统对喷油量的控制应有较高的精度，即要求能控制的最小供油量足够小。

进一步提高喷射压力，提高喷油雾化质量，也是降低排放污染的重要措施。

2. 压电共轨系统的特点

第一代共轨系统的最高压力约为140MPa，由于始终保持很高的压力，导致系统密封难度大，燃油温度高，即使是预喷射和后喷射功能（包括主喷射在内3次喷射）也难以实现。第二代共轨系统中的压力较低，且可根据发动机需求而调节共轨中的压力，利用高速电磁阀的快速开、闭可实现预喷射和后喷射功能，但受电磁阀工作特性的限制，也难以实现多次喷射功能。第三代共轨系统——压电式共轨系统具有喷射压力高、控制精度高、切换频率高、响应速度快、节能、使用寿命长等优点，可使喷油速率、喷射规律以及精确度达到最优。

压电式共轨系统是指采用了压电技术的共轨系统，主要是控制喷油器的执行元件用压电元件取代了电磁阀。用压电元件作为控制执行元件的喷油器称为压电式喷油器。由于压电元件像一个在电压下立即就能充电的电容器，它在施加电压以后的0.1ms以内就会发生形变，所以压电式共轨系统的响应速度快。也正是由于压电元件具有快速的响应性，所以才能实现高频率切换（切换频率为电磁阀的5倍）和高精度控制，压电式喷油器每个工作循环喷射次数可达5次（电磁阀式喷油器可达3次），最小喷射间隔时间可达0.1ms，最小喷射量可控制在0.5mm³以下。此外，压电式共轨系统压力从20~200MPa弹性调节，最高喷射压力达到180MPa。

新款奥迪V6轿车装用的3.0L TDI柴油机采用了博世公司生产的压电式共轨系统（见图4-75），该系统可降低柴油机废气排放高达20%，提高功率5%，降低油耗3%，降低噪声3dB（A）。柴油机工作时，柴油由低压电动燃油泵输送给具有泵油量调节功能的高压油泵，分配单元将进入的燃油分成两路：一路供给泵油元件，另一路用于冷却传动机构和润滑轴承。高压油泵将燃油压缩至最高压力达160MPa，并将其输入共轨。拧紧在共轨上的燃油压力传感器用于燃油压力的闭环控制，而安装在共轨上的调压阀则用于调节共轨中的油压。

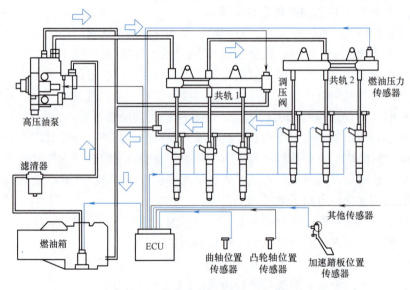

图4-75 博世公司压电式共轨系统

3. 压电式喷油器

压电元件具有正向和反向压电效应，当压电元件受到外力变形时，会在压电元件两端产生电压，如压电式进气管绝对压力传感器和爆燃传感器即是利用这一原理来产生信号的。当在压电元件两端施加电压时，压电元件就会发生形变，给压电元件施加正向电压时，其体积膨胀，给压电元件施加反向电压时，则其体积收缩；压电式喷油器就是利用这一原理来使喷油器控制室油道通断或针阀升程改变，从而实现对喷油量和喷油正时的控制。此外，利用压电元件快速响应的能力，通过压电元件通、断电多次切换即可实现多次喷射，以满足最佳喷油规律的要求。

（1）用压电元件控制油道的喷油器　此类喷油器的结构与工作原理与前述高压共轨、中压共轨系统采用电磁阀控制的喷油器基本相同，只是用压电元件取代了电磁阀，所以高压共轨系统和中压共轨系统均可使用。博世公司生产的压电式共轨系统一般采用此类喷油器。

（2）用压电元件控制针阀升程的喷油器　此类喷油器在直喷式汽油机和柴油机上均已得到应用，其结构如图4-76所示。传统的柴油机喷油器是利用燃油压力作用在针阀中部的承压锥面上来使针阀开启实现喷油，而用压电元件控制针阀升程的喷油器则是利用压电元件直接控制针阀升程来实现喷油。因此，用压电元件控制针阀升程的喷油器，针阀中部无承压锥面和相应的压力室，称为无压力室喷油器（VCO喷油器）。VCO喷油器无增压功能，只适用于高压柴油共轨系统。

VCO喷油器下部结构如图4-77所示。由ECU控制给压电元件施加正向电压时，压电元件膨胀而使喷油器针阀关闭，喷油器不喷油；给压电元件施加反向电压时，压电元件收缩而使喷油器针阀开启，喷油器开始喷油。为保证喷油器不喷油时压电元件能将针阀压紧，依靠给压电元件施加正向电压显然会导致电能损耗，所以在喷油器顶部设有差动螺纹，可通过差动螺纹来调整压电元件的刚度（即预压力），而石英测量垫片则用来精确测量差动螺纹的调整量。

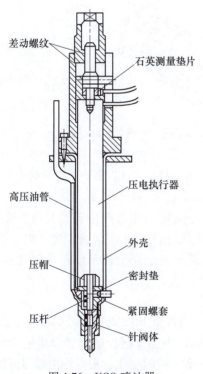
图4-76　VCO喷油器

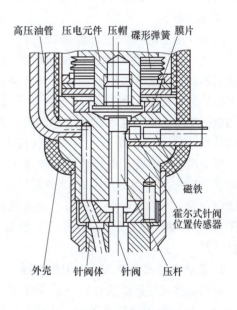
图4-77　VCO喷油器下部结构

此外，采用其他喷油器的共轨系统，通过改变共轨中的油压或喷油器喷油时间来控制喷油量；而采用压电元件控制针阀升程式喷油器的共轨系统，则是利用压电元件直接控制针阀升程来改变喷油孔流通截面，从而实现对喷油量的控制。在喷油压力和喷油时间一定的前提下，喷油器的喷油量与喷油器针阀的升程成正比，而喷油器针阀的升程与施加在压电元件两端的反向电压成正比，所以通过控制给压电元件施加的反向电压即可控制喷油量。

学习任务七　认识柴油机电控燃油喷射系统传感器

柴油机电控燃油喷射系统传感器大多与汽油机类似,有些甚至完全相同,在此仅介绍柴油机电控燃油喷射系统主要传感器的结构与工作原理。

一、加速踏板位置传感器

在装用传统柴油机的汽车上,驾驶人通过加速踏板由机械装置直接控制高压油泵来实现循环供油量控制;而在装用电控柴油机的汽车上,则利用加速踏板位置传感器来检测加速踏板被驾驶人踩下的位置,并将加速踏板位置信号输送给ECU,再由ECU通过控制供(喷)油量的执行元件来控制循环供(喷)油量。

加速踏板位置传感器又称为柴油机负荷传感器,常用的有三种类型:电位计式、差动电感式和霍尔式。

1. 电位计式加速踏板位置传感器

电位计式加速踏板位置传感器一般由电位计和怠速开关组成,如图4-78所示。利用怠速开关精确地检测加速踏板是否处于完全放松位置(怠速位置)。

电位计用于连续测量加速踏板的位置及其位置变化。电位计的滑动臂由加速踏板通过轴或拉索驱动,点火开关接通后,ECU即通过V_C端子给传感器提供5V的标准电压,使通过电位计的电流保持不变。在不同的加速踏板位置时,

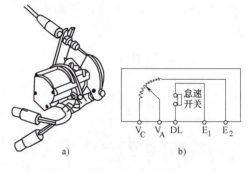

图4-78　电位计式加速踏板位置传感器
a) 传感器外形　b) 内部电路

电位计滑动臂(信号端子V_A)与搭铁端子(经ECU内部搭铁的E_2端子)之间的电阻不同,由于发动机工作时流经电位计的电流不变,所以两端子(V_A端子与E_2端子)之间的电压与加速踏板的位置成正比,ECU即根据这一电压信号确定加速踏板位置及其位置变化的。怠速触点为一个常开触点,只有当加速踏板处于完全松开位置(即怠速位置)时,怠速触点闭合,DL端子与E_1端子接通,向ECU输送加速踏板处于完全松开位置(即怠速位置)的信号。

2. 差动电感式加速踏板位置传感器

差动电感式加速踏板位置传感器主要由铁心、感应线圈和线束插接器等组成,如图4-79所示。推杆与加速踏板联动,衔铁与推杆做成一体。当加速踏板的位置发生变化时,在两个线圈中移动,使两个线圈内的自感电动势发生一增一减的变化,根据输出端线圈的电压信号即可确定加速踏板的位置。差动电感式传感器的工作原理将在供(喷)油量传感器相关内容中详细介绍。

3. 霍尔式加速踏板位置传感器

霍尔式加速踏板位置传感器利用霍尔效应原理来检测加速踏板的位置及其位置变化。该传感器将永磁铁安装在与加速踏板联动的轴上,霍尔元件则是固定的,如图4-80所示。当加速踏板位置变化时,与加速踏板联动的轴就会带动永磁铁转动,从而改变永磁铁与霍尔元

件之间的相对位置,使作用在霍尔元件上的磁场强度发生变化,结果导致霍尔元件输出的电压发生变化,ECU 根据霍尔元件输出的电压即可确定加速踏板的位置及其位置变化。

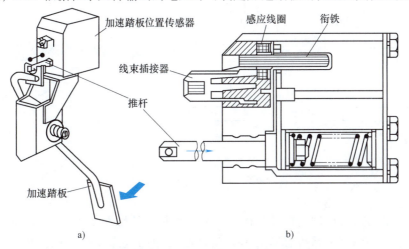

图 4-79　差动电感式加速踏板位置传感器
a) 传感器外形　b) 内部结构

二、凸轮轴/曲轴位置传感器

柴油机凸轮轴/曲轴位置传感器主要有电磁感应式和霍尔式两种,其结构与工作原理及检修方法与汽油机凸轮轴/曲轴位置传感器完全相同,在此不再重述。

此外,在第一代柴油机电控燃油喷射系统中,安装在直列柱塞泵中的正时传感器和安装在分配泵内的泵角传感器,都是用来检测泵轴转角和基准位

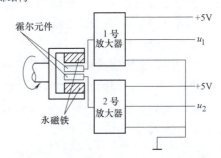

图 4-80　霍尔式加速踏板位置传感器

置的,其类型和工作原理与凸轮轴/曲轴位置传感器相同,这类传感器不再单独介绍。

三、供(喷)油量传感器

供(喷)油量传感器用来检测柴油机的实际供(喷)油量,产生的信号用来实现供(喷)油量的闭环控制。供(喷)油量传感器主要包括直列柱塞泵供油齿条(或拉杆)位置传感器、分配泵油量控制滑套位置传感器和无压力室喷油器针阀升程传感器。

供油齿条(或拉杆)和滑套位置传感器(包括加速踏板位置传感器)通常采用差动电感式,针阀升程传感器通常采用霍尔式。

1. 差动电感式位置传感器

电感传感器主要用于位移检测,它利用电磁感应原理将被测对象的位移变化量转换成线圈自感电动势或互感电动势的变化,进而由测量电路转换为电压信号。柴油机电控系统中,常用的差动电感式传感器分为差动自感式和差动变压器式两种。

(1) 差动自感传感器　自感传感器可分为变间隙型、变面积型和螺线管型三种类型,其组成基本相同,主要包括线圈、铁心、衔铁和连接杆,如图 4-81 所示。

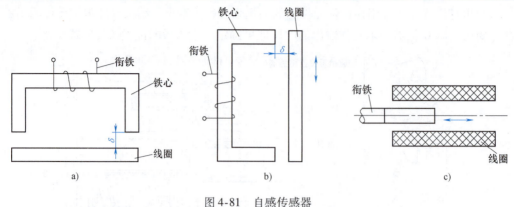

图 4-81 自感传感器

a) 变间隙型 b) 变面积型 c) 螺线管型

自感传感器的衔铁通过连接杆与被检测对象连接，传感器工作时，衔铁随被检测对象移动，将引起变间隙型自感传感器的衔铁与铁心之间的气隙变化，或变面积型自感传感器铁心与衔铁之间相对覆盖面积变化，或螺管型自感传感器的衔铁插入线圈深度发生变化，这些变化均会导致线圈磁回路中的磁阻变化，从而使线圈的磁通量变化，进而使线圈产生的自感电动势也随之发生变化。传感器线圈产生的自感电动势与衔铁和被检测对象的移动量成正比。

在上述自感传感器基础上，增加一个与原线圈完全相同的线圈，且两个线圈反向串接，以差动方式输出，即构成差动自感传感器，如图 4-82 所示。其类型也分变间隙型、变面积型和螺线管型三种。与只有一个线圈的自感传感器相比，差动自感传感器灵敏度高、测量误差小。

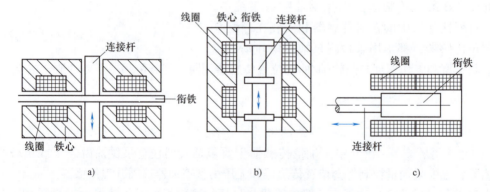

图 4-82 差动自感传感器

a) 变间隙型 b) 变面积型 c) 螺线管型

差动自感传感器实际就是将两个自感传感器耦合在一起，并将两个线圈（L_1 和 L_2）与两个标准电阻器（R_1 和 R_2）接成电桥电路（见图 4-83a）。差动自感传感器输出特性如图 4-83b 所示，随衔铁移动（相对两线圈位移量为 δ_1 和 δ_2），两个线圈产生的自感电动势（L_1 和 L_2）一增一减；衔铁处于初始位置时，两个线圈产生的自感电动势相等，但极性相反，所以两个线圈输出的差动电感 ΔL 为 0，测量电路输出电压 U_0 为 0；衔铁向某一方向移动时，两个线圈产生的自感电动势一增一减地变化，使测量电路输出的电压也随之变化；随衔铁移动量的增大，两个线圈输出的差动电感增大，测量电路输出的电压也随之增大。由此可见，采用差动自感传感器作为直列泵供油齿条位置传感器或分配泵滑套位置传感器时，根据传感器输出的信号电压即可确定油量控制齿条或滑套的实际位置，而这一位置反映了直列柱塞泵或分配泵的供油量。

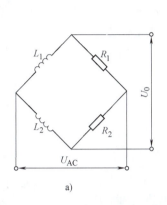 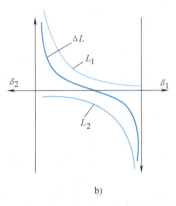

图4-83 差动自感传感器测量电路及输出特性
a) 测量电路 b) 电感特性

(2) 差动变压器传感器　差动变压器传感器同样有变间隙型、变面积型和螺线管型三种类型，常用的也是螺线管型差动变压器传感器（见图4-84）。差动变压器传感器主要由衔铁、一次绕组、二次绕组和线圈框架等组成。由于这种传感器的工作原理类似变压器，且两个二次绕组反向串接，以差动方式输出，所以称为差动变压器传感器。

差动变压器传感器属于互感型，给一次绕组通电时，在两个二次绕组中分别产生互感电动势 E_{21} 和 E_{22}（见图4-85），当衔铁移向某二次绕组一边时，该二次绕组产生的互感电动势增大，而另一个二次绕组产生的互感电动势减小；衔铁处于初始位置时，两个二次绕组产生的互感电动势大小相等，极性相反，差动电感为0；衔铁向任何一个方向移动偏离初始位置时，两个二次绕组的差动电感都不为零，而且差动电感随衔铁位移量的增大而增大。因此，根据差动变压器传感器输出电动势的大小和相位即可确定衔铁的位移量和移动方向。图中横坐标为衔铁位移量，纵坐标为感应电动势，虚线为实际输出特性，实线为理想输出特性。

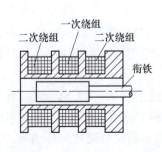 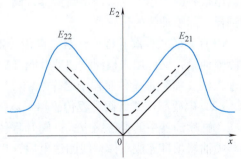

图4-84 差动变压器传感器　　　　图4-85 差动变压器传感器输出特性

2. 霍尔式针阀升程传感器

在采用无压力室喷油器的压电式共轨系统中，ECU 通过控制喷油器针阀升程（即喷油孔流通截面）来控制喷油量，并利用针阀升程传感器实现喷油量的闭环控制。

霍尔式针阀升程传感器主要由与针阀弹簧座制成一体的永磁铁和固定在弹簧室的霍尔元件等组成，如图 4-86 所示。霍尔元件通电后，当与针阀弹簧座制成一体的永磁铁移动时，使通过霍尔元件的磁场强度发生变化，霍尔元件即输出一个与针阀升程成正比的霍尔电压。ECU 根据此霍尔电压即可确定针阀升程，进而确定实际喷油量，以便对喷油量进行闭环控制。

四、供（喷）油正时传感器

供（喷）油正时是影响柴油机动力性、经济性、排放性和噪声的重要因素之一，因此在柴油机电控燃油喷射系统中，对供（喷）油正时均采用闭环控制。供（喷）油正时传感器就是用来检测柴油机实际供（喷）油正时的传感器，它向 ECU 提供供（喷）油正时闭环控制所需的反馈信号。

在柴油机电控燃油喷射系统中，检测实际供（喷）油正时的方法不同，所采用的传感器也不同。在直列柱塞泵电控系统中，通过检测泵凸轮轴的基准位置和转角来确定实际供油正时。正时传感器（见图 4-19）的结构类型和工作原理类似于凸轮轴/曲轴位置传感器。在分配泵位置控制方式的电控燃油喷射系统中，通过检测正时调节器活塞的位置来确定

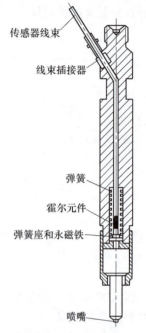

图 4-86　霍尔式针阀升程传感器

供油正时。正时活塞位置传感器的结构类型和工作原理类似于加速踏板位置传感器。本任务主要介绍分配泵时间控制系统和共轨式电控系统中，通过检测喷油器针阀开启始点、高速电磁阀关闭始点和燃烧室着火始点来确定实际供（喷）油正时的传感器。

1. 喷油器针阀开启始点传感器

喷油器针阀开启始点即喷油器的喷油始点，所以喷油器针阀开启始点传感器也称为喷油始点传感器或喷油器针阀升程传感器。该传感器安装在喷油器内，直接检测针阀的升程变化，通常采用电磁感应式或霍尔式，传感器输出信号的始点可用来确定实际的喷油正时，由于输出信号的大小可用来确定喷油器针阀的升程大小，所以此传感器也可作为检测无压力室喷油器实际喷油量的传感器。

（1）霍尔式针阀升程传感器　该传感器既可用来检测喷油器针阀升程的大小，以确定实际喷油量，又可用来检测喷油器针阀开启的时刻，以确定实际的喷油正时。其结构与工作原理在供（喷）油量传感器中已作介绍。

（2）电磁感应式针阀升程传感器　以一汽大众公司捷达轿车 1.9L SDI 柴油机为例，安装在 3 缸喷油器中的电磁感应式针阀升程传感器如图 4-87 所示。位于电磁线圈内的磁性材料与喷油器顶杆连成一体，线圈通电后，当磁性材料和喷油器顶杆随针阀移动时，使通过电磁线圈的磁通量发生变化，电磁线圈输出的信号电压与针阀位移量成正比。信号输出的开始时刻即喷油开始时刻，信号电压的大小即反映针阀升程的大小。

项目四 柴油机电控燃油喷射系统

（3）触点式针阀升程传感器 在部分柴油机电控燃油喷射系统中，采用触点式针阀升程传感器是将喷油器的针阀与针阀座作为一个触点开关来控制电路的通断，并根据电路通断信号确定喷油始点和喷油终点。根据喷油始点信号可确定喷油正时，而根据喷油始点与喷油终点两信号可确定喷油时间（喷油量）。

触点式针阀升程传感器的结构如图4-88所示。喷油器针阀经弹簧座、弹簧、垫片、导电支座、接线片与线束插接器上的导线连接，并利用塑料绝缘套、绝缘环、绝缘套筒和针阀滑动面上的绝缘镀层与喷油器壳体和针阀体保持绝缘，喷油器体则直接搭铁。喷油器工作时，针阀落座即触点闭合，电路接通；针阀离座即触点断开，电路切断；电路切断时刻即喷油开始时刻，电路接通时刻即喷油结束时刻。

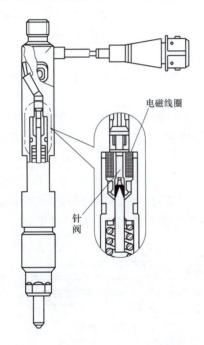

图4-87 电磁感应式针阀升程传感器

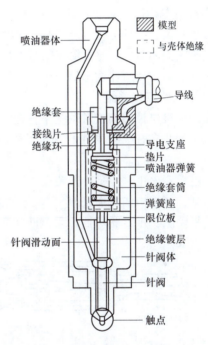

图4-88 触点式针阀升程传感器的结构

触点式针阀升程传感器的工作原理如图4-89所示。喷油器触点与标准电阻R_1并联后再与标准电阻R_2串联。传感器工作时，由ECU给其提供标准电压V_C，喷油器不喷油时，由于针阀落座触点闭合，使流经标准电阻R_1的电流为0，所以输出信号电压$V_S=0$；喷油器喷油时，针阀离开阀座触点断开，输出信号电压$V_S\neq 0$。输出信号电压由$V_S=0$变换到$V_S\neq 0$的时刻即喷油的开始时刻，而输出信号电压由$V_S\neq 0$变换到$V_S=0$的时刻即喷油的结束时刻。

与霍尔式和电磁感应式针阀升程传感器相比，触点式针阀升程传感器

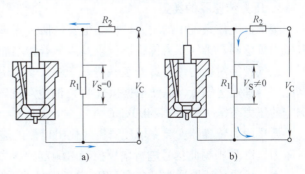

图4-89 触点式针阀升程传感器的工作原理
a）喷油器不喷油时 b）喷油器喷油时

结构简单,尤其在响应性、检测准确性等方面具有明显的优点,但由于对绝缘性能要求极高,而且喷油器针阀绝缘镀层工艺复杂,所以应用并不广泛。

2. 高速电磁阀关闭始点传感器

在分配泵时间控制系统和共轨系统中,经常利用高速电磁阀关闭回油通道的方法控制分配泵供油始点或喷油器喷油始点,因此通过检测高速电磁阀关闭始点即可确定供(喷)油始点。

高速电磁阀关闭始点传感器通常采用触点式,如图4-90所示。其结构和工作原理与触点式针阀升程传感器基本相同,它将高速电磁阀的阀门与阀座作为触点开关,阀杆上镀有绝缘层与阀体保持绝缘,高速电磁阀关闭时,传感器输出信号电压为0;高速电磁阀开启时,传感器输出信号电压不为0。

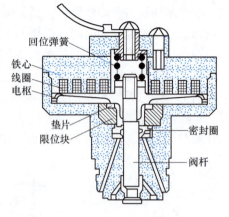

图4-90 高速电磁阀关闭始点传感器

3. 着火始点传感器

在柴油机电控燃油喷射系统中,控制供(喷)油正时的最终目的是控制燃烧过程的开始时刻,为此在有些柴油机上安装了光电式着火始点传感器,又称为光电式着火正时传感器。

光电式着火正时传感器安装在气缸盖上并伸入燃烧室,用来检测燃烧室内混合气着火的开始时刻,其结构如图4-91所示。当气缸内的混合气燃烧时,传感器内的光敏晶体管产生电压信号输出,ECU根据此信号判断实际着火开始时刻,并对喷油正时进行修正。

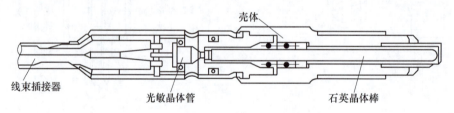

图4-91 光电式着火正时传感器的结构

五、压力传感器

1. 压力传感器的类型

柴油机电控系统中的压力传感器主要包括进气管绝对压力传感器、增压压力传感器、大气压力传感器、排气压力传感器、压差传感器和燃油压力传感器。

进气管绝对压力传感器安装在进气管中,其功用是检测进气管内的绝对压力,ECU根据此信号确定进气量,以便根据供(喷)油量对进气量进行控制,保证最佳的混合气浓度。测定的压力范围一般为2~400kPa。

增压压力传感器安装在增压器压气机出口侧的进气管中,其功用是检测增压器的实际增压压力,ECU根据此信号进行增压控制。测定的压力范围一般为2~400kPa。

大气压力传感器通常安装在ECU内或发动机舱内,其功用是检测实际环境的大气绝对压力,ECU根据此信号校正与大气压力有关的、用于闭环控制回路的设定值,如废气再循环闭环控制、增压压力闭环控制。测定的压力范围一般为 60~150kPa。

排气压力传感器通常安装在颗粒过滤器前的排气管中，其功用是检测颗粒过滤器前的排气背压，ECU 根据此信号确定颗粒过滤器是否需要再生。测定的压力范围一般为 0~35kPa。

压差传感器分为空气滤清器压差传感器、EGR 压差传感器和 DPF（颗粒过滤器）压差传感器。空气滤清器压差传感器用来检测空气滤清器前、后的压力差，确定空气滤清器的堵塞情况，以便提示更换空气滤清器。EGR 压差传感器用来检测 EGR 阀前、后的压差，以便对 EGR 进行控制。DPF 压差传感器用来检测 DPF 两端的压差，供 ECU 选择合适的"再生触发"时机及额外燃料注入量或控制压缩空气脉冲。

燃油压力传感器通常安装在共轨上，用来检测共轨油压，ECU 根据此信号对共轨压力进行闭环控制。测定的压力范围一般为 0~200MPa。有些柴油机的低压燃油泵与滤清器之间也装有燃油压力传感器，利用它来监测柴油滤清器的堵塞情况。

柴油机电控系统中，应用比较广泛的压力传感器主要有压敏电阻式、压电式和电容式三种。其中压敏电阻式和电容式压力传感器与汽油机同类型进气管绝对压力传感器完全相同，在此不再重述。

2. 压电式压力传感器

压电式压力传感器主要由压电元件和电极引线等组成，如图 4-92 所示。当压电元件受压变形时，会在压电元件的两端产生电压，此电压与压电元件承受的压力成正比，ECU 根据这一电压信号确定被测压力。

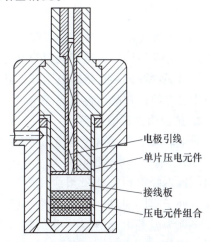

图 4-92 压电式进气管绝对压力传感器

压电式压力传感器中主要使用的压电材料包括石英、酒石酸钾钠和磷酸二氢铵。其中石英（二氧化硅）是一种天然晶体，压电效应就是在这种晶体中发现的，在一定的温度范围之内，石英内的压电效应一直存在，但温度超过这个范围之后，压电效应完全消失。由于随着应力的变化，电场变化微小（也就说压电系数比较低），所以石英逐渐被其他的压电晶体替代。酒石酸钾钠具有很大的压电灵敏度和压电系数，但是它只能在室温和湿度比较低的环境下才能够应用。磷酸二氢铵属于人造晶体，能够承受高温和相当高的湿度，已经得到了广泛的应用。

3. 压差传感器

压差传感器的结构和工作原理与压力传感器基本相同，只是压差传感器的硅片两侧均为压力气室，一侧为低压气室，另一侧为高压气室，如图 4-93 所示。压差传感器低压气室与空气滤清器、颗粒过滤器或 EGR 阀的低压侧连通，高压气室与空气滤清器、颗粒过滤器或增压 EGR 阀的高压侧连通，压力传感器检测的压力即空气滤清器、颗粒过滤器或 EGR 阀前、后的压力差。压力传感器实际也可看作

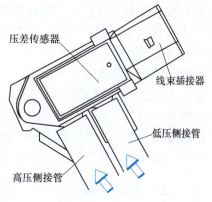

图 4-93 压差传感器

是压差传感器,只是检测的压力为相对于绝对压力为0的压差。

六、温度传感器

1. 温度传感器的类型

柴油机电控系统中常用的温度传感器主要有进气温度传感器、冷却液温度传感器、燃油温度传感器和排气温度传感器。

进气温度传感器安装在进气管中,其功能是检测进气温度,ECU根据进气温度信号和进气压力(或增压压力)信号确定进气量。

冷却液温度传感器一般安装在气缸体水道上或冷却液出口处,其功用是给ECU提供发动机冷却液温度信号,用于燃油喷射控制、起动控制和EGR控制。

燃油温度传感器通常安装在燃油箱中,其功用是检测燃油温度,ECU根据此信号对供(喷)油量进行修正。

排气温度传感器安装在排气管中,其功用是检测排气温度,主要用于排放控制。

进气温度传感器、冷却液温度传感器和燃油温度传感器通常采用热敏电阻式温度传感器。排气温度传感器有热敏电阻式、热电偶式和熔丝式。热敏电阻式温度传感器在汽油机传感器中已介绍,在此不再重述。

2. 热电偶式温度传感器

热电偶式温度传感器是利用热电效应制成的温度传感器,如图4-94所示。热电偶也称为温差电偶,由端点彼此紧密接触的两种不同材料金属丝组成,当两种不同材料金属丝的两个接点处于不同温度时,在回路中就有直流电动势产生,该电动势称为温差电动势或热电动势。当组成热电偶的材料一定时,温差电动势仅与两接点处的温度有关。

构成热电偶的金属材料可以耐受的温度不同,传感器适用的温度范围也不同,如采用钨铼热电偶能够在2 000℃以上的高温工作,采用金属热电偶能够在液氮的温度附近工作,可见热电偶式温度传感器能够在很广泛的温度范围内工作。此外,由于热电偶温度传感器的灵敏度与材料的粗细无关,所以一般采用非常细的金属材料制作热电偶来作为测温元件,具有极高的响应速度。热电偶式温度传感器的主要缺点是灵敏度比较低,抗干扰能力差,不适合测量微小的温度变化。

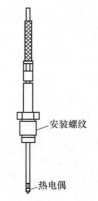

图4-94 热电偶式温度传感器

3. 熔丝式温度传感器

熔丝式温度传感器如图4-95所示。它利用金属材料受热熔解的特性,当温度达到一定值时,传感器内的熔丝熔断,使电路断路或短路。熔丝式温度传感器通常用来控制高温报警装置,一旦熔丝熔断,传感器不能继续使用。

七、空气流量传感器

在柴油机电控系统中,空气流量传感器(即空气流量计)

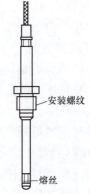

图4-95 熔丝式温度传感器

项目四　柴油机电控燃油喷射系统

用来测定发动机的实际进气量，空气流量信号主要用于进气控制和废气再循环控制。空气流量传感器的类型、结构、工作原理及检测方法与汽油机空气流量传感器完全相同。

学习任务八　认识柴油机电控燃油喷射系统主要附件

一、低压输油泵

低压输油泵的功用是克服油路中的各种阻力，将柴油从燃油箱内吸出并将足够量和一定压力的柴油输送给高压油泵或共轨。低压输油泵的输出油压一般在 1MPa 以下，常用的低压输油泵有活塞式输油泵、膜片式输油泵、齿轮式输油泵、封闭叶片式输油泵和电动输油泵。

1. 活塞式输油泵

活塞式输油泵的结构如图 4-96 所示。活塞式输油泵主要由泵体、活塞、进油阀、出油阀和手动泵等组成。活塞式输油泵一般用配气机构凸轮轴或直列柱塞泵凸轮轴上的偏心轮驱动。

活塞式输油泵的工作原理如图 4-97 所示。喷油泵凸轮轴转动时，轴上的偏心轮驱动滚轮、滚轮架、推杆和活塞向下运动，泵腔Ⅰ内的容积减小，油压升高，进油阀被关闭，出油阀被压开，柴油由泵腔Ⅰ通过出油阀流向泵腔Ⅱ。当喷油泵凸轮轴上的偏心轮转过时，在活塞弹簧的作用下，推动活塞向上运动，泵腔Ⅱ内的油压升高，出油阀关闭，泵腔Ⅱ内的柴油经出油管输出；同时，由于泵腔Ⅰ内的容积增大，形成一定的真空度，将进油阀吸开，燃油箱内的柴油经进油管和进油阀被吸入泵腔Ⅰ。

活塞式输油泵的输油量取决于活塞的行程，当活塞行程等于偏心轮的偏心距时，输油量最大，一般为发动机全负荷时最大耗油量的 3～4 倍。输油压力取决于活塞弹簧的弹力，活塞式输油泵的输油压力一般为 0.15～0.30MPa。如果输油泵的输油量大于喷油泵需要的油量或输油泵到喷油泵的油管路阻力增大，则泵腔Ⅱ内的油压会

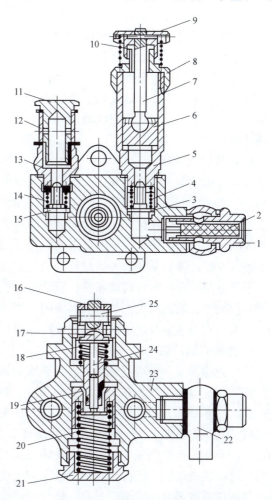

图 4-96　活塞式输油泵的结构
1—进油管接头螺栓　2—滤网　3—进油阀　4—进油阀弹簧
5—手动泵体　6—手动泵活塞　7—手动泵杆　8—手动泵盖
9—手动泵销　10—手动泵柄　11—出油管接头螺套
12—保护套　13—油管接头　14—出油阀弹簧
15—出油阀　16—滚轮　17—滚轮架　18—滚轮弹簧
19—活塞　20—活塞弹簧　21—螺塞　22—进油管接头
23—泵体　24—推杆　25—滚轮销

升高，此压力与活塞弹簧的弹力平衡时，使活塞不能继续向上运动达到最高位置，活塞与推杆之间产生空行程，活塞的有效行程减小，输油泵的输油量也减少。喷油泵需要的油量越少或输油泵到喷油泵的阻力越大，活塞的有效行程就越小，输油量也越少，这样实现了输油量的自动调节。

手动泵的功用是柴油机长时间停止工作或低压油路中有空气时，可用手动泵输油和排出空气。手动泵主要由手动泵体、手动泵活塞、手动泵杆和手动泵柄等组成。使用手动泵泵油时，将手动泵柄旋开，用手提、压手动泵柄，使手动泵活塞上、下运动，从而完成吸油和输油过程。

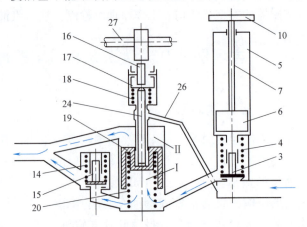

图4-97 活塞式输油泵的工作原理
（未注图注同图4-96）
26—回油道 27—喷油泵凸轮轴

2. 膜片式输油泵

膜片式输油泵通常用配气机构凸轮轴或分配泵驱动轴上的偏心轮驱动，它主要由膜片总成和进、出油阀等组成，如图4-98所示。发动机工作中，偏心轮驱动摇臂绕摇臂轴逆时针转动时，摇臂通过膜片拉杆使膜片向下拱曲到最低位置，并使膜片弹簧压缩；由于膜片上方泵腔内的容积增大，产生一定的真空度，将进油阀吸开而出油阀关闭，燃油经进油室和进油阀被吸入泵腔，输油泵完成吸油过程。当偏心轮的偏心部分转过摇臂时，摇臂在回位弹簧力作用下紧靠偏心轮顺时针转动回位，膜片则在膜片弹簧作用下向上拱曲；由于膜片上方泵腔内的容积减小，油压增大，使进油阀关闭，当油压达到一定值时顶开出油阀，使泵腔内的燃油经出油阀和出油室泵出，输油泵完成压油过程。

3. 齿轮式输油泵

齿轮式输油泵一般通过联轴器、齿轮或者同步带由发动机曲轴驱动，而在共轨系统中，经常用齿轮式输油泵作为二级低压输油泵，并将齿轮式低压输油泵与高压输油泵组合成一体（如奥迪A6 3.0L TDI的压电式共轨系统）。齿轮式输油泵主要由泵壳体和一对相互啮合的齿轮组成，其工作原理如图4-99所示。发动机工作时，输油泵齿轮按图中箭头所示方向旋转，进油腔的容积因齿轮向脱离啮合的方向转动而增大，进油腔内产生一定的真空度，燃油便从进油口被吸入进油腔。随齿轮旋转，轮齿间的燃油被带到出油腔，由于出油腔内的齿轮进入啮合状态使其容积减小，油压升高，燃油便经出油口被压出。

为保证齿轮转动的连续性，当前一对轮齿还未脱离啮合时，后一对轮齿已进入啮合，这样在两对啮合轮齿之间的燃油会因轮齿逐渐啮合而被挤压，产生很高的压力，不仅会增加齿轮转动的阻力，而且此压力通过齿轮作用在输油泵轴上，会加剧输油泵齿轮和轴的磨损。为此，通常在泵壳体上加工有泄压槽，使啮合轮齿间的燃油流回出油腔。

4. 封闭叶片式输油泵

以一汽大众公司宝来轿车1.9L TDI柴油机为例，燃油系统的组成如图4-100所示。该系统采用封闭叶片式输油泵，输油泵从燃油箱中吸出的燃油流经滤清器和单向阀，然后泵送到位于气缸盖内的泵喷嘴供油道中,多余的燃油经输油泵内的限压阀、燃油温度传感器和燃油冷却器流回燃油箱。在宝来柴油机轿车上,封闭叶片式输油泵与制动系统的助力器真空泵组合成一体,安装在气缸盖上(见图4-101),由发动机凸轮轴驱动。

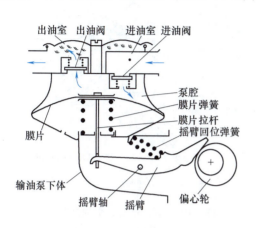

图4-98 膜片式输油泵

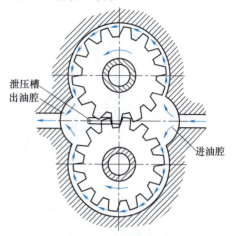

图4-99 齿轮式输油泵的工作原理

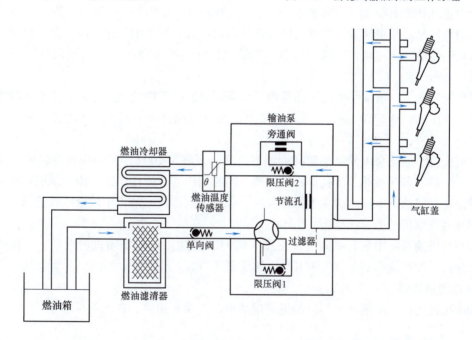

图4-100 一汽大众公司宝来轿车1.9L TDI柴油机燃油系统的组成

封闭叶片式输油泵主要由封闭叶片、转子、供油道限压阀、回油道限压阀、滤清器和节流孔等组成,其结构如图4-102所示。封闭叶片被弹簧压靠在转子上,转子有3个凸齿与泵壳体形成3个泵油腔,每个泵油腔转到封闭叶片所处的位置时,转过封闭叶片的部分(位于封闭叶片的转子旋转方向一侧)容积增大便开始吸油,而未转过封闭叶片的部分(位于封闭叶片的转子旋转方向相反一侧)容积减小便开始压油,输油泵的进油口设在泵油腔吸油的一侧,出油口则设在泵油腔压油的一侧,泵油腔完全转过某一封闭叶片吸满油后,转到另一个封闭叶片时将油全部泵出；由于输油泵内有两个封闭叶片，所以每个泵油腔随转子旋转一圈就完成两次泵油过程。

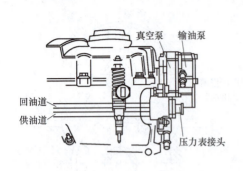

图4-101 宝来轿车1.9L TDI柴油机输油泵位置

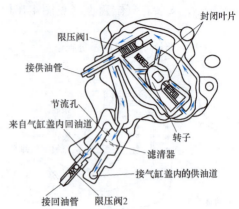

图4-102 封闭叶片式输油泵的结构

限压阀1安装在输油泵进油口和出油口之间，用来限制输油泵的输出油压，当出油口一侧的压力超过0.75MPa时，限压阀打开，部分燃油经限压阀流回进油口一侧。因为所有机械驱动的输油泵，其泵油量均随发动机转速升高而增大，而泵油量过多时，会因出油口一侧压力过高而使输油泵过载，所以机械驱动的输油泵（包括前述齿轮式输油泵等）一般均装限压阀。

限压阀2安装在输油泵中的回油道内，用来限制回油道中的油压。只有位于气缸盖内的回油道中油压达到0.1MPa时，限压阀2才开启允许回油，而当回油道中的油压过低时不允许回油。

节流孔位于输油泵内的供油道和回油道之间（见图4-100），其功用是将输油泵泵油过程中产生的燃油蒸气经此节流孔排入回油道，同时利用其节流作用减少由供油道直接流入回油道的油量。回油道中限压阀的上部设有一个旁通阀，即使回油道中的限压阀关闭，回油道内的燃油蒸气也可经旁通阀排出。

输油泵进油管路中装有单向阀（见图4-100），其功用是在发动机熄火后，防止燃油回流，以保持供油系统有一定（0.02MPa）的残余压力。

5. 电动输油泵

柴油机装用的电动输油泵与汽油机装用的电动汽油泵相同，在此不再重述。

二、高压输油泵

在共轨式电控燃油喷射系统中，普遍采用高压输油泵将低压输油泵输出的燃油进一步加压，使其达到共轨供油压力的需要。为满足不同共轨系统的需要，高压输油泵除产生高压油的功能外，还可以通过由ECU控制的电磁阀（调压阀）来控制向共轨输送的燃油量，最终的目的是实现共轨中燃油压力的控制。

高压输油泵通常采用由凸轮轴驱动的带有多个分泵的直列柱塞式油泵（一般用于大型柴油机）或径向柱塞式油泵（一般用于小型柴油机）。驱动高压输油泵的凸轮轴上可布置一个或几个凸轮，按每个凸轮上的凸起数可分为单作用型、双作用型、三作用型和四作用型等多种形式。采用多作用型凸轮，可以实现凸轮每转一圈完成几个（与凸轮凸起数相等）供油过程，因此在要求的输油泵供油量一定时，可以降低输油泵驱动装置的转速或输油泵的分泵数量，从而降低功耗，简化结构，但凸轮的凸起数一般不超过 4 个。

无论是直列柱塞式高压油泵，还是径向柱塞式高压油泵，其分泵的数量和凸轮的凸起数量应与发动机的气缸数量相匹配。为保证共轨中的压力稳定，一般要求高压油泵的供油频率与喷油频率一致。例如：6 缸柴油机的喷油频率为每个工作循环喷油 6 次，若匹配每循环转一圈的柱塞式高压油泵，则采用单作用型凸轮时应有 6 个分泵；若采用双作用型凸轮时应有 3 个分泵，则采用三作用型凸轮时应有 2 个分泵；若高压油泵由曲轴驱动，每循环转两圈，则高压油泵的分泵数可减少一半。

1. 直列柱塞式高压输油泵

以采用三作用型凸轮的直列柱塞泵为例，其结构如图 4-103 所示。直列柱塞式高压油泵与本项目任务一讲述的直列柱塞泵基本相同，主要由柱塞、柱塞套筒、柱塞回位弹簧、凸轮轴、滚轮体、出油阀（单向阀）和进油控制电磁阀等组成。发动机工作时，凸轮轴每转一圈，凸轮上的 3 个凸起轮流驱动柱塞压油，每个柱塞分泵可完成 3 个泵油过程。每个柱塞分泵的进油口处都安

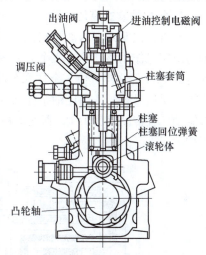

图 4-103 直列柱塞式高压油泵

装一个进油控制电磁阀，用来控制分泵的供油正时和供油量。高压油泵一般利用发动机润滑油进行强制润滑。

直列柱塞式高压输油泵的泵油过程可分为吸油行程和压油行程，如图 4-104 所示。吸油行程：凸轮的凸起最大升程转过后，柱塞在回位弹簧作用下向下运行，泵油腔内的容积增大而产生真空度；此时出油阀关闭，进油控制电磁阀处于断电开启状态，低压燃油经进油控制电磁阀被吸入泵油腔。压油行程：柱塞在凸轮驱动下向上运行，但开始阶段（预行程）进油控制电磁阀尚未通电，仍处于开启状态，泵油腔内的部分燃油经进油控制电磁阀被压回低

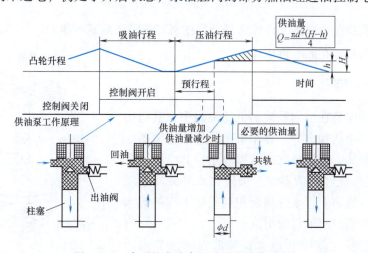

图 4-104 直列柱塞式高压油泵的工作原理

压腔,泵油腔内不能建立高压,出油阀关闭不向共轨供油;当ECU计算出满足必要供油量的供油正时、适时地给进油控制电磁阀通电时,进油控制电磁阀关闭回油通道,使泵油腔内的燃油迅速增压,高压燃油顶开出油阀供往共轨,直到柱塞运行到上止点、进油控制电磁阀再次开启为止。进油控制电磁阀通电关闭的时刻即高压输油泵供油开始时刻,进油控制电磁阀通电关闭的时间(即柱塞有效压油行程)决定供油量。

2. 径向柱塞式高压油泵

与直列柱塞式高压油泵相比,径向柱塞式高压油泵体积更小、结构更紧凑。图4-105所示为采用三作用型凸轮有3个分泵的径向柱塞式高压油泵。3个分泵及凸轮的3个凸起均相互错开120°,这样可使3个柱塞泵同时吸油、同时压油,且凸轮轴每转一圈,3个分泵各完成3次泵油过程,即高压油泵完成3次供油。此高压油泵由发动机曲轴通过齿轮、链条或齿带驱动,且传动比为1∶1,则发动机每工作循环高压油泵供油6次,与6缸柴油机的喷油频率相同。

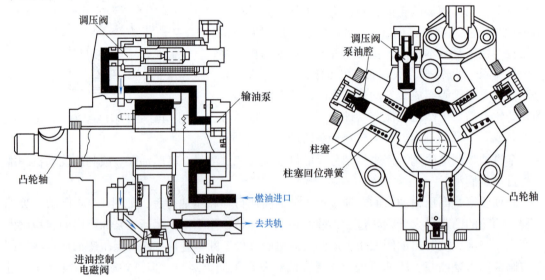

图4-105 径向柱塞式高压油泵

径向柱塞式高压油泵的工件原理与直列柱塞式高压油泵基本相同,泵油过程同样分为吸油和压油两个行程,在此不再重述。

三、柴油滤清器

滤清器串联安装在燃油系统的低压油路中,其功用是滤除柴油中的杂质和水分。轿车常用的柴油滤清器一般为整体不可拆式,它旋装在滤清器座上,其结构如图4-106所示。柴油流经滤清器时,杂质和水分被滤芯滤除,杂质粘附在滤芯上,水分则沉积到壳体下部的集水腔中,清洁的柴油经出油口流出。

在使用中,应定期拧开放水螺塞放出滤清器内的水。目前,有些柴油滤清器带有放水报警装置,当滤清

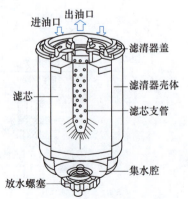

图4-106 柴油滤清器的结构

器内的积水达到一定量时,会报警提示放水。

四、共轨

共轨的功用是:储存高压输油泵提供的高压燃油,并根据需要分配给各喷油器,即起蓄能器的作用;此外,共轨应能抑制高压油泵供油和喷油器喷油时引起的压力波动,以保持共轨中压力的稳定。共轨必须具有适当的容积,容积过小则不能保持共轨中压力的稳定,而容积过大则会使共轨中的压力响应速度变慢。

喷油器流量限制器和共轨限压阀一般都安装在共轨上,如图 4-107 所示。在部分共轨系统中,用于电控系统的燃油压力传感器和调压阀也安装在共轨上。

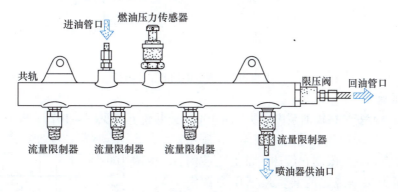

图 4-107 共轨

1. 流量限制器

共轨给每个喷油器供油的通道中都安装有 1 个流量限制器,其功用是在异常情况下防止喷油器常开并持续喷油,即一旦某喷油器常开并持续喷油,导致共轨输出的油量超过一定限值,流量限制器则会关闭该喷油器的供油通道。

流量限制器的结构如图 4-108 所示,壳体两端的外螺纹分别用来连接共轨和喷油器的供油管,壳体内部装有一个限制阀和限制阀回位弹簧,壳体两端的进、出油孔与其内部的限制阀腔贯通以便形成供油通道;限制阀上部直径较大的部分与限制器壳体精密配合,其中心油道通过径向节流孔与限制器内腔下部的弹簧室连通。

流量限制器工作特性如图 4-109 所示。喷油器不喷油且无异常泄漏时,限制阀在弹簧作用下被顶靠在共轨一侧的堵头上,共轨中的高压油经进油孔、限制阀中心油道、节流孔、弹簧室和出油孔供给喷油器;当喷油器正常喷油

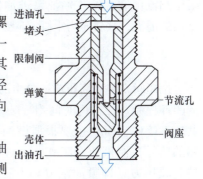

图 4-108 流量限制器的结构

时,由于喷油速率较高,由节流孔流出的油不足以补偿喷油器喷出的油量,所以限制阀下部(喷油器一侧)的油压下降,共轨油压使限制阀压缩弹簧而向下移动,直到限制阀下部承受的油压和弹簧力与共轨油压平衡为止;当喷油器喷油结束后,共轨中的高压油继续经节流孔流出供给喷油器,使限制阀下部(喷油器一侧)的油压逐渐升高,限制阀也逐渐被弹簧推回到初始位置。

流量限制器的弹簧和节流孔都是经过精确计算选定的,喷油器正常喷油时,限制阀向下

移动的升程不足以使其落座而关闭;但喷油器若存在异常泄漏现象,限制阀的升程会随泄漏量的增多而增大,即使喷油结束后,限制阀也不能回到初始位置,直到泄漏量超过一定限值时,限制阀完全关闭停止给喷油器供油。

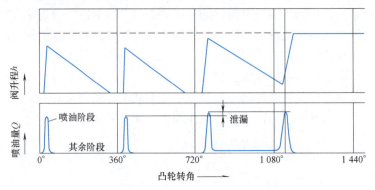

图 4-109 流量限制器工作特性

2. 限压阀

限压阀一般安装在输油泵内(见图 4-100)或共轨上(见图 4-107),其功用是限制共轨中的最高压力。限压阀的结构如图 4-110 所示,阀和弹簧被空心螺塞限制在阀体内部的空腔内,弹簧的预紧力根据规定的共轨最高压力调定。通常情况下,阀被弹簧压靠在阀体左侧的阀座上,限压阀处于关闭状态;当共轨压力超过规定值时,阀左侧承受的共轨压力超过右侧的弹簧力,阀向右移动离开阀座,共轨中的燃油经限压阀流回燃油箱或输油泵进油侧,随共轨中燃油的溢流,共轨压力下降,阀在弹簧作用下重新回位,限压阀关闭。

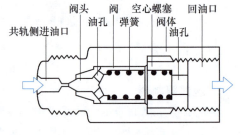

图 4-110 限压阀

五、调压阀

调压阀安装在高压输油泵出油口或共轨上,其功用是根据 ECU 的指令实现对共轨压力的闭环控制。在采用时间-压力控制方式的共轨系统中,ECU 主要根据燃油压力传感器的信号控制调压阀工作,通过调压阀保持共轨压力(即喷油压力)不变。在采用压力控制方式的共轨系统中,ECU 首先根据各种传感器的信号确定循环喷油量,并根据循环喷油量与共轨压力的函数关系,利用调压阀调节共轨压力,使之达到预定喷油量所需要的目标值。

调压阀为占空比控制型电磁阀,其结构如图 4-111 所示。柴油机工作时,调压阀始终处于通电状态,电磁线圈产生的电磁

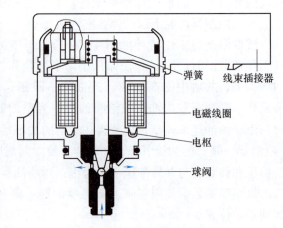

图 4-111 调压阀的结构

项目四 柴油机电控燃油喷射系统

力和弹簧力通过电枢共同作用在球阀上,共轨的燃油压力则作用在球阀的底部;当共轨压力大于电磁力和弹簧力时,球阀开启共轨回油通道,使共轨压力下降;当共轨压力小于电磁力和弹簧力时,球阀关闭共轨回油通道,使共轨压力升高;当共轨压力与电磁力和弹簧力平衡时,球阀保持一定的开度,使共轨压力保持稳定,此稳定的共轨压力取决于电磁力,电磁力越大,共轨压力越高。电磁线圈产生的电磁力与通电占空比成正比,共轨系统对共轨压力的控制就是由 ECU 通过调整电磁线圈的通电占空比来实现的。

调压阀不通电或通电占空比保持不变时,实际就是一个限压阀,调压阀不通电时的限制压力一般为 10MPa。

调压阀与限压阀的主要区别是响应速度快,调压范围大。限压阀是机械控制阀,不仅响应速度慢,而且只能在其限制的最高压力附近很小的范围内调节压力,使压力保持基本稳定,因此,即使在采用时间-压力控制方式的共轨系统中,要保持共轨压力不变,也不能只装用限压阀。在部分共轨系统中,既装有调压阀,也装有限压阀,主要是为了提高工作可靠性。

学习任务九 柴油机电控燃油喷射系统主要元件的检修

本节主要以一汽大众公司捷达轿车装用的 1.9L SDI 柴油机和宝来轿车装用的 1.9L TDI 柴油机为例,介绍柴油机电控燃油喷射系统主要元件的检修内容和方法。

一、主要传感器的检测

1. 燃油温度传感器的检测

以宝来轿车柴油机燃油温度传感器为例,该传感器为热敏电阻式,安装在燃油泵到燃油冷却器之间的回油管中,其电路如图 4-112 所示。

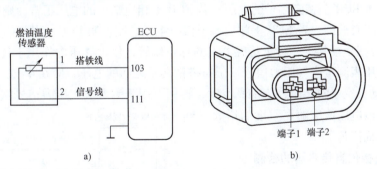

图 4-112 宝来柴油机燃油温度传感器电路
a) 电路图 b) 线束插接器

用万用表检测燃油温度传感器的方法如下:
1) 断开点火开关,拔下燃油温度传感器线束插接器,从发动机上拆下传感器。
2) 用万用表分别测量传感器两端子与传感器壳体之间的电阻,其电阻应为无穷大。
3) 将燃油温度传感器和温度计放到盛水的烧杯中,用加热器加热烧杯中的水(参照汽油机进气温度传感器检测方法)。

4）用万用表测量传感器两端子之间的电阻，其电阻值随温度变化规律应符合特性曲线相应温度下的电阻值，否则应更换燃油温度传感器。宝来轿车柴油机燃油温度传感器：30℃时，对应的电阻值为 3 790 ~ 4 270Ω；80℃时，对应的电阻值为 600 ~ 660Ω。

2. 进气管绝对压力和温度传感器的检测

宝来柴油机进气管绝对压力传感器与进气温度传感器制成一体，安装在增压中冷器后的进气管上，共有4个端子，进气温度和压力传感器共用搭铁端子，其电路如图4-113所示。

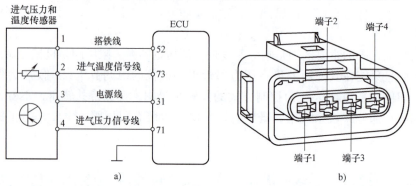

图 4-113 宝来柴油机进气管绝对压力和温度传感器电路
a) 电路图 b) 线束插接器

用万用表检测进气管绝对压力传感器方法如下：

1）拆开传感器的线束插接器，在传感器侧测量进气温度信号端子与搭铁端子之间的电阻，应随温度升高而降低。检测进气温度传感器时可用电吹风加热，10℃时电阻值为 3 300 ~ 4 500Ω，30℃时电阻值为 1 500 ~ 2 000Ω，80℃时电阻值为 300 ~ 400Ω。

2）打开点火开关，在线束侧测量电源端子与搭铁端子之间应有约为5V的电压。若没有电压，则检查ECU上相应端子的电压；若ECU上相应端子的电压正常，则说明ECU至传感器之间的电路有故障；若ECU上相应端子没有电压，则说明ECU有故障。

3）插接好线束插接器，拆下传感器上的真空软管，使大气压力作用于传感器，打开点火开关，用万用表测量进气压力信号端子与搭铁端子之间的电压，应在4V左右。

4）用手动真空泵对传感器施加真空度，再用万用表测量进气压力信号端子与搭铁端子之间的电压，该电压值应随真空度的增大（绝对压力减小）而降低。

3. 加速踏板位置传感器的检测

以宝来柴油机加速踏板位置传感器为例，该传感器为电位计式，且与怠速开关和强制降档开关组合成一体，安装在加速踏板上部，其电路如图4-114所示。传感器共有6个端子，其中端子4、2、3分别为电位计的信号端子、电源端子和搭铁端子，端子1、5、6分别为强制降档开关信号端子、开关信号端子和两个开关共用的搭铁端子。

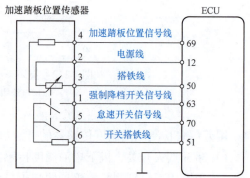

图 4-114 宝来柴油机电位计式
加速踏板位置传感器电路

用万用表检测宝来柴油机加速踏板位置传感器的方法如下：

1）拆开传感器的线束插接器，在传感器侧分别测量怠速开关信号端子、强制降档开关信号端子与开关搭铁端子之间的导通情况。加速踏板完全放松时，怠速开关信号端子与开关搭铁端子之间应导通，踩下加速踏板时应不导通；加速踏板踩到底时，强制降档开关信号端子与开关搭铁端子之间应导通，加速踏板踩下深度小于95%时，应不导通。

2）缓慢踩加速踏板，测量加速踏板位置信号端子与电源端子（或搭铁端子）之间的电阻，应随踩加速踏板而平稳地变化。

3）打开点火开关，在线束侧测量电源端子与搭铁端子之间的电压，应约为5V。若没有电压，则检查ECU上相应端子的电压；若ECU上相应端子的电压正常，则说明ECU至传感器之间的电路有故障；若ECU上相应端子没有电压，则说明ECU有故障。

4）插接好线束插接器，打开点火开关，用万用表测量加速踏板位置信号端子与搭铁端子之间的电压，其电压值应随加速踏板开度变化在0.5~4.5V之间变化。

4. 喷油器针阀升程传感器的检测

以捷达柴油机喷油器针阀升程传感器为例，该传感器为电磁感应式，安装在3缸喷油器内，传感器的感应线圈与ECU之间用两根线连接，一根是搭铁线，一是信号线，其电路如图4-115所示。

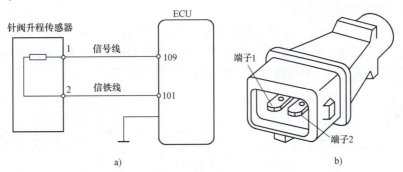

图4-115 捷达柴油机喷油器针阀升程传感器电路
a）电路图 b）线束插接器

用万用表检测电磁感应式针阀升程传感器的方法如下：

1）捷达柴油机喷油器针阀升程传感器位于3缸喷油器内。拆开线束插接器，在传感器侧测量两个端子间的电阻，正常应为80~120Ω。

2）插接好线束插接器，发动机工作时，测量信号端子与搭铁端子之间的电压，正常应有脉冲信号输出。

5. 凸轮轴/曲轴位置传感器的检测

以宝来柴油机凸轮轴位置传感器为例，该传感器为霍尔式，安装在正时带导向轮处，转子则安装在凸轮轴上。宝来柴油机霍尔式凸轮轴位置传感器电路如图4-116所示，通过电源继电器给传感器端子1提供电源，传感器与ECU之间相连的两根线分别为信号线和搭铁线。

用万用表检测宝来柴油机霍尔式凸轮轴位置传感器的方法如下：

1）拆开线束插接器，打开点火开关，在线束侧测量电源端子与搭铁端子之间的电压，正常应为蓄电池电压。

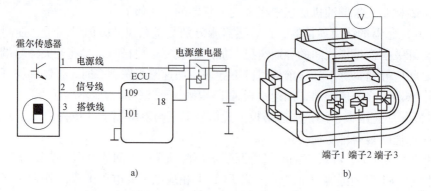

图 4-116　宝来柴油机霍尔式凸轮轴位置传感器电路
a）电路图　b）线束插接器

2）关闭点火开关，在传感器侧分别测量电源端子与信号端子和搭铁端子之间的电阻，电阻值均应为∞（断路），否则说明传感器损坏。

3）插接好线束插接器，发动机工作时，测量信号端子与搭铁端子之间的电压，正常应有脉冲信号输出。

6. 空气流量传感器的检测

以宝来柴油机热膜式空气流量传感器为例，其电路如图 4-117 所示。空气流量传感器线束插接器上有 5 个端子，由电源继电器给空气流量传感器端子 2 提供 12V 电源，端子 1 不用，端子 4、3、2 分别为 5V 电源端子、搭铁端子、信号端子。

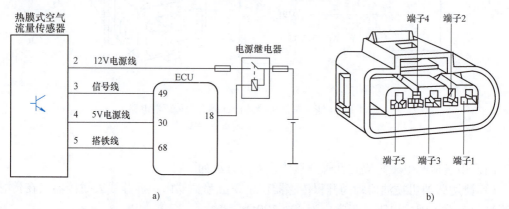

图 4-117　宝来柴油机热膜式空气流量传感器电路
a）电路图　b）线束插接器

用万用表检测宝来柴油机热膜式空气流量传感器的方法如下：

1）拆开空气流量传感器线束插接器，打开点火开关，在线束侧测量端子 2 与搭铁（或搭铁端子 3）之间的电压，应为蓄电池电压；测量 5V 电源端子 4 与搭铁（或搭铁端子 3）之间的电压，应为 5V。

2）从车上拆下空气流量传感器，插接好线束插接器并打开点火开关，测量传感器信号端子 5 与搭铁端子 3 之间的电压，正常应为 1~2V；向空气流量传感器进气口吹风，同时测

项目四 柴油机电控燃油喷射系统

量信号端子5与搭铁端子3之间的电压，正常应升高到2~4V。

二、主要执行元件的检测

1. 电控分配泵的检测

捷达柴油机电控分配泵的控制电路如图4-118所示，分配泵的线束插接器上有10个端子，端子1、端子2和端子3分别为油量控制滑套位置传感器的电源端子、信号端子和搭铁端子，端子4和端子7分别为燃油温度传感器的信号端子和搭铁端子，端子5和端子6分别为电子调速器的电源（12V）端子和控制端子，端子8为熄火断油电磁阀（通过壳体搭铁）的控制端子，端子9和端子10分别为正时控制电磁阀的控制端子和电源（12V）端子。

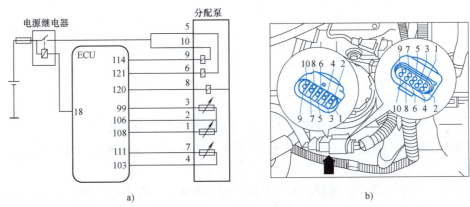

图4-118 捷达柴油机电控分配泵的控制电路
a）控制电路 b）线束插接器

捷达柴油机电控分配泵的检测内容及方法如下：

1）关闭点火开关，拆开电控分配泵线束插接器，在分配泵一侧用万用表测量端子之间的电阻。端子4与端子7之间（燃油温度传感器）的电阻，30℃时对应的电阻值应为1 500~2 000Ω，80℃时对应的电阻值应为275~375Ω；端子1与端子2、端子3与端子2之间（油量控制滑套位置传感器）的电阻，正常为4.9~7.5Ω；端子5与端子6之间（电子调速器）的电阻，正常为0.5~2.5Ω；端子9与端子10之间（正时控制电磁阀）的电阻，正常为12~20Ω。

2）打开点火开关，在线束侧用万用表测量电压：端子1与搭铁端子、端子3与搭铁端子之间的电压应约为2.5V，端子5与搭铁端子、端子10与搭铁端子之间的电压应约为12V（蓄电池电压）。

2. 喷油电磁阀的检测

无论是汽油机还是柴油机，电控系统执行元件应用最多的是各种电磁阀（包括螺线管等），如分配泵供油电磁阀、喷油器电磁阀、EGR控制电磁阀、进气节流控制电磁阀和增压控制电磁阀等。对各类电磁阀的检测主要是两项内容：电阻值及电源电压，电阻值不符合标准说明电磁阀有故障，电源电压不符合标准说明供电电路有故障。

宝来柴油机电控泵喷嘴的控制电路如图4-119所示。ECU通过端子114给各喷油器电磁阀供电，并由端子116、端子117、端子118和端子121控制各电磁阀的搭铁回路。

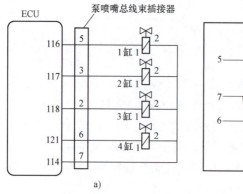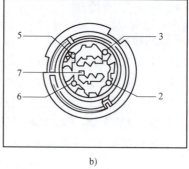

图4-119 宝来柴油机电控泵喷嘴的控制电路
a）控制电路 b）总线束插接器

对喷油器电磁阀的检测方法如下：

1）关闭点火开关，拆开位于气缸盖前部的泵喷嘴总线束插接器（见图4-119b），用万用表分别测量端子7（电源端子）与端子2、端子3、端子5、端子6之间的电阻，正常应为0.5Ω。

2）若在泵喷嘴总线束插接器上检查电阻不符合要求，则拆下正时带罩、气缸盖罩和摇臂轴总成，用旋具撬开泵喷嘴线束插接器（见图4-120），用万用表测量各泵喷嘴端子1与端子2（见图4-121）之间电阻，正常应为0.5Ω。

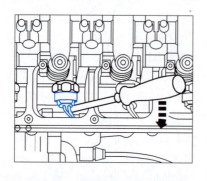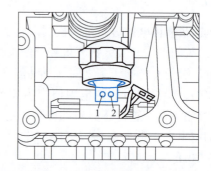

图4-120 撬开泵喷嘴线束插接器　　图4-121 泵喷嘴线束插接器端子

本章重点介绍了各类柴油机电控燃油喷射系统的组成及工作原理，并以典型柴油机电控系统为例，介绍了柴油机电控燃油喷射系统主要元件的检修方法，通过学习应该能够说明不同电控系统中供（喷）油量和供（喷）油正时的控制方法，能够说明柴油机电控燃油喷射系统主要传感器和附件的功用及结构与工作原理，能够对柴油机电控燃油喷射系统主要元件进行正确的检测。

项目四 柴油机电控燃油喷射系统

复习思考题

1. 柴油机电控燃油喷射系统有哪些类型？
2. 柴油机电控燃油喷射系统主要有哪些传感器？作用分别是什么？
3. 直列柱塞泵电控燃油喷射系统由哪些主要部件组成？说明其工作原理。
4. 轴向柱塞式分配泵电控燃油喷射系统由哪些主要部件组成？说明其工作原理。
5. 径向柱塞式分配泵电控燃油喷射系统由哪些主要部件组成？说明其工作原理。
6. 泵喷嘴电控燃油喷射系统由哪些主要部件组成？说明其工作原理。
7. 共轨式电控燃油喷射系统由哪些主要部件组成？说明其工作原理。
8. 柴油机电控燃油喷射系统主要附件有哪些？说明其工作过程。
9. 柴油机电控燃油喷射系统主要元件有哪些？如何进行检修？

项目五　发动机辅助控制系统

> **学习目标：**
> 1. 能够说明发动机辅助控制系统的类型及功能。
> 2. 能够说明发动机各辅助控制系统的组成和基本工作原理。
> 3. 能够说明发动机各辅助控制系统主要执行元件的结构与工作原理。

学习任务一　认识怠速控制系统

一、汽油机怠速控制系统的功能与组成

1. 怠速控制系统的功能

怠速是指节气门关闭、加速踏板完全松开，且发动机对外无功率输出并保持最低转速稳定运转的工况。

在汽车使用中，发动机怠速运转的时间约占30%，怠速转速的高低直接影响燃油消耗和排放污染。若怠速转速过高，则燃油消耗增加；但怠速转速过低，则会增加排放污染。此外，怠速转速过低，发动机冷车运转、空调打开、电器负荷增大、自动变速器挂入档位、动力转向时，由于运行条件较差或负载增加，容易导致发动机运转不稳甚至熄火。

随着电控技术在汽车上的广泛应用，怠速控制（ISC）已成为发动机集中控制系统的基本控制内容之一。怠速控制的目的是在保证发动机排放要求且运转稳定的前提下，尽量使发动机的怠速转速保持最低，以降低怠速时的燃油消耗量。

在除怠速以外的其他工况下，驾驶人可通过加速踏板控制节气门的开度，从而改变发动机的进气量，以调节发动机的转速和输出功率。而在加速踏板完全松开的怠速工况下，驾驶人无法控制发动机进气量。电控汽油喷射式发动机在怠速工况时，空气通过节气门缝隙或旁通节气门的怠速空气道进入发动机，并由空气流量传感器（或进气管绝对压力传感器）对进气量进行检测，电控燃油喷射（EFI）系统根据各传感器信号控制喷油量，保证发动机的怠速运转。怠速控制系统的功能是根据发动机的工作温度和负载，由ECU自动控制怠速工况下的空气供给量，维持发动机以稳定怠速运转。

2. 怠速控制系统的组成

怠速控制系统主要由传感器、ECU和执行元件三部分组成，如图5-1所示。传感器的功用是检测发动机的运行工况和负载设备的工作状况，ECU则根据各种传感器的输入信号确定一个怠速运转的目标转速，并与实际转速进行

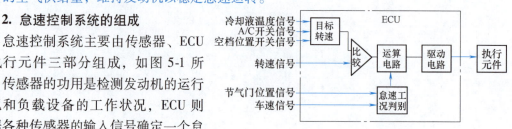

图 5-1　怠速控制系统的组成

比较，根据比较结果控制执行元件工作，以调节进气量，使发动机的怠速转速达到确定的目标转速。

在怠速以外的其他工况下，若系统对发动机实施怠速控制，则会与驾驶人通过加速踏板对进气量的调节发生干涉。因此，在怠速控制系统中，ECU需要根据节气门位置信号和车速信号确认怠速工况，只有在节气门全关、车速为零时，才进行怠速控制。

3. 怠速控制的方法

怠速控制的实质就是对怠速工况下的进气量进行控制。在发动机集中控制系统中，控制怠速进气量的方法可分为两种基本类型：节气门直动式和旁通空气式。如图5-2所示，节气门直动式通过执行元件改变节气门的最小开度来控制怠速进气量，而在旁通空气式怠速控制系统中，设有旁通节气门的怠速空气道，由执行元件控制流经怠速空气道的空气量。

目前应用比较广泛的是旁通空气式怠速控制系统。按执行元件类型的不同，旁通空气式怠速控制系统分为步进电动机型、旋转电磁阀型、占空比控制电磁阀型和开关型等。

怠速控制的方法及执行元件的类型因车型而异，目前应用较多的是步进电动机控制的旁通空气式怠速控制系统。不同车型的怠速控制系统，其控制内容也不完全相同，控制内容通常包括起动控制、暖机控制（快怠速控制）、负荷变化控制、反馈控制和学习控制等。

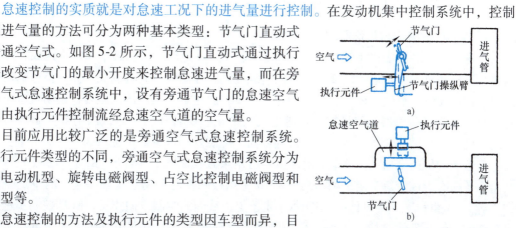

图5-2 怠速进气量控制方法
a) 节气门直动式 b) 旁通空气式

二、汽油机节气门直动式怠速控制器

节气门直动式怠速控制器如图5-3所示，主要由直流电动机、减速齿轮机构、丝杠机构和传动轴等组成。直流电动机可正转，也可反转，当直流电动机通电转动时，经减速齿轮机构减速增矩后，再由丝杠机构将其旋转运动转变为传动轴的直线运动。传动轴顶靠在节气门最小开度限制器上，发动机怠速运转时，ECU根据各传感器的信号，控制直流电动机的正、

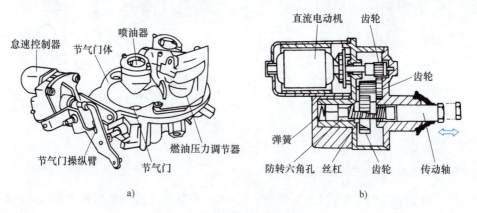

图5-3 节气门直动式怠速控制器
a) 外形图 b) 结构图

反转和转动量，以改变节气门最小开度限制器的位置，从而控制节气门的最小开度，实现对怠速进气量进行控制的目的。

节气门直动式怠速控制器的结构比较简单，但采用齿轮减速机构后，会导致执行速度变慢，动态响应性差，控制器的外形尺寸也比较大，所以目前除部分单点喷射系统外，一般不采用此种怠速控制系统。

三、汽油机步进电动机型怠速控制阀

1. 控制阀的结构与工作原理

步进电动机型怠速控制阀的结构如图5-4所示。步进电动机由转子和定子构成，丝杠机构将步进电动机的旋转运动转变为阀杆的直线运动，控制阀与阀杆制成一体。步进电动机型怠速控制阀安装在节气门体上，控制阀伸入到设在怠速空气道内的阀座处，发动机怠速运转时，ECU根据各传感器的信号控制步进电动机的正、反转和转动量，以调节控制阀与阀座之间的间隙，从而改变怠速空气道的流通截面，控制发动机怠速工况下的空气供给量。

步进电动机的结构如图5-5所示，主要由用永磁铁制成有16个（8对）磁极的转子和两个定子铁心组成。每个定子都由两个带16个爪极的铁心交错装配在一起，两个定子上分别绕有1、3相和2、4相两组线圈，每个定子上两线圈的绕制方向相反。ECU控制步进电动机工作时，给线圈输送的是脉冲电压，4个线圈的通电顺序（相位）不同，步进电动机的转动方向就不同，当按一定顺序输入一定数量的脉冲时，步进电动机就向某一方向转过一定的角度，步进电动机的转动量取决于输入脉冲的数量。因此，ECU通过对定子线圈通电顺序和输入脉冲数量的控制，即可改变步进电动机型怠速控制阀的位置（即开度），从而控制怠速空气量。由于给步进电动机每输入一定量的脉冲只转过一定的角度，其转动是不连续的，所以称为步进电动机。

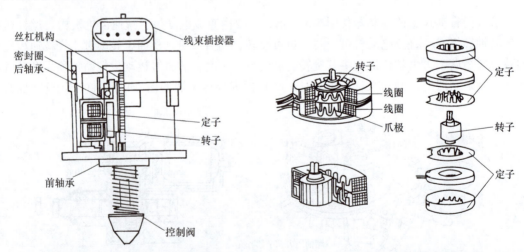

图5-4 步进电动机型怠速控制阀的结构   图5-5 步进电动机的结构

步进电动机的工作原理如图5-6所示。当ECU控制使步进电动机的线圈按1—2—3—4顺序依次搭铁时，定子磁场顺时针转动（图5-6b向右），由于与转子磁场间的相互作用（同性相斥，异性相吸），使转子随定子磁场同步转动。同理，步进电动机的线圈按相反的

顺序通电时，转子则随定子磁场同步反转。转子每转一步与定子错开一个爪极的位置，由于定子有 32 个爪极（上、下两个铁心各 16 个），所以步进电动机每转一步为 1/32 圈（约 11°转角），步进电动机的工作范围为 0~125 个步进级。

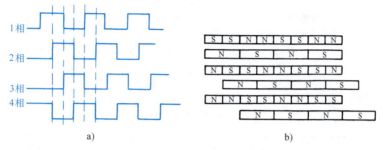

图 5-6 步进电动机的工作原理
a）输入脉冲 b）工作过程

步进电动机型怠速控制阀电路（日本丰田皇冠 3.0 轿车）如图 5-7 所示。主继电器触点闭合后，蓄电池电源经主继电器到达怠速控制阀的 B_1 端子和 B_2 端子、ECU 的 +B 端子和 +B_1 端子，B_1 端子向步进电动机的 1、3 相两个线圈供电，B_2 端子向 2、4 相两个线圈供电。4 个线圈分别通过端子 S_1、端子 S_2、端子 S_3 和端子 S_4 与 ECU 端子 ISC_1、端子 ISC_2、端子 ISC_3 和端子 ISC_4 相连，ECU 控制各线圈的搭铁回路，以控制怠速控制阀的工作。

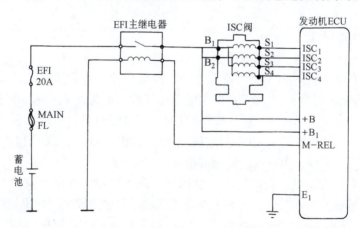

图 5-7 步进电动机型怠速控制阀电路

2. 控制阀的检修

（1）在检修步进电动机型怠速控制阀时的注意事项
1）不要用手推或拉控制阀，以免损坏丝杠机构的螺纹。
2）不要将控制阀浸泡在任何清洗液中，以免步进电动机损坏。
3）安装时，检查密封圈不应有任何损伤，并在密封圈上涂少量润滑油。
（2）检修步进电动机型怠速控制阀的方法
1）拆开怠速控制阀线束插接器，将点火开关转至 ON 位置但不起动发动机，在线束侧分别测量 B_1 端子和 B_2 端子（参见图 5-7）与搭铁之间的电压，均应为蓄电池电压（9~

14V），否则说明怠速控制阀电源电路有故障。

2) 发动机起动后再熄火时，2~3s 内在怠速控制阀附近应能听到内部发出的"嗡嗡"响声，否则应进一步检查怠速控制阀、控制电路及 ECU。

3) 拆开怠速控制阀线束插接器，在控制阀侧分别测量端子（参见图 5-6）B_1 与 S_1 和 S_3、B_2 与 S_2 和 S_4 之间的电阻，阻值均应为 $10~30\Omega$，否则应更换怠速控制阀。

4) 如图 5-8 所示，拆下怠速控制阀后，将蓄电池正极接至 B_1 端子和 B_2 端子，负极按顺序依次接通 S_1 端子—S_2 端子—S_3 端子—S_4 端子时，随步进电动机的旋转，控制阀应向外伸出；蓄电池负极按相反顺序依次接通端子 S_4—端子 S_3—端子 S_2—端子 S_1 时，则控制阀应向内缩回。若工作情况不符合上述要求，则应更换怠速控制阀。

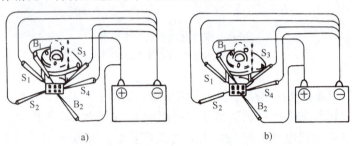

图 5-8 步进电动机型怠速控制阀工作情况检查
a) 接蓄电池正极 b) 接蓄电池负极

3. 控制阀的控制内容

步进电动机控制旁通空气式怠速控制系统的控制内容如下：

(1) 起动初始位置的设定 为了改善发动机的起动性能，关闭点火开关使发动机熄火后，ECU 的 M-REL 端子（见图 5-7）向主继电器线圈供电延续 2~3s。在这段时间内，蓄电池继续给 ECU 和步进电动机供电，ECU 使怠速控制阀回到起动初始（全开）位置。待步进电动机回到起动初始位置后，主继电器线圈断电，蓄电池停止给 ECU 和步进电动机供电，怠速控制阀保持全开不变，为下次起动做好准备。

(2) 起动控制 发动机起动时，由于怠速控制阀预先设定在全开位置，在起动期间经怠速空气道可供给最大的空气量，有利于发动机起动。但怠速控制阀如果始终保持在全开位置，发动机起动后的怠速转速就会过高，所以在起动期间，ECU 根据冷却液温度的高低控制步进电动机，调节控制阀的开度，使之达到起动后暖机控制的最佳位置，此位置随冷却液温度的升高而减小，控制特性（步进电动机的步数与冷却液温度的关系曲线）存储在 ECU 内。

(3) 暖机控制 暖机控制又称为快怠速控制。在暖机过程中，ECU 根据冷却液温度信号按内存的控制特性控制怠速控制阀开度，随着温度上升，怠速控制阀开度逐渐减小。当冷却液温度达到 70℃ 时，暖机控制过程结束。

(4) 怠速稳定控制 在怠速运转时，ECU 将接收到的转速信号与确定的目标转速进行比较，其差值超过一定值（一般为 20r/min）时，ECU 将通过步进电动机控制怠速控制阀，调节怠速空气供给量，使发动机的实际转速与目标转速相同。怠速稳定控制又称为反馈控制。

（5）怠速预测控制 发动机在怠速运转时，如变速器档位、动力转向、空调工作状态的变化都将使发动机的转速发生可以预见的变化。为了避免发动机怠速转速波动或熄火，在发动机负荷出现变化时，不待发动机转速变化，ECU 就会根据各负载设备开关信号（A/C 开关信号等），通过步进电动机提前调节怠速控制阀的开度。

（6）电器负载增多时的怠速控制 在怠速运转时，当使用的电器负载增大到一定程度时，蓄电池电压就会降低。为了保证电控系统正常的供电电压，ECU 根据蓄电池电压调节怠速控制阀的开度，提高发动机的怠速转速，以提高发电动机的输出功率。

（7）学习控制 在发动机使用过程中，由于磨损等原因会导致怠速控制阀的性能发生改变，当怠速控制阀的位置相同时，实际的怠速转速会与设定的目标转速略有不同。在此情况下，ECU 在利用反馈控制使怠速转速回归到目标值的同时，还可将步进电动机转过的步数存储在 ROM 中，以便在此后的怠速控制过程中使用。

四、汽油机旋转电磁阀型怠速控制阀

1. 控制阀的结构与工作原理

旋转电磁阀型怠速控制阀如图 5-9 所示。控制阀安装在阀轴的中部，阀轴的一端装有圆柱形永磁铁，永磁铁对应的圆周位置上装有位置相对的两个线圈。由 ECU 控制两个线圈的通电或断电，改变两个线圈产生的磁场强度，两线圈产生的磁场与永磁铁形成的磁场相互作用即可改变控制阀的位置，从而调节怠速空气口的开度，以实现怠速空气量的控制。

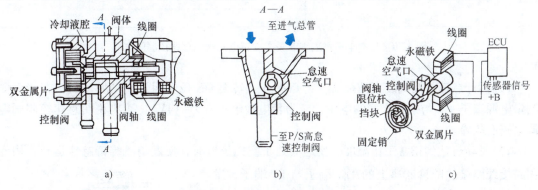

图 5-9 旋转电磁阀型怠速控制阀
a）结构图 b）位置图 c）原理图

双金属片制成卷簧形，外端用固定销固定在阀体上，内端与阀轴端部的挡块相连接。阀轴上的限位杆穿过挡块的凹槽，使阀轴只能在挡块凹槽限定的范围内摆动。流过阀体冷却液腔的冷却液温度变化时，双金属片变形，带动挡块转动，从而改变阀轴转动的两个极限位置，以控制怠速控制阀的最大开度和最小开度。此装置主要起保护作用，可防止怠速控制系统电路出现故障时，发动机转速过高或过低，只要怠速控制系统工作正常，阀轴上的限位杆不与挡块的凹槽两侧接触。

ECU 控制旋转电磁阀型怠速控制阀工作时，控制阀的开度是通过控制两个线圈的平均通电时间（占空比）来实现的。通电周期一般是固定的，所以占空比增大，即延长通电时间。当占空比为 50% 时，两线圈的平均通电时间相等，两者产生的磁场强度相同，电磁力

相互抵消，阀轴不发生偏转。当占空比大于50%时，两个线圈的平均通电时间一个增加而另一个减小，两者产生的磁场强度也不同，所以使阀轴偏转一定角度，控制阀开启怠速空气口。占空比越大，两个线圈产生的磁场强度相差越多，控制阀开度越大。因此，ECU通过控制脉冲信号的占空比即可改变控制阀开度，从而控制怠速时的空气量。控制阀从全闭位置到全开位置之间，旋转角度限定在90°以内，ECU控制的占空比调整范围为18%~82%。

2. 控制阀的控制内容

旋转电磁阀控制旁通空气式怠速控制系统的控制内容主要包括起动控制、暖机控制、怠速稳定控制、怠速预测控制和学习控制，具体内容与步进电动机控制旁通空气式怠速控制系统基本相同。

3. 控制阀的检修

日本丰田普瑞维亚轿车旋转电磁阀型怠速控制阀电路如图5-10所示。在维修时，一般进行如下检查：

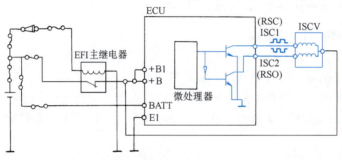

图5-10 日本丰田普瑞维亚轿车旋转电磁阀型怠速控制阀电路

1) 拆开怠速控制阀线束插接器，将点火开关转至ON位置但不起动发动机，在线束侧测量电源端子+B与搭铁之间的电压，应为蓄电池电压（9~14V），否则说明怠速控制阀电源电路有故障。

2) 发动机达到正常工作温度、变速器处于空档位置时，使发动机维持怠速运转，用专用跨接线路接故障诊断座上的TE_1端子与E_1端子，发动机转速应保持在1 000~1 200r/min，5s后转速下降约200r/min。若不符合上述要求，则应进一步检查怠速控制阀电路、ECU和怠速控制阀。

3) 拆开怠速控制阀上的三端子线束插接器，在控制阀侧分别测量中间端子+B与两侧端子ISC_1和ISC_2之间的电阻，正常应为18.8~22.8Ω，否则应更换怠速控制阀。

五、汽油机占空比控制电磁阀型怠速控制阀

1. 控制阀的结构与工作原理

占空比控制电磁阀型怠速控制阀如图5-11所示，主要由控制阀、阀杆、线圈和弹簧等组成。控制阀与阀

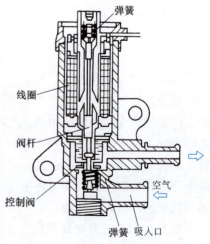

图5-11 占空比控制电磁阀型怠速控制阀

杆制成一体，当线圈通电时，线圈产生的电磁力将阀杆吸起，使控制阀打开。控制阀的开度取决于线圈产生的电磁力大小，与旋转阀型怠速控制阀相同，ECU 也是通过控制输入线圈脉冲信号的占空比来控制磁场强度，以调节控制阀的开度，从而实现对怠速空气量的控制。

2. 控制阀的控制内容

占空比控制电磁阀型怠速控制系统的控制内容包括起动控制、暖机控制、怠速稳定控制、怠速预测控制和学习控制。但由于占空比控制电磁阀型怠速控制阀控制的旁通空气量少，在采用此种控制阀的怠速控制系统中，仍需要快怠速控制阀辅助控制发动机暖机过程的空气供给量。

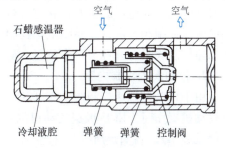

图 5-12　快怠速控制阀

快怠速控制阀如图 5-12 所示，主要由石蜡感温器、控制阀和弹簧等组成。发动机起动后的暖机过程中，冷却液温度较低时，石蜡收缩，控制阀在弹簧的作用下打开，增加怠速供给的空气量，使发动机快怠速运转。随着温度的升高，石蜡膨胀，推动连接杆使控制阀开度逐渐减小，怠速转速逐渐下降。发动机达到正常工作温度后，控制阀将完全关闭其空气通道，发动机恢复至正常怠速。

有些快怠速控制阀的感温元件采用双金属片，双金属片式快怠速控制阀和石蜡式快怠速控制阀的工作原理类似，它利用双金属元件的热胀冷缩变形来控制阀门的开度，从而控制发动机暖机过程的空气供给量。

3. 控制阀的检修

占空比控制电磁阀型怠速控制阀电路（日本本田轿车）如图 5-13 所示。在使用中，主要应进行以下检查：

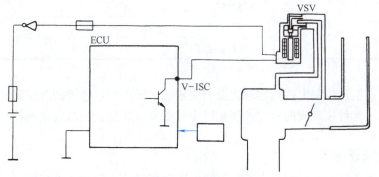

图 5-13　占空比控制电磁阀型怠速控制阀电路（日本本田轿车）

1）拆开怠速控制阀线束插接器，将点火开关转至 ON 位置但不起动发动机，在线束侧测量电源端子与搭铁之间的电压，应为蓄电池电压，否则说明怠速控制阀电源电路有故障。

2）拆开怠速控制阀上的两端子线束插接器，在控制阀侧分别测量两端子之间的电阻，正常应为 10～15Ω，否则应更换怠速控制阀。

六、汽油机开关型怠速控制阀

1. 控制阀的结构与工作原理

开关型怠速控制阀如图 5-14 所示，主要由线圈和控制阀组成。其工作原理与占空比控制电磁阀型的类似。不同的是，当开关型怠速控制阀工作时，ECU 只对阀内线圈通电或断电两种状态进行控制，电磁线圈通电时控制阀开启，线圈断电则控制阀关闭。开关型怠速控制阀只有开和关两个位置。

2. 控制阀的控制内容

由于开关型怠速控制阀只有开和关两个位置，所以发动机工作时，ECU 根据发动机的工作状况对控制阀线圈只进行通、断电控制，其控制条件见表 5-1。在满足所列条件之一时，控制阀即开或关。

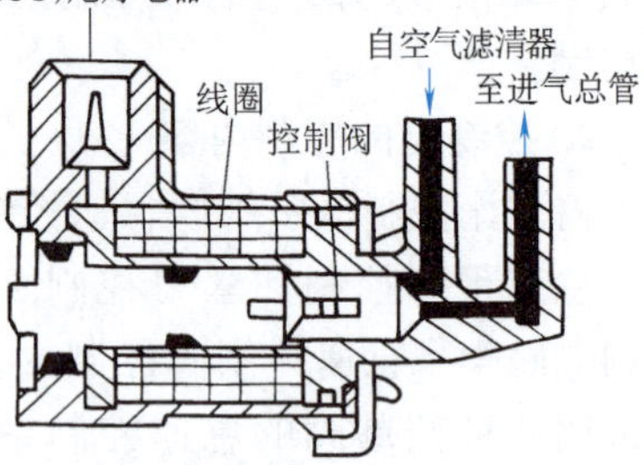

图 5-14 开关型怠速控制阀

表 5-1 开关型怠速控制阀控制条件

线圈状态	控制阀状态	控 制 条 件
通电	开启	发动机起动工作时或刚刚起动后
		怠速触点闭合，且发动机转速下降到规定转速以下时
		怠速触点闭合，且变速器档位从空档换到其他行驶档位后的几秒钟内
		打开灯开关
		打开后窗除雾器开关
断电	关闭	发动机起动后，怠速运转超过预定时间
		怠速触点（IDL）闭合，空调离合器分离，发动机转速超过预定值
		怠速触点（IDL）闭合，空调离合器分离，变速器从空档换到其他行驶档一定时间后
		关闭灯开关
		关闭后窗除雾开关

此外，与占空比控制电磁阀型怠速控制阀相比，开关型怠速控制阀控制的旁通空气量更少，所以在采用此种控制阀的怠速控制系统中，也需要快怠速控制阀辅助控制发动机暖机过程的空气供给量。

3. 控制阀的检修

开关型怠速控制阀的检修与占空比控制电磁阀型怠速控制阀基本相同。

七、柴油机怠速控制系统

1. 柴油机怠速控制系统的功能

柴油机怠速是指加速踏板完全松开，发动机对外无功率输出并保持最低稳定转速运转的工况。在汽车使用中，发动机怠速运转的时间约占 30%，怠速转速的高低直接影响燃油消耗和排放污染。怠速转速过高时，燃油消耗增多，且噪声大；怠速转速过低时，CO、HC 和颗粒的排放量相对较高。因此，必须控制柴油机的怠速转速。

在柴油机工作中，影响怠速转速的因素很多，如空调打开、电器负荷增大、自动变速器挂入档位和动力转向装置工作等，均会增加发动机的负载，若不适当增加循环供（喷）油量，则容易导致发动机运转不稳甚至熄火。此外，随着发动机使用时间的增长、季节的变化和燃油黏度的变化等，均会引起燃料供给系统供（喷）油特性的变化，同样会导致柴油机怠速运转不稳甚至熄火。在柴油机的传统燃料供给系统中，由于无法对影响怠速的各种因素作出快速反应，只能靠对机械调速器中怠速弹簧的人工调整，使柴油机保持较高的怠速转速，以避免怠速不稳定甚至熄火现象的发生。柴油机的电控系统必须对影响怠速稳定运转的各种因素作出快速反应，并根据实际的运行工况对怠速转速进行调节，使其保持在理想的目标转速。

柴油机使用中，由于燃料供给系统调整误差或零部件磨损产生的误差，均会影响各缸供（喷）油量的均匀性，尤其是怠速工况下，由于供油量少、转速低，各缸供（喷）油的不均匀，更容易导致发动机转速不稳，严重时会产生振动和噪声。为此，柴油机怠速时各缸供（喷）油的均匀性控制也非常有必要，但这在柴油机的传统燃料供给系统中是无法实现的。

综上所述，柴油机怠速控制应包括两个内容：怠速转速控制和各缸均匀性控制。

2. 柴油机怠速转速控制

怠速转速控制的目的是使发动机维持一定转速稳定运转。其控制过程是当发动机负载增加时，适当增大发动机负荷，使之发出较大的功率，以防止怠速转速低于目标转速甚至熄火；当发动机负载减小时，则适当减小发动机负荷，使之发出功率减小，以防止怠速转速超过目标转速。怠速转速的控制过程是根据发动机负载的变化，通过调节发动机负荷来实现的。由于柴油机与汽油机的负荷调节方法不同，柴油机为混合气浓度（质）调节，汽油机为混合气量（量）调节，所以柴油机的怠速转速控制与汽油机有着本质的区别，汽油机怠速转速控制是通过控制其怠速时的进气量来实现的，而柴油机怠速转速控制则是通过控制循环供（喷）油量来实现的。

供（喷）油量控制是柴油机电控燃油喷射系统最主要的功能之一。在电控柴油机上，怠速控制系统与电控燃油喷射系统合二为一，都是由ECU根据发动机转速信号、加速踏板位置信号和内存控制模型来确定基本供（喷）油量，再根据冷却液温度信号、进气温度信号、起动开关信号、空调开关信号和供（喷）油量反馈信号等对供（喷）油量进行修正。

3. 柴油机各缸均匀性控制

各缸均匀性控制的目的是尽量缩小同一工作循环各缸供（喷）油量的差值，以保持发动机怠速运转稳定和减轻振动。有、无各缸均匀性控制时，柴油机怠速转速和振动的变化情况如图5-15和图5-16所示，显然采用各缸均匀性控制后，怠速转速的稳定性较好，振动较轻。

各缸均匀性控制是通过对各缸供（喷）油量的瞬时调节来实现的。柴油机怠速工况时，ECU根据各缸做功行程时的转速传感器信号确定各缸供（喷）油量的偏差，然后进行补偿调节。除采用位置控制方式的电控燃油喷射系统外，均可实现各缸均匀性控制的功能。

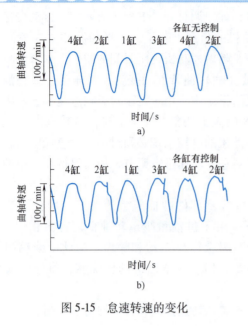

图 5-15　怠速转速的变化

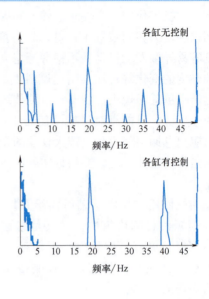

图 5-16　怠速时气缸盖处测得的振动频谱

学习任务二　认识起动控制系统

一、起动控制系统的功能

起动是发动机能否正常工作的必要条件。在规定的使用条件下，发动机能否迅速而可靠地起动，是评价发动机工作可靠性的重要指标。

与汽油机相比，柴油机燃料蒸发性差、运动件惯性大、无强制点火装置，尤其在低温条件下，由于起动时的阻力大、混合气形成质量差、不易着火等，导致柴油机比汽油机起动困难。因此，为改善柴油机的低温起动性能，在现代汽车柴油机上采用辅助起动装置已较为普遍。

起动控制系统的功能包括起动时的燃油喷射控制、进气控制、增压控制和辅助起动装置控制等，在此主要介绍柴油机特有的辅助起动装置控制，其他控制都是按预存程序和与其他工况下相同的控制方法进行。

二、柴油机起动预热装置

导致柴油机低温起动困难的原因主要是起动阻力大、着火条件差。减小低温时起动阻力的措施主要有预热润滑油、稀释润滑油、选用低黏度润滑油和减压起动等，改善低温时着火条件的主要措施有进气预热、燃烧室预热、柴油预热、冷却液预热和选用着火性能好的柴油等。

目前，柴油机应用最广泛的辅助起动措施是进气预热（见图 5-17）和燃烧室预热（见图 5-18），其次是冷却液预热。三者不同的只是预热装置的安装位置和加热对象：进气预热装置安装在进气管内，对进入气缸前的空气进行预热；燃烧室预热装置安装在燃烧室内，对进入气缸的空气和燃油进行预热；而冷却液预热装置则安装在冷却系统中，对冷却液进行预热。

项目五 发动机辅助控制系统

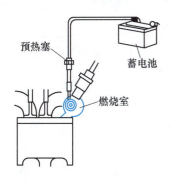

图 5-17 进气预热系统

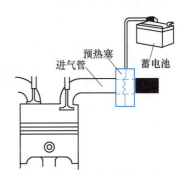

图 5-18 燃烧室预热系统

在进气预热、燃烧室预热和冷却液预热系统中，按预热装置结构与工作原理的不同，可分为火焰预热和电预热两种类型。

1. 火焰预热装置

火焰预热装置只适用于进气预热，它安装在柴油机进气管中，利用燃料燃烧放出的热量对进气管中的空气进行加热。

火焰预热装置通常称为火焰预热器，其结构如图 5-19 所示。火焰预热器所需的燃油通常由燃油喷射系统中的低压输油泵供给，并用电磁阀控制向火焰预热器供油的油路，电磁阀电路则由 ECU 或温控开关控制。在预热器进油口中装有滤网和计量孔，滤网可防止燃油中的杂质进入预热器，计量孔用来限制供给预热器的油量。炽热塞位于火焰预热器的中部，通电 60～90s，炽热塞头部的温度就可达到 1 000℃以上。蒸发管围绕在炽热管外部，供给预热器的燃油经计量孔流入蒸发

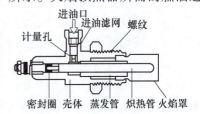

图 5-19 火焰预热器的结构

管，进气管中的部分空气则经蒸发管滤网进入蒸发管，燃油与空气在蒸发管中混合，并在炽热管头部被点燃，燃烧放出的热量对进气管中的空气加热。

柴油机低温起动后或起动时的温度较高时，由温控开关或 ECU 切断火焰预热器供油油路中的电磁阀电路及炽热管电路。

2. 电预热装置

由于火焰预热器工作时，消耗发动机进气管中的氧气并产生废气，其预热效果必然受到限制。因此，既适用于进气预热又适用于燃烧室预热的电预热装置，作为柴油机辅助起动装置应用更广泛。

电预热装置通常称为电热塞，其结构如图 5-20 所示。电热塞的线圈和绝缘的氧化镁填料一起封装在耐高温、耐腐蚀的散热钢套内，散热钢套则压装在电热塞壳体中。电热塞的线圈由两部分构成，一个是位于电热塞头部的加热线圈，另一个则是与加热线圈串联的控制线圈。控制线圈具有正温度系数特性，即其电阻值随温度的提高而增大，随温度的降低而减小。电热塞电源电压一定时，温度越低，控制线圈电阻值越小，流过控制线圈和加热线圈的电流就越大，加热线圈的温度升高快；而温度较高时，由于控制线圈电阻值大，减小了流过加热线圈的电流，从而限制了加热线圈的温度。

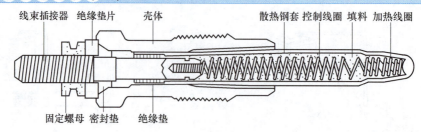

图 5-20　电热塞的结构

有些电热塞只有加热线圈，而没有控制线圈。二者相比，带控制线圈的电热塞预热速度快，通电 4s 后温度即可达到 850℃ 以上，而不带控制线圈的电热塞需要约 1min。

三、柴油机起动预热控制系统

以采用电热塞预热的起动预热控制系统为例，其组成如图 5-21 所示。ECU 根据发动机转速信号、冷却液温度信号和点火开关信号，通过继电器控制电热塞是否通电及通电时间的长短。以一汽大众公司宝来电控柴油机为例，当冷却液温度低于 9℃，且点火开关位于点火接通位置时，ECU 通过控制线使起动预热控制系统进入工作状态；当点火开关不在点火接通位置，或冷却液温度高于 9℃，或发动机转速高于 2 500r/min 时，起动预热控制系统将停止工作。预热指示灯位于仪

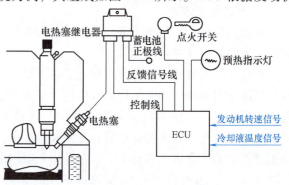

图 5-21　起动预热控制系统的组成

表板上，发亮或熄灭由 ECU 控制；起动系统处于工作状态时，指示灯持续发亮；起动系统不工作时，指示灯持续熄灭；ECU 接收到反馈信号线返回的故障信号时，指示灯闪亮。

起动预热过程各元件的通断如图 5-22 所示。当点火开关接通后，若冷却液温度低于设定值，电热塞通电进行预热，同时预热指示灯发亮；当预热指示灯熄灭时，说明电热塞温度已足够，允许起动。当发动机起动着火后，电热塞仍保持通电状态，此阶段的预热称为后预热。后预热有利于柴油机怠速稳定、缩短暖机时间、降低噪声、降低 HC 和 CO 排放量，后预热的时间一般少于 4min。在后预热阶段，若柴油机负荷超过规定值（或转速超过 2 500r/min），后预热也会立即终止。

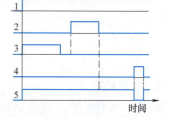

图 5-22　起动预热过程各元件的通断
1—点火开关　2—起动机　3—预热指示灯　4—负荷或转速　5—电热塞

四、起动控制系统的检修

以宝来轿车柴油机为例，其起动控制系统电路如图 5-23 所示。ECU 通过电源继电器和预热继电器控制预热塞工作，点火开关接通后，ECU 的端子 18 经内部搭铁使电源继电器内线圈的电路连通，电源继电器的开关闭合；当冷却液温度或进气温度低于设定值时，ECU

的端子 42 经内部搭铁使预热继电器内线圈的电路连通，预热继电器的开关闭合，蓄电池经熔丝和预热继电器向预热塞供电，以对进气进行预热。

1. 预热继电器的检测

除电磁阀（电磁线圈）外，继电器是电控系统应用最多的执行元件。在发动机电控系统中，ECU 主要通过控制继电器来实现对执行元件电路通断的控制，进而控制执行元件是否工作。继电器实际就

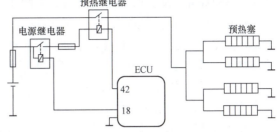

图 5-23　宝来轿车柴油机起动控制系统电路

是一个由 ECU（或其他装置）控制的电路开关。发动机电控系统中，常用的继电器主要有电源继电器（主继电器）、燃油泵继电器、冷却风扇继电器和预热继电器等，其结构与工作原理和检测方法基本相同。继电器通常有 4 个端子（见图 5-23 中的预热继电器），其检测内容和方法如下：

1）拆下继电器，用万用表检测继电器线圈两个端子之间的电阻，应不为∞（无断路）。

2）用万用表检测继电器开关两个端子之间的电阻，应不为 0（无短路）。

3）用蓄电池或稳压电源给继电器线圈施加 12V 电压，用万用表检测继电器开关两个端子之间的电阻，应为 0（导通）。

2. 预热塞的检测

预热塞的检测方法如下：

1）关闭点火开关，拆开预热塞线束插接器，给线圈施加 12V 电压。

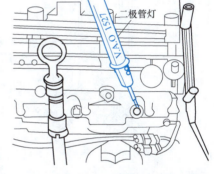

图 5-24　检测预热塞

2）将二极管灯的一端连接到蓄电池正极上，用二极管灯的另一端分别触试预热塞（见图 5-24），二极管灯应发亮。如果用二极管灯的另一端触试预热塞时二极管灯不亮，说明预热塞有故障。

学习任务三　认识进气控制系统

汽油机的充气效率和燃烧速度对其性能影响很大，为改善汽油机的性能，进气控制技术和四气门技术最早应用在汽油机上，近年来这些先进技术在柴油机上的应用也日益增多。应用在汽油机上的进气控制系统主要包括动力阀控制系统、谐波增压控制系统和气门驱动控制系统；应用在柴油机上的进气控制系统包括进气节流控制系统、进气涡流控制系统和气门驱动控制系统。

一、汽油机动力阀控制系统

动力阀控制系统的功能是控制发动机进气道的空气流通截面大小，以适应发动机不同转速和负荷时的进气量需求，从而改善发动机的动力性。在进气量较少的低速、小负荷工况下，使进气道空气流通截面减小，可提高进气流速、增大进气流惯性以提高发动机的充气效

率；此外，随进气流速的提高也可增加气缸内的涡流强度，有利于低速、小负荷工况下的燃烧和热效率的提高，从而改善发动机的低速性能。而在进气量较多的高速、大负荷工况下，适当增大进气道空气流通截面，不仅可以减小进气阻力，对由于进气流速过高而导致的燃烧室内气流扰动也可起到抑制作用，有助于改善发动机的高速性能。此系统在日本本田雅阁等轿车发动机上采用。

ECU 控制的动力阀控制系统如图 5-25 所示。控制进气道空气流通截面大小的动力阀安装在进气管上，动力阀的开闭由膜片真空气室控制，ECU 根据各传感器信号通过真空电磁阀（VSV 阀）控制真空罐与真空气室的真空通道。发动机小负荷运转时，进气量较少，ECU 断开真空电磁阀搭铁回路，真空罐中的真空度不能进入膜片真空气室，动力阀处于关闭位置，进气通道变小。当发动机大负荷运转时，进气量较多，ECU 接通真空电磁阀搭铁回路，真空罐中的真空度经真空电磁阀进入膜片真空气室，动力阀开启，进气通道变大。动力阀控制系统的主要控制信号有发动机转速、温度和空气流量等。

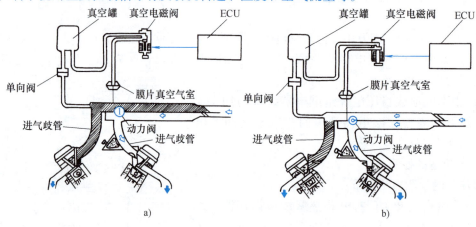

图 5-25　ECU 控制的动力阀控制系统

在维修时，主要应检查真空罐、真空气室和真空管路有无漏气，真空电磁阀电路有无断路或短路，真空电磁阀电阻值是否符合标准。视情况维修或更换损坏的元件。

二、汽油机谐波增压控制系统（ACIS）

发动机工作中，进气管内的气体经进气门高速流入气缸，当进气门关闭时，由于气体流动惯性使进气门附近的气体受到压缩而压力增高；当气体惯性过后，进气门附近被压缩的气体膨胀而流向进气相反的方向，压力下降；膨胀的气体流动到进气管口时被反射回来，这样在进气管内即产生了压力波。在部分电控燃油喷射发动机上，即利用了进气管内的压力波与进气门的开启配合，当进气门开启时，使反射回来的压力波正好传到该气门附近，从而形成进气增压的效果，提高发动机的充气效率和功率。

发动机工作时，从进气门关闭到下一次开启的间隔时间取决于发动机的转速，而进气管内的压力波反射回到进气门处所需的时间取决于压力波传播路线的长度。进气管较长时，压力波传播距离长，发动机低速性能较好；进气管较短时，压力波传播距离短，发动机高速性能较好。如果进气管的长度可以改变，则可兼顾发动机低速和高速时的性能要求，但发动机进气管的长度一般是不能改变的，其长度一般都是按最大转矩对应的转速区域（低速区域）设计。

谐波进气增压系统的功能是根据发动机转速的变化改变进气管内压力波的传播距离，以提高充气效率，改善发动机性能，因此又称为进气惯性增压控制系统。谐波进气增压系统工作原理如图5-26所示。在进气管中部增设了进气控制阀和大容量的进气室，当发动机转速较低时，同一气缸的进气门关闭与开启间隔的时间较长，此时进气控制阀关闭，使进气管内压力波的传递距离为进气门到空气滤清器的距离，这一距离较长，压力波反射回到进气门附近所需时间也较长；当发动机处于高速区域运转时，进气控制阀开启，由于大容量进气室的影响，使进气管内的压力波传递距离缩短为进气门到进气室之间的距离，与同一气缸进气门关闭与开启间隔的时间较短相适应，从而使发动机在高速时得到较好的进气增压效果。

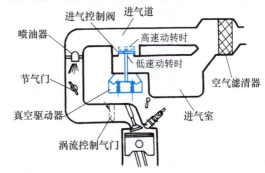

图5-26　ACIS系统工作原理

谐波进气增压系统控制原理如图5-27所示。ECU根据发动机转速信号控制真空电磁阀的开闭，高速时真空电磁阀开启，真空罐内的真空进入真空驱动器的膜片气室，真空驱动器驱动进气控制阀开启。反之，低速时真空电磁阀关闭，

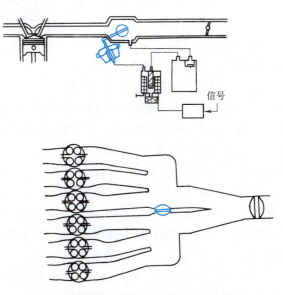

图5-27　谐波进气增压系统控制原理

真空罐内的真空不能进入真空驱动器的膜片气室，进气控制阀处于关闭状态。

谐波增压系统控制电路如图5-28所示。主继电器触点闭合后，通过端子"3"给真空电

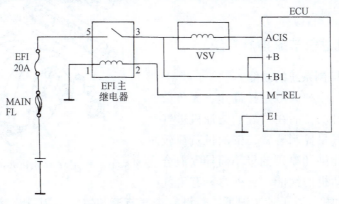

图5-28　谐波进气增压控制电路

磁阀供电，ECU通过"ACIS"端子控制真空电磁阀的搭铁回路。维修时，检查真空电磁阀的电阻，正常应为38.5~44.5Ω（皇冠3.0轿车）。

三、可变进气歧管控制系统

可变进气歧管能根据发动机转速和负荷的变化而自动改变进气歧管的有效长度，使发动机在高转速、大负荷时装备粗短的进气歧管，而在中、低转速和中、小负荷时配用细长的进气歧管。

可变进气歧管控制系统如图5-29所示。当发动机低速运转时，ECU控制转换阀控制机构关闭转换阀，这时空气经空气滤清器和节气门沿着弯曲而又细长的进气歧管进入气缸。细长的进气歧管提高了进气速度，增强了气流的惯性，使进气量增多。当发动机高速运转时，转换阀开启，空气经

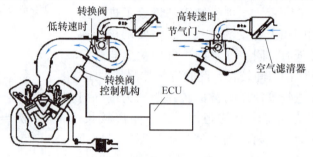

图5-29 可变进气歧管控制系统

空气滤清器和节气门直接进入粗短的进气歧管。粗短的进气歧管进气阻力小，也使进气量增多。可变长度进气歧管不仅可以提高发动机的动力性，还由于它提高了发动机在中、低速运转时的进气速度而增强了气缸内的气流强度，从而改善燃烧过程，使发动机中、低速时的燃油经济性有所提高。

奥迪A6轿车发动机采用多路径进气歧管，它由两节不同长度和不同直径的进气管道合并而成。长管道为780mm，内径小；短管道为380mm，内径大。在高转速时，进气通过粗短的管道，有利于提高发动机功率；在低转速时，进气通过细长的管道，有利于提供大转矩。

多路径歧管通过真空执行元件、转换阀控制6个风门。进气歧管转换阀由发动机ECU的信号控制。6个风门根据发动机转速来打开或关闭，转速低于4 700r/min时，风门被关闭，发动机转矩最小；转速在4 700r/min以上时，风门完全打开，获得较高的发动机功率，如图5-30所示。

四、柴油机进气节流控制系统

1. 进气节流控制系统的功能

发动机的进气系统一般是按高速、大负荷时的工作需要设计的，而在传统的柴油机进气系统中，没有进气量控制装置，柴油机负荷较小时，就会因循环供（喷）油量小而导致混合气过稀，影响发动机的性能。此外，装有废气再循环装置的柴油机，在低速工况下，若没有进气节流装置，会因进气管压力较高（真空度较小）而导致废气再循环系统无法正常工作。因此，在现代汽车电控柴油机上，根据发

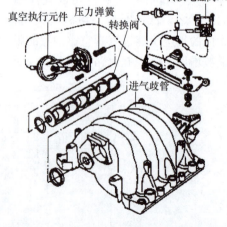

图5-30 奥迪A6轿车可变进气歧管控制系统

动机不同工况的需要，利用进气节流控制系统实现对进气量和进气管压力的调节，一方面要保证混合气浓度符合不同负荷时的要求，另一方面也可保证低转速时能够正常进行废气再循环。

2. 进气节流控制的方法

柴油机实现进气节流控制的方法是在进气道中安装一个节气门，并由电控执行元件根据ECU的指令控制节气门的开度，以控制进气量和进气管压力。进气节流控制系统一般只在低速、小负荷工况时才工作，节气门的开度一般利用直流电动机或电控气动装置来控制。

图5-31所示为直流电动机型进气节流控制系统。ECU根据加速踏板位置传感器和发动机转速传感器信号，通过直流电动机直接开启或关闭节气门。一汽大众捷达轿车电控柴油机即采用此类型进气节流控制系统。

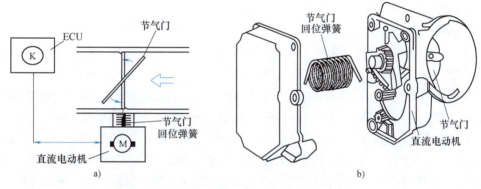

图5-31 直流电动机型进气节流控制系统
a）控制原理 b）执行元件

图5-32所示为电控气动型进气节流控制系统。通常情况下，进气控制电磁阀不通电，真空膜片气室的真空通道被电磁阀关闭，节气门处于开启状态；当进气控制电磁阀通电时，电磁阀开启真空膜片气室的真空通道，真空膜片气室通过拉杆驱动节气门关闭。一汽大众公司宝来轿车电控柴油机即采用此类型进气节流控制系统，节气门只在发动机熄火时关闭约3s，然后开启，目的是停止空气供给，使发动机熄火更柔和。

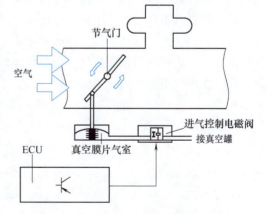

图5-32 电控气动型进气节流控制系统

五、柴油机进气涡流控制系统

1. 进气涡流控制系统的功能

柴油的性质和柴油机直接喷射的工作特点，决定了柴油机对气缸内空气涡流有较高要求，以改善其混合气形成和燃烧的条件。柴油机气缸内的空气涡流主要包括进气道产生的进气涡流、燃烧过程产生的燃烧涡流和压缩过程产生的挤压涡流，进气涡流的强弱对混合气的形成和燃烧具有很大的影响，因而对柴油机的动力性、经济性、排放和噪声等有很大的影响。

与汽油机相比，柴油机需要较强的涡流，但并不是涡流越强性能越好。在进气道结构一定的情况下，由进气道产生的进气涡流随柴油机转速升高而增强，当转速升高到一定程度时，由于进气涡流过强，反而会使充气效率降低，燃烧速度过快，导致柴油机的动力性和经济性下降，排放污染增加，噪声增大；柴油机在低速运转时，由于进气涡流较弱，会使混合气形成不良，燃烧速度过慢，导致柴油机热效率降低，排气烟度增加。由此可见，为改善柴油机的性能，根据柴油机转速的变化适当调节进气涡流的强度非常必要。

在一定转速下，进气涡流的强度主要取决于进气道的结构，一定结构的进气道只能适应某一转速对进气涡流强度的要求。柴油机工作中，转速变化的范围非常大，仅用机械控制方法很难实现随转速变化调节进气涡流强度。为优化柴油机的混合气形成和燃烧过程，现代汽车柴油机的进气涡流控制系统，利用电控装置来改变进气道结构或干扰进气道中的气流运动，从而实现进气涡流控制。

2. 进气涡流控制方法

进气涡流的控制方法有多种，但无论采用哪一种方法，都应保证在不降低进气流量的前提下，能在较大范围内调节进气涡流强度，并尽量减少对进气系统结构的改变。

（1）喷气式进气涡流控制　通过向进气道喷入空气以对进气流进行干扰来降低进气涡流强度，能使进气系统结构改动小，对充气效率影响小，控制系统简单，容易实现。

喷气式进气涡流控制装置如图 5-33 所示。喷气孔布置在进气道下方，当发动机低速工作时，喷气孔关闭，原有进气道可以产生较强的进气涡流；当发动机高速工作时，喷气孔开启并向进气道喷入空气，喷入的空气与进气道的空气流相撞，使进气涡流强度降低。通过改变由喷气孔向进气道喷气的角度或速度，可增大控制涡流强度的变化范围。通过喷气孔向进气道喷入的空气，一般来源于储气筒。

（2）双气道式进气涡流控制　双气道式进气涡流控制装置如图 5-34 所示，设有主、副两个进气道，副进气道以一定的角度与主进气道相连，主进气道能够产生低速时所需的强进气涡流，副进气道用于控制主进气道的进气涡流。当发动机低速运转时，利用转换阀关闭副进气道，利用主进气道产生强度较大的主涡流；而当发动机高速运转时，利用转换阀开启副进气道，主、副两个进气道进气，既能保证较高的充气效率，又能利用副进气道产生的反向涡流降低主进气道进气涡流的强度。

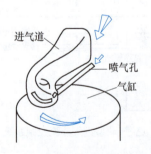

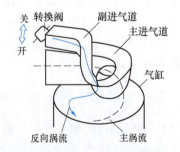

图 5-33　喷气式进气涡流控制装置　　　　　图 5-34　双气道式进气涡流控制装置

采用双气道式进气涡流控制装置，通过改变转换阀的开度即可实现对进气涡流强度控制的连续性，其缺点是进气系统结构改动大。

（3）气道分隔式进气涡流控制　它是利用水平放置的隔板将进气道分成上、下两层，类似于汽油机的动力阀控制系统,通过改变进气道流通截面的方法来调节进气流的速度,从而改变进气涡流的强度。这种方法虽然简单,但对充气效率影响大。

气道分隔式进气涡流控制装置如图5-35所示。发动机低速运转时,控制阀关闭上层进气道,进气道流通截面变小,进气流速度提高,进气涡流增强;发动机高速运转时,控制阀则开启上层进气道,两层气道进气使进气道流通截面增大,进气流速度降低,进气涡流减弱。此种方法虽然简单,但低速时对充气效率影响大。

(4) 导气屏式进气涡流控制 导气屏实际就是导向叶片,它安装在进气门上,并可绕气门旋转,如图5-36所示。气缸进气时,利用导向叶片对进气流的导向作用在气缸内产生绕气缸轴线旋转的进气涡流,进气涡流的强度取决于导向叶片的包角和方位角,改变导向叶片的包角或方位角均可调节进气涡流的强度。

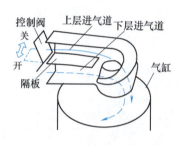

图5-35　气道分隔式进气涡流控制装置

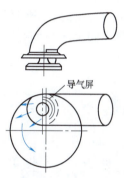

图5-36　导气屏式进气涡流控制装置

导气屏式进气涡流控制装置的结构复杂,制造成本高,气门容易磨损,且会增大进气阻力,但调整比较方便,常用在试验单缸机上,为新气道的设计提供参考数据。

(5) 旁通气道式进气涡流控制 此方法与气道分隔式基本相同,它是利用从气道上部凸出到下部的隔板将气道分为螺旋气道和旁通气道,并利用旁通阀关闭或开启旁通气道来改变进气流通截面大小,从而实现对进气涡流的控制。旁通气道式进气涡流控制装置如图5-37所示。采用此方法控制进气涡流的缺点是气道内的隔板固定困难,而且由于隔板和旁通阀的存在,会影响充气效率。

(6) 气道转换式进气涡流控制装置 在不同转速下,通过不同的进气道进气实现进气涡流控制。如图5-38所示,挡块将进气道分为螺旋气道(左侧)和直气道(右侧),在两气道下部汇合处设有气道转换阀,在螺旋气道内装有一个节流阀。发动机高速时,利用转换阀关闭能产生较强涡流的螺旋气道,由直气道进气,进气涡流较弱;中等转速时,利用转换阀关闭直气道,由能产生较强涡流的螺旋气道进气,进气涡流较强;低速时,利用转换阀关闭直气道,节流阀也部分关闭,由于节流阀使进气流通截面变小,且由能产生较强涡流的螺旋气道进气,所以能产生很强的进气涡流。

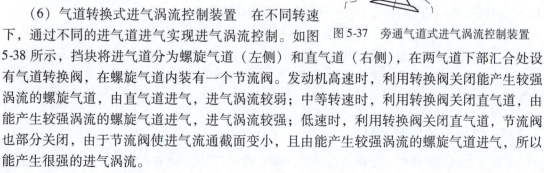

图5-37　旁通气道式进气涡流控制装置

3. 进气涡流控制系统的组成

以日本五十铃 6SDI-TC 柴油机为例，介绍进气涡流控制系统的组成，如图 5-39 所示。该系统采用喷气式进气涡流控制方法，由 ECU 根据柴油机转速信号和加速踏板位置信号，通过一个电磁阀和一个气动膜片阀来控制喷气孔的开闭，调节由储气筒经喷气孔喷入进气道的压缩空气量，从而实现对进气涡流强度的控制。柴油机转速较高、进气涡流过强时，ECU 发出指令，电磁阀通电接通气动膜片阀的气压通道，使气动膜片阀开启喷气孔，同时来自储气筒的压缩空气经喷气孔喷入进气道，以抑制进气涡流强度；反之，柴油机转速较低、进气涡流较弱时，气动膜片阀关闭喷气孔，停止向进气道喷气，以增强进气涡流。

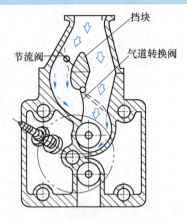

图 5-38　气道转换式进气涡流控制装置

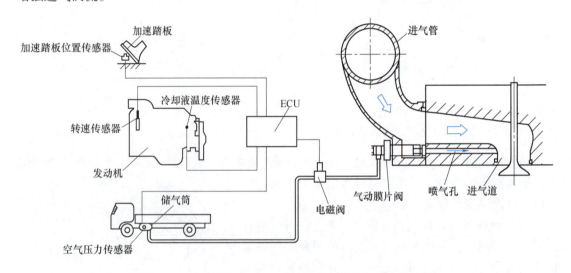

图 5-39　日本五十铃 6SDI-TC 柴油机进气涡流控制系统的组成

当 ECU 根据冷却液温度传感器信号确定柴油机的温度低于正常工作温度时，即使发动机处于起动或怠速的低速工况，进气涡流控制系统也保持向进气道喷气，以降低进气涡流强度的工作状态，这样可减少由于气缸内气流运动引起的散热损失，从而改善柴油冷起动性能和缩短暖机时间，也有利于减轻柴油机低温时冒白烟的现象。

日本五十铃 6SDI-TC 柴油机进气涡流控制系统中，采用的电磁阀为二位二通开关型电磁阀，只有开和关两种状态，这使其对进气涡流的控制也只有强、弱两个变化，若采用占空比控制型电磁阀或步进电动机控制，即可实现气动膜片阀开度由最小到最大的连续变化，从而实现对进气涡流强度的连续控制。

六、气门驱动控制系统

实际发动机的工作中，为使进气充分、排气干净，进气门和排气门均存在早开晚关的情况，进气门和排气门的开启持续时间大于180°曲轴转角。发动机进、排气门实际开启或关闭的时刻和开启持续时间称为配气相位，通常用曲轴转角来表示。

配气相位和气门升程对发动机性能有很大影响，即使同一台发动机，随转速和负荷的不同，对配气相位和气门升程的要求也不同，随发动机转速和负荷提高，气门提前开启角、气门滞后关闭角、气门持续开启角和气门升程均应增大，反之则应减小。但在传统发动机的配气机构中，气门驱动凸轮的形状、凸轮轴与曲轴的相对位置是固定的，在发动机使用中，配气相位和气门升程不能改变，自然发动机性能就不能在各种工况下均能得到优化。为解决上述问题，气门可变驱动技术应运而生。

气门驱动控制系统的功能是根据发动机转速和负荷的变化，适时调整配气相位和气门升程。

目前，由于进气门配气相位和气门升程对发动机性能的影响比排气门大，为简化发动机的结构和降低成本，气门驱动控制系统一般只控制进气门配气相位和升程。气门驱动控制系统对柴油机和汽油机均可使用，以下介绍几种比较典型的气门驱动控制系统。

1. 德国大众汽车公司可变进气相位控制系统

德国大众汽车公司可变进气相位控制系统的功能是根据发动机运行工况的变化，使进气凸轮轴相对曲轴转动来实现对进气相位的控制。

德国大众汽车公司可变进气相位控制机构如图5-40所示。在发动机每列气缸的气缸盖上，排气凸轮轴安装在外侧，进气凸轮轴安装在内侧。曲轴通过同步带驱动排气凸轮轴，排气凸轮轴通过链驱动进气凸轮轴。发动机工作时，ECU根据发动机转速信号控制正时电磁阀动作，以此改变通向液压缸的油路，而液压缸则带动正时调节器向上或向下移动。当正时调节器向上或向下移动时，进气凸轮轴与排气凸轮轴间传动链条紧边的位置随之改变。由于排气凸轮轴与曲轴间采用同步带传动，排气门的配气相位不变，所以进气凸轮轴与排气凸轮轴间传动链条紧边的变化会改变进气凸轮轴与曲轴间的相对位置，从而调节进气门的配气相位。发动机转速较低时，进气相位提前；发动机转速较高时，进气相位推迟。

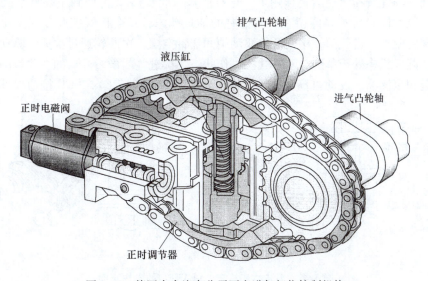

图5-40　德国大众汽车公司可变进气相位控制机构

2. 日本本田汽车公司 VTEC

日本本田汽车公司 VTEC（可变配气正时及气门升程电子控制机构）的功能是根据发动机运行工况的变化，通过变换驱动进气门工作的凸轮来实现对进气相位及进气门升程的控制，并完成单进气门工作和双进气门工作的切换。

日本本田汽车公司 VTEC 的组成如图 5-41 所示。同一缸的两个进气门有主、次之分，即主进气门和次进气门。每个进气门通过单独的摇臂驱动，驱动主进气门的摇臂称为主摇臂，驱动次进气门的摇臂称为次摇臂，在主、次摇臂之间装有一个中间摇臂，中间摇臂不与任何气门直接接触，三个摇臂并列在一起组成进气摇臂总成。凸轮轴上相应地有三个不同升程的凸轮分别驱动主摇臂、中间摇臂和次摇臂，凸轮轴上的凸轮也相应地分为主凸轮、中间凸轮和次凸轮。在凸轮形状设计上，中间凸轮的升程最大，次凸轮的升程最小，主凸轮的形状适合发动机低速时主进气门单独工作时的配气相位要求，中间凸轮的形状适合发动机高速时主、次双进气门工作时的配气相位要求。正时片是在正时活塞处于初始位置和工作位置时，靠回位弹簧使其插入正时活塞相应的槽中，使正时活塞定位。

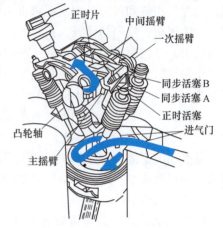

图 5-41 日本本田汽车公司 VTEC 的组成

日本本田汽车公司 VTEC 的工作原理如图 5-42 所示。驱动两个进气门的三个摇臂内有油缸孔，油缸孔中装有靠液压控制的正时活塞、同步活塞、阻挡活塞及弹簧。正时活塞一端的油缸孔通过摇臂轴内腔与发动机的润滑油道连通，ECU 根据发动机转速、负荷、冷却液温度和车速信号控制 VTEC 电磁阀。电磁阀通电后，通过压力开关给 ECU 提供一个反馈信号，以便监控系统工作。VTEC 机构的控制原理如图 5-43 所示。发动机低速、小负荷运转时（见图 5-42a），VTEC 电磁阀不通电而关闭油道，润滑油压力不能作用在正时活塞上，在次摇臂油缸孔内的弹簧和阻挡活塞作用下，正时活塞和同步活塞 A 回到主摇臂油缸孔内，与中间摇臂等宽的同步活塞 B 停留在中间摇臂的油缸孔内，三个摇臂彼此独立。此时，主凸轮通过主摇臂驱动主进气门，中间凸轮驱动中间摇臂空摆，次凸轮通过次摇臂驱动次进气门微量开启，配气机构处于单进、双排气门工作状态。次进气门微量开启的主要目的是防止次进气门附近积聚燃油。发动机高速、大负荷运转时（见图 5-42b），ECU 接通 VTEC 电磁阀

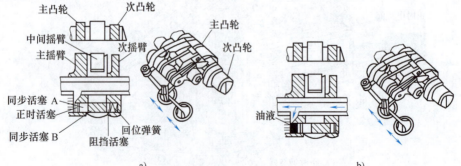

图 5-42 日本本田汽车公司 VTEC 的工作原理
a）低速小负荷时 b）高速大负荷时

电路，使电磁阀开启，来自润滑油道的润滑油压力作用在正时活塞一侧，由正时活塞推动两同步活塞和阻挡活塞移动，两同步活塞分别将主摇臂与中间摇臂、次摇臂与中间摇臂插接成一体，成为一个同步工作的组合摇臂。此时，由于中间凸轮升程最大，组合摇臂受中间凸轮驱动，两个进气门同步工作，进气门的配气相位和升程与发动机低速时相比，其升程、提前开启角和滞后关闭角均增大。

3. 德国宝马汽车公司 VCC 系统

德国宝马汽车公司 VCC（可变凸轮轴控制）系统的功能是根据发动机运行工况的变化，在一定范围（0~9.7mm）内对气门升程进行连续控制。

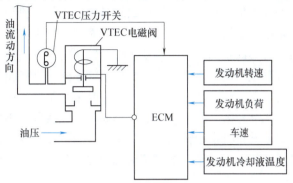

图 5-43 VTEC 机构的控制原理

德国宝马汽车公司 VCC 装置的组成如图 5-44 所示。该装置主要是在传统配气机构的基础上增加了齿扇和中置摇臂，齿扇由 ECU 控制的步进电动机驱动，步进电动机的轴上有螺杆与齿扇啮合；中置摇臂可以齿扇上的中置摇臂轴作为支点摆动，凸轮通过中置摇臂驱动气门摇臂，再驱动气门工作。发动机工作时，ECU 根据发动机的运行工况确定最佳的气门升程，并通过步进电动机驱动齿扇绕其偏心轴转动，使中置摇臂的摆动支点（即中置摇臂轴）与驱动凸轮的相对位置改变，在驱动凸轮的升程一定时，中置摇臂下端驱动气门摇臂的摆动量发生变化，所以气门升程也随之变化。

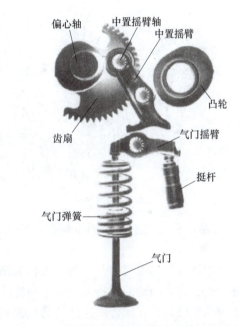

图 5-44 德国宝马汽车公司 VCC 装置的组成

4. 日本丰田汽车公司 VVTL-i 控制系统

日本丰田汽车公司 VVTL-i（智能型可变进气门正时及升程）控制系统的功能是根据发动机运行工况的变化，通过使进气凸轮轴相对曲轴转动来实现对进气相位的控制，通过变换驱动进气门的凸轮来改变气门升程。

日本丰田汽车公司 VVTL-i 控制机构的组成如图 5-45 所示。该机构可分为两部分：一部分由 VVT-i 液压控制器和液压控制阀组成，用来改变进气凸轮轴与其带轮的相对位置，从而控制进气门的配气相位；另一部分主要由 VVTL-i 液压控制阀、进气凸轮轴和摇臂总成等组成，用来变换驱动进气门的凸轮，以改变进气门升程。两个液压控制阀为电液比例阀，用于执行 ECU 的指令控制液压油路，系统所用液压油为发动机润滑油。

日本丰田汽车公司 VVT-i 液压控制器有螺旋槽式和叶片式两种类型。螺旋槽式液压控制器主要由内、外表面均有螺旋槽的套筒和液压活塞组成，套筒内螺旋槽与进气凸轮轴前端相应的外螺旋槽啮合，套筒外螺旋槽则与进气凸轮轴正时带轮相对应的内螺旋槽啮合，当液压活塞推动套筒轴向移动时，进气凸轮轴与其正时带轮就相对转动。因为正时带轮与曲轴的相对位置是固定的，所以当进气凸轮轴相对其正时带轮转动时，进气相位就会改变，液压活塞的移动量不同，进气相位的变化量就不同，进气相位可以连续变化。叶片式液压控制器主要由与进气凸轮轴连接的叶轮和与正时带轮制成一体的管壳组成，叶轮的叶片两侧均有液压油腔，当叶片某一侧的液压油腔充油时，在液压力作用下，叶轮带动进气凸轮轴沿相应的方向相对于其正时带轮转动，从而使进气相位提前或推迟；通过控制液压油腔的油压，即可控制进气凸轮轴相对于其正时带轮转动的角度，从而实现进气相位的连续控制。

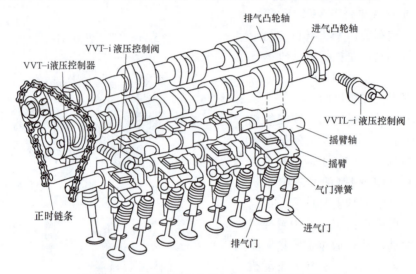

图 5-45　日本丰田汽车公司 VVTL-i 控制机构的组成

日本丰田汽车公司进气门升程控制机构如图 5-46 所示。驱动进气门的凸轮分为高速凸轮和低速凸轮，高速凸轮的升程大于低速凸轮的升程。对应每个气缸两进气门的有一个摇臂和高、低速两个凸轮，在摇臂高速凸轮的位置装有滑块，摇臂内的空腔装有液压滑销。发动机低速、小负荷运转时，摇臂内的滑销位于初始位置（见图 5-46a），高速凸轮顶动滑块时，滑块空动无法将力传递给摇臂，此时由低速凸轮通过滚轮和摇臂驱动两个进气门工作。发动机高速、大负荷运转时，由 ECU 控制的液压控制阀开启通向摇臂内腔的液压通道，进入摇臂内腔的液压油将滑销推至滑块底部（见图 5-46b），以消除滑块底部与摇臂的间隙。由于高速凸轮的升程比低速凸轮大，所以此时高速凸轮通过滑块、滑销和摇臂驱动两个进气门工作，而低速凸轮无法起作用。

目前，汽车发动机上采用的气门驱动控制系统中，仍以凸轮驱动气门为主，虽然在改善发动机性能方面取得了良好的效果，但也存在不足，如响应速度较慢、各气门不能实现独立控制等。为此，世界各大汽车公司已开始研制无凸轮的气门驱动控制系统，如利用电磁线圈直接控制气门的电磁式气门驱动系统、利用电控液压装置驱动气门的电液式气门驱动系统等，有些已进入试用阶段，气门驱动新技术必将为改善发动机性能做出更大的贡献。

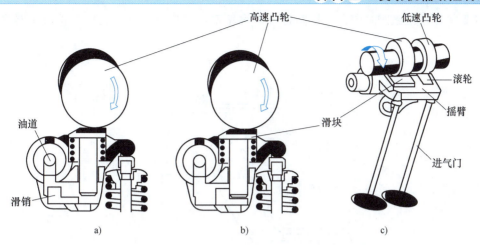

图 5-46　日本丰田汽车公司进气门升程控制机构

学习任务四　认识增压控制系统

发动机增压是利用专门的装置将空气预先进行压缩再送入气缸的过程，虽然气缸的工作容积不变，但因增压后每个循环进入气缸的气体密度增大，使实际充气量增加，这样可以向缸内喷入更多的燃料并保证充分地燃烧。增压技术在汽车发动机上的应用已相当广泛，采用增压的目的不仅是提高发动机的升功率或进行高原补偿，更重要的是能降低燃油消耗率、降低排放污染和减小噪声。增压的方式很多，如废气涡轮增压、机械增压、气波增压和复合增压等，现代汽车发动机以废气涡轮增压为主，这是由于采用废气涡轮增压，不仅能够充分利用废气能量，提高发动机热效率，同时由于废气涡轮使排气背压提高，有利于降低排气噪声，也有利于废气中 HC 和 CO 在排气管内的继续燃烧。

一、废气涡轮增压系统

1. 基本工作原理

常用废气涡轮增压系统主要由空气滤清器、废气涡轮增压器和中冷器等组成，如图 5-47 所示。废气涡轮增压器主要由涡轮和压气机两部分组成，涡轮与压气机的叶轮安装在同一轴上；涡轮的进气口与排气管相连，出气口与排气消声器相连；压气机的进气口前端装有空气滤清器，出气口则经中冷器与进气管相连。

控制废气流动路线的切换阀受驱动气室的控制，在废气涡轮增压器出口与驱动气室之间的压力空气通道中装有受 ECU 控制的释压电磁阀，释压电磁阀控制进入驱动气室的气体压力。当 ECU 检测到的进气压力在 0.098MPa 以下时，受 ECU 控制的释压电磁阀的搭铁回路断开，释压电磁阀关闭。此时由废气涡轮增压器出口引入的压力空气经释压电磁阀进入驱动气室，克服气室弹簧的压力推动切换阀将废气进入涡轮室的通道打开，同时将排气旁通口关闭，废气流经涡轮室使增压器工作。当 ECU 检测到的进气压力高于 0.098MPa 时，ECU 将释压电磁阀搭铁回路接通，释压电磁阀打开，通往驱动气室的压力空气被切断，在气室弹簧弹力作用下，驱动切换阀，关闭进入涡轮室的通道，同时将排气旁通口打开，废气不经涡轮室而直接排出，废气涡轮增压器停止工作，进气压力将下降，直至进气压力降到规定的压力时，ECU将释压电磁阀关闭，切换阀将进入涡轮室的通道口打开，废气涡轮增压器又开始工作。

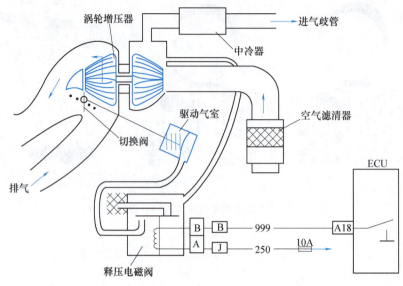

图5-47 废气涡轮增压系统的组成

中冷器全称为中间冷却器，其功用是使增压后的空气进入气缸前进行中间冷却，以降低进气温度。这是因为空气经增压后温度会升高，空气的密度并不能随其压力成正比增加，适当地对增压后的空气进行冷却可进一步提高发动机的进气量。中冷器风扇的驱动一般是从压气机一端引出5%~10%的增压空气经抽气管流至与风扇制成一体的涡轮，通过涡轮带动风扇转动。

2. 废气涡轮增压器

废气涡轮增压器的结构如图5-48所示，其组成可分为五部分：涡轮、压气机、支承装置、密封装置、润滑与冷却装置。涡轮部分由涡轮、叶轮轴、涡轮壳等零件组成，该部分主要利用废气能量产生驱动压气机的动力。压气机部分由叶轮和压气机壳等零件组成，其功用是在废气涡轮驱动下，利用离心原理压缩即将进入气缸的空气。支承部分由轴承、护板和止动盘等零件组成，其功用是使转子可靠地定位在中间壳上，限制转子工作时的轴向和径向活动范围。密封装置由油封和气封环等零件组成，在压气机端的密封装置主要是防止润滑油进入压气机，在涡轮端的密封装置主要是防止废气进入油腔，污染润滑油。润滑与冷却装置主要由轴承壳和进、出油管等零件组成，其功用是使发动机润滑油经油管和增压器轴

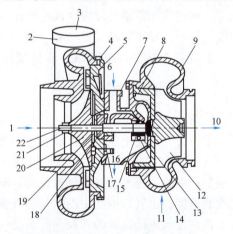

图5-48 废气涡轮增压器的结构
1—空气入口 2—压气机壳 3—空气出口
4—V形卡环 5—后板 6—润滑油进口
7—中间壳 8—护板 9—涡轮壳
10—排气出口 11—排气进口 12—涡轮
13—增压器浮动轴承 14—轴承壳
15—卡环 16—润滑油出口 17—止动盘
18—止动环 19—油封 20—压气机叶轮
21—固定螺母 22—涡轮及叶轮轴

承壳进行循环,对增压器进行润滑和冷却。

增压器中采用的支承轴承为浮动轴承,因为增压器转子的转速很高,每分钟上万转甚至数十万转,若采用普通的非浮动轴承,轴承磨损很快,使用寿命很短。浮动轴承是指轴与轴承及轴承与轴承座孔之间均有一定的间隙,增压器工作时,具有一定压力的润滑油进入轴承的内、外间隙,使轴承在内、外两层油膜之间随转子转动,但轴承的转速比转子低得多,从而使轴承与轴和轴承孔的相对速度大大降低。与普通的滑动轴承相比,浮动轴承具有工作温度低、摩擦损失少、工作可靠及拆装方便等优点。

二、增压控制系统

1. 增压控制系统的功能

废气涡轮增压器是靠废气排出时的能量来驱动的,而废气排出时的能量主要取决于发动机排出的废气流速。随着发动机转速的提高,废气流速提高,使废气涡轮增压器的转速提高,增压压力增高;反之,随着发动机转速的降低,废气涡轮增压器的增压压力会减小。由于汽车发动机的转速变化范围大,废气涡轮增压器的工作特性难以在各种工况下均与发动机实现良好的匹配。例如:发动机低速且大负荷时,会因增压压力低而导致进气量不足,造成发动机燃烧不完全、冒黑烟、动力性和经济性下降等后果;反之,当发动机高速、大负荷时,容易造成增压器超速、燃烧压力过高等不良后果。

由此可见,根据发动机工况变化,控制增压压力非常重要。增压控制系统的功能就是根据发动机工况变化,通过调节增压压力进一步优化发动机的性能。此外,部分发动机还设有增压空气循环控制系统,该系统是通过将压气机的出气口与进气口连通使增压空气循环的方法控制供给发动机的增压空气量,以避免发动机在急减速工况时废气涡轮增压器内部产生气体冲击,同时也可在转速过高(超过规定转速)或小负荷时降低进气噪声和燃油消耗。

2. 增压压力的控制

增压器的增压压力取决于其转速,而在发动机转速和负荷一定时,废气涡轮增压器的转速与废气流经涡轮的速度有关。因此,改变废气流经涡轮的速度即可实现对增压压力的控制。

控制增压压力的方法主要有三种:旁通阀式、节流阀式和可调叶片式。旁通阀式增压控制是利用旁通阀控制流经涡轮的废气量,节流阀式增压控制是利用节流阀控制涡轮进气口流通截面,可调叶片式增压控制是利用可调叶片控制涡轮受力的有效截面,最终都是通过改变废气流经涡轮的速度实现对增压压力的控制。

(1)旁通阀式增压控制 以一汽大众公司宝来电控柴油机为例,其旁通阀式增压压力控制系统如图5-49所示。旁通阀受驱动气室的控制,ECU控制的电磁阀安装在增压器压气机出口与驱动气室之间的高压空气管中,电磁阀控制进入驱动气室的气体压力。ECU将增压压力传感器检测到的实际增压压力与内存的目标值进行比较,当实际增压压力低于目标时,ECU控制的电磁阀搭铁回路断开,电磁阀关闭通往驱动气室的高压空气管路,驱动气室驱动旁通阀关闭废气旁通口,使废气流经增压器,废气涡轮增压器工作;当实际增压压力高于目标时,ECU控制的电磁阀搭铁回路接通,电磁阀开启通往驱动气室的高压空气管路,驱动气室驱动旁通阀开启废气旁通口,由于废气经旁通口排出,废气涡轮增压器停止工作。

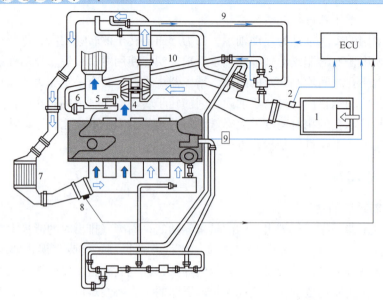

图 5-49　一汽大众公司宝来电控柴油机旁通阀式增压压力控制系统
1—空气滤清器　2—空气流量传感器　3—增压压力控制电磁阀　4—废气涡轮增压器　5—旁通阀
6—驱动气室　7—中冷器　8—增压压力传感器　9、10—高压空气管

旁通阀式增压压力控制装置如图 5-50 所示。当电磁阀关闭高压空气管路时，膜片左侧无空气压力，弹簧推动膜片向左移动，并通过膜片拉杆和控制杆驱动旁通阀向右关闭废气旁通口；当电磁阀开启高压空气管路时，来自压气机出口的高压空气作用在膜片上，使膜片压缩膜片弹簧向右移动，并通过膜片拉杆和控制杆驱动旁通阀向左开启废气旁通口。

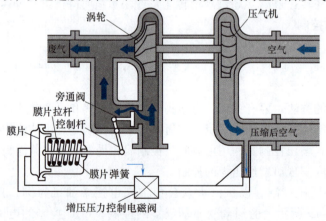

图 5-50　旁通阀式增压压力控制装置

增压压力控制电磁阀的结构如图 5-51 所示。电磁阀断电时，阀被弹簧推至下端，低压空气侧管口被关闭，而高压空气侧管口与通驱动气室管口连通；电磁阀通电时，阀被电磁力吸起，高压空气侧管口被关闭，而低压空气侧管口与通驱动气室管口连通。

在旁通阀式增压压力控制系统中，可采用占空比控制型电磁阀取代开关型电磁阀实现增压压力的连续控制。ECU 根据柴油机负荷信号和转速信号，按预存的增压压力控制模型确

项目五 发动机辅助控制系统

定此负荷和转速下的增压压力,将其与增压压力传感器检测到的实际增压压力进行比较,并根据比较结果调节电磁阀通电占空比,通过电磁阀开度的变化调节作用在驱动气室膜片上的空气压力,从而调节旁通阀的开度,实现增压压力的连续控制。

(2) 节流阀式增压压力控制 节流阀式增压压力控制装置如图 5-52 所示。节流阀安装在增压器的涡轮进口处,当发动机低速时,节流阀关闭以减小涡轮进口截面,使废气流速加快,增压器转速提高,以避免低速时增压压力不足的现象。当发动机转速较高时,节流阀开启以增大涡轮进口截面,使废气流速减慢,以防止高速时增压器的超速现象。节流阀的开启或关闭由电磁阀和驱动气室来控制,其控制原理与前述旁通阀控制基本相同。

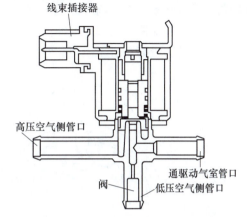

图 5-51 增压压力控制电磁阀的结构

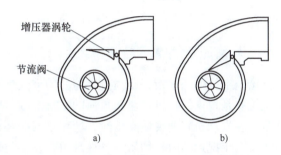

图 5-52 节流阀式增压压力控制装置
a) 低速时节流阀关闭 b) 高速时节流阀开启

(3) 可调叶片式增压压力控制 可调叶片式增压压力控制系统如图 5-53 所示。调整环安装在增压器的涡轮壳上,与可调叶片和轴制成一体的叶片拨销位于调整环相应的卡槽内,叶片轴由支撑环支撑,调整环转动时即可通过相应的卡槽驱动叶片拨销和叶片一起转动,从而改变叶片角度。控制连杆通过调整环拨销相应的卡槽驱动调整环转动,而控制连杆的转动则由 ECU 通过电磁阀和驱动气室来控制。控制电磁阀采用占空比控制型,但只有 4 个位置变化,相应的可调叶片也有 4 个角度位置,能够对废气涡轮增压器实现四级转换控制。

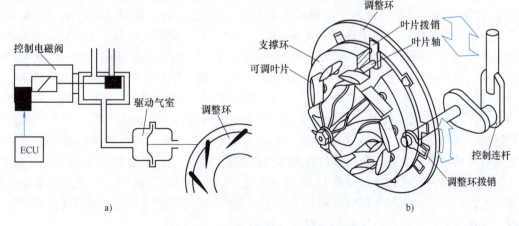

图 5-53 可调叶片式增压压力控制系统
a) 系统组成 b) 控制装置结构

183

可调叶片式增压压力控制原理如图 5-54 所示。发动机低速时，ECU 通过电磁阀和驱动气室控制调整环转动，使可调叶片角度减小，由于废气经过可调叶片流向涡轮时的通道截面变小，使废气流速加快，而且废气冲击涡轮叶片的外边缘，也增大了涡轮驱动力矩，所以废气涡轮增压器转速较高，增压压力相对提高。反之，当可调叶片角度增大时，增压压力则相对减小。

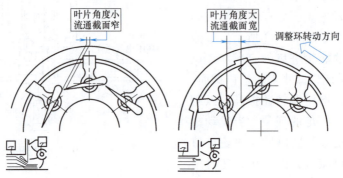

图 5-54　可调叶片式增压压力控制原理

三、增压空气循环控制系统

增压空气循环是指将压气机压缩后的空气重新引回到压气机进气口。增压空气循环控制系统主要是根据发动机转速和负荷的变化控制增压空气循环量，以调节供给发动机的增压空气量。在发动机转速突然降低时，增压空气循环可避免废气涡轮增压器产生气体冲击；发动机小负荷工况运转时，增压空气循环可防止供气量过多，并可降低进气噪声；在发动机高速运转时，增压空气循环可防止发动机超速。

增压空气循环控制系统如图 5-55 所示。增压空气循环控制电磁阀为三通阀，左侧经真空管 14 和真空管 9 与真空罐相通，右侧经真空管 13 与进气管连通，下部则经真空管 12 与增压空气循环阀膜片气室连通，电磁阀用于控制增压空气循环阀膜片气室与真空罐或进气管相通。发动机在正常工况下工作时，增压空气循环控制电磁阀不通电，增压空气循环阀膜片气室与真空罐之间的真空管路不通，此时，利用进气管真空度通过真空管 13、电磁阀和真空管 12 控制增压空气循环（真空通路见图中小箭头所示方向）；随发动机转速的提高，进气管真空度增大，增压空气循环控制阀开度增大，增压空气循环量增多，从而使供给发动机的增压空气量受到限制；反之，随发动机转速的降低，进气管真空度减小，增压空气循环量减少，从而可防止低速时供气量不足。增压空气循环是经增压空气循环管 4 和空气循环控制阀 3 进行的（图中大箭头所示方向）。在进气管真空管 13 与真空罐真空管 9 之间装有单向阀 8，利用进气管真空度吸出真空罐内的空气，使真空罐内保持一定的真空度。当发动机转速突然降低，或负荷很小，或转速过高时，ECU 接通增压空气循环控制电磁阀的电路，电磁阀通电后，使增压空气循环阀与进气管之间的真空通路关闭，而利用真空罐中的真空经真空管 9、真空管 14、电磁阀和真空管 12 强制开启增压空气循环阀。此时，由于真空罐中的真空度较大，所以增压空气循环阀达到最大开度；同时，增压后的空气压力因循环而得到全部释放，供往发动机气缸的空气几乎没有增压效果。

项目五 发动机辅助控制系统

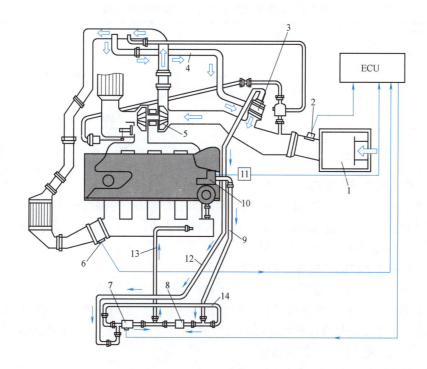

图 5-55 增压空气循环控制系统
1—空气滤清器 2—空气流量传感器 3—空气循环控制阀 4—空气循环管 5—压气机
6—增压压力传感器 7—空气循环控制电磁阀 8—单向阀 9、12、13、14—真空管
10—真空罐 11—转速传感器

学习任务五　认识排放控制系统

随着汽车工业的飞速发展，汽车保有量急剧增加，汽车排放问题受到极大的关注。因为汽车排放严重影响着生态环境和人身健康，制约着经济的发展，所以世界上各发达国家相继投入大量的人力、物力和财力控制环境污染，保护生态平衡。为了能更好地治理环境污染，满足越来越严格的排放法规要求，在现代汽车发动机上装用了多种排放控制系统。

一、发动机排放控制技术

汽车发动机排放污染物主要有 HC（碳氢化合物）、CO（一氧化碳）、CO_2（二氧化碳）、NO_x（氮氧化合物）、PM（颗粒物）和 SO_x（硫氧化合物）。

柴油机与汽油机主要污染物排放比较见表 5-2。无论是汽油机还是柴油机，控制发动机排放污染的方法可分为两类：一是抑制它的生成，二是对排出的污染物进行后处理。近年来，针对汽车污染源和各种污染物的产生机理以及汽油机与柴油机排放污染的特点，汽油机采用汽油蒸气排放（EVAP）控制系统、废气再循环（EGR）系统、催化转化系统、二次空气供给系统作为控制 CO、HC 和 NO_x 排放的主要措施，柴油机则采用 EGR 系统、催化转化系统和颗粒过滤系统作为控制 NO_x 和 PM 排放的主要措施。

表 5-2　柴油机与汽油机主要污染物排放比较

污染物种类	柴油机	汽油机	备注
CO（%）	<0.5	<10	汽油机为柴油机的 20 倍以上
HC（10^{-6}）	<500	<3 000	汽油机为柴油机的 5 倍以上
NO_x（10^{-6}）	1 000~4 000	2 000~4 000	二者相当
PM /（g/km）	0.5	0.01	柴油机为汽油机的 50 倍以上

二、汽油蒸气排放（EVAP）控制系统

1. EVAP 控制系统的功能

EVAP 控制系统的功能是收集汽油箱内蒸发的汽油蒸气，并将汽油蒸气导入气缸参加燃烧，从而防止汽油蒸气直接排入大气而造成污染。同时，还必须根据发动机工况控制导入气缸参加燃烧的汽油蒸气量。

2. EVAP 控制系统的组成与工作原理

EVAP 控制系统是为防止汽油箱内的汽油蒸气排入大气产生污染而设置的，在装有 EVAP 控制系统的汽车上，汽油箱盖上只有空气阀，而不设蒸气放出阀。EVAP 控制系统如图 5-56 所示。活性炭罐与汽油箱之间设有排气管和单向阀，汽油箱内的汽油蒸气超过一定压力时，顶开单向阀经排气管进入活性炭罐，活性炭罐内的活性炭将燃油蒸气吸附在炭罐内。发动机工作时，活性炭罐内的汽油蒸气经定量排放孔和吸气管被吸入进气管。活性炭罐的上端设有一个真空控制阀，真空控制阀为一膜片阀，膜片上方为真空室，控制阀用来控制定量排放孔的开闭。真空控制阀与进气管之间的真空管路中设有受 ECU 控制的电磁阀，用以调节真空控制阀上方真空室的真空度，改变真空控制阀的开度，从而控制吸入进气管的汽油蒸气

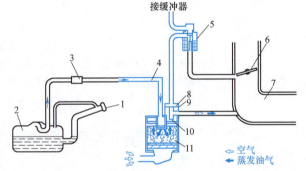

图 5-56　EVAP 控制系统
1—汽油箱盖　2—汽油箱　3—单向阀　4—排气管　5—电磁阀　6—节气门　7—进气管　8—真空室　9—真空控制阀　10—定量排放孔　11—活性炭罐

量。为防止活性炭罐内的燃油蒸气被吸入进气管后使混合气变浓，活性炭罐下方设有进气滤芯并与大气相通，使部分清洁空气与活性炭罐内的汽油蒸气一起被吸入进气管。

有些发动机上的 EVAP 系统不采用 ECU 控制，即真空控制阀与进气管之间的真空管路中不安装受 ECU 控制的电磁阀，真空控制阀的开度直接由真空度控制，真空管口设在靠近节气门全闭位置的上方。发动机转速一定时，随发动机负荷（节气门开度）的增大，真空管口处的真空度增加，真空控制阀的开度增大；随发动机负荷的减小，真空控制阀开度也减小。

在部分电控 EVAP 系统中，活性炭罐上不设真空控制阀，而是将受 ECU 控制的电磁阀直接装在活性炭罐与进气管之间的吸气管中。图 5-57 所示为韩国现代轿车装用的电控 EVAP 系统的组成。ECU 根据节气门位置传感器、冷却液温度传感器和进气温度传感器信号控制电磁阀通电或断电，电磁阀控制活性炭罐与进气管之间的吸气通道。发动机怠速（进气量

较少）或温度较低时，ECU 使电磁阀断电，关闭吸气通道，活性炭罐内的汽油蒸气不能被吸入进气管。

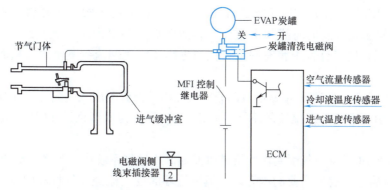

图 5-57　韩国现代轿车装用的电控 EVAP 系统的组成

3. EVAP 控制系统的检修

（1）一般维护　在使用中，应经常检查各连接管路有无破损或漏气，必要时更换连接软管；检查活性炭罐壳体有无裂纹、底部进气滤芯是否脏污，必要时更换炭罐或滤芯；一般汽车每行驶 20 000km，应更换活性炭罐底部的进气滤芯。

（2）真空控制阀的检查　如图 5-58 所示，从活性炭罐上拆下真空控制阀，用手动真空泵由真空管接头给真空控制阀施加约 5kPa 的真空度时，从活性炭罐侧孔吹入空气应畅通；不施加真空度时，吹入空气则不通。若不符合上述要求，应更换真空控制阀。

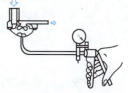

图 5-58　真空控制阀的检查

（3）电磁阀的检查　发动机不工作时，拆开电磁阀进气管一侧的软管，手动用真空泵由软管接头给控制电磁阀施加一定的真空度，电磁阀不通电时应能保持真空度，若给电磁阀接通蓄电池电压，则真空度应释放；拆开电磁阀线束插接器，测量电磁阀两端子间的电阻应为 36～44Ω。若不符合上述要求，则应更换控制电磁阀。

三、废气再循环（EGR）控制系统

1. EGR 系统的基本原理

废气再循环（EGR）就是将废气中的一部分引入燃烧室中参与燃烧过程。由于废气的主要成分是惰性气体（CO_2、H_2O 和 N_2 等），它们具有较高的比热容，废气与新鲜混合气混合后热容量增大，可降低最高的燃烧温度，同时，再循环的废气对新鲜混合气的稀释也相应地降低了氧的浓度，从而使 NO_x 在燃烧过程中的生成量受到抑制。

EGR 量的多少可用 EGR 率表示，它是指再循环的废气量在进入气缸内的气体中所占的比率，即

$$EGR 率 = [EGR 量 / (进气量 + EGR 量)] \times 100\%$$

2. EGR 的实现方式

非增压发动机的进、排气管存在足够的压力差，实现 EGR 很容易。增压发动机实现 EGR 比较困难，因为在发动机运行工况下排气管内的压力低于进气管内的压力，这意味着

废气不会自动从排气管流向进气管，为此必须采取一定的措施。

按增压发动机实现 EGR 途径的不同，可分为内部 EGR 和外部 EGR 两种类型。

（1）内部 EGR 内部 EGR 是指通过排气门或者特殊设置阀门的开启来实现废气再循环，如日本日野公司开发的内部 EGR 装置（示意图如图 5-59 所示）就是通过修改排气凸轮的形状使排气门在进气行程中稍有提升，让部分高压废气回流到气缸内，从而实现废气再循环。

（2）外部 EGR 外部 EGR 是指将部分废气经由外部管路引入进气系统来实现废气再循环。按将废气引到进气系统位置的不同，外部 EGR 可分为低压回路 EGR 和高压回路 EGR 两种类型。

低压回路 EGR 是将废气引到压气机进口前的低压进气系统中，如图 5-60 所示。低压回路 EGR 系统很容易获得所需要的压力差，但再循环的废气流经压气机和中冷器，使压气机的进气温度高于设计温度，而且中冷器容易阻塞而导致压力损失增加。

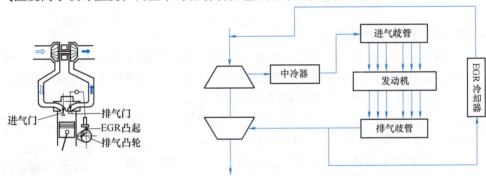

图 5-59 内部 EGR 示意图

图 5-60 增压发动机低压回路 EGR 系统

高压回路 EGR 是将废气引到压气机出口后的高压进气系统中，如图 5-61 所示。高压回路 EGR 系统的再循环废气不经过压气机和中冷器，不存在影响增压装置耐久性和可靠性的问题，目前应用较普遍。但高压回路 EGR 获得所需要的压力差比较困难。

为保证 EGR 的顺利实现，高压回路 EGR 通常采用的技术措施如图 5-62 所示。图 5-62a 是在 EGR 阀前（有些在后）安装一个防逆流阀，以防止 EGR 阀开启时增压空气逆流，利用排气压力脉动只能将部分废气压入高压进气系统。图 5-62b 是利用节流阀对增压空气进行节流的方法降低进气管内的压力，但显然会增加柴油机的进气阻力。图 5-62c 是在进气系统中安装一个文丘里管，

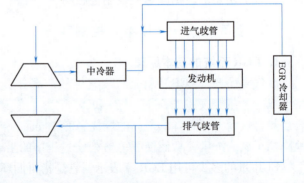

图 5-61 增压发动机高压回路 EGR 系统

利用文丘里管喉口的压降获得 EGR 所需要的压力差，并可通过调节文丘里管旁通阀的开度来改变 EGR 的有效压差。图 5-62d 是利用专门的 ECR 泵强制进行 EGR，此方法虽然具有较好的灵活性，但由于泵的流量要求很大，采用机械驱动泵过于庞大昂贵，所以常采用由增压

项目五 发动机辅助控制系统

器驱动的 EGR 泵。此外,采用可调叶片式增压压力控制系统,通过调整叶片角度减小废气流经涡轮的有效截面,提高增压器涡轮前排气管内的压力,也是增压发动机实现 EGR 的有效途径。

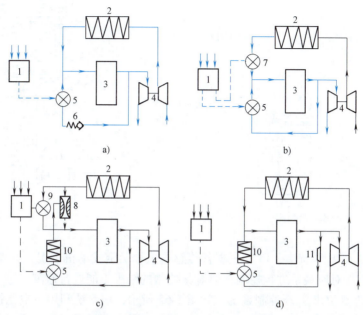

图 5-62　增压发动机高压回路 EGR 措施
a) 防逆流方式　b) 进气节流方式　c) 文丘里管方式　d) EGR 泵方式
1—ECU　2—中冷器　3—柴油机　4—废气涡轮增压器　5—EGR 阀　6—防逆流阀
7—进气节流阀　8—文丘里管　9—文丘里管旁通阀　10—EGR 冷却器　11—EGR 泵

3. EGR 电控系统的组成

EGR 电控系统的功能主要是根据发动机的运行工况控制 EGR 率,各种工况下的最佳 EGR 率预先存储在 ECU 中。在大负荷(一般为 90% 以上)或低转速(一般为 750r/min 以下)时,发动机不进行废气再循环,而在其他工况下,随进气量的增多,EGR 量也增加。

按控制模式的不同,EGR 电控系统可分为开环控制系统和闭环控制系统两种类型。

按 EGR 阀驱动方式的不同,EGR 电控系统可分为真空驱动型和电驱动型两种类型。

(1) 真空驱动型 EGR 开环控制系统　如图 5-63 所示,该控制系统主要由 EGR 阀和 EGR 电磁阀等组成,EGR 阀安装在 EGR 通道中,用以控制 EGR 量。EGR 电磁阀安装在通向 EGR 阀的真空通道中,ECU 根据发动机转速、负荷和冷却液温度等信号来控制电磁阀的通电或断电。EGR 电磁阀不通电时,控制 EGR 阀的真空通道接通,EGR 阀开启,进行废气再循环;EGR 电磁阀通电时,控制 EGR 阀的真空通道被切断,EGR 阀关闭,停止废气再循环。

EGR 电磁阀采用占空比控制型,ECU 通过控制电磁阀的开度调节作用在 EGR 阀上的真空度,以控制 EGR 阀的开度,实现对 EGR 率的控制。

EGR 阀为气动膜片式,其结构如图 5-64 所示。EGR 阀的真空室可在膜片上方,也可在膜片下方,视具体需要而定。真空驱动膜片动作时,由膜片拉杆带动阀移动,以控制废气再循环，EGR 量取决于 EGR 阀的开度、排气管压力和进气管真空度。采用真空驱动型 EGR 阀，虽然系统结构复杂、响应速度慢，但 EGR 电磁阀远离高温废气，且真空驱动力比较大。

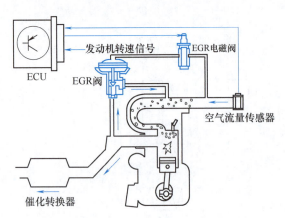
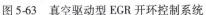
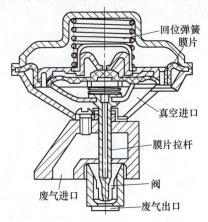

图 5-63　真空驱动型 EGR 开环控制系统　　　　图 5-64　真空驱动型 EGR 阀的结构

在开环控制 EGR 系统中，ECU 根据各传感器信号确定发动机工况，并按其内存的 EGR 率与转速、负荷的对应关系进行控制，但对其控制的结果不能进行监测。

（2）电驱动型 EGR 开环控制系统　如图 5-65 所示，该系统利用占空比控制型电磁阀型 EGR 阀或步进电动机型 EGR 阀直接控制 EGR 量，对其控制结果是否与目标值一致并不进行监测。与真空驱动型 EGR 系统相比，电驱动型 EGR 系统的突出优点是控制精度高、响应速度快，但由于电驱动装置距离高温废气近，工作环境差，对其工作可靠性要求高。

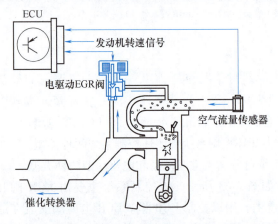
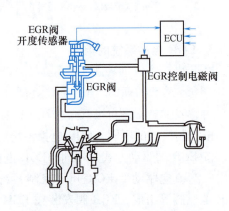

图 5-65　电驱动型 EGR 开环控制系统　　　　图 5-66　真空驱动型 EGR 闭环控制系统

（3）真空驱动型 EGR 闭环控制系统　用 EGR 阀开度（位置）作为反馈信号的真空驱动型 EGR 闭环控制系统如图 5-66 所示，与前述真空驱动型 EGR 开环控制系统相比，只是在 EGR 阀上增设了一个 EGR 阀开度传感器。闭环控制 EGR 系统工作时，ECU 可根据 EGR 阀开度传感器的反馈信号修正电磁阀的开度，使 EGR 阀的控制精度更高。EGR 阀开度传感器为电位计式或差动电感式。

（4）电驱动型 EGR 闭环控制系统　用 EGR 率作为反馈信号的电驱动型 EGR 闭环控制

系统原理如图 5-67 所示，EGR 率传感器安装在进气总管中的稳压箱上，新鲜空气经节气门进入稳压箱，参与再循环的废气经电驱动 EGR 阀进入稳压箱，传感器检测稳压箱内气体中的氧浓度（氧浓度随 EGR 率的增加而降低），并转换成电信号输送给 ECU，ECU 根据此反馈信号修正电驱动型 EGR 阀的开度，使 EGR 率保持在最佳值。

目前，由于电驱动型 EGR 闭环控制系统的响应速度快，控制精度更高，所以在现代汽车发动机上的应用已越来越广泛。在电驱动型 EGR 系统中，控制阀多采用电磁阀型 EGR 阀，其结构如图 5-68 所示。ECU 通过控制其通电占空比来改变阀的开度，对 EGR 率进行控制；阀开度传感器检测阀杆的实际位置，并将信号输送给 ECU，以实现 EGR 率的闭环控制。

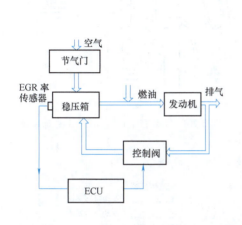

图 5-67　电驱动型 EGR 闭环控制系统原理

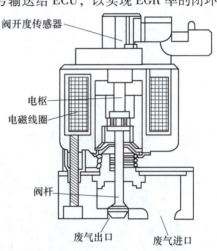

图 5-68　电磁阀型 EGR 阀的结构

4. EGR 冷却系统

EGR 在降低 NO_x 排放方面取得了很大的成功，但它在降低 NO_x 排放的同时，也会因高温废气引入进气系统而对进气加热并占据一定的气缸空间，使实际进气量减少，从而导致燃烧不完全，HC、CO 和 PM 的排放增加，尤其是柴油机的 PM 增加明显。为解决柴油机 NO_x 和 PM 的同时控制问题，在部分电控柴油机上装用了 EGR 冷却系统。

EGR 冷却系统的功用是对 EGR 气体进行冷却，这不仅使发动机的燃烧温度比用通常 EGR 的更低，从而进一步减少 NO_x 的排放，而且还能有效地提高进气密度，使燃烧更完全，对减少 PM 等污染物的排放也非常有利。在一定工况下，EGR 冷却系统对排放的影响如图 5-69 所示，图中的百分数表示 EGR 率，横坐标为单位时间的 NO_x 排放量，纵坐标为单位时间的 PM 排放量，0%、10%、20% 等为 EGR 率，实线表示采用 EGR 冷却时的排放值，虚线表示无 EGR 冷却时的排放值。

日本五十铃公司 EGR 冷却系统如图 5-70 所示。在 EGR 气体回路中加装一个 EGR 冷却器，冷却器的结构类似于机油散热器，高温的 EGR 气体流经冷却器的芯管时，被在芯管外部循环流动的冷却液冷却，被冷却后的废气再经 EGR 阀流入进气管进行循环。利用发动机的冷却液对再循环废气进行冷却，效果不理想，有些采用空气直接冷却。

此外，日本五十铃公司在原有的 EGR 冷却系统基础上，在世界上首先运用了防逆流阀技术，该系统被称为单向 EGR 冷却系统，如图 5-71 所示。其特点主要是在 EGR 气体回路中加装了防逆流阀,从而解决了增压发动机曾经很难解决的增压空气逆流问题,这项技术对燃料完全燃烧技术进行了补充,并且对降低颗粒物和黑烟排放有所贡献。

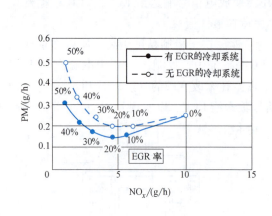

图 5-69　EGR 冷却系统对排放的影响　　　图 5-70　日本五十铃公司 EGR 冷却系统

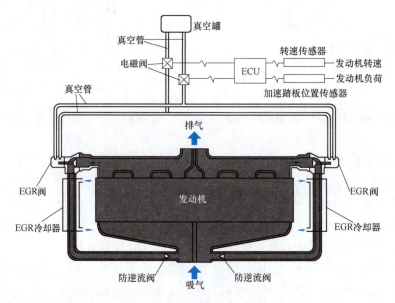

图 5-71　单向 EGR 冷却系统

5. EGR 控制系统的检修

(1) 一般检查　在冷机起动后,立即拆下 EGR 阀上的真空软管,发动机转速应无变化,用手触试真空软管口应无真空吸力;发动机温度达到正常工作温度后,急速时按上述方法检查,其结果应与冷机时相同;发动机在正常工作温度下,若将转速提高到 2 500r/min 左右,折弯真空软管(防止漏气)后并从 EGR 阀上拆下软管,发动机转速应有明显提高(因中断 EGR)。若不符合上述要求,则说明 EGR 系统工作不正常,应查明故障原因予以排除。

(2) EGR 电磁阀的检查　在冷态下测量电磁阀电阻,一般应为 33～39Ω。如图 5-72 所示，电磁阀不通电时，从进气管侧软管接头吹入空气应畅通，从通大气的滤网处吹入空气应不通。当给电磁阀接通蓄电池电源电压时，吹气通畅情况应与上述相反。若不符合上述要求，则应更换电磁阀。

（3）EGR 阀的检查 如图 5-73 所示，用手动真空泵给 EGR 阀膜片上方施加约 15kPa 的真空度时，EGR 阀应能开启（管口处吹气畅通）；不施加真空度时，EGR 阀应能完全关闭（管口处吹气不通）。若不符合上述要求，则应更换 EGR 阀。

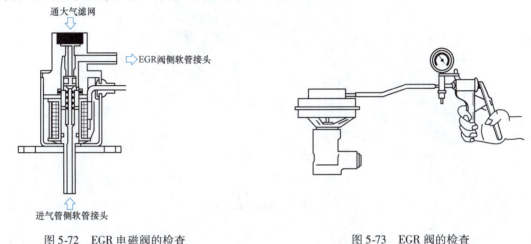

图 5-72 EGR 电磁阀的检查　　　　　　　　图 5-73 EGR 阀的检查

四、催化转化系统

催化转化系统是发动机排气后处理系统的重要组成部分，它利用安装在发动机排气系统中的催化转化装置，使发动机排出的 HC、CO、PM 氧化或使 NO_x 还原，以达到降低排放污染的目的。

催化转化装置主要分为两类：氧化催化转化装置和还原催化转化装置。目前，汽车发动机上装用的催化转化装置主要有三元催化转化器（TWC）、氧化催化转化器（DOC）、选择性催化还原系统（SCR）和吸附催化还原系统（NAC）等。

1. 三元催化转化器（TWC）

（1）三元催化转化器的结构 三元催化转化器（Three Way Catalyst Converter，TWC）主要由金属壳体、陶瓷格栅底板及催化剂涂层组成，如图 5-74 所示。三元催化转化器在汽油机和柴油机上应用均比较广泛，通常安装在排气管中部。图 5-75 所示为日本丰田雷克萨斯 LS400 轿车 TWC 的安装位置。它将氧化催化转化技术与还原催化转化技术集成于一体，三元催化剂一般为铂（或钯）、铑等贵重金属的混合物。当含有 HC、CO 和 NO_x 的废气流经转化器时，不仅可使废气中的 HC 和 CO 进一步氧化，生成无害气体 CO_2 和 H_2O，同时能促使废气中的 NO_x 与 CO 发生还原反应，生成无害的 CO_2 和 N_2 气体。

根据催化剂载体的结构特点，三元催化转化器可分为颗粒型和蜂巢型两种类型。前者将催化剂沉积在颗粒状氧化铝载体表面，后者将催化剂沉积在蜂巢状氧化铝载体表面，氧化铝表面有形状复杂的表层，可增大催化剂与废气的实际接触面积。

（2）三元催化转化器的转化效率 试验车辆或发动机按照某种指定的工况运行时，催化转化器前、后某种污染物排放量的变化率称为催化转化器转化效率，即

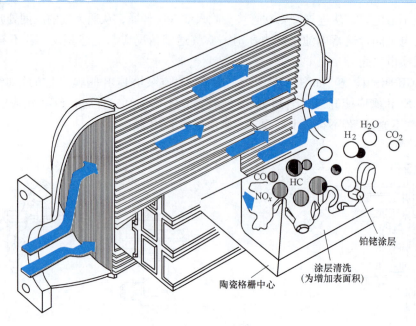

图 5-74 三元催化转化器

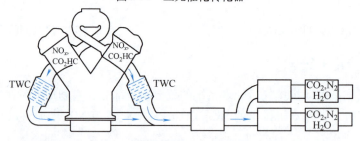

图 5-75 日本丰田雷克萨斯 LS400 轿车 TWC 的安装位置

$$转化器转化效率 = \frac{转化器前污染物排放量 - 转化器后污染物排放量}{转化器前污染物排放量} \times 100\%$$

催化转化器将有害气体转变成无害气体的效率受诸多因素的影响,其中影响最大的是排气温度和混合气浓度。

排气温度的升高对排放污染物的氧化反应和还原反应均有利,催化转化器的转化效率必然提高,但排气温度过高会损坏催化转化器。催化转化器的最佳工作温度一般为 400~800℃。

三元催化转化器的转化效率与汽油机混合气浓度的关系如图 5-76 所示。只有在理论空燃比 14.7 附近,对废气中三种有害气体(HC、CO、NO_x)的转化效率均比较高。对于汽油直接喷射发动机或柴油机,由于大部分工况下的混合气浓度都较稀,

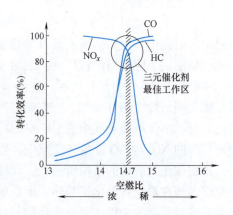

图 5-76 三元催化转化器的转化效率与混合气浓度的关系

且混合气浓度随发动机工况变化范围很大,如何在宽广工况范围保持转化器较高的转化效率成为汽油直接喷射发动机和柴油机采用催化转化技术要解决的问题之一。

为保证催化转化器的转化效率,精确控制发动机工作时的混合气浓度,在装用催化转化器的汽车上,一般都利用氧传感器检测废气中的氧浓度,并由ECU根据氧传感器信号对汽油机的喷油量或柴油机的进气量进行闭环控制。

(3) 氧传感器 氧传感器安装在排气管上,将检测到的废气中的氧浓度信号输送给ECU,ECU除根据此信号对混合浓度(汽油机的喷油量或柴油机的进气量)进行控制外,还根据此信号对EGR量进行控制,以便使混合气浓度和EGR率满足降低排放污染的要求。氧传感器按性能特点的不同可分为普通型、热型和宽量程型三种,普通型氧传感器分为氧化锆(ZrO_2)式和氧化钛(TiO_2)式。

1)普通型氧化锆式氧传感器。该传感器的基本元件是氧化锆管,氧化锆管固定在带有安装螺纹的固定套内,在氧化锆管的内、外表面均覆盖着一薄层铂作为电极,传感器内侧通大气,外侧直接与排气管中的废气接触。在氧化锆管外表面的铂层上,还覆盖着一层多孔的陶瓷涂层,并加有带槽口的防护套管,用来防止废气对铂电极产生腐蚀;在传感器的线束插接器端有金属护套,其上设有小孔,以便使氧化锆管内侧通大气。氧化锆式氧传感器的结构及其输出特性如图5-77所示。

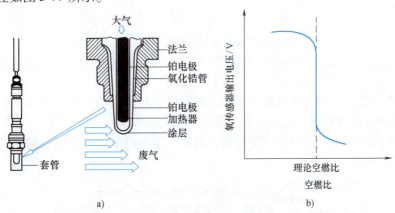

图5-77 氧化锆式氧传感器的结构及其输出特性
a) 结构 b) 信号波形

氧化锆式氧传感器实质是一个化学电池,又称为氧浓度差电池。在400℃以上的高温时,若氧化锆管内、外表面气体中氧的浓度有很大差别,在氧化锆管内、外表面的两个铂电极之间将产生电动势。发动机工作时,由于氧化锆管内表面接触的大气中氧浓度是固定的,而与外表面接触的废气中氧浓度是随空燃比的变化而变化的,所以将氧化锆管内、外表面两个电极间产生的电动势输送给ECU,即可作为判断实际空燃比的依据。当混合气过稀时,排出的废气中氧含量高,传感器内、外侧氧浓度差小,两电极间产生的电压很低(接近0V);反之,混合气过浓时,排出的废气中氧含量低,传感器内、外侧氧浓度差大,两电极间产生的电压高(接近1V)。在理论空燃比附近,氧传感器输出的电压信号有一个突变。

2)普通型氧化钛式氧传感器。该传感器是利用化学反应强、对氧气敏感、易于还原的半导体材料氧化钛与氧气接触时发生氧化还原反应,使晶格结构发生变化,从而导致电阻值变化的原理工作的,它是一种电阻型气敏传感器。

氧化钛式氧传感器主要由二氧化钛元件、导线、金属外壳和接线端子等组成,其结构及输出特性如图5-78所示。当废气中的氧浓度高时,二氧化钛的电阻值增大;反之,废气中的氧浓度较低时,二氧化钛的电阻值减小。将氧化钛式氧传感器与一个标准电阻 R 串联组成测量电路,由ECU提供标准电压 V_C,即可获得电压信号 V_S,ECU根据此信号确定实际的空燃比。与氧化锆式氧传感器相同,在理论空燃比附近,输出的电压信号有一个突变。

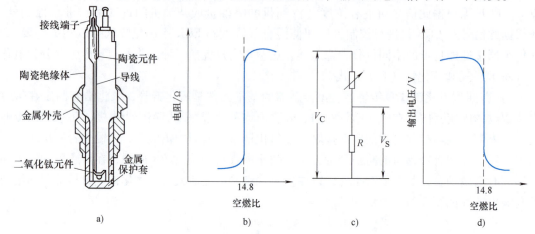

图5-78 氧化钛式氧传感器的结构及输出特性
a)结构 b)电阻特性 c)测量电路 d)信号波形

3)热型氧传感器。由于氧化锆只能在400℃以上的高温时才能正常工作,为保证氧传感器在发动机排气温度较低时也能正常工作,有的氧传感器内装有加热器,如图5-79所示。热型氧传感器的加热器由发动机ECU控制,当排气温度较低时,加热器通电对氧化锆管进行加热。

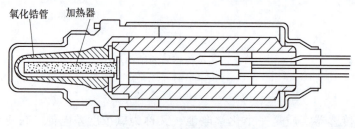

图5-79 热型氧传感器

4)宽量程氧传感器。宽量程氧传感器能够在较宽的空燃比范围内检测排气中的氧浓度,比普通氧传感器更适合检测汽油直接喷射发动机和柴油机。宽量程氧传感器以普通氧化锆式氧传感器为基础扩展而来,氧化锆式氧传感器有一个特性,就是当氧离子移动时会产生电动势;反之,将电动势加在氧化锆组件上,即会造成氧离子的移动。

宽量程氧传感器主要由氧化锆参考电池、氧化锆泵电池、扩散孔、扩散室、控制器A和B等组成,如图5-80所示。宽量程氧化锆式传感器与氧化锆式氧传感器的工作原理相同,其功用是感知通过扩散小孔进入扩散室的废气中的氧浓度,并在内、外两电极之间产生电动

势 U_S。氧化锆泵电池则相当于一个氧气泵,通过给其输入泵电流,将废气中的氧泵入扩散室或将扩散室中的氧泵出。控制器的功用是使扩散室内的氧浓度保持不变,即保持氧化锆参考电池产生的电动势 U_S 为 0.45V(参考电压 U_u)的平衡状态。当混合气较浓,废气中的氧浓度较小时,氧化锆参考电池将产生高于 0.45V 的电动势,此时控制器给氧化锆泵电池输入一个正向泵电流,将废气中的氧气泵入扩散室,以恢复到 U_S 为 0.45V 的平衡状态;而当混合气较稀,废气中的氧浓度较大时,控制器将给氧化锆泵电池输入一个反向泵电流,将氧气泵出扩散室,以恢复到 U_S 为 0.45V 的平衡状态。随废气中的氧浓度变化,氧化锆参考电池产生的电动势 U_S 变化,而要恢复到 U_S 为 0.45V 的平衡状态,所需的泵电流也随之成正比变化,通过控制器将变化的泵电流信号转换成连续变化的电压信号 U_o(0~5V),ECU 根据此电压信号即可确定混合气的实际浓度。

宽量程氧传感器能够在空燃比 10~20 的范围内连续工作,输出的信号电压随空燃比的增大而成正比增大,其输出特性如图 5-81 所示。

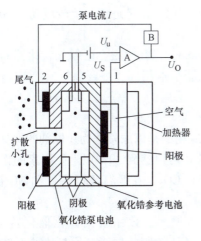

图 5-80 宽量程氧传感器

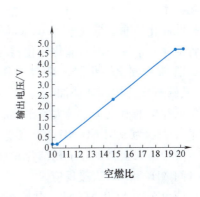

图 5-81 宽量程氧传感器输出特性

2. 氧化催化转化器

氧化催化转化器主要应用在柴油机上。它是指安装在柴油车排气系统中,通过催化剂进行氧化反应,能同时降低排气中的 CO、HC 和柴油颗粒物中的可溶性有机物组分的催化转化器。

柴油机加装氧化催化转化器是一种有效的机外净化可燃污染物的常用措施。它在蜂窝陶瓷载体上负载贵重金属铂、钯作为催化剂,在一定温度及催化剂的作用下,使排气中的可溶性有机物氧化,同时排气中的 CO 和 HC 也被氧化成 CO_2 和 H_2O,从而降低了 HC、CO 和 PM 的排放量。采用氧化催化转化器能够使柴油机 HC 和 CO 排放量减少 50%,使 PM 排放减少 50%~70%。

氧化催化转化器的作用原理如图 5-82 所示。单纯的氧化催化转化器只能减少排气中可燃烧的污染物(HC、CO 和 PM)的排放量。随其转化效率的提高,固态硫酸盐颗粒的生成量也增多,甚至可达到无氧化催化转化器时的 8~9 倍,这种负面影响必然会降低使用氧化催化转化器所产生的环境效益。

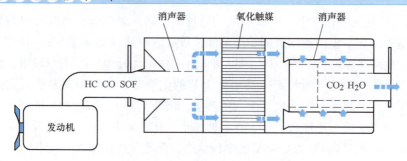

图 5-82 氧化催化转化器的作用原理

3. 选择性催化还原系统（SCR）

由于柴油机大部分工况下的混合气浓度都很稀，不仅排气温度低，而且排出的废气中氧浓度可高达 10%，这大大增加了 NO_x 的还原难度。选择性催化还原系统就是在富氧和低温的条件下，利用还原剂的特性，优先选择与 NO_x 在催化剂的作用下一起被氧化或直接反应，而不是按自然规律先是比较容易氧化的 CO 和 HC 被氧化。这是近年来比较成功的 NO_x 还原催化转化技术。

选择性催化还原系统（Selective Catalytic Reduction，SCR）主要由催化转化器和还原剂供给装置组成，系统所用的催化转化器与传统转化器基本相同，主要以铂（钯或铑）催化转化器、铜-沸石催化转化器、钒-钛等作为催化剂，采用的还原剂主要有氨（NH_3）、尿素（Urea）及碳氢化合物（如柴油等）。

近年来在柴油机汽车上，大家比较认可且已经应用的是以尿素作为还原剂的选择性催化还原技术（表示为 SCR-NO-NH_3），该技术的转化效率可以达到 90% 以上。尿素的作用机理是在水溶液中，尿素与水分子相结合并水解为 NH_3 和 CO_2，在低温区间 NH_3 和 NO 被氧化，在高温区间 NH_3 和 NO 直接反应。

德国博世公司 SCR-NO-NH_3 电控系统如图 5-83 所示。该系统集氧化催化转化技术、SCR-NO-NH_3 选择性还原催化转化技术于一体。由 ECU 控制的尿素还原剂供给系统主要由排放传感器、尿素溶液温度传感器、排气温度传感器、空气滤清器、尿素溶液箱、尿素溶液供给模块（电控泵）和喷雾器（电控喷射器）等组成，来自空气滤清器的清洁空气与尿素溶液在尿素溶液供给模块中混合，ECU 则根据柴油负荷、排气温度等传感器信号按内存确定最佳喷射量，并通过喷雾器将适量的尿素溶液与空气的混合物喷入 SCR 催化转化器中。由于转化器的转化效率取决于尿素溶液的质量和温度以及排气温度，所以在尿素溶液箱和排气管上安装有温度传感器，以检测尿素溶液和排气的实际温度，并将信号输送给 ECU。此外，在柴油机不同负荷下，NO_x 的排放量不同，对尿素溶液的需要量也不同，为精确控制尿素溶液的供给量，在排气管上还安装有排放传感器（或称为氧化氮传感器），来检测并向 ECU 反馈处理后的废气中的 NO_x 含量，以实现对尿素溶液供给量的闭环控制。安装在 SCR 前部的氧化催化转化器，可有效降低 HC、CO 和 PM 的排放量。

4. 吸附-催化还原系统（NAC）

吸附-催化还原系统主要采用吸附和催化还原两项技术，其关键技术是吸附技术。该项技术几乎与选择性催化还原技术同时出现，由于成本低、结构相对简单，所以发展速度很快，但其转化效率略低，一般可达到 70%～90%。

项目五　发动机辅助控制系统

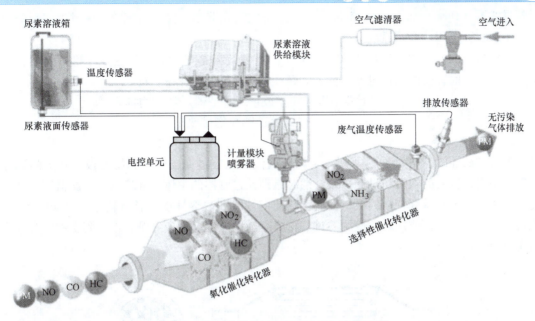

图 5-83　德国博世公司 SCR-NO-NH$_3$ 电控系统

（1）吸附技术　吸附是一种固体表面现象。它是利用多孔性固体吸附剂处理气态污染物，使其中的一种或几种组分在分子引力或化学键力的作用下，被吸附在固体吸附剂表面，从而达到分离的目的。

在汽车排放物 NO$_x$ 后处理中采用吸附技术，主要是利用充填有 NO$_x$ 吸附剂的吸附器，在富氧条件下将难以催化还原的 NO$_x$ 首先储存起来，再用其他方法进行处理。吸附器类似于一个过滤器，但它过滤的是发动机排气中的 NO$_x$。常用的吸附剂为贵金属、碱金属或碱土金属氧化物，如碳酸钾（K$_2$CO$_3$）和金属钡（Ba）等，吸附剂的耐硫性能和高温稳定性也比较差。

（2）催化还原技术　吸附技术通常与催化还原技术集成使用，形成吸附-催化还原技术。因为当吸附剂吸附的 NO$_x$ 达到一定量后，必须采取措施使吸附剂再生，否则因吸附剂失去活性而不能继续发挥其作用。再生是指通过去除吸附剂吸附的 NO$_x$，使吸附剂恢复其原有的活性（即吸附能力）。

在吸附-催化转化器中，吸附剂再生的方法一般是在转化器上配置预热空气鼓风机和预热器，当吸附剂中吸附了规定量的 NO$_x$ 后，利用热风使 NO$_x$ 从吸附剂中分离出来，而后在催化剂（如铂等）作用下，使 NO$_x$ 与还原剂（如 HC、CO 和 H$_2$）发生反应，生成无害的 N$_2$、C$_2$O 和 H$_2$O。还原剂一般是利用柴油机排出的 HC 和 CO，由于柴油机在一般工况下，HC 和 CO 排放低，不能满足 NO$_x$ 还原的需要，因此柴油机的电控系统必须具有与其相适应的功能，即每隔一定时间（一般约为 1min），通过加大 EGR 量或推迟喷油正时来增加 HC 和 CO 排放，以保持较高的 NO$_x$ 转化效率。毫无疑问，采用此措施控制排放污染会使柴油机的燃油经济性受到影响，据资料表明将使燃油消耗增加 5% 左右。

五、颗粒过滤系统

颗粒过滤是有效降低柴油机颗粒物排放的主要措施之一。颗粒过滤系统的主要装置就是颗粒过滤器（Diesel Particulate Filter，DPF），它安装在柴油车排气系统中，通过过滤来降低排气中颗粒物（PM）的装置。

颗粒过滤器的过滤效率可达 50%～90%。过滤效率是指试验车辆或发动机按照某种指定的工况运行时，柴油颗粒过滤器前、后颗粒物排放量的变化率，即

$$过滤器过滤效率 = \frac{过滤器前颗粒物排放量 - 过滤器后颗粒物排放量}{过滤器前颗粒物排放量} \times 100\%$$

1. 颗粒过滤器

颗粒过滤器的结构如图 5-84 所示。当废气流经颗粒过滤器时，利用有极小孔隙的滤芯将废气中直径较大的颗粒物过滤下来。滤芯是颗粒过滤器的主体，除应保证过滤器有较高的过滤效率外，还应具有较高的机械性能、热稳定性能和耐热性能，具有较小的热膨胀系数、流通阻力和质量。目前，最常使用的过滤材料有金属丝网、陶瓷纤维、泡沫陶瓷和壁流式蜂窝陶瓷等。

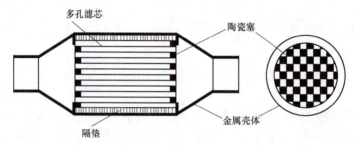

图 5-84 颗粒过滤器的结构

颗粒过滤器除采用传统的类似滤清器的方式捕集排气中的颗粒外，还有近年来研究出的一些新的捕集方式，如静电吸附捕集、旋流分离捕集和电压捕集等。这些技术大多仍处于研究阶段，在此仅作简单介绍。

（1）静电吸附捕集技术 柴油机排气颗粒中有 70%～80% 呈带电状态，每个带电颗粒带 1～5 个基本正电荷或负电荷，整体呈电中性。目前利用静电除尘技术，即利用附加高压静电场对呈带电特性的颗粒进行静电吸附，并取得了一定的试验成果。目前的问题是设备体积过大、成本太高，在车辆上使用最困难的是在高压电的供给及收集中防止二次分散及反电晕等问题，但是随着技术的发展也是极有前景的。

（2）旋流分离捕集技术 利用离心除尘原理分离并捕集颗粒物，试验表明对直径为 0.5μm 和 1μm 的颗粒物过滤效率分别达到 50% 和 70%，但对直径小于 0.5μm 的颗粒物捕集效率则较低。目前的问题是过滤效率低，仅能达到 25%～49%。

（3）静电旋风捕集技术 利用离心除尘技术和静电除尘技术相结合的方法，对柴油机排气进行后处理。如何将两种技术有机地结合并发挥各自的优势是目前研究的主要问题。静电旋风捕集器具有排气阻力小、结构简单等优势。

（4）电压捕集技术 在柴油机排气管的上、下游分别装金属网，网间加约 50V 的直流电压。一般上游的金属网网格较大，加负电压；下游的金属网网格较密，加正电压。当颗粒经过上游金属网时带上负电，经过下游带正电的金属网时被吸附，从而达到颗粒净化的目的，过滤效率较高。

(5) 高压脉冲电晕等离子体技术　它是利用脉冲电晕所产生等离子体中的高能电子、离子轰击排气中污染物的分子，使其分子内的化学键断裂，继而发生反应，达到清除排气中 NO_x 和 PM 等污染物的目的。但由于会产生新的盐类和其他化学成分，有可能形成二次污染，目前尚处于理论研究和实验室内的应用。

2. 过滤器再生技术

颗粒过滤器对炭的过滤效率较高，可达到 60%。简单的过滤器只能物理性地降低颗粒排放，随着过滤下来的颗粒积累，会造成柴油机排气背压增加，当排气背压达到 16~20kPa 时，柴油机性能开始恶化，因此必须定期除去过滤器中的颗粒，使过滤器恢复到原来的工作状态，即过滤器再生。

再生技术是研制颗粒过滤器的关键。过滤器再生方式可分为被动再生和主动再生。

(1) 被动再生　被动再生是指集催化转化技术和颗粒过滤技术于一体，利用柴油机排气本身所具有的能量（热量）进行再生。但在正常工作条件下，柴油机排气温度一般为 200~500℃，而颗粒物的燃点一般为 500~600℃，可见依靠柴油机的排气温度很难使过滤器再生。为能在多种工况下提高过滤器的再生效率，使颗粒物的温度高于其最低氧化温度十分必要，通常采用降低颗粒着火最低温度或者提高排气温度的方法来实现。

颗粒过滤器再生的效果通常用再生效率来表示。过滤器再生效率是指在规定的颗粒物加载水平（指过滤器加载后和加载前的重量增加量）下进行再生，其再生前、后的重量变化率，即

$$过滤器再生效率 = \frac{过滤器再生前的重量 - 过滤器再生后的重量}{过滤器再生前的重量} \times 100\%$$

利用催化剂降低颗粒着火最低温度的过滤器称为催化型柴油颗粒过滤器（Catalyzed Diesel Particulate Filter，CDPF），其结构与简单的过滤器基本相同，只是在过滤器的滤芯上载有催化剂，催化剂具有降低颗粒物氧化反应所需的温度的作用。

采用提高排气温度的方法来实现过滤器再生，实际是将氧化催化转化器（DOC）与颗粒过滤器（DPF）集成一体。通常为提高再生效率将 DOC 与 DPF 集成一体，它利用安装在滤芯前的氧化催化剂，使排气中的 HC、CO 等可燃成分加速氧化，提高排气温度，为颗粒物氧化创造有利的温度环境，并利用附着在滤芯上的催化剂降低颗粒物氧化反应所需的温度，温度一增一减都有利于实现过滤器的被动再生。DOC + DPF 型过滤器的结构如图 5-85 所示。

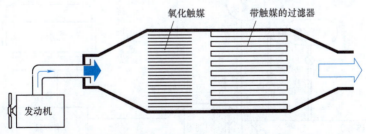

图 5-85　DOC + DPF 型过滤器的结构

采用被动再生技术的颗粒过滤器在降低颗粒物排放的同时，也在连续不断地进行着再生，故又称为连续再生式颗粒过滤器。

（2）主动再生　主动再生是指利用外加能源（如电加热器、燃烧器或发动机操作条件的改变以提高排气温度）使颗粒过滤器（DPF）内部温度达到颗粒物的氧化燃烧温度而进行的再生。

电加热主动再生系统如图 5-86 所示。在过滤器的前面加装一个电加热器，后面加装一个压缩空气罐，由 ECU 根据排气压力传感器信号（反映过滤器堵塞情况）确定过滤器是否需要再生，并通过控制各电磁阀和加热器的工作来完成过滤器再生。排气压力未达到设定值时，说明过滤器内的颗粒积累不多，加热器不通电，电磁阀 1、3、5 关闭，电磁阀 2 和 4 开启，废气经电磁阀 2、过滤器和电磁阀 4 排入大气。当排气压力达到设定值时，ECU 发出指令将电磁阀 2 和 4 关闭，并开启电磁阀 5 使废气不经过滤器直接排入大气；同时，利用脉冲指令控制电磁阀 1 和 3 使压缩空气罐放出高压脉冲气流，气流将过滤器中的颗粒反吹进电加热器中燃烧掉，从而实现过滤器的再生。在上述电加热主动再生系统中，用微波加热器取代电加热器，形成微波加热主动再生系统。

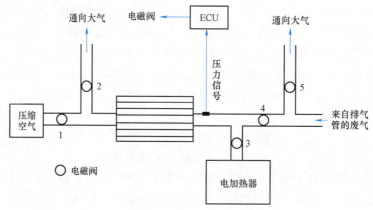

图 5-86　电加热主动再生系统

有些电加热主动再生系统将加热器置于过滤器内，如图 5-87 所示。其工作原理与外置加热器式基本相同，但内置加热器使颗粒物燃烧在过滤器内进行，容易导致过滤器因高温而损坏，而且颗粒物燃烧后的灰烬不易排出。

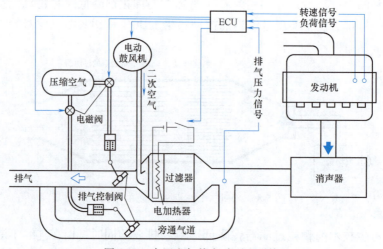

图 5-87　内置电加热主动再生系统

项目五　发动机辅助控制系统

燃烧器加热主动再生系统如图 5-88 所示。在过滤器前安装一个燃烧器，当过滤器需要再生时，用喷油器向燃烧器中喷入少量燃油，并通过空气压缩机向燃烧器供给二次空气，利用火花塞点燃燃油，燃烧产生的热量使过滤器中沉积的颗粒物快速燃烧掉，从而实现过滤器的再生。再生过程一般需 1~2min。

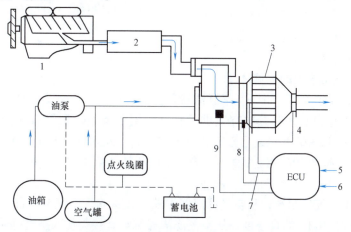

图 5-88　燃烧器加热主动再生系统

1—柴油机　2—消声器　3—过滤器　4—出口温度信号　5—转速信号　6—负荷信号　7—排气压力信号　8—进口温度信号　9—燃烧器温度信号

六、二次空气供给系统

1. 二次空气供给系统的功能

二次空气供给系统的功能是在一定工况下，将新鲜空气送入排气管，促使废气中的 CO 和 HC 进一步氧化，从而降低 CO 和 HC 的排放量，同时加快三元催化转化器的升温。

2. 二次空气供给系统的组成与工作原理

韩国现代轿车电控二次空气供给系统如图 5-89 所示。二次空气控制阀由舌簧阀和膜片阀组成，来自空气滤清器的二次空气进入排气管的通道受膜片阀控制，膜片阀的开闭用进气歧管的真空度驱动，其真空通道由 ECU 通过电磁阀控制。装在二次空气控制阀中的舌簧阀是一个单向阀，主要用来防止排气管中的废气倒流。

点火开关接通后，蓄电池即向二次空气电磁阀供电，ECU 控制电磁阀搭铁回路。电磁阀不通电时，关闭通向膜片阀真空室的真空通道，膜片阀弹簧推动膜片下移，关闭二次空气供给通道，不允许向排气管内提供二次空气。ECU 给电磁阀通电，电磁阀开启膜片阀真空室的真空通

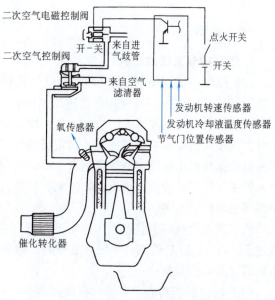

图 5-89　韩国现代轿车电控二次空气供给系统

道，进气管真空度将膜片阀吸起，排气管内的脉动真空即可吸开舌簧阀，使二次空气进入排气管。有些发动机和二次空气供给系统，利用空气泵将新鲜空气强制送入排气管。在下列情况下 ECU 不给二次空气电磁阀通电：

1）电控燃油喷射系统进入闭环控制。

2）冷却液温度超过规定范围。

3）发动机转速和负荷超过规定值。

4）ECU 发现有故障。

3. 二次空气供给系统的检修

1）发动机低温起动后，拆下空气滤清器盖，应能听到舌簧阀发出的"嗡嗡"声。

2）从空气滤清器上拆下二次空气供给软管，用手指盖住软管口检查，应符合下列要求：发动机温度在 18～63℃急速运转时，有真空吸力；发动机温度在 63℃以上，起动后 70s 内应有真空吸力，起动 70s 后应无真空吸力；发动机转速从 4 000r/min 急减速时，应有真空吸力。

3）拆下二次空气控制阀，从空气滤清器侧软管接头吹入空气应不漏气；用手动真空泵从真空管接头施加 20kPa 的真空度，从空气滤清器侧软管接头吹入空气应通畅；若不符合上述要求，说明膜片阀工作不良，应检修或更换。用手动真空泵从真空管接头施加 20kPa 的真空度，从排气管接头吹入空气应不漏气，否则说明舌簧阀密封不良，应更换。

4）二次空气电磁阀的检查。测量电磁阀电阻，一般应为 36～44Ω；拆开二次空气电磁阀上的软管，电磁阀不通电时，从进气管侧软管接头吹入空气应不通，从通大气的滤网处吹入空气应畅通。当给电磁阀接通蓄电池电源电压时，吹气通畅情况应与上述相反。若不符合上述要求，应更换电磁阀。

学习任务六　认识巡航控制及电控节气门系统

一、巡航控制系统

1. 巡航控制系统的功能

巡航控制系统（CCS）是 20 世纪 60 年代发展起来的，又称为恒速行驶系统。巡航控制系统工作时，ECU 根据各种传感器输送来的信号判断汽车的运行工况，通过执行元件自动调节节气门的开度，使汽车的行驶速度与设定的车速保持一致。汽车在良好路面上长时间行驶时，驾驶人启动巡航控制系统并设定行驶速度，无须驾驶人操纵加速踏板，巡航控制系统即可自动保持汽车按设定的车速行驶，不仅减轻了驾驶人的劳动强度，同时利用先进的电控技术控制节气门的开度，比驾驶人操纵控制节气门开度更精确，汽车的燃料经济性和排放污染性等也可得到改善。

汽车进入巡航控制状态后，当车速过低（一般为 40km/h）、汽车急减速（一般减速度超过 2m/s）或 ECU 检测到系统有故障时，ECU 将自动解除巡航控制。在进行巡航控制时，系统的主要功能包括：

（1）匀速控制功能　在巡航控制过程中，ECU 对车速传感器的信号与设定的巡航控制车速进行比较，并根据比较结果反馈控制执行元件，修正节气门开度，使汽车以设定的巡航控制车速匀速行驶。

(2) 巡航控制车速设定功能　汽车在巡航控制车速范围（40～200km/h）内行驶时，通过操纵开关设定巡航控制车速，巡航 ECU 将设定的车速存储于 ECU 存储器内，并使汽车保持这个速度行驶。

(3) 滑行功能　当汽车以巡航控制模式行驶时，若接通设置和滑行（SET/COAST）开关后不松开，执行器就会关闭节气门，使汽车减速滑行。当松开设置和滑行开关时，ECU 便将此时的车速存储，并保持此车速行驶。

(4) 加速功能　当汽车以巡航控制模式行驶时，若接通设置和加速（SET/ACC）开关，执行器就会将节气门适当开启，使汽车加速行驶。当松开设置和加速开关时，ECU 将此时的车速存储，并保持此车速行驶。

(5) 恢复功能　只要行驶车速在 40km/h 以上，若用取消开关以手动的方法将巡航控制模式解除后，接通设置和加速（SET/ACC）开关即可恢复设定车速。但若车速低于 40km/h，存储器中的巡航控制车速就会被清除，原设定车速也就不能恢复。

(6) 车速下限控制功能　车速下限是巡航控制所能设定的最低车速，约为 40km/h，巡航控制不能低于这个速度。当汽车以巡航控制模式行驶时，若车速降至 40km/h 以下，巡航控制就会自动解除，设置在存储器中的车速也被清除。

(7) 车速上限控制功能　车速上限是巡航控制所能设定的最高车速，约为 200km/h。即使操作加速（ACC）开关，也不能使车速超过 200km/h。

(8) 手动解除功能　当汽车以巡航控制模式行驶时，若通过手动操作，使真空驱动执行器内的释放阀和控制阀同时关断，或电动机驱动执行器关断执行器内的电磁离合器，巡航控制就会解除。

(9) 自动解除功能　当汽车以巡航控制模式行驶时，若出现伺服调速电动机或安全电磁阀晶体管驱动电流过大，伺服电动机始终朝节气门打开方向转动，则存储器中设置的车速被清除，安全电磁阀离合器断电，巡航控制自动解除，控制开关同时关闭。

在汽车处于巡航控制行驶期间，若出现车速低于 40km/h，巡航控制系统的电源中断时间超过 5ms，则巡航控制也会自动解除。

(10) 自动变速器控制功能　在巡航控制模式下，汽车以超速档上坡行驶，当车速降至超速档切断速度（设定车速减去 4km/h）时，ECU 自动降档以增加驱动力，防止车速进一步降低。当车速升至超速档恢复速度（设定车速减去 2km/h）时，约 6s 后巡航 ECU 会自动恢复超速档行驶。

(11) 快速修正巡航控制车速功能　当实际车速与设定车速相差不足约 5km/h 时，每次迅速（在 0.6s 以内）操纵 SET/COAST 开关，可将设定车速降低约 1.65km/h；当实际车速与设定车速相差不足 5km/h 时，每次迅速（在 0.6s 以内）操纵 RES/ACC 开关，可将设定车速提高约 1.65km/h。

(12) 自诊断功能　巡航 ECU 对系统进行监控，当发生故障时，ECU 接通组合仪表上故障指示灯电路，以提示驾驶人。同时，ECU 存储相应的故障码，故障码可通过故障指示灯读取。

2. 巡航控制系统的组成

巡航控制系统主要由操纵开关、安全开关、传感器、巡航 ECU 和执行元件等组成，如

图5-90所示。汽车处于巡航控制模式行驶时，ECU根据各传感器的信号确定维持或解除巡航控制模式，如维持巡航控制模式，则根据相关传感器信号和设定的巡航控制车速确定节气门的开度，并通过执行元件调节节气门开度，使汽车自动以设定的巡航控制车速行驶。

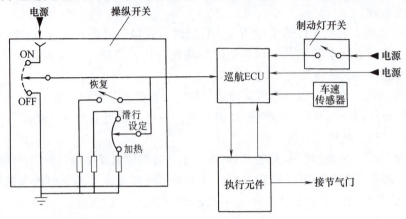

图5-90 巡航控制系统的组成

（1）操纵开关 如图5-91所示，操纵开关安装在转向信号手柄上或转向盘上，驾驶人通过操纵开关给ECU输入巡航控制命令，主要用于选择巡航控制模式、设置或修改巡航控制车速等。

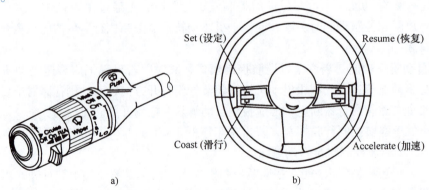

图5-91 巡航控制开关
a) 开关在转向信号手柄上 b) 开关在转向盘上

ON-OFF（或MAIN）开关是巡航控制系统的主电源开关，安装在转向柱或转向盘等驾驶人容易操作的位置上，一般采用按键式，每次将其按下，该系统的电源就接通或关闭。主开关接通时，如果将点火开关关闭，巡航控制系统的主电源开关也关闭，即使点火开关再次接通，此开关仍保持关闭。

Set/Coast（设置/滑行）开关用于设定巡航控制车速，或在巡航控制模式下使汽车减速滑行（降低巡航控制车速）。

Resume/Accelerate（恢复/加速）开关用于恢复巡航控制模式，或在巡航控制模式下使汽车加速（提高巡航控制车速）。有些汽车上还设有Cancel（取消）开关，用于手动解除巡航控制模式。

项目五　发动机辅助控制系统

（2）安全开关　安全开关的功用是向 ECU 提供解除巡航控制的信号，以免巡航控制系统的工作与驾驶人的操作目的发生冲突，导致系统损坏或发生事故。如汽车在巡航控制模式行驶时，紧急情况下，驾驶人不可能先通过其他操作解除巡航控制模式，然后踩制动踏板。为防止紧急制动时巡航控制系统继续工作而导致系统损坏或发生事故，ECU 接收到制动开关信号时会自动解除巡航控制模式。

安全开关包括制动灯开关、驻车制动开关、离合器开关和空档起动开关。汽车在巡航控制模式下行驶时，如踩下制动踏板、拉起驻车制动杆、自动变速器挂入 P 位或 N 位、踩下离合器踏板（装用手动变速器的汽车），ECU 接收到其中任一安全开关信号，都将自动解除巡航控制模式。此外，ECU 检测到系统发生故障时，也会自动解除巡航控制模式。

解除巡航控制的瞬间车速不低于 35km/h 时，此车速将存储于巡航 ECU 中，通过 Resume（恢复）开关可自动恢复汽车以最后存储的车速进入巡航控制模式。

（3）传感器　巡航控制系统工作时，除上述开关给 ECU 的输送信号外，还必须由车速传感器、节气门位置传感器和执行元件位置传感器向 ECU 提供信号。

车速传感器和节气门位置传感器与发动机控制系统和自动变速器控制系统共用。执行元件位置传感器向 ECU 提供执行元件的位置反馈信号，目前采用较多的是电位计式，其结构和工作原理与节气门位置传感器基本相同。

（4）巡航 ECU　有些汽车的巡航 ECU 是专用的，有些则与发动机 ECU 或车身 ECU 等合为一体。

巡航 ECU 主要由稳压电源电路、D-A 转换电路、存储电路、低速限制电路、高速限制电路、保护电路、加速控制电路和减速控制电路等组成。ECU 接收来自车速传感器、节气门位置传感器、执行元件位置传感器和各种开关的信号，按照存储的程序进行处理。当汽车在巡航控制车速范围（一般为 40~200km/h）内行驶时，ECU 接收到驾驶人通过操纵开关输入的 set 设置信号后，存储此时的行驶车速信号并进入巡航控制模式，然后 ECU 对车速传感器信号与设定的巡航车速进行比较，根据比较结果向执行元件发出指令信号，控制执行元件的动作，以调整节气门开度，使实际车速与设定车速一致。

早期的巡航 ECU 一般都是采用模拟电子技术制造的，主要由 4 个不同功能的运算放大器组成，其工作原理如图 5-92 所示。驾驶人通过设定开关 S_1 设定巡航控制车速，它向采样保持电路发出信号，让其对已经选定的指令车速采样并记忆下来。切断开关 S_2 安装在控制执行元件的指令信号输出电路中，汽车在巡航控制模式行驶时，如果车速下降到低于 40km/h、踩下制动踏板、拉起驻车制动杆、自动变速器挂入 P 位或 N 位时，或驾驶人通过操纵开关输入 Cancel 取消信号时，开关 S_2 切断 ECU 向执行元件输送控制信号的电路，自动解除巡航控制模式。运算放大器 1 是一个比较器，它是对驾驶人设定的巡航控制车速与实际车速进行比较，并将得到的误差信号 V_e 输送给运算放大器 2 和 3。运算放大器 2 为线性运算放大器，运算放大器 3 为积分运算放大器，可变电阻 R_1 和 R_3 用来调节运算放大器 2 和 3 的放大倍数。运算放大器 4 产生一模拟电压输出信号 V_S，这个模拟电压信号通过电压/脉冲信号转换器转换成脉冲信号 V_C，然后驱动节气门执行元件工作。

随着数字电子技术的发展，巡航控制系统已全部采用数字式微型计算机控制，其组成如图 5-93 所示。数字式微型计算机控制巡航控制系统的控制原理与模拟电路基本相同，区别主要在于所有输入信号均以数字信号直接存储和处理；带可擦除只读存储器的八位微处理器，根据设定车速、实际车速以及其他输入信号按照给定程序完成所有的数据处理之后，产生一输出信号驱动步进电动机型执行元件工作。为确保安全，将制动开关与执行元件直接相连，当踩下制动踏板时，在断开巡航控制程序的同时，停止执行元件的工作，从而保证节气门完全关闭。

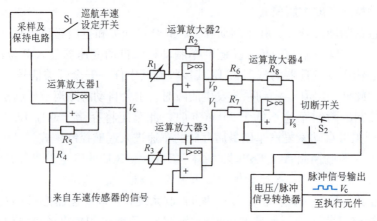

图 5-92　巡航 ECU 的工作原理

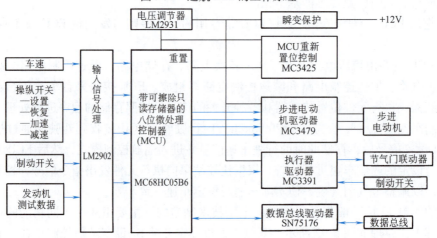

图 5-93　数字式微型计算机控制巡航控制系统的结构

与模拟系统相比，数字电路的突出优点是系统中的信号以数字量表示，不受工作温度和湿度的影响，因此数字控制系统的稳定性更高。此外，由于数字式巡航 ECU 采用先进的大规模或超大规模集成电路技术制成专用集成块，只需修改一下程序就可将所需功能通过编程附加到汽车其他控制系统的 ECU 上，可省去昂贵的控制硬件。

（5）执行元件　执行元件的功用是执行 ECU 的指令，控制节气门的开度。巡航控制执行元件主要有两种类型：电动机式和气动膜片式。

3. 电动机式巡航控制执行元件

电动机式巡航控制执行元件主要由电动机、电磁离合器、位置传感器和安全开关等组成，如图 5-94 所示。输出轴与电磁离合器主动件制成蜗杆传动机构，电磁离合器的从动盘与减速齿轮制成一体，减速齿轮与输出轴上的扇齿轮啮合，输出轴则通过控制臂与节气门

（节气门拉线）连接。在汽车以巡航控制模式行驶时，电磁离合器处于接合状态，电动机驱动电磁离合器主动件、从动盘、减速齿轮、扇齿轮和输出轴一起转动，再通过输出轴上的控制臂和节气门拉索控制节气门的开度。电位计式位置传感器利用齿轮来驱动。

电动机为步进型，受巡航 ECU 控制，通过正、反转控制节气门开度增大或减小，通过转动步数控制节气门开度的变化量。

电磁离合器控制电动机与节气门之间的动力传递。汽车在巡航控制模式行驶时，满足下列条件之一，巡航 ECU 将切断电磁离合器电路，使电磁离合器分离，解除巡航控制模式：驾驶人通过操纵开关输入 Cancel 信号、车速下降到低于 40km/h、踩下制动踏板、拉起驻车制动杆、自动变速器挂入 P 位或 N 位、踩下离合器踏板。

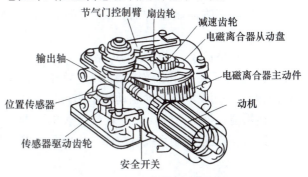

图 5-94 电动机式巡航控制执行元件

安全开关起保护作用。当节气门全开或全闭时，若步进电动机继续转动，就会损坏。因此，在电动机电路中设有两个安全开关，开关由输出轴驱动，节气门处于全开或全闭位置时，安全开关断开，使电动机停止工作。

4. 气动膜片式巡航控制执行元件

气动膜片式巡航控制执行元件如图 5-95 所示，主要由真空输送阀、真空输送电磁阀、真空释放阀、真空释放电磁阀、膜片气室和膜片拉杆等组成。膜片通过拉杆与节气门控制臂或节气门拉索连接，ECU 通过控制两个电磁阀线圈信号的占空比来控制真空输送阀和真空释放阀的开度，进而改变膜片气室的真空度，调节膜片的位置来改变节气门的开度，从而达到控制汽车行驶速度的目的。该执行机构中还设有一个释放阀，当解除巡航控制模式时，控制线圈断电，允许空气进入执行机构内，这样可保证即使控制阀的空气进口开启失败，巡航控制的功能也能够安全解除。

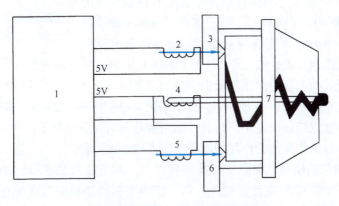

图 5-95 气动膜片式巡航控制执行元件

1—巡航 ECU 2—真空输送电磁阀 3—真空输送阀 4—位置传感器
5—真空释放电磁阀 6—真空释放阀 7—膜片气室

5. 巡航控制使用注意事项

1）当交通流量较大，在雨、冰、雪等湿滑路面上行驶或遇上大风天气时，不要使用巡航控制系统。

2）在解除巡航控制模式后，关闭巡航控制系统的控制开关，以免巡航控制系统误工作。

3）汽车在坡道较大或较多的道路上行驶时，使用巡航控制系统会引起发动机转速变化过大，因此最好不要使用巡航控制系统。汽车下长坡时，应解除巡航控制模式，以便将变速器换入低档，利用发动机辅助制动使车速得到控制。

4）使用巡航控制系统要注意观察仪表板上的 CRUISE ON-OFF 指示灯是否闪亮。指示灯闪亮时，表明巡航控制系统有故障，应解除巡航控制模式，待排除故障后再使用巡航控制系统。

5）ECU 是巡航控制系统的中枢，对电磁环境、湿度及机械振动等有较高的要求。ECU 电源插接器一般不会插错，但在维修中有可能重新接线，此时必须注意电源的极性及电源线的位置。电源插接器应保持清洁，金属部分应保持无氧化、无变形和无油污。插接器应连接到位，有锁紧装置的必须锁紧。

6. 巡航控制系统的使用方法

由于不同车型的巡航控制系统操纵开关设置的位置和类型不同，巡航控制系统的使用方法也略有差异。以日本丰田雷克萨斯 LS400 为例，巡航控制系统操纵开关如图 5-96 所示。巡航控制系统的操纵手柄有 4 个开关位置，手柄的端部为主开关按钮，按下主开关按钮时，仪表板上巡航控制系统的 CRUISE MAIN 指示灯亮，表示开启巡航控制模式。如果再按一下主开关按钮，则按钮弹起，指示灯灭，表示关闭巡航控制模式。操纵手柄朝下扳动是巡航速度的设定开关，向上推则是解除巡航控制开关，朝转向盘方向扳起是恢复巡航控制开关。

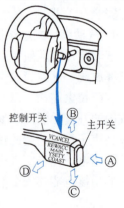

图 5-96 日本丰田雷克萨斯 LS400 巡航控制系统操纵开关

具体使用方法如下：

（1）设定巡航速度 为确保行车安全，巡航控制系统的车速控制范围一般为 40～200km/h，即车速低于 40km/h 或高于 200km/h 时，汽车不能进入巡航控制模式。设定巡航速度的方法：开启巡航控制系统开关，按下 CRUISE ON-OFF 按钮，踩下加速踏板，使汽车加速；当车速达到设定值时，将巡航控制系统操纵手柄置于 SET/COAST 位置并放松，即进入自动行驶状态，驾驶人可将加速踏板松开，巡航控制系统会根据汽车行驶时阻力的变化自动调节节气门的开度，使车速保持在设定车速行驶。当需要超车时，只要踩下加速踏板即可，超车完毕后再放松加速踏板，汽车便会恢复到已设定的巡航速度行驶。

（2）解除巡航控制模式 解除巡航控制模式有几种方法可供选择：第一，将巡航控制系统操纵手柄置于 CANCEL 位置并放松；第二，踩下制动踏板使汽车减速；第三，自动变速器变速杆置于空档位置。

（3）提高巡航控制车速 将巡航控制系统操纵手柄置于 RES/ACC 位置并保持手柄不动，此时车速将逐渐加快，当车速达到要重新设定的巡航速度时放松手柄即可。这种加速方法与踩加速踏板加速相比，所用时间较长。

（4）降低巡航控制车速　将巡航控制系统的操纵手柄置于 SET/COAST 位置并保持手柄不动，此时汽车将减速行驶，当车速降至所要求的设定速度时释放操纵手柄即可。这种减速方法与踩制动踏板减速相比，减速度要小。

7. 巡航控制系统的检修

图 5-97 所示为日本丰田雷克萨斯 LS400 巡航控制系统电路。巡航控制系统工作时，如果 ECU 在预定的时间内接收不到车速信号，或由于操纵开关和执行元件故障而自动解除巡航控制模式，ECU 会使仪表板上的巡航控制系统指示灯（CRUISE MAIN 指示灯）闪烁 5 次，表明巡航控制装置已有故障。在调取故障码时，先将点火开关置于 ON 位置，然后用专用跨接线将诊断座 TDCL 上的端子 TC 和 EI 短接起来，根据指示灯的闪烁频率读取故障码，根据故障码的提示进行检修。

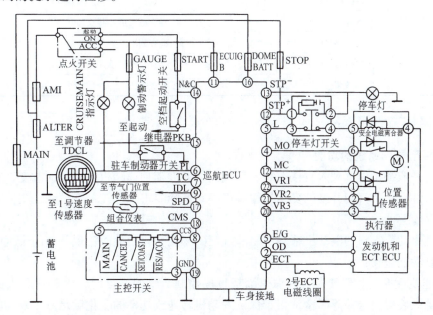

图 5-97　日本丰田雷克萨斯 LS400 巡航控制系统电路

巡航控制系统常见故障主要是不能进入巡航控制模式、间歇性故障、不能维持巡航控制车速和安全保护系统故障等。巡航控制系统常见故障诊断方法见表 5-3。

表 5-3　巡航控制系统常见故障诊断方法

故障类型	故障现象或原因	诊断方法
不能进入巡航控制模式	巡航控制操纵开关失效	检查开关工作状态及其电路
	节气门位置传感器无信号输出	检查传感器及其电路
	车速传感器无信号输出	检查传感器及其电路
	执行元件不工作	检查执行元件工作状态及其电路
	节气门不能动作	检查节气门控制臂及拉索
	安全保持系统故障	见"安全保持系统故障"
	ECU 故障	检查 ECU

（续）

故障类型	故障现象或原因	诊断方法
间歇性故障	有时不能进入巡航控制模式，有时能正常进入巡航控制模式	检查电源继电器、车速传感器及其电路
		检查操纵开关、ECU、执行元件是否正常
		检查各连接电路、线束插接器是否连接可靠
不能维持巡航控制车速	巡航控制车速比设定值高或低	检查执行元件工作情况
		检查 ECU 是否有故障
		检查车速传感器有无信号输出
安全保护系统故障	车速传感器信号不正确或无信号	检查传感器及其电路
	高速限制电路故障	检查高速限制开关及其电路
	低速限制电路故障	检查低速限制开关及其电路
	电磁离合器故障	检查电磁离合器及其电路
	无制动开关信号	检查制动开关及其电路
	无空档起动开关信号	检查空档起动开关及其电路
	ECU 故障	检查 ECU

二、电控节气门系统

1. 电控节气门系统的功能

节气门一般都是由驾驶人直接控制，节气门的开度随加速踏板的位置而改变，在驾驶人人工操纵条件下，节气门开度的变化规律难以满足实际要求。电控节气门系统主要是根据加速踏板位置传感器信号、节气门位置传感器信号、车速传感器信号、驾驶模式信号和档位信号等，通过驱动节气门的电动机精确控制节气门的开度变化，从而实现节气门开度的优化控制。其控制功能包括：

（1）非线性控制 驾驶人通过加速踏板直接控制节气门开度时，由于驾驶人的反应速度和机械操纵装置的误差等因素，很难保证发动机转速或功率的变化满足汽车的驾驶性能和乘坐舒适性等的要求。而电控节气门系统可实现所有工况下节气门开度的优化控制，如加、减速等工况下，使节气门开度更精确，节气门开度变化更圆滑，从而改善汽车驾驶性能和乘坐舒适性。

（2）怠速控制 装用电控节气门系统的发动机，无须装用怠速控制阀，由节气门控制电动机即可完成怠速控制阀的功能。

（3）减小换档冲击控制 节气门电控系统与自动变速器电控系统工作同步，减小自动变速器换档时产生的冲击。

（4）驱动力控制（TRC） 节气门控制作为 TRC 系统的一部分，电控节气门系统根据 ABS（防抱死制动系统）、TRC（驱动力控制）系统 ECU 的输出指令信号，调节节气门开度，改变发动机的输出动力，以满足车辆行驶的驱动力要求。

（5）稳定性控制（VSC） 电控节气门系统接收 VSC（稳定性控制）系统 ECU 的输出指令信号，调节节气门开度，以满足稳定性控制的需要。

（6）巡航控制 装用电控节气门系统后，巡航控制系统的执行元件可由节气门控制电

项目五 发动机辅助控制系统

动机代替，完成巡航控制功能。

2. 电控节气门系统的结构与工作原理

各种汽车装用的电控节气门系统结构基本相同。图5-98所示为日本丰田雷克萨斯LS400轿车电控节气门系统，加速踏板位置传感器和节气门位置传感器均采用电位计式，分别安装在节气门体上的节气门轴两端；加速踏板位置传感器检测加速踏板的开度大小及开度变化速率，并转换成电信号输送给ECU；节气门位置传感器则检测节气门的开度大小及开度变化速率，并转换成电信号输送给ECU，两传感器的输出特性相同。

节气门控制电动机为具有良好响应和低能耗的直流步进电动机，发动机ECU控制其转动方向和步数，以实现对节气门开度的控制。电磁离合器通常处于接合状态，使节气门控制电动机能够打开或关闭节气门，如果节气门电控系统出现故障，则该离合器自动分离，以免控制电动机错误地打开或关闭节气门。

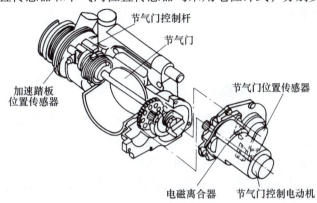

图5-98 日本丰田雷克萨斯LS400轿车电控节气门系统

加速踏板通过节气门拉索与节气门轴上的节气门控制杆连接。电控节气门系统发生故障时，电磁离合器切断控制电动机与节气门之间的动力传递，节气门在回位弹簧作用下关闭，此时加速踏板通过节气门拉索带动节气门控制杆将节气门打开并限制其开度，即使加速踏板踩到底，节气门开度也不能增大。

电控节气门系统的工作原理如图5-99所示，发动机ECU根据各传感器输入信号确定最佳的节气门开度，并通过对节气门控制电动机和电磁离合器的控制改变节气门开度。

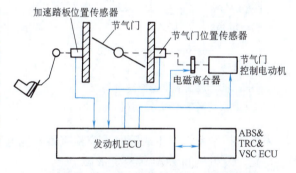

图5-99 电控节气门系统的工作原理

3. 电控节气门系统的检修

电控节气门系统发生故障时，系统会自动停止工作，并使CHECK ENGING指示灯发亮，以警告驾驶人。应按规定程序调取故障码，并按故障码提示诊断和排除故障。

学习任务七 认识冷却风扇及发电机控制系统

一、冷却风扇控制系统

冷却风扇控制系统的功能是发动机ECU根据冷却液温度传感器信号和空调开关信号，通过风扇继电器来控制风扇电动机电路的通断，以实现对风扇工作的控制。

风扇继电器控制电路（北京切诺基4.0L发动机）如图5-100所示。发动机ECU控制风扇继电器线圈的搭铁回路，当冷却液温度低于98℃时，ECU断开风扇继电器搭铁回路，冷却风扇不工作；当冷却液温度高于103℃时，ECU接通风扇继电器搭铁回路，冷却风扇工作。如果选择空调，则ECU接收到空调开关信号后，不管冷却液温度高低，ECU都将接通风扇继电器搭铁回路，使散热器风扇工作。

风扇控制系统发生故障时，主要应对电源电路、风扇电动机及其电路、风扇继电器线圈电阻及继电器电路进行检查。

二、发电机控制系统

发电机控制系统的功能是根据蓄电池电压信号控制发电机的输出电压。

北京切诺基4.0L发动机发电机控制系统电路如图5-101所示。蓄电池的电压信号经端子3输送给ECU，ECU控制发电机励磁绕组的搭铁回路以调节磁场强度，从而实现对发电机输出电压的控制，并利用充电指示灯监测充电系统的工作情况。

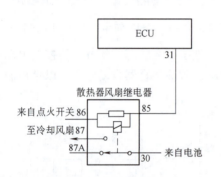

图5-100 风扇继电器控制电路
（北京切诺基4.0L发动机）

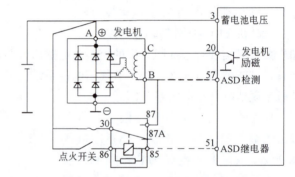

图5-101 北京切诺基4.0L发动机
发电机控制系统电路

发电机控制系统发生故障时，应检查蓄电池电压信号电路、充电电路、发电机励磁绕组控制电路、发电机和ECU等有无故障。

学习任务八 认识故障自诊断系统

一、故障自诊断系统的功能

现代汽车电控系统中，一般都设有故障自诊断系统。故障自诊断系统主要由ECU中的部分软件和故障指示灯等组成，不需要专门的传感器。电控系统工作时，自诊断系统对电控系统各种输入、输出信号进行监测，并运用程序进行推理和判断，将结果迅速反馈到主控系统，改变控制状态；此外，还根据自诊断结果控制故障指示灯工作。

故障自诊断系统的功能主要包括：

1）通过自诊断测试判断电控系统有无故障，当出现故障时，使故障指示灯发出报警信号，并将诊断结果以故障码的形式进行存储。但自诊断系统对所设故障码以外的故障无能为力，特别是机械装置和真空装置等，自诊断系统无法对其进行监测，对这些装置的故障还应采取传统的检测诊断方法。

2）在维修时，通过一定的操作程序可将故障码调出，以便维修人员迅速、准确地确定故障的性质和部位，有针对性地检查有关元件、电路，排除故障。故障排除后，还应能将存储的故障码清除，以便于自诊断系统进行新的自诊断测试；如果不将旧的故障码清除掉，则可能给下一次维修带来不必要的麻烦。

3）当传感器或其电路发生故障时，自动启动失效保护功能，以保证发动机能继续运转，或强制中断燃油喷射使发动机停止运转。

4）当发生故障导致车辆无法行驶时，自动启动应急备用系统，以保证汽车可以继续行驶。

二、自诊断系统工作原理

电控系统工作时，ECU不断接收到各种传感器输入的信号，也不断地向执行机构输出指令信号，自我诊断系统根据这些信号来判断有无故障。

1. 传感器故障自诊断原理

传感器是向ECU输送信号的电控系统元件，无须专门的电路，自诊断系统即可对各种传感器进行故障自诊断。若某传感器输入ECU的信号超出正常范围，或在一定时间内ECU接收不到该传感器信号，或该传感器输入ECU的信号在一定时间内不发生变化，自诊断系统均判定为"故障信号"。若故障信号持续出现超过一定时间或多次出现，自诊断系统即判定有故障，并将此故障以故障码的形式输入ECU的存储器中，同时接通故障指示灯电路警告驾驶人。此外，自诊断系统还会根据故障性质自动启动失效保护系统或应急备用系统等。

故障信号的产生原因除传感器自身的故障外，传感器电路接触不良、断路或短路也会导致故障信号的产生。自诊断系统只能根据传感器输入信号来判定有无故障，但不能确定故障的具体部位，因此，在进行故障诊断时，除按调取的故障码含义对相应传感器进行检查外，还应检查与传感器相关的电路。

以冷却液温度传感器为例，其故障自诊断原理如图5-102所示。正常工作时向ECU输送的信号电压应为0.3~4.7V，对应发动机冷却液的温度为-30~120℃。发动机正常工作时，若冷却液温度传感器向ECU输送的信号电压低于0.3V或高于4.7V，自诊断系统则会判定为故障信号。此故障信号只是偶然出现，自诊断系统不会认为有故障，但若此故障信号持续出现超过一定时间或多次出现，自诊断系统即判定冷却液温度传感器或其电路有故障。

2. 执行元件故障自诊断原理

电控系统的执行元件一般只接收ECU的指令信号，所以在没有反馈信号的开环控制系统中，自诊断系统只能根据ECU输出的指令信号来判断执行元件或其电路是否有故障，其自诊断原理与传感器类似。

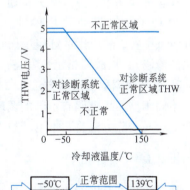

图5-102 冷却液温度传感器故障自诊断原理

带有反馈信号的闭环控制系统（如点火控制系统和爆燃控制系统等）工作时，自诊断系统还可根据反馈信号判别故障。这类系统出现故障，有些会导致电控系统停止工作。例如：电控点火系统在正常工作时，ECU 对点火进行控制，并在每次点火后根据点火控制器发回的反馈信号确认是否点火；如果点火控制器或其他元件出现故障，导致 ECU 连续 3~5 次接收不到反馈信号，自诊断系统便判定电控点火系统有故障，为避免燃油浪费和造成排放污染，强行停止电控燃油喷射系统继续喷油，致使发动机熄火。

三、自诊断系统的使用

1. 故障指示灯

在自诊断系统检测到故障时，仪表板上的故障指示灯（CHECK ENGINE 灯）发亮，以警告驾驶人或维修人员。有些汽车电控系统发生故障后，可按特定的操作程序根据故障指示灯的闪烁次数来读取故障码。图 5-103 所示为日本丰田车系故障指示灯控制电路。蓄电池经点火开关和熔丝给故障指示灯提供电源，ECU 通过 W 端子控制故障指示灯搭铁回路。

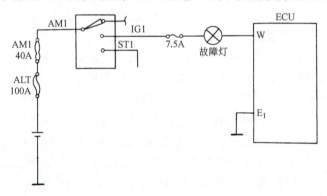

图 5-103　日本丰田车系故障指示灯控制电路

在车辆使用中，点火开关接通，发动机没有起动或起动后的短时间内，故障指示灯发亮是正常现象，但起动后几秒钟（一般为 3~5s）内或发动机达到一定转速（一般为 500r/min）后，故障指示灯应熄灭。否则，说明自诊断系统检测到故障。若系统无故障（调不出故障码），而故障指示灯发亮，则应检查其控制电路是否搭铁。

2. 故障码调取与清除方法

不同车型的故障码有不同的调取和清除方法，故障码的含义也不同。常见车型故障码含义及调取与清除方法将在本书项目六中介绍。

四、OBD-Ⅱ简介

在汽车技术发展的历程中，由于世界各大汽车制造公司的技术特点各不相同，缺乏统一的标准，导致各种汽车自诊断系统的故障诊断形式和位置、读取与清除故障码的方法各异，这给汽车用户和维修人员带来了很大的不便。为此，20 世纪 70 年代，汽车电控系统中开始采用了第一代随车诊断系统（OBD-Ⅰ）；1994 年以后，美国、日本和欧洲的主要汽车制造厂家生产的电控汽车逐步开始采用第二代随车诊断系统（OBD-Ⅱ）。

OBD 是 On-Board Diagnostics 的英文缩写，即随车诊断系统。OBD-Ⅱ是指第二代随车诊断系统。OBD-Ⅱ由美国汽车工程学会（SAE）提出，经环保机构（EPA）和加州资源协会（CARB）认证通过。OBD-Ⅱ的主要特点如下：

1）汽车按标准装用统一的16端子诊断座，如图5-104所示，并将诊断座统一安装在驾驶室仪表板下方。

2）OBD-Ⅱ具有数据传输功能，并规定了两个传输线标准：欧洲统一标准（ISO-Ⅱ）规定数据传输用7端子和15端子，美国统一标准（SAE-J 1850）规定数据传输用2端子和10端子。

3）OBD-Ⅱ具有行车记录功能，能记录车辆行驶过程的有关数据资料；能记忆和重新显示故障码，可利用仪器方便、快速地调取或清除故障码。

4）装用OBD-Ⅱ的汽车，采用相同的故障码代号及故障码意义统一。故障码由1个英文字母和4个数字组成，如图5-105所示。OBD-Ⅱ故障码说明见表5-4。SAE共规定了100个统一的OBD-Ⅱ故障码，其含义见表5-5。

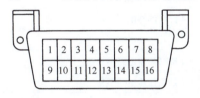

图5-104　OBD-Ⅱ诊断座

图5-105　OBD-Ⅱ故障码形式

表5-4　OBD-Ⅱ故障码说明

代码性质	代　码	代　码　含　义
控制系统代码 （英文字母）	P	汽车发动机和自动变速器控制系统
	C	汽车底盘控制系统
	B	汽车车身控制系统
制造厂代码 （1位数字）	0	SAE定义的故障码
	其他1、2、3…9	汽车制造厂自定义的故障码
SAE定义故障码 范围代码 （1位数字）	1	燃油或进气测量系统故障
	2	燃油或进气测量系统故障
	3	点火系统故障或发动机间歇熄火故障
	4	废气控制系统故障
	5	怠速控制系统故障
	6	ECU或执行元件控制系统故障
	7	自动变速器控制系统故障
	8	自动变速器控制系统故障
原厂故障码 （2位数字）	—	由原厂规定的具体元件故障码，不同代码有不同的含义

表 5-5　OBD-Ⅱ故障码含义

故障码	故障码含义	故障码	故障码含义
P0100	空气流量传感器电路故障	P0158	后副氧传感器信号电压过高
P0101	急速时空气流量传感器信号不良	P0160	后副氧传感器信号电路不良
P0102	空气流量传感器信号电压过低	P0161	后副氧传感器信号电路受干扰
P0103	空气流量传感器信号电压过高	P0171	氧传感器信号电压过低
P0105	大气压力传感器信号不良	P0172	氧传感器信号电压过高
P0107	进气管绝对压力传感器信号电压过高	P0174	后氧传感器信号电压过低
P0108	进气管绝对压力传感器信号电压过低	P0175	后氧传感器信号电压过高
P0110	进气温度传感器电路故障	P0201	1 缸喷油器电路不良
P0111	进气温度传感器信号不良	P0202	2 缸喷油器电路不良
P0112	进气温度传感器电路短路	P0203	3 缸喷油器电路不良
P0113	进气温度传感器电路断路	P0204	4 缸喷油器电路不良
P0115	冷却液温度传感器电路故障	P0205	5 缸喷油器电路不良
P0116	冷却液温度传感器信号不良	P0206	6 缸喷油器电路不良
P0117	冷却液温度传感器电路短路	P0207	7 缸喷油器电路不良
P0118	冷却液温度传感器电路断路	P0208	8 缸喷油器电路不良
P0120	节气门位置传感器信号不良	P0300	发动机有间歇性不点火故障
P0121	节气门位置传感器调整不当	P0301	1 缸有间歇性不点火故障
P0122	节气门位置传感器信号电压过低	P0302	2 缸有间歇性不点火故障
P0123	节气门位置传感器信号电压过高	P0303	3 缸有间歇性不点火故障
P0125	发动机无法达到闭环工作温度	P0304	4 缸有间歇性不点火故障
P0130	主氧传感器信号电压过高或过低	P0305	5 缸有间歇性不点火故障
P0131	氧传感器信号电压过低	P0306	6 缸有间歇性不点火故障
P0132	氧传感器信号电压过高	P0307	7 缸有间歇性不点火故障
P0133	主氧传感器信号电压变化不灵敏	P0308	8 缸有间歇性不点火故障
P0135	主氧传感器加热线圈电路不良	P0320	发动机转速信号不良
P0136	副氧传感器信号电压过高或过低	P0321	曲轴位置传感器信号不良
P0137	副氧传感器信号电压过低	P0325	前爆燃传感器信号不良
P0138	副氧传感器信号电压过高	P0330	后爆燃传感器信号不良
P0140	副氧传感器电路断路	P0335	起动或运转中未接收到曲轴传感器信号
P0141	副氧传感器加热线圈电路短路	P0336	凸轮轴和曲轴位置传感器信号不良
P0150	后氧传感器信号电压过高或过低	P0340	起动或运转中未接收到凸轮轴传感器信号
P0151	前氧传感器信号电压过低	P0400	EGR 阀控制系统不良
P0152	前氧传感器信号电压过高	P0401	EGR 阀控制系统温度信号或电路不良
P0153	后氧传感器信号变化率过慢	P0402	EGR 阀急速时漏气
P0154	前副氧传感器电路断路	P0403	EGR 阀控制系统电路不良
P0155	后氧传感器加热线圈电路短路	P0420	TWC 或后氧传感器不良

项目五　发动机辅助控制系统

（续）

故障码	故障码含义	故障码	故障码含义
P0421	TWC 不良	P0707	档位开关信号电压过低
P0422	同 P0421	P0708	档位开关信号电压过高
P0430	后 TWC 不良	P0712	变速器油温传感器短路
P0440	活性炭罐堵塞或控制不良	P0713	变速器油温传感器断路
P0443	活性炭罐电磁阀电路不良	P0720	变速器输出轴车速传感器信号不良
P0444	活性炭罐电磁阀信号电压过低	P0740	变矩器离合器电磁阀不良
P0445	活性炭罐电磁阀信号电压过高	P0741	变矩器离合器电磁阀不良或卡在全开位置
P0500	无车速信号	P0743	变矩器离合器电磁阀控制电路不良
P0501	实际车速在 29km/h 以上，但无车速信号	P0750	换档电磁阀 A 不良
P0502	已挂入档位，且发动机转速在 3 000r/min 以上，但无车速信号	P0751	换档电磁阀 A 卡在全开位置
		P0753	换档电磁阀 A 短路或断路
P0505	怠速步进电动机不良	P0755	换档电磁阀 B 不良
P0510	节气门位置传感器不良	P0756	换档电磁阀 B 卡在全开位置
P0605	主 ECU 的 ROM 不良	P0758	换档电磁阀 B 短路或断路
P0703	制动灯开关信号不良	P0770	变矩器离合器（ECC）电磁阀不良
P0705	档位开关信号不良	P0773	变矩器离合器（ECC）电磁阀短路或断路

学习任务九　认识失效保护系统

一、失效保护系统的功能

失效保护系统的组成主要是 ECU 内的部分软件，所以也称为失效保护功能。设置失效保护系统的目的是电控系统出现故障后，对电控系统采取安全保护措施，防止发动机或其他部件发生新的故障。

失效保护系统的功能是在电控系统工作中，当自诊断系统判定某传感器或其电路出现故障（即失效）时，由自诊断系统启动而进入工作状态，给 ECU 提供设定的标准信号来替代故障信号，以保持控制系统继续工作，确保发动机仍能继续运转。此外，当个别重要的信号传感器或其电路发生故障时，有可能危及发动机安全运转，失效保护系统即使 ECU 立即采取强制性措施，切断燃油喷射，使发动机停止运转，确保车辆安全。

失效保护系统依靠 ECU 内的软件完成其功能。当控制系统出现故障时，给 ECU 提供的设定信号不可能与实际工作情况一致，失效保护系统只能维持发动机继续运转，但不能保证控制系统的优化控制，发动机的性能必然有所下降。

二、失效保护系统设定的标准信号

1. 冷却液温度信号

当冷却液温度传感器或其电路发生故障时，ECU 可能会接收到超过正常范围（低于

-30℃或高于120℃）的温度信号，若电控燃油喷射系统仍按通常的方式控制喷油量，则必然会引起空燃比过小或过大（混合气过浓或过稀），导致发动机转速不稳、性能下降。此时，失效保护系统给 ECU 提供设定的冷却液温度信号，通常按冷却液温度为 80℃ 控制发动机工作，防止混合气过浓或过稀。

2. 进气温度传感器信号

当进气温度传感器或其电路发生故障时，ECU 可能会接收到超过正常范围（低于 -30℃或高于120℃）的温度信号，若电控燃油喷射系统仍按通常的方式控制喷油量，与冷却液温度传感器或其电路发生故障时相同，必将引起空燃比过小或过大（混合气过浓或过稀），导致发动机转速不稳、性能下降。此时，失效保护系统给 ECU 提供设定的进气温度信号，通常按进气温度为 20℃ 控制发动机工作，防止混合气过浓或过稀。

3. 点火确认信号

点火系统发生故障造成不能点火，ECU 接收不到点火控制器反馈的点火确认信号时，如果喷油器继续喷油，则大量未燃的混合气就会吸入气缸后排出，进入三元催化转化器，不仅会造成燃油浪费和排放污染，而且会使三元催化转化器温度很快升高并超过许用温度。为避免这种情况发生，失效保护系统使 ECU 立即切断燃油喷射，使发动机停止运转。

4. 节气门位置传感器信号

当节气门位置传感器或其电路产生断路或短路故障时，ECU 将始终接收到节气门处于全开或全关状态信号，无法按实际的节气门开度对喷油量等进行精确的控制。此时，失效保护系统使 ECU 按设定的节气门位置传感器信号控制发动机工作。失效保护系统中，通常按节气门开度为 0° 或 25° 设定标准的节气门位置传感器信号。

5. 点火提前角

爆燃传感器或其电路发生故障时，或 ECU 内爆燃控制系统出现故障时，无论是否产生爆燃，点火提前角都无法由爆燃控制系统进行反馈控制，这将导致发动机无法正常工作。此时，失效保护系统使 ECU 将点火提前角固定在一个适当值。

6. 凸轮轴位置传感器信号

由于凸轮轴位置传感器信号（G 信号）用于识别气缸和确定曲轴转角基准，当该传感器或其电路发生故障时，电控燃油喷射系统和电控点火系统无法控制发动机工作，将造成发动机不能起动或失速。此时，如果传感器或其电路故障不严重，则 ECU 仍能收到 G_1 信号或 G_2 信号，还能按完好的 G_1 信号或 G_2 信号判别气缸和确定曲轴转角基准；但若传感器或其电路故障导致 G_1 和 G_2 两个信号都不能输送给 ECU，则只能利用应急备用系统维持发动机基本运转。

7. 空气流量传感器信号

如果空气流量传感器或其电路发生故障，ECU 无法按进气量计算基本喷油时间，将引起发动机失速或不能起动。此时，失效保护系统使 ECU 根据起动信号和节气门位置传感器信号按固定的喷射时间控制发动机工作；当起动开关断开、怠速触点闭合时，以固定的怠速喷油量喷油；当起动开关断开、节气门开度较小时，以固定的小负荷喷油量喷油；当起动开关断开、节气门接近全开或全开时，以固定的大负荷喷油量喷油。

8. 进气管绝对压力传感器信号

在 D 型电控燃油喷射系统中，如果进气管绝对压力传感器或其电路发生故障，则 ECU

无法按进气量计算基本喷油时间,将引起发动机失速或不能起动。此时,失效保护系统使 ECU 按设定的固定值控制喷油量,或启动应急备用系统维持发动机运转。

学习任务十　认识应急备用系统

一、应急备用系统的功能

应急备用系统的功能由 ECU 内的备用 IC(集成电路)来完成,也称为应急备用功能。当 ECU 内的微处理器或少数重要的传感器出现故障、车辆无法行驶时,该系统 ECU 把燃油喷射和点火正时控制在设定的水平上,作为一种备用功能使汽车能维持基本行驶,以便把汽车开到最近的维修站或适宜的地方,所以又称为回家系统。

应急备用系统只能维持汽车的基本功能,而不能保证发动机按正常性能运行。当自诊断系统判定发生下列故障之一时,在接通故障指示灯搭铁回路的同时,将自动启动应急备用系统。

1) ECU 中的中央微处理器(CPU)、输入/输出(I/O)接口和存储器发生故障。
2) 凸轮轴位置传感器或其电路发生故障,ECU 收不到 G_1 信号和 G_2 信号。
3) 在 D 型电控燃油喷射系统中,进气管绝对压力传感器或其电路发生故障。

二、应急备用系统的工作原理

应急备用系统的工作原理如图 5-106 所示。当启动备用系统工作后,备用 IC 根据控制所需的几个基本传感器信号,按照固定的程序对执行元件进行简单的控制。应急备用系统工作时,只能根据起动开关(STA)信号和怠速触点(IDL)信号将发动机的工况简单地分为起动、怠速和非怠速三种,并按预先设定的固定数值输出喷油控制信号和点火控制信号。因此,应急备用系统只能简易控制,维持车辆能继续行驶,而不能保持正常运行时的最佳性能,故不宜长期在此状态下行驶,应尽快对汽车进行检修。

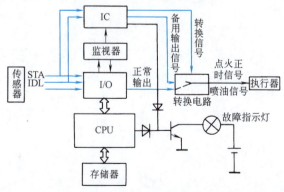

图 5-106　应急备用系统的工作原理

应急备用系统工作时,接收到 STA 信号即判定发动机处于起动工况,接收到 IDL 信号即判定发动机处于怠速工况,接收不到 IDL 信号即判定发动机处于非怠速工况。在不同工况、不同故障时,应急备用系统中预先设定的固定数值因发动机型号不同而异。表 5-6 是日本日产车系某发动机应急备用系统设定的固定数值。

表5-6　日本日产车系某发动机应急备用系统设定的固定数值

	ECU 发生故障时			ECU 收不到 G_1 和 G_2 信号		
	起动	怠速	非怠速	起动	怠速	非怠速
喷油时间	12.0ms	2.3ms	4.1ms	1.0ms	与进气量成正比	
喷油频率	2 次/每循环			1 次/65.3ms	1 次/69.9ms	1 次/30ms
点火提前角	10°	10°	20°	1 次/50ms	1 次/23ms	1 次/5ms
闭合时间	5.12ms	5.12ms	5.12ms	3ms	4ms	3ms

　　本章重点介绍了汽车发动机辅助控制系统的结构、工作原理与检修，通过学习，应能够区别各类发动机辅助控制系统并说明其功能，能够说明发动机各辅助控制系统的结构和工作原理，能够对发动机常见辅助控制系统进行检修。

复习思考题

1. 怠速控制系统有何功能？由哪些基本元件组成？
2. 怠速控制的方法有几种？其控制原理是什么？
3. 常用的怠速控制执行元件有哪些？它们是怎样工作的？如何检查其好坏？
4. 动力阀控制系统的功能是什么？它是怎样工作的？
5. 谐波进气增压控制系统是怎样工作的？
6. 废气涡轮增压控制系统是怎样工作的？
7. 排放控制系统有哪些类型？它们是怎样工作的？如何对其进行检修？
8. 巡航控制系统和电控节气门系统各有何功能？它们是怎样工作的？
9. 故障自诊断系统、失效保护系统和应急备用系统各有何功能？
10. 什么是 OBD-Ⅱ？有何特点？

项目六　发动机电控系统常见故障诊断

> **学习目标：**
> 1. 能够正确使用故障诊断常用工具和仪器。
> 2. 能够掌握发动机电控系统故障诊断的基本方法。
> 3. 能够正确调取或清除发动机电控系统故障码。
> 4. 能够运用仪器对发动机电控系统进行诊断。

学习任务一　发动机电控系统故障诊断注意事项及常用工具与仪器

一、注意事项

1. 使用注意事项

电控发动机的全部工况都在 ECU 的监控下运行，因此它的故障率较少，特别是中途因发动机故障而停车的时间就更少。电控发动机出现的故障多数是由于使用不当造成的。为减少故障发生，驾驶电控发动机汽车时，除熟读汽车使用说明书、掌握发动机电控系统的基础知识外，还必须注意：

1）驾驶人应了解电控系统各主要元件所在位置，以便对其施行保护。尤其要注意电子元件的防潮、防油污和防燃。

2）驾驶人应掌握仪表板上各开关、显示灯、仪表等的作用和功能，并尽量弄清仪表板上各英文缩写的含义。

3）驾驶人应熟练掌握操作要领，避免误操作。

4）在汽车投入使用以后，另外加装音响、电器等设备的天线时，应安装在距 ECU 较远的地方，以防对 ECU 产生干扰。禁止加装大功率的无线电发射设备（如 10W 以上的无线电对讲机）及仪器等。如果必须加装，则需采取防干扰屏蔽等设施。

5）电控系统常见故障多数是由于接线不良引起的，驾驶人应经常检查各线束插接器是否有油污、潮湿和松动，要保持线束插接器清洁、连接可靠。

6）蓄电池的极性不许接反，不准在无蓄电池（如蓄电池无电）的情况下，用外接电源起动发动机，以免因电压过高而损坏电控系统元件。

7）电控发动机装有三元催化转化器和氧传感器等装置，对汽油质量要求较高，必须使用无铅汽油，并按规定定期更换燃油滤清器。

8）驾驶人必须知道所驾驶汽车电控系统故障指示灯的工作情况，打开点火开关后，故障指示灯发亮或均匀闪烁几秒钟后熄灭或发动机起动后熄灭为正常现象，在其他情况下故障指示灯发亮说明电控系统出现故障，应及时到专业维修厂（站）检修。

2. 检修注意事项

在检修装用电控发动机的汽车时，为防止工作失误造成新的故障，应注意：

1）在点火开关接通时，不允许拆开任何12V电气装置（如蓄电池、怠速控制阀、喷油器和点火装置等）的连接电路，以防止电气装置中的线圈自感作用产生的瞬时电压损坏ECU或传感器。

2）发动机发生故障时，切忌盲目拆检，首先要确定是否是机械故障，如果机械部分确实无故障，再对电控系统进行检查。

3）在进行故障诊断时，应首先观察故障指示灯是否亮。如果故障指示灯亮，则应按原车规定的程序调取故障码，并根据故障码提示检查相关元件和电路；如果故障指示灯没亮，则应按基本程序进行检查。

4）线路连接不良是导致电控系统发生故障的常见原因，在故障诊断过程中，应注意检查线束插接器是否清洁、连接是否可靠。

5）在对燃油系统进行维修前，应拆开蓄电池负极电缆线，以免损坏电控系统元件。

6）在维修中，需拆开线束插接器时，应注意各车型线束插接器的锁扣形式，不可盲目用力硬拉。安装时，应注意将插接器插接到位，并将锁扣锁住。

7）对电控系统电路或元件进行检查时，除特殊指明外，必须使用高阻抗数字万用表检查电压、电阻或电流。

8）电控发动机即使熄火后，燃油供给系统也有较高的残余压力，为防止发生意外事故，在对燃油系统进行拆卸作业前，必须释放燃油系统残余压力。

二、故障诊断常用工具

1. 跨接线

跨接线就是一段专用导线，不同形式的跨接线主要是其长短和两端接头不同，如图6-1所示。跨接线两端的接头一般是不同形式的插头或鳄鱼夹，以适应对不同位置的短接。

跨接线主要用于电路故障诊断。当某电控元件不工作时，可用跨接线将被检元件的搭铁端子直接搭铁，若此时电控元件工作恢复正常，则说明该元件搭铁电路有故障；同理，若用跨接线将蓄电池正极短接到被检元件的电源端子上时，电控元件工作恢复正常，则说明该元件电源电路有故障。

此外，在调取日本丰田等车系的故障码时，也需要使用专用跨接线短接在诊断座相应端子间。使用跨接线应注意：

图6-1 跨接线

1）用跨接线将蓄电池正极跨接到被检元件的电源端子上时，必须弄清楚被检元件的规定电源电压值。否则，若将12V电源直接加在电控元件上，可能导致电控元件损坏。

2）不要用跨接线将被检元件电源端子直接搭铁，以免导致电源短路。

2. 测试灯

测试灯实际就是带导线的电笔，主要用来检查电控元件电路的通断。测试灯带有显示电路通断的指示灯，对电路进行检测时，根据指示灯的亮度还可判断被测电路的电压高低。测

项目六　发动机电控系统常见故障诊断

试灯分为无电源测试灯和自带电源测试灯两种类型。

（1）无电源测试灯　无电源测试灯如图6-2所示。若怀疑某电控元件电路有断路故障，可先将测试灯的搭铁夹搭铁，再用探针接触其电源端子，若灯不亮，则说明被测电路有断路故障，可继续沿电流的流向依次选择测点检查，直到灯亮为止，此时即可确定电路的断开点在最后两个测点之间。

如果怀疑某电路有短路故障，可将测试灯直接跨接在熔丝处，然后依次断开待测线路中的线束插接器，直到测试灯熄灭为止，短路故障即发生在最后两个断开的线束插接器之间。

（2）自带电源测试灯　自带电源测试灯如图6-3所示，在手柄内加装有两节1.5V干电池，主要用于检测电路断路故障。检查时，将自带电源测试灯跨接在被测电路的两端，如果灯不亮，则说明被测电路有断路故障。然后，依次选择适当测点移动探针（或探头）缩小测试范围，直到灯亮为止，则可确定电路的断开点在最后两个测点之间。

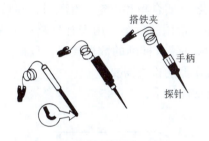

图6-2　无电源测试灯

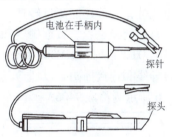

图6-3　自带电源测试灯

3. 数字式万用表

万用表主要用来测量电阻、电压和电流等参数，以此判断电路的通断和电控元件的技术状况。万用表可分为模拟式（指针式）万用表和数字式万用表两种。由于发动机控制系统中的大多数电路都具有高电阻、低电压、低电流特征，因此在实际的故障诊断与检修过程中，除维修手册有特别规定外，必须使用高阻抗数字式万用表进行测试。

（1）常用的数字式万用表　数字式万用表采用数字化测量技术和液晶显示器显示，具有测量精度高、测量范围广、输入阻抗高、抗干扰能力强和容易读数等优点，在汽车故障诊断与检修中应用广泛。

常用的数字式万用表功能比较简单，一般只能用来测量电阻、电压和电流。常用的数字式万用表有盒式和袖珍式两种，两者的结构工作原理和用途基本相同，只是袖珍数字式万用表的体积小、结构紧凑，比较适合在空间窄小的地方使用。

以袖珍数字式万用表测量电路原理如图6-4所示。万用表测量电路分为模拟和数字两部分，被测量通过转换开关和测量电路转换成直流电压信号，模拟部分再将模拟信号转换成数字信号，最后由数字部分完成整机逻辑控制、计数和显示功能。

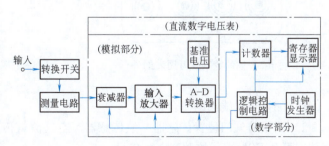

图6-4　数字式万用表测量电路原理

袖珍数字式万用表的外形如图 6-5 所示。使用数字式万用表时应注意：

1）按被测量的性质和数值大小选择合适的档位和量程，并将测量导线插接到相应的插孔中。如测量喷油器电阻时，因为即使高阻喷油器的电阻值也不会超过 20Ω，所以应将万用表选择开关拧到电阻档的"2k"量程，并将黑色测量导线插接到 COM 插孔，将红色测量导线插接到 V/Ω（电压/电阻）插孔，再将红色和黑色两根测量导线连接到喷油器的两端子上，万用表的显示屏上即可显示出喷油器的电阻值。

2）选择万用表的量程时最好从低到高逐级进行选择，以便获得较准确的测量数据。

3）在使用数字式万用表时，严禁电控元件或电路处于通电状态时测量其电阻，以免外部电流流入数字式万用表而将其损坏。

（2）汽车万用表　汽车万用表是一种多功能的数字式万用表。它除具有数字式万用表的功能外，还具有一些汽车专用测试功能。汽车万用表除可用来测量电控元件及电路的电阻、电压和电流外，一般还能测量转速、频率、温度、电容、闭合角和占空比等项目，并具有自动断电、自动变换量程、数据锁定和波形显示等功能。常用的汽车万用表有笛威 9406A 型、EDA 系列、OTC 系列和 KM300 型等。汽车万用表一般都装有标准的数据接口，且自身带有若干连接导线和连接插头，以适应其不同功能和各种车型的检查需要。

图 6-6 所示为笛威 9406A 型汽车万用表，其主要功能如下：

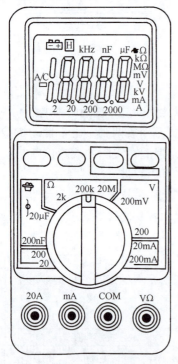

图 6-5　袖珍数字式万用表的外形

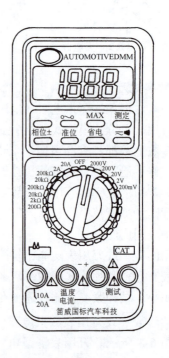

图 6-6　笛威 9406A 型汽车万用表

1）测量点火线圈的闭合角。

2）测量节气门位置传感器、氧传感器、空气流量传感器、进气温度传感器、冷却液温度传感器和 ECU 端子的动态电压信号。

项目六 发动机电控系统常见故障诊断

3）测量各种电磁阀、继电器线圈、喷油器、点火线圈、冷却液温度传感器和进气温度传感器等的电阻。

4）测量怠速控制阀的电流。

5）检测喷油器的喷油脉宽、频率及发动机的转速。

4. 手动真空泵

手动真空泵又称为手持式真空测量仪。发动机电控系统中的很多元件都采用真空驱动，如 EGR 阀、进气控制阀和燃油压力调节器等，检查这些真空驱动元件的好坏一般都需要对其施加一定的真空度，手动真空泵是一种常用的抽真空工具。如图 6-7 所示，手动真空泵上带有显示真空度的真空表，一般还带有各种连接软管和接头等附件，以适应对不同车型和不同真空驱动元件的检测。

使用手动真空泵对真空驱动元件进行检查时应注意：

1）检查前将各真空软管连接好，防止因真空泄漏而导致测量结果失准。

2）检查时必须按规定对被检元件施加真空度，施加真空度过大会损坏被检元件。

3）检查完毕后，在拆开连接的真空软管前，应先释放真空度，否则会将灰尘和湿气等吸入被检元件内造成不良后果。

5. 燃油压力表

燃油压力表是用来测量燃油供给系统燃油压力的专用工具，是对燃油系统进行检查和故障诊断的常用工具，如图 6-8 所示。

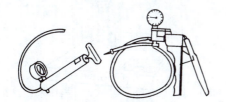

图 6-7 手动真空泵

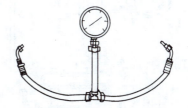

图 6-8 燃油压力表

使用燃油压力表测量燃油系统压力的方法见本书项目二相关内容。使用时，应注意选择量程与被测系统压力范围相适应的燃油压力表。普通的燃油压力表量程一般为 7～103kPa，专用的高压式燃油压力表量程一般为 7～690kPa。电控燃油喷射发动机燃油系统压力：单点喷射系统一般为 62～69kPa，多点喷射系统一般为 207～275kPa。

三、故障诊断常用仪器

发动机集中控制系统是高度智能化的计算机控制系统，随着汽车电子技术的发展，该系统的控制内容不断增加，系统组成更加复杂，仅靠修理人员的工作经验和熟练技术难以进行准确的故障诊断和检修，只有采用先进的故障诊断分析仪器设备，才能快速、准确地进行故障诊断和检修。发动机电控系统故障诊断与检修中常用的仪器主要有喷油器清洗仪和故障诊断仪等。

1. 喷油器清洗仪

喷油器清洗仪可分为便携式和固定式两种类型。

（1）便携式喷油器清洗仪 便携式喷油器清洗仪无须拆卸喷油器，即可就车进行清洗，使用非常方便。如图 6-9 所示，便携式喷油器清洗仪主要由储液器和电动泵等组成，电动泵使用 220V 交流电源。便携式喷油器清洗仪的使用方法如下：

1）将储液器加满喷油器清洗液。

2）安装喷油器清洗仪。首先释放燃油系统压力，将开关阀一侧的管路连接到燃油供给系统中的油压检测口处；从燃油压力调节器上拆开回油管，将清洗仪另一端的管路连接到燃油压力调节器的回油管接头上。

3）拆开电动燃油泵线束插接器，接通清洗仪电动泵电源，起动发动机。

4）使发动机以 2 000r/min 的转速运转约 10min 后，使发动机熄火，即完成喷油器清洗。

5）拆下喷油器清洗仪，恢复燃油供给系统。

注意：上述工作完成后，应预置燃油系统压力（见项目二相关内容）。

（2）固定式喷油器清洗仪　固定式喷油器清洗仪如图 6-10 所示。此种清洗仪一般除用来清洗喷油器外，都具有喷油器滴漏检查和喷油量检查的功能。不同厂家生产的固定式喷油器清洗仪，其使用方法也不完全相同，使用时应按使用说明书进行操作。

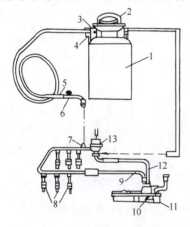

图 6-9　便携式喷油器清洗仪

1—储液器　2—电动泵　3—压力指示表　4—检测阀
5—滤清器　6—开关阀　7—油压检查口　8—喷油器
9—供油管　10—电动燃油泵　11—燃油箱　12—回
　　油管　13—燃油压力调节器

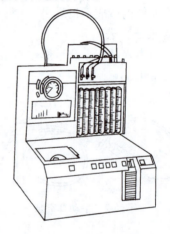

图 6-10　固定式喷油器清洗仪

2. 故障诊断仪

（1）故障诊断仪的功能　故障诊断仪俗称解码器。它是一种多功能的诊断检测仪器，一般都具有如下功能：

1）快速、方便地读取或清除故障码。

2）在发动机运转或车辆行驶过程中，对发动机控制系统进行动态测试，显示 ECU 多种输入、输出信号的瞬时信息，使电控系统的工作状况一目了然，为诊断故障提供依据。

3）能在静态或动态下，向电控系统各执行元件发出检修作业需要的动作指令，以便检查执行元件的工作状况。

4）在车辆运行或路试时监测并记录数据流。

5）具有示波器功能、万用表功能和打印功能。

6）有些诊断仪能显示系统控制电路图和维修指导，以供故障诊断和检修时参考。

7）有些功能强大的专用诊断仪能对发动机 ECU 进行某些数据的重新输入和更改。

（2）常见故障诊断仪简介　故障诊断仪可分为专用型和通用型两大类。

专用型故障诊断仪是汽车制造公司为自己生产的汽车而专门设计制造的，世界上一些大的汽车制造公司都有自己专用的故障诊断仪，如日本本田车系专用的 PGM、美国克莱斯勒车系专用的 DRB-Ⅱ、美国福特车系专用的 STAR-Ⅱ、德国大众车系专用的 ＶＡＧ 1551 和 ＶＡＧ 1552、德国宝马车系专用的 MODIC-Ⅲ 等。专用故障诊断仪一般只适合在特约维修站配备，以便提供良好的售后服务，充分发挥故障诊断仪的功能。图 6-11 所示为克莱斯勒车系 DRB-Ⅱ 和福特车系 STAR-Ⅱ 专用型故障诊断仪。

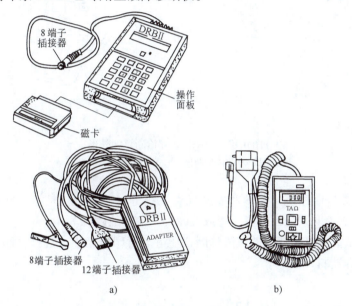

图 6-11　专用型故障诊断仪

a）克莱斯勒车系 DRB-Ⅱ　b）福特车系 STAR-Ⅱ

通用型故障诊断仪是汽车保修设备制造公司为适应诊断检测多种车型而设计制造的，一般都配有不同车系的测试卡和适合各种车型的检测连接电缆插接器，测试卡存储有几十种甚至上百种不同公司、不同车型汽车电控系统的检测程序、检测数据和故障码等资料，适合综合性维修企业使用。目前常用的通用型故障诊断仪有美国 Snap-on 公司生产的 MT2500、美国 IAE 公司生产的 OTC4000、深圳生产的 431ME 电眼睛和三元修车王、笛威公司生产的 OB91 等。通用型故障诊断仪的外形如图 6-12 所示。

由于故障诊断仪的种类繁多，其使用方法在此不能逐一介绍。故障诊断仪的操作方法一般都比较简单，参照使用说明书会很快掌握，一般操作步骤如下：

1）选择测试卡和合适的连接电缆插接器（专用故障诊断仪无须此项）。

2）连接故障诊断仪。电源电缆连接到车内点烟器或蓄电池上，测试电缆与汽车的故障诊断座相连。

3）选择测试地址和功能。选择测试地址是指选择想要测试的电控系统，如发动机控制

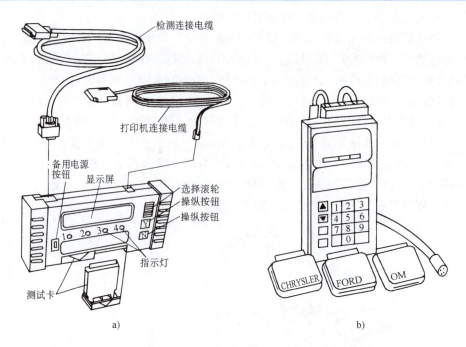

图 6-12 通用型故障诊断仪的外形
a) MT2500 故障诊断仪　b) OTC4000 故障诊断仪

系统、自动变速器控制系统、ABS 和安全气囊系统等。功能选择是指根据测试目的选择具体的测试项目，如读取系统数据流、调取故障码和清除故障码等。

4) 进行测试。带打印功能的故障诊断仪还可与打印机相连，选择打印功能将测试结果（如故障码信息等）打印出来。

3. 示波器

示波器主要用来显示控制系统中输入、输出信号的电压波形，以供维修人员根据波形分析判断电控系统故障。示波器比一般电子设备的显示速度快，是唯一能显示瞬时波形的检测仪器，是电控系统故障诊断中的重要设备。

示波器可分为模拟式示波器和数字式示波器。模拟式示波器显示速度快，但显示波形不稳定（抖动），且没有记忆功能，给对故障波形的分析判断带来困难。数字式示波器由微处理器控制，由于将模拟信号转换成数字信号需要一定时间，所以显示速度较模拟式示波器慢，但数字式示波器显示波形稳定，且具有记忆功能，可在测试结束后使故障波形重现，便于对故障波形进行进一步的分析判断。

模拟式示波器一般采用开关、按键和旋钮等实现对波形垂直幅度、水平幅度、垂直位置、水平位置和亮度等的调整。数字式示波器多采用菜单式操作，只需在各级菜单上选择测试项目，无需任何设定和调整，可以直接观测波形，使用非常方便。示波器的主要功能如下：

1) 测试各种传感器、执行元件、电路和点火系统等电压波形。

2) 数字式示波器具有汽车万用表功能，可测试电压、电阻、闭合角、喷油脉冲、喷油时间和点火电压等。有的示波器内部还存有汽车数据库和标准波形，使判断故障更为方便。

3）数字式示波器可对测试内容进行记录、回放。

4）能提供在线帮助，包括提供系统工作原理、测试连接方法和接线颜色等。

4. 信号模拟检验仪

信号模拟检验仪可以模拟发动机控制系统的各传感器信号，尤其是对电控系统传感器及其线路故障的诊断，利用此类检验仪可简化分析过程、缩短诊断时间。

例如：在故障诊断时，按调取的故障码提示是某传感器信号不良，但究竟是传感器自身有故障，还是传感器控制电路有故障或是 ECU 有故障，需作进一步诊断。此时，只要利用信号模拟检验仪模拟该传感器信号通过控制电路输送给 ECU，如果发动机工作有变化，故障症状消失，即可判断是传感器有故障；若故障症状无变化，则可直接由 ECU 相应端子将信号输入，此时若故障症状消失，即可判定是传感器控制电路故障；若故障症状仍不消失，即可判定是 ECU 故障。

5. 发动机综检仪

发动机综检仪是发动机综合性能检验仪的简称，它能对发动机进行不解体综合测试，并配备有标准的数据及专家分析系统，可通过对测试结果与标准数据作比较判断发动机整机或部分系统工作的好坏。常见的发动机综检仪有深圳元征 EA-1000 型、西安凌翔 FZ2000 型、石家庄华燕汽车检测设备厂 HFZF2000 型、济南无线电六厂 QFC-5X 型等国产品牌，和 HUMAN（凯文）、BOSCH（博世）、BEAR（大熊）等进口品牌。不同型号的发动机分析仪在结构和使用方法等方面都存在一定的差异，使用时注意认真阅读使用说明书。图 6-13 所示为元征 EA-1000 型发动机综检仪的外形。

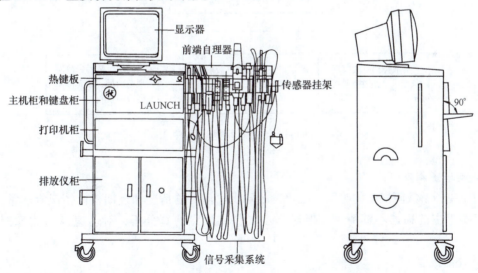

图 6-13　元征 EA-1000 型发动机综检仪的外形

发动机综检仪一般都具有如下功能：

（1）汽油机检测功能　汽油机检测功能包括点火系统参数（如点火提前角和点火波形等）检测、无负荷测功、单缸动力性检测、转速稳定性分析、温度检测、进气管真空度检测、起动系统检测、充电系统检测、数字万用表功能和废气分析（需配备废气分析仪）等功能。

（2）柴油机检测功能　柴油机检测功能包括喷油压力及压力波形检测、喷油提前角检测、无负荷测功、转速稳定性分析、起动系统检测、充电系统检测、数字万用表功能和排气烟度检测（需配备烟度计）等功能。

（3）电控燃油喷射发动机检测功能　电控燃油喷射发动机检测功能包括进气量检测、转速检测、温度检测、进气管真空度检测、节气门位置检测、爆燃信号检测、氧传感器信号检测、喷油信号检测和点火系统检测等。

（4）故障诊断分析功能　故障诊断分析功能包括故障查询、检测信号再现与分析、参数设定和显示数据或波形等。

学习任务二　认识故障诊断基本方法

一、故障诊断基本程序

电控燃油喷射发动机发生故障后，进行故障诊断的基本程序如图6-14所示。

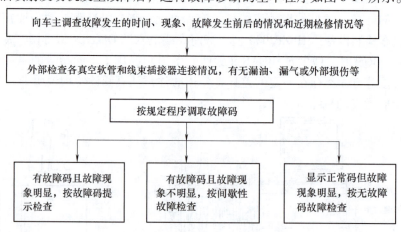

图 6-14　故障诊断基本程序

1. 向车主调查

向车主了解故障发生的时间、现象、故障发生前后的情况和近期检修情况等非常必要，尽管有些车主的描述不够清楚，但对车主提供的信息认真分析，对迅速诊断故障都会有帮助。

2. 外部检查

外部检查的目的是排除一般性的故障成因，避免走弯路。外部检查的主要内容包括检查各真空软管是否损坏、是否连接错误、是否堵塞，检查各线束插接器是否连接可靠，检查发动机有无明显的漏油、漏气或外部损伤现象等。

3. 调取故障码

如果故障指示灯亮，则按规定程序调取故障码，并按故障码提示对相关传感器或执行元件及其电路进行检查。

在汽车使用中，如果故障现象时隐时现，而且有故障码，但按故障码提示又检查不出故障原因，则应按间歇性故障进行检查。

在车辆使用中，如果故障症状明显，故障指示灯不亮，调取故障码时显示正常码，则应按无故障码故障进行检查。

二、故障码调取方法

发动机电控系统发生故障时，多以故障码形式存储于 ECU 存储器中，调取故障码的基本方法可分为两种：一是使用随车自诊断系统调取，二是使用故障诊断仪调取。

1. 利用随车自诊断系统调取故障码

此种方法投资少，应用比较广泛，但必须知道被检车辆的维修资料，如调取故障码的操作程序和故障码含义等，否则无法进行故障诊断和检修。按故障码读取方法的不同，可分为：

1）利用仪表板上故障指示灯的闪烁规律读取故障码，如日本丰田车系、本田车系轿车和部分美国通用车系、福特车系、克莱斯勒车系轿车。

2）利用指针式万用表的指针摆动规律或自制二极管灯的闪烁规律读取故障码，如日本三菱车系、韩国现代车系、德国奔驰车系和德国宝马车系轿车。

3）利用 ECU 上红、绿色发光二极管灯的闪烁规律读取故障码，如日本日产车系部分轿车。

4）利用车上显示器读取故障码，如美国通用车系凯迪拉克轿车等。

2. 使用故障诊断仪调取故障码

对装用第一代随车诊断（OBD-Ⅰ）系统的汽车（如德国大众车系等），必须使用专用仪器和专用传输线与车上的诊断座对接来调取故障码。对装用第二代随车诊断（OBD-Ⅱ）系统的汽车，它们具有统一的故障诊断座和统一的故障码，故只需用一台仪器即可调取各汽车制造公司生产的各型汽车故障码。

使用故障诊断仪调取故障码的方法速度快、准确率高，对维修人员理论水平要求不高；缺点是需要的投资较大，诊断软件必须随车型而更新。

三、间歇性故障诊断

间歇性故障是指受外界因素（如温度、受潮和振动等）影响而有时存在、有时自动消失的故障。由于此类故障无明显的故障现象，诊断比较困难，一般需模拟车主陈述故障出现时的条件和环境，使故障再现，以便根据故障现象查明故障原因。

1. 振动法

电控系统电路接触不良或元件安装不牢固等引发的故障，汽车行驶中由于振动往往会使故障现象时隐时现。遇此类故障可使发动机维持怠速运转，在水平和垂直方向摇动线束或线束插接器，用手轻拍装有传感器的部件，观察发动机故障是否再现。如果故障出现，则说明摇动的电路或轻拍部位的传感器有故障。

注意：不能用力拍打继电器，否则可能会造成继电器断路；对传感器进行振动试验时，可用万用表测量其输出信号有无异常变化，以确定该传感器是否有故障。

2. 加热法

如果故障只在热机时出现，则可用电吹风加热怀疑有故障的电控系统元件，如果加热某元件时故障再现，则说明该元件有故障。

注意：不能对 ECU 中的元件直接加热，且加热温度应不超过 60℃。

3. 水淋法

如果故障只在雨天、洗车后或高湿度环境下出现，则可用水喷淋车辆使故障再现，以便根据故障现象分析判断故障原因。

注意：不能用水直接喷淋电控系统元件，而应将水喷淋在发动机散热器前面，间接改变发动机舱内的湿度。

4. 电器全部接通法

当怀疑因用电负荷过大而引起故障时，可接通全部用电设备，检查故障是否再现。

5. 道路试验法

有些故障只在特定的行驶状态下出现，则必须通过道路试验的方法使故障再现，以便查明故障原因。

间歇性故障一般不会长时间出现，所以在故障诊断时，用上述方法使故障再现后，应抓住时机，根据故障码提示和故障现象迅速对故障进行诊断。

四、无故障码故障诊断

无故障码故障是指在汽车使用中，有明显的故障现象但故障指示灯不亮，按规定程序调取故障码时，显示正常码。此类故障的诊断步骤见表 6-1。

表 6-1　无故障码故障的诊断步骤

步骤	检查内容	正常	不正常时的处理方法
1	发动机不工作时检查蓄电池电压	不低于 11V	充电或更换蓄电池
2	转动发动机检查曲轴能否转动	能转动	按"故障诊断表"诊断
3	起动发动机检查能否起动	能起动	直接转到步骤 7 进行检查
4	检查空气滤清器滤芯是否过脏或损坏	滤芯良好	清洁或更换滤芯
5	检查发动机急速运转情况	急速运转良好	按"故障诊断表"诊断
6	检查发动机点火正时	点火正时准确	调整
7	检查燃油系统压力	压力正常	检查排除燃油系统故障
8	检查火花塞和高压线跳火情况	火花正常	检查排除点火系统故障
9	上述检查是否查明故障原因	查明故障原因	按"故障诊断表"诊断

五、故障诊断表

在对电控系统进行故障诊断，按故障码提示或无故障码时，如果通过基本检查不能查明故障原因，则可根据故障现象按故障诊断表进行检查。

表 6-2 为 L 型电控燃油喷射汽油机故障诊断表，表 6-3 为 D 型电控燃油喷射汽油机故障诊断表。表中给出的数字为检查顺序，如：故障现象为发动机不能起动，且起动发动机时曲轴不能转动，按故障诊断表诊断故障时，第一步应检查起动系统，第二步检查防盗 ECU，第三步检查发动机 ECU 电源电路；如果发生故障的汽车没有装防盗系统，则将第二步检查跳过即可。

项目六　发动机电控系统常见故障诊断

表 6-2　L 型电控燃油喷射汽油机故障诊断表

故障现象　检查顺序　可能故障部位	不能起动			起动困难				怠速不良				性能不良				失速				
	曲轴不能转动	无着火征兆	燃烧不良	汽油机转动缓慢	常温下起动困难	冷起动困难	热起动困难	基本怠速转速不正确	怠速过高	怠速过低	怠速不稳	汽油机加速不良	进气管回火	排气管"放炮"	爆燃	起动后失速	踩下加速踏板后失速	松开加速踏板后失速	空调工作时失速	由N位挂入D位时失速
开关状态信号电路								1	1	3	1	1		1		1				
点火信号电路		2	5		13							7	6							
氧传感器电路											18									
冷却液温度传感器电路			9		11	9	10			9	17	4	7			6				
进气温度传感器电路					14	10	11					5	6							
空气流量传感器电路									7	3	2			10		2	2			
节气门位置传感器电路												7	9							
起动机信号电路					1	1	1					6								
爆燃传感器电路															2					
空档起动开关电路								5	4											1
起动系统	1																			
EFI 主继电器电源	3	1						4												
备用电源电路								6	8	13										
喷油器电路		6	6		8	4	5			6	4	3	9	5	4		1			
冷起动喷油器电路					11	12	8	7				16								
怠速控制阀电路		5	7		2	2	2		2	1	2					3			1	2
燃油泵控制电路		3	10		3	3	4			5	9	4	8	11		1		2		
燃油压力控制 VSV 电路							3													
EGR 系统控制电路					10		12			10	5									
可变电阻器电阻												6	5	3	6					
A/C 信号电路					2				3										3	2
燃油质量					9		13				15					1	5			
进气管漏气				1			14			14	11	1				4				
空档起动开关电路																				
点火线圈			2		1	4	5					10	7	2						
分电器			3			5	6	8				11	8		3					
火花塞			4	4		6	4	9				12	6	4	3					
节气门操纵装置												12								
气缸压缩压力					8		7				8									
制动系统故障（发咬）											13									
变速器故障											10									
防盗 ECU		2																		
汽油机机械或其他故障		7	12		3		15					19	14	10	12	6				
汽油机 ECU		8	13		16	11	15	2	3	7	11	20	15	11	13	7			4	3

表6-3 D型电控燃油喷射汽油机故障诊断表

故障现象 可能故障部位	不能起动			起动困难				急速不良				性能不良			失速				
	曲轴不能转动	无着火征兆	燃烧不良	汽油机转动缓慢	常温下起动困难	冷起动困难	热起动困难	基本急速转速不正确	急速过高	急速过低	急速不稳	汽油机加速不良	进气管回火	爆燃	起动后失速	踩下加速踏板后失速	松开加速踏板后失速	空调工作时失速	由N位挂入D位时失速
开关状态信号电路					9														
点火信号电路		2	5		10						12								
冷却液温度传感器电路				4	4	1	1	2	2	1	2	9	1	1	7				
进气温度传感器电路					11	5	4			5		10	4	5					
绝对压力传感器电路		5	1						3	10	8	3	3		6	1	2		
节气门位置传感器电路								6			7	2	4			2			
起动机信号电路					2														
爆燃传感器电路														1					
空档起动开关电路								8											1
A/C信号电路				2						7								1	
燃油压力调节器			3		5	6	5			5		11	5	2	2	4			
燃油泵控制电路		4	8		6	7	6			6		12	6		3				
油管路					7	8	7			7		13	7		4	5			
喷油器及其电路		6	6		13	9	8	9	4	11		14	8	6	8	6			
急速控制阀电路		8	2		3	4	3	3	2		8				5				
EFI主继电器电源		3															1	2	2
节气门减速缓冲器										4	4								
燃油切断系统																			
燃油质量		7			1	3	2			1		3			2	1			
起动机继电器	1																		
空档起动开关	3																		
起动机	2			1															
火花塞			1		2						3	4		3					
分电器					12						3	4	5						
节气门操纵装置																			
冷却风扇系统																	4		
制动系统故障(发咬)												2							
变速器故障												1							
气缸压缩压力		9	7		8						9	6							
汽油机ECU		10	9		14	10	9	5	10	5	13	15	9	7	5	9	7	3	3

项目六　发动机电控系统常见故障诊断

学习任务三　电路及电控系统元件故障诊断

一、汽车电路图识别常识

1. 汽车电路的特点

随着汽车电子技术的发展，发动机集中控制系统的控制功能（即控制内容）越来越多，汽车电路也越来越复杂。电工学中将电流通过的路径称为电路。读懂汽车电路图，不仅可以进一步了解各电控系统元件的工作原理和它们之间的相互连接关系，而且对汽车故障诊断和检修也十分重要。在对汽车进行故障诊断或检修时，利用汽车电路图可按汽车上的电路迅速查找电控系统元件的安装位置，以便对故障相关电路进行检查，并可避免检修过程中将电路错误连接。

汽车电路图可分为电路图、电路简图和电路原理图。

电路图是按各电器元件在汽车上的位置来绘制的电路图，图中元件的位置、外形和电路的走向都与实际情况一致，便于了解电气系统的构成、熟悉整车电路，对电控系统元件及其电路的故障诊断和检修也很方便。

电路简图是电路图的一种简化画法，它不注重电器元件的安装位置，独立系统划分比较明确，图中既有表示电器元件的符号，又有外形特征，线条简单。

电路原理图是将各电器元件用符号表示，并作原理性的连接，重在表达各电路系统内部的电路原理，使每个单元电路子系统及每个电器元件间的联系一目了然，对于了解其工作原理、分析故障都很方便。

电路图中由于需要将电器元件的位置、外形和电路的走向都表达清楚，所以比较复杂，尤其"线条"密集，在各种维修资料和教材中一般不多见。在各种维修资料中给出的汽车电路图一般都是电路简图或电路原理图。

汽车电气电路虽然因车而异，但它们有如下的共同特点：

（1）双电源、低直流电压　汽车上均有蓄电池和发电机两个电源；蓄电池主要用于向起动机供电，发电机主要用于在发动机正常工作时向蓄电池充电和向用电设备供电；汽车电源电压一般为12V，也有少数车型采用24V电源。

（2）单线制　众所周知，直流电源向用电设备供电必须有两根导线形成回路，才能使电流通过用电设备，用电设备才能工作。

在汽车上，电源和所有用电设备的一端（一般是负极）与汽车的金属部分相连，俗称搭铁，而形成一根公共搭铁线，用电设备与电源之间只需要一根连接导线，这种连接方式已形成汽车电器电路设计安装的制度，称为单线制。单线制接线方法具有节约导线、简化电路、便于安装、易于维护和检修等优点。

在发动机控制系统中，灵敏度或精度要求很高的传感器或执行元件与ECU之间一般仍采用双线连接，以保证其工作可靠。

（3）并联连接　汽车上的两个电源之间，所有用电设备和控制系统均为并联连接。这样能发挥两个电源的优越性，可方便地启用或停止任何一个用电设备工作，能限制电路的故障范围，便于设备的独立拆装、维护和故障排除。

但也有少数电气设备必须采用串联连接，如电流表必须串联在电路中，转向灯闪光器必须与转向灯电路串联。

（4）负极搭铁　汽车电路一般都是负极搭铁。我国规定汽车电路全部负极搭铁。

（5）布局基本相同　无论哪个公司、哪种品牌的汽车，为保证电控系统元件检测或控制的灵敏度和精度，多数元件的安装位置都有固定的范围，如冷却液温度传感器的安装位置必须靠近水套、凸轮轴/曲轴位置传感器的安装位置必须与曲轴有固定传动关系、节气门位置传感器和怠速控制阀必须安装在节气门体附近等。由于各电控元件安装位置基本相同，这样就形成了汽车电器电路的走向和布局的共性。

2. 汽车电路中的电路颜色标记及符号

为方便识别和检修复杂的汽车电器电路，各汽车制造公司普遍采用不同颜色、不同编号的导线区分不同的电器回路。

我国标准 QC/T 414—1999 规定，汽车电器电路的颜色在同一电系中，双色线的主色应与其单色线的颜色相同；分支电路必须按规定选配相应的辅色；辅色在导线的主色上形成两条轴对称直线。国产汽车电器电路的主色与颜色标记见表6-4；其辅色选配规定见表6-5，其中"▲"表示允许配成双色线。

表6-4　国产汽车电器电路的主色与颜色标记

线　路　种　类	主色	颜色标记
电源电路	红	R
点火与起动电路	白	W
前照灯和雾灯等外部照明电路	蓝	U
转向灯及灯光信号电路	绿	G
防空灯及车内照明电路	黄	Y
仪表、报警信号及电喇叭电路	棕	N
收音机、电钟、点烟器等辅助电器电路	紫	P
多种辅助电动机及电器控制电路	灰	S
搭铁电路	黑	B

表6-5　国产汽车电器电路的辅色选配规定

主色＼辅色	红	黄	白	黑	棕	绿	蓝
红		▲	▲	▲		▲	▲
黄	▲		▲	▲			
蓝	▲		▲	▲			
白		▲		▲	▲	▲	
绿	▲	▲	▲				▲
棕	▲					▲	▲
紫		▲	▲			▲	
灰		▲		▲		▲	

世界各大汽车公司对汽车电器电路颜色的规定有较大差别，但每个系统中的电路主色相同，且电路中的电路颜色标记一般为英文缩写，在使用与维修中只要加以注意，很容易区别。图6-15所示为日本丰田2JZ-GE型发动机控制系统电路。

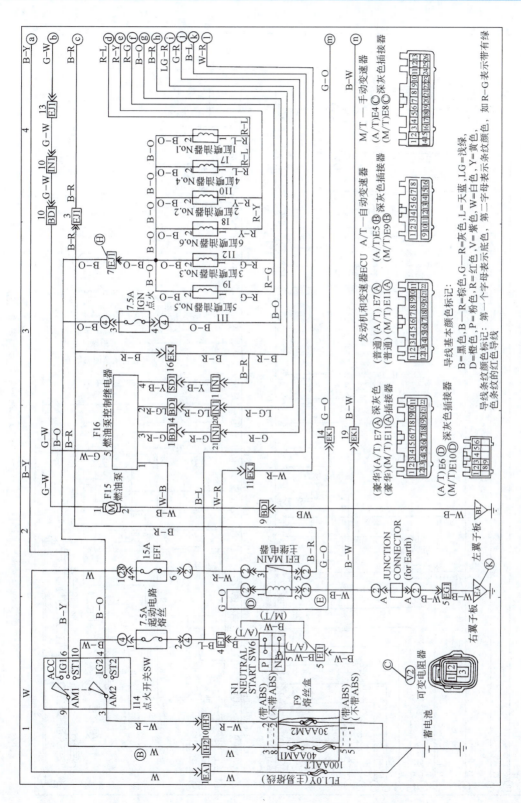

图6-15 日本丰田2JZ-GE型发动机控制系统电路

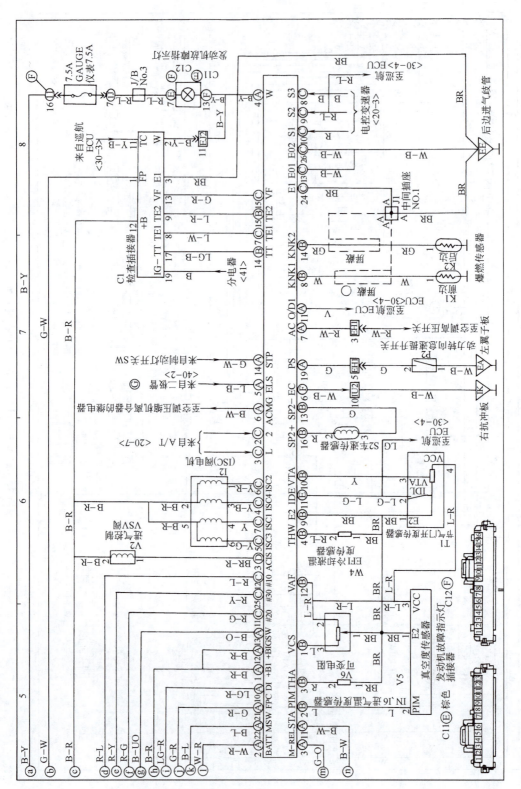

图6-15 日本丰田2JZ-GE型发动机控制系统电路（续）

项目六　发动机电控系统常见故障诊断

丰田车系电路图中的线路标记如图 6-16 所示。电路颜色标记见表 6-6。电路中的"G-W""B-Y"等表示电路为双色线，如"G-W"表示主色为黑色、辅色为白色的双色线。丰田车系电路图中常用的符号见表 6-7。

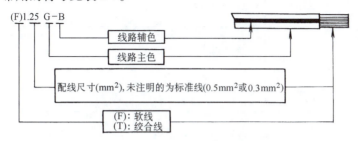

图 6-16　丰田车系电路图中的电路标记

表 6-6　丰田车系电路颜色标记

标记	颜色	标记	颜色
B	黑色	V	紫色
BR	棕色	W	白色
G	绿色	Y	黄色
GR	灰色	LG	浅绿色
L	蓝色	CLR	无色
O	橙色	PPL	紫色
P	粉色	TRN	黄褐色
R	红色	—	—

表 6-7　丰田车系电路图中常用的符号

符号	符号作用	说　明
Ⓐ	图注	1）元件名称 2）ECU 高电压（12V）输入、输出端子
Ⓑ	图注	1）配线颜色 2）ECU 输入信号（变化的低电压信号）端子
Ⓒ	图注	1）元件侧的线束插接器 2）ECU 输出信号（搭铁）端子
Ⓓ	图注	1）线束插接器的端子号 2）ECU 输出信号（占空比信号）端子
Ⓔ	图注	1）继电器盒 2）ECU 输入信号（低电压"通-断"）端子
Ⓕ	图注	1）接线盒 2）ECU 搭铁端子
Ⓖ	图注	相关联系统

(续)

符号	符号作用	说　　　明
Ⓗ	图注	电路与电路之间的插接器
Ⓙ	图注	屏蔽的电路
Ⓚ	图注	搭铁点
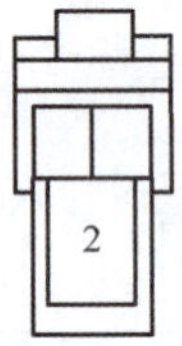 (端子2图形)	标记	电控元件上的线束插接器形状，数字表示端子号。面对线束插接器，元件侧端子编号顺序由左上到右下递增，线束侧端子编号顺序由左上到右下递增
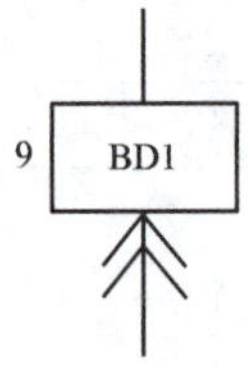 9 BD1 (图形)	标记	电路与电路之间的连接，框外数字为插接器编号，框内为插接器位置代号
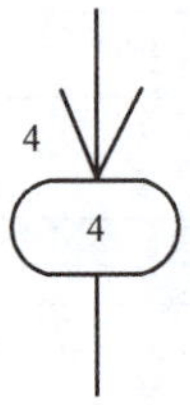 4 ④ (图形)	标记	接线盒或继电器盒内电路与其他元件之间的插接器，圈外数字为插接器编号，圈内数字为接线盒或继电器盒编号

二、电路故障诊断

电控系统电路常见故障是断路或短路，诊断时应使用高阻抗数字万用表（或其他仪器）的电阻档或电压档进行检测。

1. 选择测点

需要把线束插接器端子作为测点时，应拆开线束插接器；如果必须在线束插接器处于插接状态时测量参数（如传感器输出信号电压），则应先将线束插接器上的橡胶防水套向后脱出，将万用表测量表笔从后端以适当角度插入并触及端子进行检查，如图6-17所示。

2. 断路故障诊断

图6-18所示为典型传感器电路，拆开三个线束插接器A、B、C中的任意两个，分别测量端子1-1和端子2-2之间的电阻。若电阻值为0Ω，则说明两测点间无断路；若电阻为∞，则说明两测点之间断路。

项目六 发动机电控系统常见故障诊断

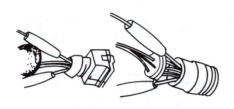

图6-17 插接器处于连接状态时的检查

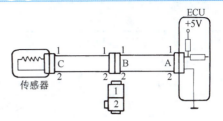

图6-18 典型传感器电路

如果ECU通过端子1给传感器提供标准5V电压,也可不拆开线束插接器,分别测量插接器A、B和C的端子1与搭铁之间的电压,正常时均应为5V;若为0V,则说明有断路故障。若在插接器A处测得电压为5V,而在插接器B处测得电压为0V,则说明插接器A与B之间电路断路;若在插接器A和B处测得电压均为5V,在插接器C处测得电压为0V,则说明插接器B与C之间电路断路;若在插接器A处测得电压为0V,说明ECU内部断路。

3. 短路故障诊断

电路短路故障可通过测量插接器端子与车身或搭铁线之间是否导通(电阻为0Ω)来检查,例如:在图6-18所示的电路中,拆开线束插接器A和C,测量端子1或2与车身之间的电阻,若端子1或2与车身之间的电阻为0Ω,则说明端子1或2有短路故障。拆开线束插接器B,测量端子1或2与车身之间的电阻,则可进一步确定短路发生在线束插接器A与B之间或B与C之间。

三、电控系统元件故障诊断

发动机电控系统不同元件或其电路发生故障时,会产生不同的故障现象。除掌握电控系统元件的结构、工作原理及检修方法外,掌握各元件与发动机故障现象之间的关系,对在故障诊断时拓宽思路、迅速查明故障原因具有十分重要的意义。汽油机电控系统主要元件故障与发动机故障现象之间的对应关系见表6-8。

表6-8 汽油机电控系统主要元件故障与发动机故障现象之间的对应关系

序号	元件名称	发动机故障现象
1	ECU	发动机不能起动,发动机性能失常
2	空气流量传感器	发动机起动困难,发动机性能失常,怠速不稳,加速时回火、放炮,油耗大,爆燃
3	进气管绝对压力传感器	发动机起动困难,发动机性能失常,怠速不稳,油耗大
4	大气压力传感器	发动机性能不良,怠速不稳
5	节气门位置传感器	发动机起动困难,怠速不稳,发动机性能不良,易熄火
6	进气温度传感器	怠速不稳,发动机性能不良,易熄火,油耗大,混合气过浓
7	冷却液温度传感器	发动机起动困难,怠速不稳,发动机性能不良,易熄火
8	怠速控制阀	发动机起动困难,怠速不良,发动机失速
9	P/N、P/S、A/C开关	发动机不能起动,怠速不稳、易熄火
10	曲轴位置传感器	发动机不能起动,加速不良,怠速不稳,间歇性熄火
11	喷油器	发动机起动困难,发动机工作不稳,易熄火,怠速不稳

（续）

序号	元件名称	发动机故障现象
12	冷起动正时开关	冷起动困难，混合气过浓，急速不稳
13	冷起动喷油器	冷起动困难，急速不良，混合气过浓，油耗大，排放污染增加，间歇性熄火
14	燃油泵	发动机不能起动，发动机运转中熄火
15	燃油压力调节器	发动机起动困难，发动机性能不良，急速不稳易熄火
16	燃油滤清器	发动机不能起动，发动机运转不稳
17	节气门	发动机不能起动或起动困难，发动机性能不良
18	氧传感器	发动机性能不良，急速不稳，油耗大，排放污染增加，空燃比失常
19	曲轴箱通风阀	发动机不能起动或起动困难，急速不稳或无急速，加速不良，油耗大
20	EGR 阀	发动机过热，发动机不能起动或起动困难，发动机动力不足，减速熄火，爆燃，油耗大
21	活性炭罐电磁阀	发动机性能不良，急速不稳，空燃比失常
22	爆燃传感器	爆燃，点火正时失准，发动机工作不稳
23	点火线圈	发动机不能起动，无高压火花，二次电压过低
24	点火控制器	发动机不能起动，无高压火花，二次电压过低，急速不良
25	点火信号发生器	发动机不能起动，发动机工作不稳，急速不稳，易熄火
26	可变配气相位电磁阀	发动机抖动，爆燃，急速不稳，发动机动力不足，三元催化转化器损坏

学习任务四　常见车型故障码调取与清除

通用、福特、克莱斯勒、丰田、三菱、奔驰和沃尔沃七大代表车系，自 1996 起生产的汽车全部采用第二代随车自诊断（OBD-Ⅱ）系统，必须采用专用仪器调取故障码。1996 年之前，由于世界各大汽车制造公司设计的发动机控制系统不同，故障码的调取与清除方法有很大差异，尽管 1994~1995 年各公司生产的部分车型装用了第二代随车自诊断（OBD-Ⅱ）系统，但有些仍保留利用短接诊断座上端子的方法调取故障码，调取方法也略有不同。本节主要介绍采用短接法人工调取与清除故障码的方法。

一、日本丰田车系

1. 调取故障码

丰田车系的故障诊断座有三种类型，如图 6-19 所示。故障码的调取方式分为普通状态和试验状态两种。

采用普通方式调取故障码时，将点火开关打开但不起动发动机，用专用跨接线短接故障诊断座上的 TE1 端子与 E1 端子，仪表板上的故障指示灯（"CHECK ENGINE"灯）即闪烁输出故障码。

试验方式调取故障码是在汽车运行状态下采集故障信息的，比普通方式检测的灵敏度高，能获得更多的故障信息。采用试验方式调取故障码，首先关闭点火开关，用专用跨接线短接故障诊断座上的 TE2 端子与 E1 端子；然后打开点火开关，起动发动机，并以不低于

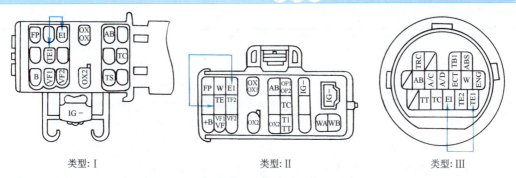

图 6-19 丰田车系故障诊断座

10km/h 的车速进行路试；路试后，用另一根专用跨接线将诊断座上的 TE1 端子与 E1 端子短接，仪表板上的故障指示灯（CHECK ENGINE 灯）即闪烁输出故障码。

若无故障码存储，CHECK ENGINE 灯等间隔地闪烁，其中亮、灭的时间均为 0.25s，输出的是正常码。

若有故障码存储，则 CHECK ENGINE 灯将不断地闪烁循环显示所有的故障码，每一循环依"数值小的故障码在前、数值大的故障码在后"的顺序显示，直到拆下诊断座上的专用跨接线为止。丰田车系故障码为两位数，CHECK ENGINE 灯闪亮与熄灭的时间均为 0.5s，闪亮的次数代表故障码数值，一个故障码的十位与个位之间有 1.5s 熄灭的间隔，两个代码之间有 2.5s 熄灭的间隔，每一循环重复显示之间有 4.0s 熄灭的间隔。例如：有 14 和 32 两个故障码，输出波形如图 6-20 所示。

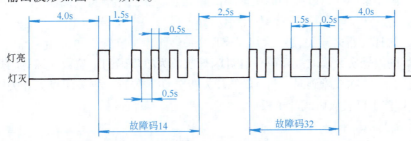

图 6-20 丰田车系故障码输出波形

丰田车系故障码说明见表 6-9。

表 6-9 丰田车系故障码说明

故障码	故障码含义	故障码	故障码含义
11	ECU 电源电路故障	22	冷却液温度传感器或电路故障
12	凸轮轴/曲轴位置传感器或电路故障	24	进气温度传感器或电路故障
13	凸轮轴/曲轴位置传感器或电路故障	25	混合气过稀故障
14	点火控制器或电路故障	26	混合气过浓故障
15	点火控制器或电路故障	27	左辅助氧传感器或电路故障
16	自动变速器 ECU 故障	28	右主氧传感器或电路故障
21	左主氧传感器或电路故障	29	右辅助氧传感器或电路故障

（续）

故障码	故障码含义	故障码	故障码含义
31、32	空气流量传感器或电路故障	52	1号爆燃传感器或电路故障
34、35	进气管绝对压力传感器或电路故障	53	ECU 爆燃控制系统故障
41	节气门位置传感器或电路故障	55	2号爆燃传感器或电路故障
42	车速传感器或电路故障	71	EGR 控制电磁阀或电路故障
43	点火开关或起动电路故障	72	燃油切断电磁阀或电路故障
47	辅助节气门位置传感器或电路故障	78	燃油泵或电路故障
51	A/C、P/N 开关或电路故障		

1994～1995 年生产的部分丰田轿车（如雷克萨斯 LS400）装有 16 端子 OBD-Ⅱ诊断座，用专用跨接线短接诊断座上的 5 端子和 6 端子，即可由仪表板上的故障指示灯（CHECK ENGINE 灯）读取故障码。

2. 清除故障码

当故障被排除后，应将 ECU 中存储的故障码清除，方法有两种：一是关闭点火开关，从熔丝盒中拔下 EFI 熔丝（20A）10s 以上；二是将蓄电池负极电缆拆开 10s 以上，但此种方法同时使时钟和音响等有用的存储信息丢失。

二、日本日产车系

日产车系随车型不同，故障码的调取与清除分为以下三种不同方式：

1）如果在主 ECU 侧有一红一绿两个指示灯，另有一个 TEST（检测）选择开关，则调取故障码时，先打开点火开关，然后将 TEST 开关转至 ON 位置，两个指示灯即开始闪烁。根据红、绿灯的闪烁次数读取故障码，红灯闪烁次数为故障码的十位数，绿灯闪烁的次数为故障码的个位数。清除故障码时，将 TEST 开关转至 OFF 位置，再关闭点火开关即可清除故障码。主 ECU 位于仪表板后或叶子板后。

2）如果在主 ECU 侧只有一个红色显示灯，另有一个可变电阻调节旋钮孔，调取故障码时，先打开点火开关，然后将可变电阻旋钮顺时针拧到底，等 2s 后再将可变电阻旋钮逆时针拧到底，红色显示灯即开始闪烁输出故障码，故障码输出波形如图 6-21 所示；每次操作只能输出一个故障码，有多个故障码时需重复上述操作。清除故障码时，将可变电阻旋钮顺时针拧到底，等 15s 后再逆时针旋到底，再等 2s 后关闭点火开关即可清除故障码。主 ECU 位于仪表板后或叶子板后。

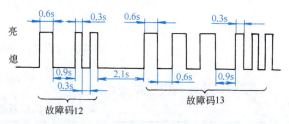

图 6-21 日产车系故障码输出波形

3）如果仪表板上有故障指示（CHECK ENGINE 灯），则可通过短接诊断座上的相应端子调取故障码，日产车系故障诊断座位于发动机舱盖板支撑杆上方的熔丝盒内，有 12 端子和 14 端子两种，如图 6-22 所示。

项目六　发动机电控系统常见故障诊断

调取故障码时，先打开点火开关，然后取出 12 端子或 14 端子诊断座，并用跨接线短接诊断座上 6 端子和 7 端子（14 端子诊断座）或 4 端子和 5 端子（12 端子诊断座），等 2s 后拆开跨接线，仪表板上的 CHECK ENGINE 灯即闪烁输出故障码（波形见图 6-21）。每次操作只能输出一个故障码，有多个故障码时需重复上述操作。清除故障码时，将诊断座右上侧的两个端子短接 15s 以上，再关闭点火开关即可清除故障码。

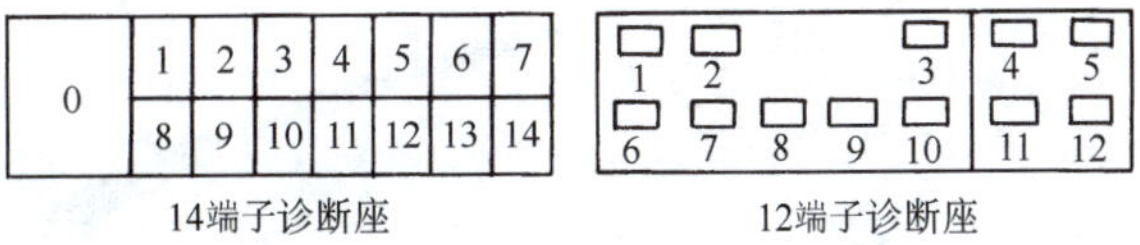

图 6-22　日产车系故障诊断座

日产车系故障码含义见表 6-10。

表 6-10　日产车系故障码含义

故障码	故障码含义	故障码	故障码含义
11	凸轮轴/曲轴位置传感器或电路故障	33	氧传感器或电路故障
12	空气流量传感器或电路故障	34	爆燃传感器或电路故障
13	冷却液温度传感器或电路故障	35	EGR 温度传感器或电路故障
14	车速传感器或电路故障	41	进气温度传感器或电路故障
21	点火控制器或电路故障	42	汽油温度传感器或电路故障
22	燃油泵或电路故障	43	节气门位置传感器或电路故障
23	节气门位置传感器怠速触点或电路故障	45	混合气过浓故障
24	节气门位置传感器全开触点或电路故障	51	喷油器或电路故障
25	怠速控制阀或电路故障	53	氧传感器或电路故障
31	ECU 故障	54	自动变速器 ECU 故障
32	EGR 电磁阀或电路故障	55	系统正常
32*	起动开关或电路故障（无 EGR）		

三、日本本田车系

1. 广州本田故障码调取与清除

当仪表板上的 MIL 亮时，应按以下程序调取故障码：

1）关闭点火开关。

2）用专用短路插头 SCS（或普通导线）短接 2 端子诊断座。广州本田轿车诊断座位于仪表板下方，如图 6-23 所示。

3）打开点火开关但不要起动发动机，仪表板上的 MIL 或 CHECK ENGINE 灯将以闪烁次数输出故障码。故障码 1～9 将通过单纯的短闪来显示，故障码 10～41 通过长、短闪显示，长闪次数代表十位数，短闪次数代表个位数。多个故障码按由小到大顺序依次输出，如广州本田，

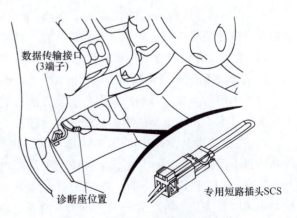

图 6-23　广州本田故障码调取方法

其故障码输出波形如图 6-24 所示,其故障码含义见表 6-11。

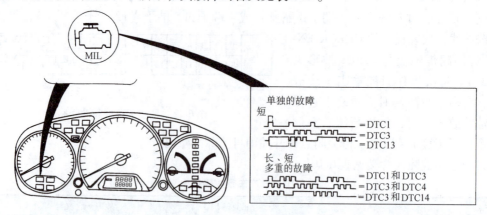

图 6-24　广州本田故障码输出波形

表 6-11　广州本田轿车故障码含义

故障码	故障码含义	故障码	故障码含义
灯一直亮	ECU 故障	10	进气温度传感器或电路故障
1	氧传感器或电路故障	13	大气压力传感器或电路故障
3	进气管绝对压力传感器或电路故障	14	急速控制阀或电路故障
4	曲轴位置传感器或电路故障	15	点火线圈、点火控制系统或电路故障
6	冷却液温度传感器或电路故障	16	喷油器或电路故障
7	节气门位置传感器或电路故障	21	可变配气相位控制电磁阀或电路故障
8	上止点位置传感器或电路故障	23	爆燃传感器或电路故障
9	1 缸位置传感器或电路故障	41	氧传感器加热器或电路故障

清除故障码的程序如下:

1) 从诊断座上拆开专用 SCS 短路插头。

2) 关闭点火开关。

3) 记下无线电台预设的频率。

4) 从副驾驶座位前面的仪表板下熔丝/继电器盒中拆下 13 号备用时钟熔丝 (7.5A),或拆开蓄电池负极电缆,等 10s 以上即可清除故障码。

5) 重新设置无线电台的频率和时钟。

2. 日本本田故障码调取与清除

日本本田各车型故障码的调取与清除方法、故障码含义略有不同,在维修时注意查阅相关资料。日本本田各车型故障码的调取与清除方法可分为以下三种类型:

1) 在仪表板上设有 CHECK ENGINE 灯,此类车型 (如雅阁等) 故障码调取与清除方法和广州本田轿车相同,只是诊断座位于工具箱内右侧或发动机舱侧。

2) ECU 位于工具箱下面,在 ECU 上设有 1 个红色指示灯,此类车型 (如本田等) 的故障码调取方法是:将点火开关置于 ON 位置,ECU 上的红色指示灯即开始闪烁输出故障码,但每次只输出 1 个故障码,故障码输出波形与广州本田轿车相同;故障清除后,拆开蓄

项目六 发动机电控系统常见故障诊断

电池负极电缆 10s 以上即可清除故障码；1 个故障码清除后，再进行路试，检查有无其他故障码。

3) ECU 位于驾驶人座椅下面，ECU 上设有 4 个指示灯，此类车型的故障码调取方法是：将点火开关置于 ON 位置，ECU 上的 4 个红色指示灯即开始闪烁输出故障码；每个指示灯闪亮代表一个数字（由左到右分别为 1、2、4、8），将闪亮的指示灯所代表的数字相加即输出的故障码，如图 6-25 所示；每次只输出 1 个故障码，故障清除后，拆开蓄电池负极电缆 10s 以上即可清除故障码。

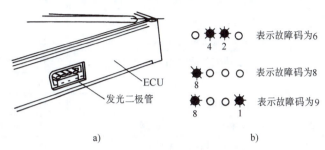

图 6-25 本田车系四个指示灯输出的故障码
a) ECU b) 故障码

四、日本三菱/韩国现代车系

日本三菱/韩国现代车系必须通过在诊断座相应端子间短接二极管灯（或指针式电压表）来调取故障码，诊断座的位置、类型及短接方法如图 6-26 所示。调取故障码时，将二极管灯（或指针式电压表）短接在诊断座相应端子上，打开点火开关，二极管灯（或指针式电压表）即闪烁（或摆动）输出故障码，故障码输出波形与日本丰田车系类似。清除故障码时，将蓄电池负极电缆拆开 15s 以上即可。日本三菱/韩国现代车系故障码含义见表 6-12。

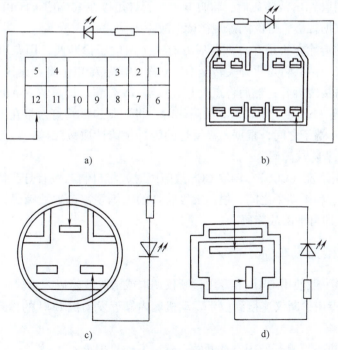

图 6-26 三菱/现代车系故障诊断座
a)、d) 位于熔丝盒旁 b) 位于工具箱正上方 c) 位于前照灯旁

表 6-12　日本三菱/韩国现代车系故障码含义

故障码	故障码含义	故障码	故障码含义
11	混合气浓度不正常	24	车速传感器或电路故障
12	空气流量传感器或电路故障	25	大气压力传感器或电路故障
13	进气温度传感器或电路故障	31	爆燃传感器或电路故障
14	节气门位置传感器或电路故障	36	点火正时信号电路故障
15	怠速控制阀或电路故障	41	喷油器或电路故障
21	冷却液温度传感器或电路故障	42	燃油泵或电路故障
22	曲轴位置传感器或电路故障	43	EGR 控制元件或电路故障
23	凸轮轴位置传感器或电路故障	44、45	点火系统故障

1994~1995 年日本三菱公司生产的部分轿车装有 16 端子 OBD-Ⅱ诊断座，可利用短接二极管灯方法调取下列 5 个系统的故障码：

（1）发动机控制系统　调取发动机控制系统故障码时，用跨接线将 16 端子 OBD-Ⅱ诊断座 1 端子和 5 端子短接，根据仪表板上 CHECK ENGINE 灯的闪烁规律，读取故障码；将蓄电池负极电缆拆开 15s 以上，即可清除故障码。

（2）变速器控制系统　调取变速器控制系统故障码时，将自制二极管灯短接在 16 端子 OBD-Ⅱ诊断座 6 端子和 4 端子之间，根据二极管灯的闪烁规律读取故障码；将蓄电池负极电缆拆开 15s 以上，即可清除故障码。

（3）ABS　调取 ABS 故障码时，将自制二极管灯短接在 16 端子的 OBD-Ⅱ诊断座 8 端子和 4 端子之间，根据二极管灯的闪烁规律读取故障码。

ABS 故障码的清除方法是在点烟器后方有一个两端子诊断座，用专用跨接线将诊断座上的两个端子短接，然后将点火开关转至 ON 位置；等待 7s 以上将点火开关转至 OFF 位置，并将诊断座上的跨接线拆开；然后将点火开关转至 ON 位置，即可清除 ABS 故障码。

（4）安全气囊（SRS）　调取 SRS 故障码时，将自制二极管灯短接在 16 端子 OBD-Ⅱ诊断座的 12 端子和 4 端子之间，根据二极管灯的闪烁规律读取故障码；将蓄电池负极电缆拆开 15s 以上，即可清除故障码。

（5）巡航控制系统（CCS）　调取 CCS 故障码时，将自制二极管灯跨接在 16 端子 OBD-Ⅱ诊断座的 13 端子和 4 端子之间，根据二极管灯的闪烁规律读取故障码；将蓄电池负极电缆拆开 15s 以上，即可清除故障码。

五、美国克莱斯勒车系

克莱斯勒车系一般使用 DRB-Ⅱ专用诊断仪调取或清除故障码，步骤如下：

1）将 DRB-Ⅱ专用诊断仪连接到位于发动机舱内靠近发动机 ECU 的诊断座上，如图 6-27 所示。

2）起动发动机，反复开、闭空调开关，然后发动机熄火。

3）接通点火开关并选择故障读取功能，即可从 DRB-Ⅱ诊断仪上读取所有故障信息。

4）清除故障码时，可在 DRB-Ⅱ诊断仪上输入取消故障码的指令，或拆开蓄电池负极

项目六 发动机电控系统常见故障诊断

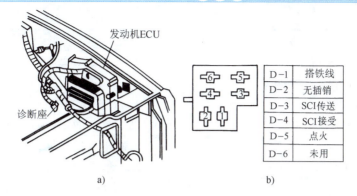

图 6-27 克莱斯勒车系诊断座
a）诊断座位置 b）诊断座端子

电缆 15s 以上即可。

没有专用诊断仪也可调取故障码，但只能调出常见故障的故障码，方法是在 5s 内将点火开关置于 ON—OFF—ON—OFF—ON 位置，仪表板上的 CHECK ENGINE 灯熄灭后，再次发亮时（即闪烁）输出故障码。多个故障码可连续输出，最后以 "55" 故障码结束。输出故障码时，指示灯先闪烁的次数代表故障码的 10 位数字，停 4s 后闪烁的次数为故障码的个位数字。

北京切诺基汽车故障码含义见表 6-13。

表 6-13 北京切诺基汽车故障码含义

故障码	DRB-Ⅱ显示	故障码含义
11	点火参考信号	凸轮轴/曲轴位置传感器或电路故障
13	进气管绝对压力传感器在急速或过渡时信号变化小	进气管绝对压力传感器或电路故障
14	进气压力传感器上电压过低或过高	进气管绝对压力传感器或电路故障
15	无车速信号	车速传感器或电路故障
17	发动机冷车时间长	冷却液温度传感器或电路故障，或冷却系统故障
21	氧传感器信号短路	氧传感器或电路故障
22	冷却液温度传感器电压过低或过高	冷却液温度传感器或电路故障
23	进气温度传感器电压过低或过高	进气温度传感器或电路故障
24	节气门位置传感器电压过低或过高	节气门位置传感器或电路故障
25	急速步进电动机电路	急速控制阀或电路故障
27	喷油器控制电路	喷油器或电路故障
33	空调离合器继电器电路	空调离合器继电器电路故障
34	车速控制电磁阀电路	车速控制电磁阀电路故障
41	交流电动机磁场不良	磁场调节电路故障
42	自动切断继电器及控制电路	继电器自身或电路故障
44	蓄电池温度传感器电压过高	蓄电池温度传感器故障
46	充电电压过高	充电系统故障
47	充电电压过低	充电系统故障

(续)

故障码	DRB-Ⅱ 显示	故障码含义
51	氧传感器电压输出信号偏低	氧传感器或电路故障
52	氧传感器电压输出信号偏高	氧传感器或电路故障
53	ECU 内部控制不良	ECU 故障
54	无同步传感器信号	凸轮轴/曲轴位置传感器或电路故障
55	无显示	自我诊断结束
62	ECU 对排放未存储	ECU 故障
63	ECU 拒写程序	ECU 故障
76	油泵继电器	继电器或油泵控制电路故障

1994~1995 年克莱斯勒公司生产的部分轿车采用 16 端子 OBD-Ⅱ 诊断座，将点火开关转至 ON 位置，等 5~10s 后仪表板上的 CHECK ENGINE 灯即闪烁输出故障码。

六、美国通用/韩国大宇车系

1. 1993 年前车型

1993 年前通用公司和大宇公司生产的轿车均采用 12 端子诊断座，如图 6-28 所示。

调取故障码时，用专用跨接线将诊断座上的 A 端子与 B 端子短接，仪表板上的 CHECK ENGINE 灯即闪烁输出故障码，故障码为两位数，故障码输出波形与日本丰田车系类似，故障灯闪亮与熄灭的时间均为 0.4s，闪亮的次数代表故障码数值，一个故障码的十位与个位之间有 1.2s 熄灭的间隔。但需注意：调取故障码时，故障灯首先输出故障码 12 三次，然后按顺序输出其他故障码，所有故障码均输出完后再重复输出。

清除故障码时，将蓄电池负极电缆线拆开 30s 以上即可。

2. 1993 年后车型

1993 年后通用公司生产的轿车，一般都在空调控制面板上直接调取或清除各控制系统的故障信息。图 6-29 所示为凯迪拉克轿车空调控制面板，故障码的调取与清除方法如下：

图 6-28 通用/大宇 12 端子诊断座

图 6-29 凯迪拉克轿车空调控制面板

1) 打开点火开关，同时按下冷气空调面板上 OFF 键及 TEMP▲键，直到屏幕显示 00 后放开两个按键。

2) 按风速调节键▲或▼，选择所需的诊断系统。诊断系统代号：屏幕显示"00"时为

项目六 发动机电控系统常见故障诊断

发动机系统诊断，显示 01 时为中央控制单元诊断，显示 02 时为空调系统诊断，显示 03 时为安全气囊系统诊断，显示 04 时为 ABS 诊断。

3）再按 OUT TEMP 键，即进入故障码调取功能。若 ECU 检测到系统有持续性故障，则正常显示两位数故障码；若 ECU 检测到系统有间歇性故障，则显示三位数故障码，间歇性故障码仅在正常故障码前加 1。例如：故障码 14 表示目前有"冷却液温度传感器信号电压过低"故障，故障码 114 则表示曾经发生过"冷却液温度传感器信号电压过低"故障。

4）按 AUTO 键退出诊断功能。

5）故障码的清除。按上述步骤 1）、2）、3）操作，然后按下 OFF 键即可清除故障码，再按下 AUTO 键结束本次操作。

美国通用车系单点喷射系统和韩国大宇车系故障码含义见表6-14。美国通用车系多点喷射系统各车型故障码含义不完全相同，维修时注意查阅相关车型维修手册。

表 6-14 美国通用车系单点喷射系统和韩国大宇车系故障码含义

故障码	故障码含义	故障码	故障码含义
12	正常码	34	进气管绝对压力传感器信号电压过低
13	氧传感器或电路故障	35	急速控制阀或电路故障
14	冷却液温度传感器指示温度过高	42	点火正时控制系统故障
15	冷却液温度传感器指示温度过低	43	爆燃传感器或电路故障
21	节气门位置传感器信号电压过高	44	混合器过稀故障
22	节气门位置传感器信号电压过低	45	混合气过浓故障
23	进气温度传感器信号电压过高	51	ECM 故障
24	车速传感器或电路故障	52	ECM 故障（仅通用车系单点系统）
25	进气温度传感器信号电压过低	54	急速 CO 电位计或电路故障（仅大宇车系）
32	EGR 控制电路故障	54	燃油泵或电路故障（仅通用车系单点系统）
33	进气管绝对压力传感器信号电压过高	55	ECM 故障（仅通用车系单点系统）

1994~1995 年通用公司生产的部分轿车装有 16 端子 OBD-Ⅱ诊断座，用专用跨接线短接诊断座上的 5 端子和 6 端子，即可由仪表板上的故障指示灯（CHECK ENGINE 灯）读取故障码。

七、美国福特车系

1991 年后福特公司生产的轿车多数装用 EEC-Ⅳ系统，在此仅以装用该系统的美国福特车系为例介绍故障码的调取与清除方法。故障码的调取可分为 KOEO（Key On Engine Off）和 KOER（Key On Engine Running）两种状态。KOEO 状态是指将点火开关转至 ON 位置，但不起动发动机；KOER 状态是指在发动机运转状态下调取故障码。福特车系均可使用专用诊断仪（FORD SUPER STAR Ⅱ）获取故障码。

美国福特车系一般采用 6+1 端子诊断座。调取故障码时可使用指针式电压表或二极管灯，根据电压表的摆动次数（或二极管灯的闪烁规律）读取故障码，也可根据仪表板上 CHECK ENGINE 灯的闪烁规律读取故障码。故障码以 3 位数表示故障码。

253

用电压表读取故障码时，如图6-30所示，首先将电压表量程选择在0～15V，将电压表正表笔与蓄电池正极相连，负表笔与诊断座的STO（测试输出）端子连接，使ECU进入KOEO状态或KOER状态，再用导线连接诊断座上的STI（测试输入）和SIGNAL RETURNPIN（信号返回）端子，即可根据电压表的摆动次数读取故障码。例如：输出故障码112时，电压表指针先摆动1次，停2s，再摆动1次，又停2s，随后摆动2次。

美国福特车系故障码含义见表6-15。

清除故障码时，先进入KOEO状态，当刚开始输出故障码时，立即拆下诊断座上的连接导线，即可清除故障码。

1994年后装用OBD-Ⅱ系统且保留短接方式调取故障码的福特车系，将16端子OBD-Ⅱ诊断座上的13端子与15端子短接，即可从仪表板上的CHECK ENGINE灯读取故障码。

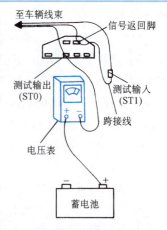

图6-30 美国福特车故障码调取方法

表6-15 美国福特车系故障码含义

故障码	故障码含义	故障码	故障码含义
111	系统正常	167	节气门位置传感器信号不良
112	进气温度传感器电路搭铁	171	第1组氧传感器信号无变化
113	进气温度传感器电路断路	172	第1组氧传感器指示混合气过稀
114	进气温度传感器信号超出规定范围	173	第2组氧传感器指示混合气过浓
116	冷却液温度传感器信号超出规定范围	175	第2组氧传感器信号无变化
117	冷却液温度传感器电路搭铁	176	第2组氧传感器指示混合气过稀
118	冷却液温度传感器电路断路	177	第1组氧传感器指示混合气过浓
121	节气门位置传感器信号超出规定范围	179	氧传感器指示在巡航时混合气过浓
122	节气门位置传感器信号电压过低	181	氧传感器指示在巡航时混合气过稀
123	节气门位置传感器信号电压过高	184	空气流量传感器信号电压偏高
124	节气门位置传感器信号电压偏高	185	空气流量传感器信号电压偏低
125	节气门位置传感器信号电压偏低	186	喷油时间过长
126	大气压力传感器信号超出规定范围	187	喷油时间过短
128	大气压力传感器真空管脱落或漏气	188	在巡航车速时混合气过浓
129	空气流量传感器信号变化不良	189	在巡航车速时混合气过稀
136	氧传感器指示混合气过稀故障	193	燃油传感器（检测甲醇含量）故障
137	氧传感器指示混合气过浓故障	211	点火信号发生器电路故障
138	冷起动喷油器或电路故障	212	点火模块故障
139	无第1组氧传感器信号	213	点火输出信号电路断路
144	无第2组氧传感器信号	326	EGR压力传感器信号电压偏低
157	空气流量传感器或电路故障	327	EGR压力传感器信号电压过低
158	空气流量传感器电路断路	332	EGR回流量不足
159	空气流量传感器电路短路	335	EGR压力传感器信号超出规定范围

（续）

故障码	故障码含义	故障码	故障码含义
336	EGR 压力传感器信号电压偏高	529	微处理器电路不良
337	EGR 压力传感器信号电压过高	533	电子仪表电路不良
411	发动机基本怠速过高	536	制动开关不良
412	发动机基本怠速过低	538	在 KOER 状态时未充分变化转速
452	车速传感器信号不良	542	燃油泵电路 ECU 至燃油泵断路
511	只读存储器不良	543	燃油泵电路蓄电池至 ECU 断路
512	存储的部件磨损修正系数丢失	554	燃油压力调节器电磁阀或电路故障
513	ECU 内部电压不良	556	燃油泵继电器控制电路故障
519	动力转向开关电路断路	558	EGR 真空调节电磁阀或电路故障
521	动力转向开关失效	565	活性炭罐电磁阀或电路故障
522	在 KOEO 状态变速器未置于 P 位或 N 位	998	主 ECU 不良，备用系统开始工作

八、德国大众车系

1. 调取故障码

德国大众车系装用 Motronic 系统的桑塔纳、帕萨特、奥迪、捷达等轿车，故障码的调取一般使用专用的故障诊断仪 VAG 1551 或 VAG 1552 及专用传输线。VAG 1552 与 VAG 1551 的区别主要是不带打印功能。专用传输线有多种，以适应不同车型。VAG 1551 专用诊断仪如图 6-31 所示，其功能键及键入功能代码使用说明见表 6-16。

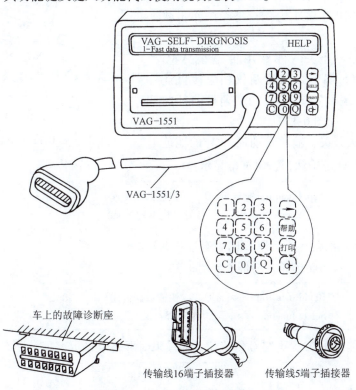

图 6-31 VAG 1551 专用诊断仪

表6-16 大众车系专用诊断仪的功能键及键入功能代码使用说明

功能键的使用		键入的功能代码及其含义			
操作	实现功能	代码	含义	代码	含义
按C键	更改输入数据及当前菜单	01	显示ECU版本号	05	清除故障码
按Q键	确认输入信息	02	故障查询	06	结束、退出
按→键	下一步	03	执行机构诊断	07	ECU编码
按HELP键	帮助信息	04	基本设定	08	测量数据显示

使用专用诊断仪调取故障码时应注意：各车型诊断座位置和形式不同，必须选用带有不同插接器的专用传输线。如桑塔纳2000诊断座位于换档手柄前部、捷达王轿车诊断座位于中央继电器盒右侧，两车型的诊断座均为16端子，必须选用VAG 1551/3专用传输线；奥迪A6轿车诊断座位于发动机舱靠近驾驶人座位侧的辅助继电器盒内，有两个2端子诊断座，必须选用VAG 1551/1专用传输线。此外，从1989年开始，德国大众公司生产的部分车型都在仪表板上配备了故障指示灯（"CHECK ENGINE"灯），无须专用诊断仪而利用CHECK ENGINE灯也可读取故障码，但也有些车型的CHECK ENGINE灯只起一个警告灯的作用，调取故障码时必须使用自制的二极管灯。

大众车系使用专用诊断仪调取和清除故障码的操作方法基本相同，操作前应检查蓄电池电压，必须大于11.5V，发动机工作温度必须高于80℃。以桑塔纳2000轿车为例，正确操作步骤如下：

1）关闭点火开关，将专用传输线VAG 1551/3的一端（5端子）与诊断仪相应接口连接，传输线另一端（16端子）与变速杆前部的故障诊断座连接，如图6-32所示。

图6-32 VAG 1551诊断仪的连接

2）打开点火开关，输入发动机ECU的地址代码01，然后按Q键确认，这时屏幕显示：

```
Rapid data transmission Q    （快速数据传递）
01—Engine electronics        （发动机电控单元）
```

经一段时间后屏幕上显示ECU的版本号和编号。

3）按→键进入功能选择，屏幕上显示：

```
Rapid data transmission Q    （快速数据传递）
Select function × ×          （功能选择××）
```

4）输入功能代码02，再按Q键确认，无故障时屏幕上显示：

```
            No  fault   （无故障）
```

有故障时，屏幕上将显示出故障数量。如有2个故障，屏幕上显示：

项目六　发动机电控系统常见故障诊断

$\boxed{\text{2 fault Recognized（发现 2 个故障）}}$

之后按→键，将依次显示每一个已检测到的故障码及故障原因。在显示故障原因时，若屏幕底部出现/SP，表示该故障为间歇性出现的故障。有多个故障码时，可将故障信息打印出来。

5）故障码调取完成后，输入功能代码 06，再按 Q 键确认即可退出。然后关闭点火开关，拆下专用诊断仪和传输线。桑塔纳 2000 系列轿车故障码含义见表 6-17。

表 6-17　桑塔纳 2000 系列轿车故障码含义

故障码	故障码含义	故障码	故障码含义
00513	发动机转速传感器或电路故障	00532	电源电压过高或过低
00515	凸轮轴位置传感器或电路故障	00540	2 号爆燃传感器或电路故障（3、4 缸）
00518	节气门位置传感器或电路故障	00553	空气流量传感器或电路故障
00519	进气管绝对压力传感器或电路故障	01165	节气门控制组件与 ECU 不匹配
00522	冷却液温度传感器或电路故障	01247	活性炭罐电磁阀或电路故障
00523	进气温度传感器或电路故障	01249	1 缸喷油器或电路故障
00524	1 号爆燃传感器或电路故障（1、2 缸）	01250	2 缸喷油器或电路故障
00525	氧传感器或电路故障	01251	3 缸喷油器或电路故障
00527	进气温度传感器或电路故障	01252	4 缸喷油器或电路故障
00530	节气门定位电位计或电路故障	65535	ECU 故障

2. 清除故障码

1）按调取故障码步骤 1）、2）、3）进行操作后，输入功能代码 05 并按 Q 键确认，即可清除故障码，此时屏幕上将显示：

$\boxed{\begin{array}{ll}\text{Rapid data transmission} & \text{（快速数据传递）} \\ \text{fault memory is erased} & \text{（故障码已清除）}\end{array}}$

若故障码所代表的故障还没有排除，则故障码将无法清除，屏幕上将显示：

$\boxed{\begin{array}{ll}\text{Rapid data transmission} & \text{（快速数据传递）} \\ \text{fault memory not erased} & \text{（故障码没有清除）}\end{array}}$

2）故障码清除完毕后，输入功能代码 06，再按 Q 键确认即可退出。然后关闭点火开关，拆下专用诊断仪和传输线。

九、德国奔驰车系

奔驰车系的车型众多，电控系统更新快。1992 年前生产的奔驰汽车采用机电组合式燃油喷射系统，1992 年后多采用 LH 型电控燃油喷射系统。奔驰汽车的更新换代按 SEL、S、C、E 等划分成不同级别，不同级车主要是电控系统不同，从而使故障自诊断方式也不同，有些只能用专用诊断仪调取和清除故障码。1992 年后生产的奔驰车多数装用 16 端子（位于发动机舱、驾驶室前壁上）或 38 端子诊断座（位于右前减振器侧），如图 6-33 所示。

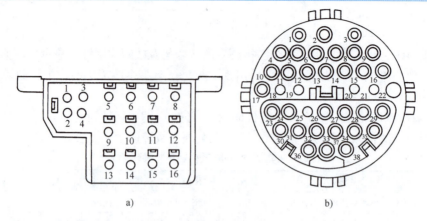

图 6-33 奔驰车系故障诊断座
a) 16 端子诊断座 b) 38 端子诊断座

奔驰车系各型轿车，即使装有 16 端子 OBD-Ⅱ诊断座，也无法人工调取故障码。

1. 16 端子诊断座故障码的调取与清除

将指针式电压表（或二极管灯）连接到电源端子 16 与所需诊断的系统端子（电控燃油喷射系统为端子 4，电控点火系统为端子 8，综合控制系统为端子 14）之间，打开点火开关但不起动发动机，此时电压表指针应不摆动（或二极管灯不亮），否则说明 ECU 不良。然后，用另一导线使诊断系统端子（端子 4）搭铁 2~4s，此时仍应保持电压表（或二极管灯）连接在诊断座端子之间，松开搭铁导线后观察电压表指针摆动（或二极管灯闪亮）规律读取故障码。每次只能调出一个故障码，当有多个故障码时，必须重复上述操作。

清除故障码时，先按上述方法调取故障码，等故障码输出完毕 2~3s 后，再使搭铁线搭铁 6~8s，松开搭铁线后关闭点火开关 30s 以上，即可清除故障码。与调取故障码类似，每次操作只能清除一个故障码，有多个故障码时需重复上述操作。最后，重复故障码调取程序，若输出故障码为 1，说明系统正常，否则说明仍有故障或故障码没有清除。

2. 38 端子诊断座故障码的调取与清除

38 端子诊断座故障码的调取与清除与 16 端子诊断座类似，只是连接端子不同。与发动机有关的诊断端子介绍如下：诊断座上端子 3 为电源端子，端子 4 和端子 5 分别为右侧和左侧 LH 控制系统诊断端子，端子 7 为电子节气门控制系统诊断端子，端子 17 和端子 18 分别为右侧和左侧 EZL/AKR 点火控制系统诊断端子。

奔驰车系 V12 发动机 LH/EZL 系统故障码含义见表 6-18、表 6-19、表 6-20。

表 6-18 奔驰车系 LH 电控系统故障码含义

故障码	故障码含义	故障码	故障码含义
1	系统正常	9	系统未收到起动信号
2、3	冷却液温度传感器信号不良	10	来自 EA/CC/ISC 系统信号不良
4、12	空气流量传感器信号不良	11	二次空气喷射系统不良
6	CO 调整电位计不良	13	进气温度传感器信号不良
7	转速信号不良	16	EGR 控制电磁阀不良
8	凸轮轴位置传感器信号不良	17	EA/CC/ISC 系统与左 EZL/AKR 系统无数据传输

项目六　发动机电控系统常见故障诊断

（续）

故障码	故障码含义	故障码	故障码含义
18	左、右 EZL/AKR 系统无数据传输	25	可变配气相位控制电磁阀不良
19、20	左、右 LH 系统无数据传输	26	换档延迟电磁阀不良
21	氧传感器信号不良	27	喷油器电路不良
22	氧传感器加热器或电路不良	28	左或右（LH）系统电路故障
23	燃油蒸气排放控制电磁阀不良		

表6-19　奔驰车系 EA/CC/ISC 电控系统故障码含义

故障码	故障码含义	故障码	故障码含义
1	系统正常	9	来自 ABS/ASR 系统的左后轮速传感器信号不良
2	EA/CC/ISC 电控系统不良	10	来自基本系统（BM）的发动机转速信号不良
3	右节气门控制电动机或其电路不良	11	安全断油控制开关信号不良
4	巡航控制开关或电路不良	12	EA/CC/ISC 系统电源电路不良
5	制动开关或电路不良	13	左节气门控制电动机或其电路不良
6	起动机锁止/倒车灯开关或电路不良	14	节气门位置传感器急速触点信号不良
7	数字传输总电路不良	15	与 ABS/ASR 系统数据传输不良
8	来自 ABS/ASR 的左前轮速传感器信号不良		

表6-20　奔驰车系 EZL/AKR 电控系统故障码含义

故障码	故障码含义	故障码	故障码含义
1	系统正常	17	曲轴位置传感器信号不良
2	点火无法延迟（点火提前角已达到最小）	19	EZL/AKR 系统搭铁不良
4	EZL/AKR 系统真空负荷传感器不良	26、27	与 LH 系统数据传输不良
5	爆燃传感器信号不良	28	与 EA/CC/ISC 系统数据传输不良
6	凸轮轴位置传感器信号不良	34	1 缸或 12 缸点火不良
7、20、21	EZL/AKR 系统不良	35	5 缸或 8 缸点火不良
8	变速器过载保护开关无法闭合	36	3 缸或 10 缸点火不良
9	变速器过载保护开关无法打开	37	6 缸或 7 缸点火不良
11	基准电阻输入信号不良	38	2 缸或 11 缸点火不良
12	向 LH 系统输送的转速参考信号不良	39	4 缸或 9 缸点火不良
15	点火线圈一次电路不良		

十、德国宝马车系

1989 年后生产的宝马车多数采用 DME 55 端子或 88 端子系统，除欧规宝马车外，都可用仪表板上的 CHECK ENGINE 灯读取故障码。而欧规宝马车系仪表板上没有故障指示灯，调取故障码时必须在 DME 系统相应端子上连接二极管灯，如图 6-34 所示。

打开点火开关，在 5s 内将节气门全开 5 次，即可由仪表板上的 CHECK ENGINE 灯或在系统相应端子上连接的二极管灯读取故障码。故障码为 4 位数，闪烁输出故障码时，4 位数的位与位之间熄灭间隔为 3s。

清除故障码时，拆开蓄电池负极电缆 15s 以上，再起动发动机怠速运转 1min 以上即可清除故障码。

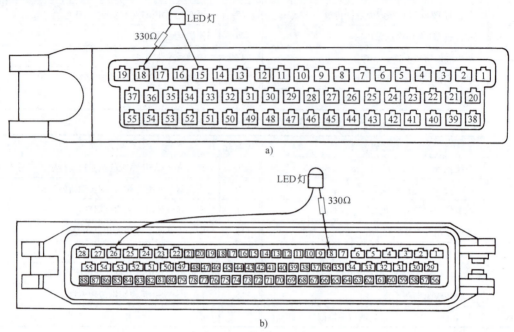

图 6-34　欧规宝马车系故障码调取方法
a) 55 端子　b) 88 端子

宝马车系故障码含义见表 6-21。4 缸发动机和 6 缸发动机故障码第一位（千位）上的数为"1"，8 缸发动机的故障码第一位（千位）上的数为"2"。

表 6-21　宝马车系故障码含义

故障码	故障码含义	故障码	故障码含义
1211、2211	发动机主 ECU 不良	1246、2246	第 6 组高压线圈控制不良
1212、2212	氧传感器不良	2247	第 7 组高压线圈控制不良
1215、2215	空气流量传感器不良	2248	第 8 组高压线圈控制不良
1216、2216	空气流量传感器信号不良	1251、2251	第 1 组喷油器控制不良
1221、2221	氧传感器或电路不良	1252、2252	第 2 组喷油器控制不良
1222、2222	混合气浓度不当	1253、2253	第 3 组喷油器控制不良
1223、2223	冷却液温度传感器信号不良	1254、2254	第 4 组喷油器控制不良
1224、2224	进气温度传感器信号不良	1255、2255	第 5 组喷油器控制不良
1231、2231	充电系统电压不正常	1256、2256	第 6 组喷油器控制不良
1232、2232	节气门怠速开关信号不良	2257	第 7 组喷油器控制不良
1233、2233	节气门全开开关信号不良	2258	第 8 组喷油器控制不良
1241、2241	第 1 组高压线圈控制不良	1261、2261	燃油泵继电器电路不良
1242、2242	第 2 组高压线圈控制不良	1262、2262	怠速控制阀电路不良
1243、2243	第 3 组高压线圈控制不良	1263、2263	活性炭罐电磁阀或电路不良
1244、2244	第 4 组高压线圈控制不良	1264、2264	氧传感器加热电路不良
1245、2245	第 5 组高压线圈控制不良	1444、2444	系统正常

项目六　发动机电控系统常见故障诊断

学习任务五　发动机电控系统仪器诊断

随着电子技术在汽车上的应用不断增多，汽车的维修变得越来越复杂化，因此诊断仪在汽车维修中的使用越来越多。除调取和清除故障码外，在汽车维修中，利用诊断仪还可以完成读取数据块、执行元件诊断和对 ECU 进行编码。

与调取故障码类似，不同汽车、不同诊断仪，对电控系统进行诊断的方法也不同。本节以一汽大众公司宝来柴油机轿车为例介绍电控系统仪器诊断。

一、读取数据块

数据块（数据流）是指含有某一特定时间车辆工作状况的数据块。目前，国内外正规生产的汽车 ECU 中都有丰富的数据块存储调用功能，一般用故障诊断仪即可从诊断座上读取反映电控系统工作状况的数据块，如传感器的输入数据和输出数据等。维修人员可以通过对数据块中的各项参数进行数值分析，来判断电控系统的各个元件工作是否正常，为查找故障原因提供有效依据。

1. 读取数据块条件

读取数据块时，应满足以下测试条件：

1）熔丝正常。
2）蓄电池电压不低于 11.5V。
3）发动机和变速器的搭铁线正常。
4）冷却液温度不低于 80℃。
5）所有用电设备关闭。
6）带空调的车辆，关闭空调。
7）采用自动变速器的车辆，将变速杆置于 P 位或 N 位。
8）调取故障码时应无故障码，否则应先检修车辆并清除故障码。

2. 读取数据块方法

读取数据块的步骤如下：

1）连接 VAG 1551 或 VAG 1552（见图 6-32）。
2）起动发动机并维持怠速运转，输入地址码 01 并按 Q 键确认，屏幕显示：

```
Rapid data transmission Q    （快速数据传递）
01—Engine electronics        （发动机电控单元）
```

3）待屏幕上显示 ECU 的版本号和编码后按 → 键进入功能选择，屏幕显示：

```
Rapid data transfer（快速数据传输）    HELP
Select function ××（选择功能 ××）
```

4）输入功能码 08 并按 Q 键确认，进入阅读测量数据块功能，屏幕显示：

```
Read measured value block（阅读测量数据块）
Enter display group number ×××（输入显示组 ×××）
```

5）以读取001显示组数据块为例，按0、0和1键并按Q键确认，屏幕显示：

```
Read measured value bolck（阅读测量数据块）    1
        1       2       3       4
```

屏幕显示1、2、3、4代表显示区域的4个具体数据值，其含义和标准值将在后续内容中介绍。此外，不同车型数据块显示组数量、编码和显示内容也不同，宝来柴油机怠速工况下可读取的数据块分16个显示组，全负荷工况下可读取的数据块分6个显示组，读取数据块时，可按表6-22进行操作切换到另一个显示组。

表6-22 切换显示组操作方法

显示组切换	高	低	跳读
VAG 1551	按3键	按1键	按C键
VAG 1552	按↑键	按↓键	按C键

6）数据块读取结束后，按→键，屏幕显示：

```
Rapid data transfer（快速数据传输）    HELP
Select function××（选择功能××）
```

7）输入功能码06并按Q键确认，结束阅读测量数据块功能。

3. 发动机怠速工况时的数据块说明

1）怠速工况显示组000说明见表6-23。怠速工况显示组000必须在发动机暖机（冷却液温度不低于80℃）时进行测试。

表6-23 怠速工况显示组000说明

显示组000											
发动机怠速运转											
阅读测量数据块0											
×	×	×	×	×	×	×	×	×	×	←屏幕显示	标准值
1	2	3	4	5	6	7	8	9	10	←显示区	
									空气流量	70~126
								燃油温度		85~184
							进气歧管温度			151~189
						冷却液温度				36~80
					大气压力					181~222
				进气歧管压力						88~113
			喷油量							11~33
		加速踏板位置								0
	喷油始点									113~133
发动机转速										
手动变速器										41~45
自动变速器										38~42

2）怠速工况显示组001说明见表6-24。怠速工况显示组001必须在发动机暖机（冷却

液温度不低于80℃）时进行测试。

表6-24　怠速工况显示组001说明

显示组001-喷油量					
阅读测量数据块1					
××××r/min	××.×mg/h	×.×℃A	×××℃	←屏幕显示 ←显示区	标准值
1	2	3	4		
				冷却液温度	80～110℃
			喷油时间（标准值）		5.0～8.0℃A
		喷油量			3～9mg/h
	发动机转速				
	手动变速器				860～940r/min
	自动变速器				790～870r/min

读取怠速工况显示组001主要是检测喷油量。若喷油量低于3mg/h，可能故障原因是泵喷嘴故障；若喷油量高于9mg/h，可能故障原因是发动机温度过低、燃油不足、燃油系统内有空气或泵喷嘴故障。

3）怠速工况显示组002说明见表6-25。怠速工况显示组002必须在发动机暖机（冷却液温度不低于80℃）时进行测试。

表6-25　怠速工况显示组002说明

显示组002-怠速					
阅读测量数据块2					
××××r/min	×××.×%	×××	×××℃	←屏幕显示 ←显示区	标准值
1	2	3	4		
				冷却液温度	80～110℃
			运行条件		010
		加速踏板位置			0.0%
	发动机转速				
	手动变速器				860～940r/min
	自动变速器				790～870r/min

读取怠速工况显示组002主要是检测发动机怠速时加速踏板的位置。若加速踏板位置大于0.0%（1%～100%），可能的故障原因是加速踏板位置传感器故障。

运行条件显示值说明：第一位数字（百位）代表空调状态，0表示空调关闭（测试时应关闭），1表示空调打开；第二位数字（十位）代表怠速开关状态，0表示怠速开关打开，1表示怠速开关闭合（怠速时应闭合）；第三位数字（个位）代表空调压缩机状态，0表示空调压缩机关闭（测试时应关闭），1表示空调压缩机打开。

4）怠速工况显示组003说明见表6-26。怠速工况显示组003必须在发动机暖机（冷却液温度不低于80℃）时进行测试。

读取怠速工况显示组003主要是检测发动机废气再循环情况。若进气量实际值显示低于230mg/h，可能故障原因是废气再循环过度或进气系统漏气（不经计量）；若进气量实际值显示高于420mg/h，可能故障原因是废气再循环不足、发动机温度过低或空气流量传感器故障。进气量标准值显示高于420mg/h，可能故障原因是发动机温度过低。

表6-26 怠速工况显示组003说明

显示组003-废气再循环					
阅读测量数据块3					
××××r/min	×××mg/h	×××mg/h	××.×%	←屏幕显示	标准值
1	2	3	4	←显示区	
				EGR阀占空比	50%~70%
			进气量（实际值）		230~420mg/h
		进气量（标准值）			230~420mg/h
	发动机转速 手动变速器 自动变速器				860~940r/min 790~870r/min

5）怠速工况显示组004说明见表6-27。怠速工况显示组004必须在发动机暖机（冷却液温度不低于80℃）时进行测试。

表6-27 怠速工况显示组004说明

显示组004-喷油始点					
阅读测量数据块4					
××××r/min	××.×°ATDC	×.××°CA	×××.×°CA	←屏幕显示	标准值
1	2	3	4	←显示区	
			同步角		-3.0°~3.0°CA
		喷油时间（标准值）			3.0°~8.0°CA
	喷油始点（标准值）				2°~4°ATDC
	发动机转速 手动变速器 自动变速器				860~940r/min 790~870r/min

读取怠速工况显示组004主要是检测发动机喷油正时。若喷油始点高于4°，可能是发动机温度过低，应提高发动机转速，暖机后再检查；若同步角显示高于3.0°或低于-3.0°，可能故障原因是凸轮轴位置传感器（包括线路及转子）故障。

6）怠速工况显示组005说明见表6-28。

表6-28 怠速工况显示组005说明

显示组005-起动条件					
阅读测量数据块5					
××××r/min	××.×mg/h	×.××	×××.×℃	←屏幕显示	标准值
1	2	3	4	←显示区	
			冷却液温度		—
		起动同步效应			—
	起动喷油量				—
	发动机转速				—

读取怠速工况显示组005的数据值与维修人员进行故障诊断无关。

7）怠速工况显示组006说明见表6-29。怠速工况显示组006只需在点火开关打开时进行测试。

项目六 发动机电控系统常见故障诊断

表6-29 急速工况显示组006说明

显示组006-开关位置					
阅读测量数据块6					
×××km/h	×××	××.×%	×××	←屏幕显示	标准值
1	2	3	4	←显示区	
				巡航控制系统	255
			加速踏板位置		0.0%
		离合器与制动踏板监测			000
	车速				0km/h

巡航控制系统显示值说明：不带巡航控制系统车辆显示值为255；带有巡航控制系统车辆，巡航控制系统关闭时显示值为0，巡航控制系统打开时显示值为1。

离合器与制动踏板监测显示值说明：第一位数字（百位）代表离合器踏板开关状态，0表示关闭（正常应关闭），1表示打开；第二位数字（十位）代表制动踏板开关状态，0表示关闭（正常应关闭），1表示打开；第三位数字（个位）代表制动灯开关状态，0表示打开（正常应打开），1表示关闭。

8）急速工况显示组007说明见表6-30。急速工况显示组007必须在点火开关打开、发动机冷机且不运转时进行测试。

表6-30 急速工况显示组007说明

显示组007-温度					
阅读测量数据块7					
×××℃	××.×%	×××℃	×××℃	←屏幕显示	标准值
1	2	3	4	←显示区	
			冷却液温度		约环境温度
		进气温度			约环境温度
	燃油冷却状态				0%或100%
燃油温度					约环境温度

读取急速工况显示组007主要是检测发动机冷却液温度、进气温度和燃油温度。由于是在冷机时测量，所以没有具体的标准值，均应与环境温度相近；若与环境温度有明显的差别，应检查相应温度传感器是否有故障。

急速工况显示组007中第2显示区"燃油冷却状态"与维修人员进行故障诊断无关。

9）急速工况显示组009说明见表6-31。

表6-31 急速工况显示组009说明

显示组009-喷油量限制					
阅读测量数据块9					
×××× r/min	××.× mg/h	××.× mg/h	××.× mg/h	←屏幕显示	标准值
1	2	3	4	←显示区	
				油量限制	—
			换档时变速器的喷油量限制		—
		喷油量（巡航控制系统启动）			—
发动机转速					

读取怠速工况显示组 009 的数据值与维修人员进行故障诊断无关。

10) 怠速工况显示组 012 说明见表 6-32。

表 6-32 怠速工况显示组 012 说明

显示组 012-预热塞系统					
阅读测量数据块 12					
××××	×××	××.×V	×××.×℃	←屏幕显示	标准值
1	2	3	4	←显示区	
				冷却液温度	—
			电控单元电源电压		—
		预热时间/s			—
	预热系统状态				—

读取怠速工况显示组 012 的数据值与维修人员进行故障诊断无关。

11) 怠速工况显示组 013 说明见表 6-33。怠速工况显示组 013 必须在发动机暖机（冷却液温度不低于 80℃）时进行测试。

表 6-33 怠速工况显示组 013 说明

显示组 013-稳定怠速控制					
阅读测量数据块 13					
××.×mg/h	××.×mg/h	××.×mg/h	××.×mg/h	←屏幕显示	标准值
1	2	3	4	←显示区	
				稳定怠速控制 4 缸喷油量	-2.80 ~ +2.80mg/h
			稳定怠速控制 3 缸喷油量		-2.80 ~ +2.80mg/h
		稳定怠速控制 2 缸喷油量			-2.80 ~ +2.80mg/h
	稳定怠速控制 1 缸喷油量				-2.80 ~ +2.80mg/h

柴油机怠速控制系统具有怠速均匀性控制功能。在发动机怠速运转时，ECU 根据发动机转速传感器信号确定各气缸输出的功率，并通过调节各缸的喷油量来使各缸发出的功率尽可能相等，以维持发动机怠速稳定运转。读取怠速工况显示组 013 数据块，根据显示区的显示值，可确定各气缸输出功率大小及喷油量增减量；若显示某缸喷油量为正值，则说明该气缸输出功率较小，为保持均匀性增加了该缸的喷油量，显示的数值即喷油量的增加量；若显示某缸喷油量为负值，则说明该气缸输出功率较大，为保持均匀性减少了该缸的喷油量，显示的数值为喷油量的减少量。

12) 怠速工况显示组 015 说明见表 6-34。

表 6-34 怠速工况显示组 015 说明

显示组 015-燃油消耗					
阅读测量数据块 15					
××××r/min	××.×mg/h	××.×mg/h	×××mg/h	←屏幕显示	标准值
1	2	3	4	←显示区	
				喷油量（驾驶员的要求）	—
			燃油消耗		—
		喷油量（实际值）			—
	发动机转速				—

项目六　发动机电控系统常见故障诊断

读取怠速工况显示组 009 的数据值与维修人员进行故障诊断无关。

13）怠速工况显示组 016 说明见表 6-35。怠速工况显示组 016 必须在发动机怠速运转时进行测试。

表 6-35　怠速工况显示组 016 说明

显示组 016-辅助加热器					
阅读测量数据块 16					
×××%	××××××××	××	×××.×V	←屏幕显示	标准值
1	2	3	4	←显示区	
			来自电控单元的电压		13.5~14.5V
		辅助加热器继电器动作			—
	辅助加热器				—
发电机负荷					—

一汽大众宝来柴油机带有冷却液加热系统，辅助加热器即指冷却液加热器，加热器部件动作是指控制冷却液加热器工作的继电器动作状态，控制冷却液加热器工作的继电器有低热输出继电器和高热输出继电器。

怠速显示组 016 第 2 区辅助加热器显示说明：显示值为 8 位数，分别表示辅助加热器关闭（即不工作）的原因：8 位数由左到右，第一位显示值为 1，说明冷却液温度在 70~80℃以上或进气歧管温度在 5℃以上；第二位显示值为 1，说明发电机故障；第三位显示值为 1，说明蓄电池电压低于 9V；第四位显示值为 1，说明发动机转速低于 760r/min；第五位显示值为 1，说明发动机持续起动超过 10s；第六位显示值为 1，说明冷却液温度传感器、进气温度传感器或辅助加热器有故障；第七位和第八位显示值与维修人员故障诊断无关。

怠速显示组 016 第 3 区辅助加热继电器动作显示说明：不同车型的显示值有 2 位数和 8 位数两种。若显示值为 2 位数，第一位（十位）显示值为 1，说明高热输出继电器接通；第二位（个位）显示值为 1，说明低热输出继电器接通。若显示值为 8 位数，8 位数由左到右，第一位到第六位显示值与维修人员诊断故障无关；第七位（十位）显示值为 1，说明高热输出继电器接通；第八位（个位）显示值为 1，说明低热输出继电器接通。

14）怠速工况显示组 018 说明见表 6-36。怠速工况显示组 018 必须在发动机暖机（冷却液温度不低于 80℃），且至少怠速运转 1min 后进行测试。

表 6-36　怠速工况显示组 018 说明

显示组 018-泵喷嘴状态					
阅读测量数据块 18					
××	××	××	××	←屏幕显示	标准值
1	2	3	4	←显示区	
			4 缸泵喷嘴		0
		3 缸泵喷嘴			0
	2 缸泵喷嘴				0
1 缸泵喷嘴					0

各缸泵喷嘴状态显示值若不为 0，可能的故障原因有泵喷嘴故障、电路断路、缺油、燃油系统有空气。

15）怠速工况显示组 125 说明见表 6-37。怠速工况显示组 125 必须在发动机怠速运转时进行测试。

表 6-37　怠速工况显示组 125 说明

显示组 125-数据总线信息交换					
阅读测量数据块 125					
下一个	下一个	下一个	下一个	←屏幕显示 ←显示区	标准值
1	2	3	4		
				安全气囊状态	气囊 1
			组合状态		组合仪表 1
		ABS 状态			ABS 1
	变速器状态				档位 1

怠速工况显示组 125 各区显示值为 1，说明已连接数据总线电控单元，显示值为 0，说明未连接数据总线电控单元。若显示值为 0，可能的故障原因有数据总线连接失效、未安装数据总线电控单元、数据总线电控单元失效，可通过调取故障码确定原因。

4. 发动机全负荷工况时的数据块说明

读取全负荷工况各显示组数据块，必须由两人配合完成，一人驾驶车辆，由另一人读取数据块或通过诊断仪打印数据块。测试时必须满足的条件：发动机暖机（冷却液温度不低于 80℃）、以 2 档或 3 档路试、车辆全负荷加速、发动机转速达到 3 000r/min。

1）全负荷工况显示组 000 说明见表 6-38。

表 6-38　全负荷工况显示组 000 说明

AGP、AQM 发动机 000 显示组（显示小数值）											
发动机转速 850~3 150r/min											
阅读测量数据块 0											
×	×	×	×	×	×	×	×	×	×	←屏幕显示 ←显示区	标准值
1	2	3	4	5	6	7	8	9	10		
									空气流量		>245
								燃油温度			85~199
							进气歧管温度				51~189
						冷却液温度					35~80
					大气压力						181~222
				进气歧管压力							88~221
			喷油量								142~160
		加速踏板位置									255
	喷油始点										53~76
发动机转速											136~150

2）全负荷工况显示组 004 说明见表 6-39。

读取全负荷工况显示组 004 主要是检测发动机泵喷嘴喷油同步角。若同步角显示高于 3.0°或低于 -3.0°，可能故障原因是凸轮轴位置传感器（包括线路及转子）故障。

3）全负荷工况显示组 008 说明见表 6-40。

项目六 发动机电控系统常见故障诊断

表6-39 全负荷工况显示组004说明

显示组004-泵喷嘴					
阅读测量数据块4					
××××r/min	××.×°ATDC	××.×°CA	××.×°CA	←屏幕显示	标准值
1	2	3	4	←显示区	
				同步角	-3.0°~+3.0°CA
			喷油时间（标准值）		19.0°~23.0°CA
		喷油始点（标准值）			16.0°~23.0°ATDC
发动机转速					2 850~3 150r/min

表6-40 全负荷工况显示组008说明

显示组008-喷油量控制					
阅读测量数据块8					
××××r/min	××.×mg/h	××.×mg/h	×××mg/h	←屏幕显示	标准值
1	2	3	4	←显示区	
			喷油量限制（进气量限制）		44.0~52.0mg/h
		喷油量限制（转矩限制）			39.0~44.0mg/h
	喷油量（驾驶人要求）				42~52mg/h
发动机转速					2 850~3 150r/min

全负荷工况显示组008第2区驾驶人要求的喷油量说明：若显示值低于42.0mg/h，其故障原因可能是加速踏板未踩到底、加速踏板位置传感器故障或加速踏板操纵机构故障。驾驶人要求的喷油量是指根据加速踏板位置传感器信号确定的喷油量。

全负荷工况显示组008第3区转矩限制的喷油量说明：若显示值低于39.0mg/h，其故障原因可能是发动机转速过高或过低，应在发动机转速达到3 000r/min时，重新读取该数据块。喷油量转矩限制的主要目的是使发动机在各种转速下均能获得最佳的转矩特性。

全负荷工况显示组008第4区进气量限制的喷油量说明：若显示值低于44.0mg/h，其故障原因可能是进气量不足或废气再循环量过多。进气量限制喷油量的主要目的是防止冒黑烟。

4）全负荷工况显示组010说明见表6-41。

表6-41 全负荷工况显示组010说明

显示组010-空气流量					
阅读测量数据块10					
×××mg/h	××××kPa	××××kPa	×××.×%	←屏幕显示	标准值
1	2	3	4	←显示区	
			加速踏板位置		100%
		进气压力（增压空气压力）			185~225kPa
	大气压力				不相关
进气量					800~1 100mg/h

全负荷工况显示组 010 第 1 区进气量说明：若显示值低于 800mg/h，其故障原因可能是转速过低或过高（在发动机转速达到 3 000r/min 时重新读取）、进气压力过低（检查增压压力调节装置）或空气流量传感器故障。

全负荷工况显示组 010 第 3 区进气压力说明：若显示值低于 185kPa，可能的故障原因是增压压力调节装置故障或增压器故障；若显示值约为 225kPa，可能的故障原因是增压器故障。

全负荷工况显示组 010 第 4 区加速踏板位置说明：若显示值低于 100%，可能的故障原因是加速踏板未踩到底或加速踏板位置传感器故障。

5）全负荷工况显示组 011 说明见表 6-42。

表 6-42　全负荷工况显示组 011 说明

显示组 011-进气压力控制					
阅读测量数据块 11					
××××r/min	×××kPa	×××kPa	×××%	←屏幕显示	标准值
1	2	3	4	←显示区	
				进气压力调节阀占空比	55% ~80%
				进气压力（实际值）	185 ~225kPa
				进气压力（标准值）	190 ~210kPa
发动机转速					2 850 ~3 150r/min

全负荷工况显示组 011 第 3 区进气压力实际值说明：若显示值低于 185kPa，可能故障原因是增压压力调节装置故障或增压器故障，也可能是大气压力过低（应在低海拔地区测量）；若显示值约为 225kPa，可能的故障原因是增压器故障。

二、执行元件诊断

1. 注意事项

以一汽大众公司宝来柴油机为例，利用专用诊断仪对执行元件诊断时应注意：

1）对于带空调的车辆，必须使车辆处于高于 15℃的室温环境，并打开空调系统，温度调至最低档位置，鼓风机转速调至最高速位置。

2）诊断时按顺序依次触发下列执行元件：废气再循环阀、空调压缩机、进气压力调节电磁阀、进气歧管翻板转换阀、预热时间警告灯、鼓风机继电器、预热塞继电器、低热输出继电器（用于手动变速器车辆）、高热输出继电器（仅用于手动变速器车辆）。每个执行元件被触发 30s，在这期间可通过按键触发另一个执行元件；重复进行执行元件诊断前，应关闭点火开关。

2. 执行元件诊断步骤

1）连接 VAG 1551 或 VAG 1552（见图 6-32）。

2）起动发动机并维持怠速运转，输入地址码 01 并按 Q 键确认，屏幕显示：

```
Rapid data transmission    Q    （快速数据传递）
01—Engine electronics           （发动机电控单元）
```

3）待屏幕上显示 ECU 的版本号和编码后按→键进入功能选择，屏幕显示：

项目六 发动机电控系统常见故障诊断

> Rapid data transfer（快速数据传输）　　　HELP
> Select function××（选择功能××）

4）输入功能码 03 进入执行元件诊断功能，屏幕显示：

> Rapid data transfer（快速数据传输）　　　Q
> 03 Final control diagnosis（03 执行元件诊断）

5）按 Q 键确认，屏幕显示：

> Rapid data transfer（快速数据传输）
> Exhaust gas recirculation valve-N18（废气再循环阀 N18）

此时应能听到废气再循环阀发出的咔嗒声。若因受发动机运转声的影响而听不到电磁阀的咔嗒声，可通过触摸来确定阀是否动作，必要时应打开点火开关重新检查。若废气再循环阀无咔嗒声（不工作），应检查废气再循环系统。

6）按"→"键，屏幕显示如下：

> Final control diagnosis（执行元件诊断）
> Conditioner compressor interruption（空调压缩机切断）

此时空调压缩机应在 5s 内停转，然后约每 5s 起动和关闭一次。若空调压缩机未切断，则应检查空调系统的信号。

7）按→键，屏幕显示如下：

> Final control diagnosis（执行元件诊断）
> Charge pressure control solenoid value-N75（进气压力调节电磁阀 N75）

此时应能听到电磁阀发出咔嗒声，若因受发动机运转声的影响而听不到电磁阀的咔嗒声，可通过触摸来确定阀是否动作，必要时应打开点火开关重新检查。若废气再循环阀无咔嗒声（不工作），应检查进气压力调节电磁阀 N75。

8）按→键，屏幕显示如下：

> Final control diagnosis（执行元件诊断）
> Intake manifold flap changeover valve-N239（进气歧管翻板转换阀 N239）

此时发动机应停转，若发动机不停转，则应检查进气歧管翻板转换阀的工作状况。

9）按→键，屏幕显示如下：

> Final control diagnosis（执行元件诊断）
> Glow period warning lamp-K29（预热时间警告灯 K29）

此时预热时间警告灯应闪亮，若不闪亮，则检查预热时间警告灯。

10）按→键，屏幕显示如下：

> Final control diagnosis（执行元件诊断）
> Fan relay J323（鼓风机继电器 J323）

此时风扇应每 5s 运转和停止一次，若风扇不运转，则检查风扇继电器。

11）按→键，屏幕显示如下：

> Final control diagnosis（执行元件诊断）
> Glow plug relay-J52（预热塞继电器 J52）

此时应能听到预热塞继电器发出的咔嗒声，同时由于预热塞耗电量大，继电器接通和断开时车内灯光会一明一暗变化。若继电器无咔嗒声，则检查预热塞继电器。

12）按→键，屏幕显示如下（手动变速器车辆）：

> Final control diagnosis（执行元件诊断）
> Low heater output relay-J359（低热输出继电器 J359）

此时应能听到低热输出继电器发出的咔嗒声，若继电器无咔嗒声，则检查低热输出继电器。

13）按→键，屏幕显示如下（手动变速器车辆）：

> Final control diagnosis（执行元件诊断）
> High heater output relay-J360（高热输出继电器 J360）

此时应能听到高热输出继电器发出的咔嗒声，同时由于冷却液加热器高热输出时的耗电量大，继电器接通和断开时车内灯光会一明一暗变化。若继电器无咔嗒声，则检查高热输出继电器。

14）按→键，屏幕显示如下：

> Rapid data transfer（快速数据传输）　　HELP
> Select function××（选择功能××）

15）输入功能码 06 并按 Q 键确认，结束数据传输功能。关闭点火开关，执行元件诊断完成。

三、发动机电控单元（ECU）编码

1. 获取 ECU 编码

获取 ECU 编码的方法如下：

1）连接专用诊断仪 VAG 1551 或 VAG 1552（见图 6-32）。

2）打开点火开关或起动发动机，输入地址码 01 并按 Q 键确认，屏幕显示：

> 038906019DF　1.9l　R4　EDC　G000SG 1260
> Coding00002　WSC×××××

其中：038906019DF 为发动机电控单元零件号，1.9l 为发动机排量（1.9L），R4 为发动机形式（4 缸直列），EDC 为电子柴油控制喷射系统英文缩写，G 表示带巡航控制系统，SG 表示手动变速器车辆（AG 表示自动变速器车辆），1260 为控制单元软件版本号，Coding00002 为控制单元编码（00001 为自动变速器，00002 为手动变速器），WSC××××× 为上一次编制代码的服务站的 VAG 1551 代码（若未改动，则显示原厂代码 WSC00000）。

项目六　发动机电控系统常见故障诊断

屏幕显示上述信息后，记录或按 VAG 1551 上的 PRINT 键打印。

3）将屏幕显示的信息记录或打印后，按→键，再输入功能码 06 并按 Q 键确认，结束数据传输。

2. ECU 编码

如果在仪器诊断时显示的 ECU 版本号和编码等信息与车辆不符，或更换新的 ECU 后，均需对 ECU 进行重新编码，其方法如下：

1）连接 VAG 1551 或 VAG 1552（见图 6-32）。

2）打开点火开关，输入地址码 01 并按 Q 键确认，再按→键进入功能选择，屏幕显示：

```
Rapid data transfer（快速数据传输）    HELP
Select function ××（选择功能××）
```

3）输入功能码 07 并按 Q 键确认，进入控制单元编码功能，屏幕显示：

```
Coding control unit（控制单元编码）    Q
Enter code number（输入编码）
```

4）输入控制单元编码（自动变速器车辆 00001，手动变速器车辆 00002），按 Q 键确认，屏幕显示：

```
038906019DF  1.9l  R4  EDC  G000SG 1260
Coding00002  WSC××××
```

5）关闭点火开关，再打开点火开关即完成 ECU 编码。若输入编码后不进行"先关闭再打开点火开关"操作，则不能激活输入的编码，存储的"控制单元编码不正确"故障信息（故障码）无法清除。

> 本章重点介绍了发动机电控系统常见故障诊断方法，通过学习应能够正确使用常用工具和仪器，能够对发动机电控系统常见故障进行诊断并排除。

复习思考题

1. 发动机电控系统故障诊断注意事项有哪些？
2. 发动机电控系统故障诊断常用工具及仪器有哪些？如何使用？
3. 发动机电控系统故障诊断的方法有哪些？
4. 说出你所知道的车型的故障码调取与清除方法。

附录　发动机电控系统常用英文缩写

AAS	Air Adjust Screw，（怠速）空气调节螺钉
ABV	Air Bypass Valve，空气旁通阀
AC	Alternating Current，交流电
A/C	Air Conditioning，空调
ACC	Activated Carbon Canister，活性炭罐
ACIS	Acoustic Control Induction System，声控进气系统（进气谐振系统）
ACT	Air Charge Temperature，进气温度
ACU	Air Conditioning Idle-up Vacuum Switching Valve，空调怠速提升真空开关阀
ACV	Air Control Valve，空气喷射阀
A/F	Air-Fuel Ratio，空燃比
AFS	Air Flow Sensor，空气流量传感器
AFM	Air Flow Meter，空气流量计
AIC	Air Injection Control，空气喷射控制
AIS	Air Injection System，空气喷射系统
ALT	Altitude Switch，海拔开关
ATS	Air Temperature Sensor，空气温度传感器
B +	Battery Positive Voltage，蓄电池正极
BPA	Bypass Air，旁通空气
BS	Barometric Sensor，大气压力传感器
BTDC	Before Top Dead Center，上止点前
CCS	Cruise Control System，巡航控制系统
CFI	Central Fuel Injection，中央燃油喷射
CFI	Continuous Fuel Injection，连续燃油喷射
CIS	Continuous Injection System，（燃油）连续喷射系统
CIS	Cylinder Identification Sensor，气缸识别传感器（判缸传感器）
CPS	Camshaft Position Sensor，凸轮轴位置传感器
CPS	Crankshaft Position Sensor，曲轴位置传感器
CPU	Central Processing Unit，中央处理器
CTP	Closed Throttle Position，节气门关闭位置
CTS	Coolant Temperature Sensor，冷却液温度传感器
CYL	Cylinder，气缸
DC	Direct Current，直流电
DI	Distributor Ignition，分电器点火
DIS	Distributor less Ignition System，无分电器点火系统

DIAGN	Diagnostic，诊断	
DLC	Data Link Connector，数据线接口	
DLI	Distributor Less Ignition，无分电器点火	
DTC	Diagnostic Trouble Code，诊断故障码	
ECA	Electronic Control Advance，电子控制点火提前	
ECCS	Electronic Concentrated Engine Control System，发动机集中控制系统（日产）	
ECD	Electronic Control Diesel Engine，电控柴油机	
ECFI	Electronic Controlled Fuel Injection，电控燃油喷射	
ECM	Engine Control Module，发动机控制模块（ECU）	
ECT	Electronic Controlled Transmission，电控变速器	
ECT	Engine Coolant Temperature，发动机冷却液温度	
ECU	Electronic Control Unit，电控单元（ECU）	
EDS	Electronic Diesel System，电控柴油机系统	
EEC	Engine Electronic Control，发动机电子控制	
EFI	Electronic Fuel Injection，电控燃油喷射	
EGI	Electronic Gasoline Injection，电控汽油喷射	
EGR	Exhaust Gas Recirculation，废气再循环	
EIS	Electronic Ignition System，电子点火系统	
ER	Engine Running，发动机运转	
ESA	Electronic Spark Advance，电子点火提前	
EST	Electronic Spark Timing，电子点火正时	
EVAP	Evaporative Emission Control System，燃油蒸气排放控制装置	
FP	Fuel Pump，燃油泵	
FSI	Fuel Stratified Injection，燃油分层喷射	
FTMP	Fuel Temperature，燃油温度	
GDI	Gasoline Direct Injection，汽油直接喷射	
HAC	High Altitude Compensator，海拔（高度）补偿器	
HEI	High Energy Ignition，高能点火	
HFM	Hot Film Air Mass Meter，热膜式空气质量流量计	
HIC	Hot Edle Compensator，热怠速空气补偿阀	
HO_2S	Heated Oxygen Sensor，加热型氧传感器	
HZ	Hazard Lamp，警告灯	
IAA	Idle Air Adjusting，怠速空气调整	
IAB	Intake Air Bypass Control，进气旁通控制系统	
IAC	Intake Air Control，进气控制	
IACV	Intake Air Control Valve，进气控制阀	
IAR	Intake Air Resonator，进气谐振器	
IAT	Intake Air Temperature，进气温度	
IC	Integrated Circuit，集成电路	

IC	Ignition Control，点火控制	
ICM	Ignition Control Module，点火控制模块	
IDL	Idle，怠速	
IDM	Ignition Diagnostic Monitor，点火诊断监控器	
IDM	Injector Drive Module，喷油器驱动模块	
IG_d	Ignition Detection，点火检测信号（点火缸序判别信号）	
IG_f	Ignition Feedback，点火反馈信号	
IG_n	Ignition，点火	
IG_{sw}	Ignition Switch，点火开关	
IG_t	Ignition Timing，点火正时信号	
IMV	Intake Manifold Vacuum，进气歧管真空度	
INJ	Injector，喷油器	
ISA	Idle Speed Actuator，怠速执行器	
ISC	Idle Speed Control，怠速控制	
ISCA	Idle Speed Control Actuator，怠速控制执行器	
ISCV	Idle Speed Control Valve，怠速控制阀	
KC	Knock Control，爆燃控制	
KS	Knock Sensor，爆燃传感器	
LED	Light Emitting Diode，发光二极管	
LH	Line of Heal，热线式空气流量计	
MAF	Mass Air Flow，空气质量流量	
MAP	Manifold Absolute Pressure，进气管绝对压力	
MAT	Manifold Air Temperature，进气管空气温度	
MFI	Multiport Fuel Injection，多点燃油喷射	
MFI	Mechanical Fuel Injection，机械式燃油喷射	
MIL	Malfunction Indicator Lamp，故障指示灯	
MPI	Multi-Point Injection，多点喷射	
N/C	Neutral Start Switch/Clutch Switch，空档起动开关/离合器开关	
NPS	Neutral/Park Switch，空档/驻车开关	
NSW	Neutral Start Switch，空档起动开关	
O_2	Oxygen Sensor，氧传感器	
OBD	On-Board Diagnostic，随车计算机诊断系统	
OC	Oxidation Catalyst，氧化催化	
O_2S	Oxygen Sensor，氧传感器	
OX，OXS	Oxygen Sensor，氧传感器	
PCV	Positive Crankcase Ventilation，曲轴箱强制通风	
PFI	Port Fuel Injection，进气口燃油喷射	
P/N	Park/Neutral，停车/空档	
PNP	Park/Neutral Position，停车/空档位置	

附录　发动机电控系统常用英文缩写

RAM	Random Access Memory，随机存储器
ROM	Read Only Memory，只读存储器
SABV	Secondary Air Bypass Valve，二次空气旁通阀
SDI	Suction Direct Injection，自然吸气直接喷射
SEFI	Sequential Electronic Fuel Injection，顺序电子燃油喷射
SFI	Sequential Fuel Injection，顺序燃油喷射
SPI	Single Point Injection，单点喷射
SPD	Speed Sensor，速度传感器
SSD	System Self-Diagnostics，系统自诊断
STA	Start，起动
STJ	Cold Start Injector，冷起动喷油器
TAP	Throttle Angle Position，节气门转角（开度）位置
TBI	Throttle Body Fuel Injection，节气门体燃油喷射
TC	Turbocharger，涡轮增压器
TDC	Top Dead Center，上止点
TDCL	Toyota Diagnostic Communication Link，丰田诊断插座
TDI	Turbo Charged Direct Injection，涡轮增压直喷式
THA	Thermometer of Air，进气温度
THW	Thermometer of Water，冷却液温度
TP	Throttle Position，节气门位置
TPI	Tuned Port Injection，进气口喷射
TPS	Throttle Position Sensor，节气门位置传感器
TWC	Three Way Catalyst Converter，三元催化转化器
TRC	Traction Control System，驱动力控制（牵引控制）系统
VAF	Vane Air Flow，叶片式空气流量
VAF	Volume Air Flow，体积式空气流量
VAT	Vane Air Temperature，进气温度
VICS	Variable Induction Control Servo，可变进气伺服控制
VIS	Variable Inlet System，可变进气系统
VSC	Valve Stability Control，稳定性控制
VSS	Vehicle Speed Sensor，车速传感器
VSV	Vacuum Solenoid Valve，真空电磁阀
VTEC	Variable Valve Timing and Valve Life Electronic Control System，可变气门配气相位和气门升程电子控制系统
VVL	Variable Valve Left，可变气门升程
VVTL-i	Variable Valve Timing & Lift-intelligent，智能型可变气门正时及升程
WOT	Wide Open Throttle，节气门全开
WTS	Water Temperature Sensor，冷却液温度传感器

参 考 文 献

[1] 邹长庚，等. 现代汽车电子控制系统构造原理与故障诊断：发动机部分[M]. 4版. 北京：北京理工大学出版社，2011.
[2] 冯渊. 汽车电子控制技术[M]. 3版. 北京：机械工业出版社，2017.
[3] 付百学. 汽车电子控制技术：上册[M]. 3版. 北京：机械工业出版社，2010.
[4] 栾琪文. 汽车电控柴油机结构原理与维修[M]. 北京：机械工业出版社，2006.
[5] 北京联创高科技汽车电子研究所. 怎样维修电控柴油机轿车[M]. 北京：机械工业出版社，2006.